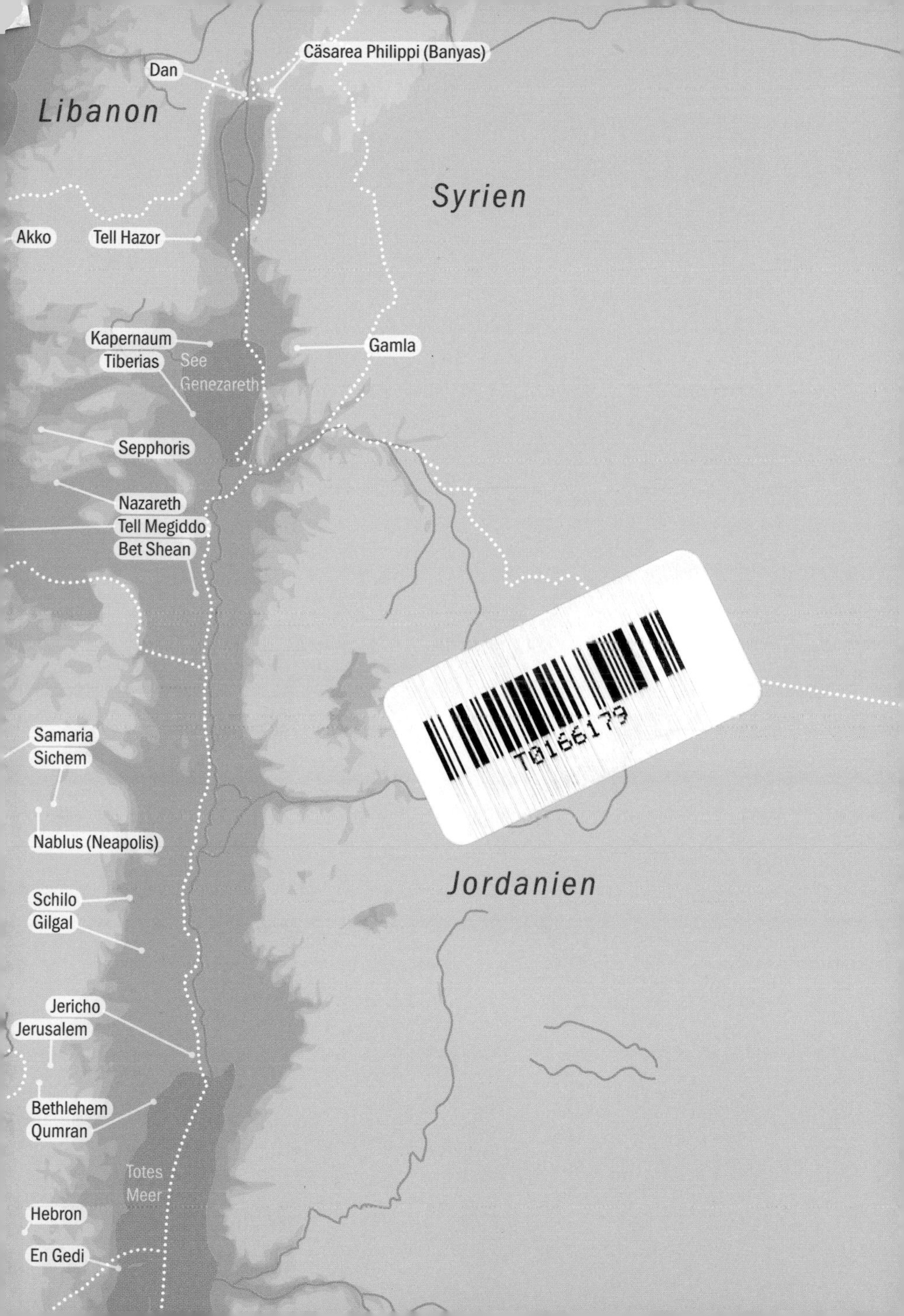

Libanon

Dan

Cäsarea Philippi (Banyas)

Syrien

Akko

Tell Hazor

Kapernaum
Tiberias

See
Genezareth

Gamla

Sepphoris

Nazareth
Tell Megiddo
Bet Shean

Samaria
Sichem

Nablus (Neapolis)

Schilo
Gilgal

Jordanien

Jericho
Jerusalem

Bethlehem
Qumran

Totes
Meer

Hebron

En Gedi

Peter Hirschberg

Israel
und die palästinensischen Gebiete

Peter Hirschberg, Dr. theol., Jahrgang 1961, studierte Theologie in Neuendettelsau, Tübingen, Jerusalem und Erlangen. Er ist Pfarrer der bayerischen Landeskirche. Von 1990 bis 1995 war er als Theologischer Referent für den christlich-jüdischen Dialog zuständig, bis er die Leitung des Evangelischen Pilger- und Begegnungszentrums in Jerusalem übernahm. Er hat im Neuen Testament promoviert und ist gegenwärtig als Hochschulpfarrer und Lehrbeauftragter in Bayreuth tätig. U. a. erschien von ihm: »Jesus von Nazareth. Eine historische Spurensuche« und »Die bleibende Provokation. Christliche Theologie im Angesicht Israels«.

Die Deutsche Bibliothek verzeichnet diese Publikation in der Deutschen Nationalbibliographie; detaillierte bibliographische Daten sind im Internet über ‹http://dnb.ddb.de› abrufbar.

© 2011 by Evangelische Verlagsanstalt GmbH, Leipzig
Printed in EU · H 7407

Das Buch wurde auf alterungsbeständigem Papier gedruckt.

Gesamtgestaltung: behnelux gestaltung, Halle (Saale)
Coverbild: Blick auf den See Genezareth, © Peter Hirschberg

ISBN 978-3-374-02841-2
www.eva-leipzig.de

Peter Hirschberg

Israel

und die palästinensischen Gebiete

Herausgegeben von Christoph vom Brocke und Christfried Böttrich

EVAs Biblische Reiseführer

EVAs Biblische Reiseführer

Bereits erschienen:

In Planung:

Übersicht

Inhaltsverzeichnis

VIII. Jerusalem

Die Davidsstadt

Der herodianische Tempel

Das muslimische Viertel

Das christlich-arabische Viertel

Der Ölberg

Einleitung

Blick über die Dächer Jerusalems

Zwischen 100.000–200.000 deutsche Touristen besuchen gegenwärtig das Heilige Land. Angesichts der politischen Spannungen, die so manchen von einer Reise nach Israel/Palästina abhalten, ist dies eine durchaus beachtliche Zahl. Israel kann sich in der Kategorie »Bildungs- und Studienreisen« sehen lassen, auch wenn es noch nie ein Ziel des Massentourismus war und es vermutlich auch in Zukunft nicht werden wird. Fest steht jedenfalls: Wer die religiös-kulturellen Wurzeln unserer europäischen Zivilisation kennen und verstehen will, der kommt – auch als eher säkular orientierter Mensch – an diesem Land nicht vorbei. Hier haben Judentum und Christentum ihre genuinen Wurzeln, und zusammen mit dem Islam verehren alle drei großen monotheistischen Religionen Jerusalem als Heilige Stadt.

Viele Christen besuchen das Heilige Land allerdings nicht nur, um ihren Bildungshorizont zu erweitern. Sie wollen mehr. Sie erhoffen sich eine Vertiefung ihres Glaubens, vielleicht sogar, dass brüchig gewordene Überzeugungen am Ort des ursprünglichen Geschehens eine neue und tragfähige Basis bekommen. Sie sind damit Pilger und Pilgerinnen im klassischen Sinn. Auch manche Theologen schlagen in die gleiche Kerbe, wenn sie das Heilige Land als »fünftes Evangelium« bezeichnen und damit zum Ausdruck bringen, dass sich einem durch das Erleben der biblischen Landschaft oft vieles erst richtig erschließt. Tatsächlich ist das auch die Erfahrung vieler Menschen. Nicht wenige schwärmen noch Jahre danach von einer Reise ins Heilige Land und berichten, wie ihnen erst an heiliger Stätte manches richtig aufgegangen ist. Nach biblischem Zeugnis ist es Gott selbst, der sich aus Liebe zu uns Menschen konkret »verortet« hat. Er ist nicht im »Himmel« geblieben, sondern Menschen in ihrer konkreten alltäglichen Wirklichkeit begegnet, so dass Orte und Landschaften noch heute an diese Begegnungen erinnern und helfen können, sich für den Geist der Bibel zu öffnen.

Unser Reiseführer setzt hier an. Er will als biblischer Reiseführer die Geschichte und die Geschichten des Alten und Neuen Testaments mit der biblischen Landschaft, den heiligen Stätten und den neusten Erkenntnissen biblischer Archäologie ins Gespräch bringen, um so ein besseres und tieferes Verstehen der Bibel zu ermöglichen. Das beginnt bei relativ banalen Einsichten. So wird jeder, der schon einmal von der Küstenebene oder dem Jordangraben in das bergige Jerusalem hinaufgefahren oder gar gewandert ist, plötzlich verstehen, warum in der Bibel immer davon die Rede ist, dass die Stämme nach Jerusalem hinauf ziehen. Das setzt sich fort bei theologischen

Fragen. Man muss nur die durch archäologische Forschungen neu zugänglich gewordene Heimatstadt Jesu, Nazareth, mit den damaligen Regierungshauptstädten Sepphoris und Tiberias vergleichen, und einem wird schlagartig klar, aus welch bescheidenen Verhältnissen Jesus kommt. Nicht nur seine Kritik an Reichen und Mächtigen wird so verständlich, man begreift auch, warum es für viele ein Anstoß war, wenn seine Anhänger behaupteten, dass aus einem so unbedeutenden Flecken der Messias Israels kommen soll. Kurz: Die Beschreibungen der einzelnen Orte sollen helfen, die biblischen Geschichten vor dem Hintergrund von Landschaft, Archäologie und auch Theologie in ihrer Tiefe besser zu verstehen.

Ich will freilich keine zu euphorischen Erwartungen wecken. Das, was Archäologie und kritische Bibelwissenschaft ans Tageslicht fördern, kann auch sehr irritierend sein. Nicht selten werden die vertrauten, von Kindesbeinen an verinnerlichten „biblischen" Vorstellungen sogar erst einmal radikal zerstört. Wie geht man zum Beispiel damit um, wenn man auf einmal merkt, dass es eine Landeroberung durch Israel, wie sie die Bibel erzählt, nie gegeben hat? Anscheinend stimmt es doch nicht, was der Bestsellerautor Werner Keller mit dem Buchtitel „Und die Bibel hat doch recht" behauptet hat. Aber hat sie überhaupt nicht recht? Oder hat sie nur auf einer anderen Ebene recht, und das Problem ist gar nicht die Bibel, sondern ein bestimmtes falsches Vorverständnis unsererseits? Es ist jedenfalls klar, dass eine Reise ins Heilige Land nicht nur Fragen beantwortet, sondern auch viele neue Fragen aufbrechen lässt. Bezogen auf unsere lieb gewordenen biblischen Sehweisen bedeutet dies, dass es oft erst zu einem inneren, manchmal recht mühseligen „Umbau" kommen muss, bevor in uns ein neues Bild entstehen kann. Ich habe mich dennoch dafür entschieden, dem Leser und der Leserin solche Umbauprozesse nicht zu ersparen. Nicht, weil ich jemand ärgern oder ihm etwas lieb Gewordenes nehmen möchte, sondern weil ich der Überzeugung bin, dass die neuen Einsichten unseren Glauben bereichern und vertiefen können.

Einen biblischen Reiseführer über Israel/Palästina zu schreiben, der dennoch handhabbar sein soll, gleicht der Quadratur eines Kreises und erfordert in jedem Fall eine klare Schwerpunktsetzung. Um es deutlich sagen: Eine halbwegs ausführliche Beschreibung aller biblischen Stätten in einem Band ist nicht möglich. Ich habe deshalb zwei Grundsatzentscheidungen getroffen: (1) Ich konzentriere mich auf die zentralen Orte der Jesusgeschichte, da ich davon ausgehe, dass die meisten Leserinnen und Leser dieses Reiseführers einen christlichen Hintergrund haben. Der Führer folgt deshalb auch in der

Anordnung des Stoffes der Jesusgeschichte: Er beginnt in Galiläa, dem Zentrum des Wirkens Jesu, und geht dann über das Jordantal bzw. Samaria in den Süden, mit dem Schwerpunkt auf Jerusalem als dem Ort von Kreuzigung und Auferstehung. Am Ende stehen der Süden und die Küstenebene. In diesen grob an der Jesusgeschichte orientierten Aufriss wird die alttestamentliche Geschichte eingewoben. (2) Insgesamt war meine Devise: Weniger ist mehr. Ich habe die zentralen Stätten ausführlicher beschrieben, „Nebenschauplätze" dagegen nur grob dargestellt oder auch ganz auf sie verzichtet.

Dieser Führer hat seinen eindeutigen Schwerpunkt in der biblischen Zeit. Die jüdische, christliche und teils auch islamische Wirkungsgeschichte, die sich an den Jesusstätten meist im Bau späterer Kirchen manifestiert, wird nur in Grundlinien beschrieben. Eine ausführliche archäologische und kunstgeschichtliche Darstellung dieser Stätten war nicht möglich. Erst recht musste – von vereinzelten Ausnahmen abgesehen – auf die Beschreibung der zahlreichen jüdischen und islamischen Orte der nachbiblischen Zeit verzichtet werden.

Die meisten Sehenswürdigkeiten, die in diesem Führer beschrieben werden, befinden sich in Israel bzw. Ostjerusalem, nur einige Orte liegen in der Westbank. Da es israelischen Reiseanbietern/Guides (im Augenblick) verboten ist, in die autonomen palästinensischen Gebiete zu fahren, muss man solche Ausflüge separat organisieren und dabei natürlich die augenblickliche Sicherheitslage berücksichtigen. Inzwischen kann man über in Ostjerusalem ansässige Anbieter, aber auch in den autonomen Gebieten (z. B. in Ramallah) Rundreisen oder kürzere Ausflüge buchen.

Dieser Reiseführer kann einen normalen Reiseführer nicht ersetzen. Er stellt ein zusätzliches Begleitbuch dar, das die biblische Perspektive in den Mittelpunkt rückt. Zum Schluss bleibt mir nur noch eines zu sagen: Es gibt neben den steinernen Zeugnissen auch „lebendige Steine": die Menschen, die in großer ethnischer, kultureller und religiöser Vielfalt in diesem Land leben und vielleicht sogar dessen eigentlichen Schatz bilden. Erst wer ihnen begegnet, erfährt das Heilige Land in seiner ganzen Tiefe.

I. Die Geschichte Israels im Überblick

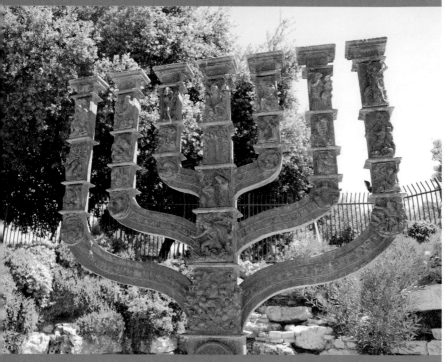

Menorah vor der Knesset als Symbol der Geschichte Israels

Wer die Geschichte Israels in alttestamentlicher Zeit rekonstruieren will, greift aus gutem Grund auf das Alte Testament zurück. Denn auch wenn das Alte Testament primär ein theologisches Buch ist, so enthält es doch grundlegende geschichtliche Informationen. Ohne sie würden wir trotz der immer wichtiger werdenden außerbiblisch-literarischen und archäologischen Zeugnisse nur ein sehr dürftiges Bild von der Geschichte Israels haben. Fest steht freilich genauso: Erst ab dem 9. Jh. v. Chr. können wir davon ausgehen, dass die Bibel uns in einer einigermaßen verlässlichen Weise über die historischen Vorgänge Auskunft gibt. Die Darstellung der Frühzeit Israels nimmt in der Bibel zwar einen breiten Raum ein (1. bis 5. Buch Mose, Josua, Richter) und hat theologisch grundlegende Bedeutung, unterscheidet sich aber massiv von den heute vertretenen wissenschaftlichen Rekonstruktionen.

Die Frühzeit Israels (13. – 11. Jh. v. Chr.)

Nach der biblischen Darstellung kamen die Nachkommen Abrahams (Isaak, Jakob und seine Söhne) aufgrund einer Hungersnot nach Ägypten. Obwohl sie dort in Sklaverei gerieten, wurde aus der Abrahamsfamilie im Laufe der Zeit ein ansehnliches Volk. Nach langen Jahren der Knechtschaft erbarmte sich Gott seines Volkes und berief Mose, um die Israeliten aus der Sklaverei Ägyptens herauszuführen. Anschließend schloss Gott am Sinai mit ihnen einen Bund, gab ihnen seine Gebote und befahl ihnen, unter Führung Josuas das Land Kanaan zu erobern.

Die archäologische und durch eine kritische Lektüre der biblischen Quellen gestützte wissenschaftliche Rekonstruktion der frühen Geschichte Israels entwirft ein in vielerlei Hinsicht anderes Bild dieser Epoche. Um sich diesem Bild anzunähern, kann es eine Hilfe sein, sich das spätere Israel als einen aus verschiedenen Segmenten bestehenden Kreis vorzustellen, bei dem die einzelnen Segmente ganz verschiedene ethnisch-regionale, historische und religiöse Ursprünge haben und erst langsam zu einer Einheit zusammengewachsen sind.

Das vermutlich größte Segment dieses Kreises besteht nun überraschenderweise aus Menschen, die zur ursprünglichen Bevölkerung Kanaans gehörten, also nicht von außen in das verheißene Land eingewandert sind. Sie sind nur innerhalb des Landes gewandert, und zwar von den in den Ebenen liegenden Städten und Dörfern in die Bergregionen. Der hauptsächliche Grund für diese Wanderung dürfte darin gelegen haben, dass es während der letzten

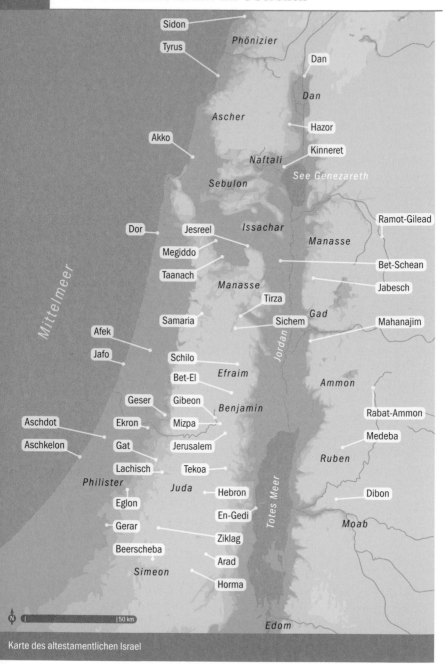

Karte des alttestamentlichen Israel

Hälfte des 2. Jt. v. Chr. aufgrund politischer und wirtschaftlicher Probleme im ganzen Mittelmeerraum zu einem Niedergang der bronzezeitlichen Städte kam, also auch der Stadtstaaten in Palästina. Viele Stadtbewohner und von den Städten abhängige Bauern aus dem näheren Umfeld hatten kein Auskommen mehr und mussten sich woanders eine neue Existenz aufbauen. So setzten sie sich in die Berge Mittelpalästinas ab und lebten dort ein halbnomadisches oder auch sesshaftes Leben als Bauern.

Dort trafen sie auf andere Bevölkerungselemente: auf sesshafte oder halbnomadische Gruppen, die zum Teil auch von der Wüste her eingesickert waren oder noch im Begriffe waren einzusickern. Die biblischen zwölf Stämme sind als regionale Einheiten in einem solchen, etwa vom 14. bis zum 11. Jh. v. Chr. sich erstreckenden Prozess entstanden, bis sie dann in einem zweiten Schritt ein Volk geworden sind.

Dieses Israel, das zu diesem Zeitpunkt eher ein lockerer Stämmeverbund war, wird das erste Mal in der Siegesstele des Pharao Merenptah erwähnt, die um 1208 v. Chr. anzusetzen ist. Aufgrund des Namens (Jisra-El) kann man schließen, dass dieser Verbund noch nicht jahwegläubig war, sondern elgläubig: El (in der Bibel oft einfach als »Gott« übersetzt) war der Hauptgott des kanaanäischen Götterpantheons. Ansonsten sagt uns die Stele eigentlich nichts über dieses Israel.

Was ist nun aber mit Mose und der Befreiung aus Ägypten? Folgende Erklärung legt sich nahe: Es gab tatsächlich eine relativ kleine Gruppe, nennen wir sie einmal die Mosegruppe, die in Ägypten Fronarbeit geleistet hat. Diese Gruppe wurde von Mose im Namen Jahwes aus Ägypten herausgeführt, hat am Schilfmeer eine erstaunliche Rettungserfahrung gemacht und dann vielleicht sogar am Sinai einen »Bund« mit Jahwe geschlossen. Dass es zwischen Ägypten und nomadischen Gruppen tatsächlich Kontakte gab und eine solche Szene damit durchaus vorstellbar ist, bestätigen die Quellen. In einer ägyptischen Inschrift aus dem Jahr 1350 v. Chr. wird von einer Gruppe von Halbnomaden erzählt, »die nicht wusste, wo sie leben sollte«, und die nach Ägypten kam, »um ein Heim in dem Gebiet des Pharao zu erbitten«. Um 1200 v. Chr., meldete ein ägyptischer Grenzbeamter, dass er Beduinenstämme aus der Steppe passieren ließ, »um sie und ihr Vieh auf der großen Besitzung des Pharao, der guten Sonne eines jeden Landes, am Leben zu erhalten«. Diese Gruppe hat in Ägypten Jahwe als ihren Retter erfahren und sich im 13./12. Jh. v. Chr. im Bergland Mittelpalästinas niedergelassen, wo sie eines der vielen Segmente bildete, aus denen das Volk Israel hervorging.

Nun kann man natürlich noch einen weiteren Schritt zurückgehen und fragen: Woher kam der Jahweglaube ursprünglich? Woher hatte ihn die Mosegruppe? Wir wissen heute, dass es in der sich südlich vom Toten Meer bis zum späteren Elat erstreckenden Arava und in den nordöstlichen Gebieten des Roten Meeres schon lange vor dem Entstehen Israels den Glauben an den Gott Jahwe gab. Die Mosegruppe dürfte in einer heute nur noch schwer rekonstruierbaren Weise auf diese Frühformen zurückgehen. Darauf deutet übrigens die biblische Moseüberlieferung selbst hin: Mose, der an den Sinai flieht und dem dort eine Jahweoffenbarung zuteil wird, ist mit einer Midianiterin verheiratet (2 Mose 3, 1), und wie wir aus anderen Quellen erfahren, waren die Midianiter Jahweverehrer.

Das Spannende ist nun allerdings, dass über die Mosegruppe und andere jahwegläubige Gruppen in Juda (mit nochmals anderen Ursprüngen als die Mosegruppe) der Jahweglaube auch bei den anderen, sich allmählich etablierenden Stämmen Eingang fand, relativ kleine Teile also alle anderen nachhaltig beeinflusst haben! Vielleicht hängt dies, zumindest in Mittelpalästina, auch damit zusammen, dass die Erfahrung der Mosegruppe in manchem den Erfahrungen der Kanaanäer entsprach. Sie hatten ihren eigenen

Wüstengebiet in der nordöstlichen Arava (Timna)

Auszug (Exodus) hinter sich, mussten ihre gesicherte Existenz zuungunsten einer nomadischen oder halbnomadischen Existenz aufgeben und vertrauten ihr Leben deshalb vermutlich gern dem Gott an, der in der Bindung an ihn ein freies Leben in einem neu geschenkten Land in Aussicht stellte. Fest steht jedenfalls, dass am Ende eines jahrhundertelangen Prozesses die Stämme Israels diesen Glauben übernommen hatten – so sehr, dass man sich mit der ursprünglichen Mosegruppe eins fühlte, ja sich selbst als zu denen gehörig betrachtete, die einst von Jahwe aus Ägypten befreit wurden. Theologisch gesprochen: Jahwes barmherzige Zuwendung, die im Exodus konkret wurde, war nicht nur etwas Historisches, galt nicht nur denen, die damals dabei waren, sondern auch den Nachkommen der einstigen Mosegruppe und all denen, die erst später dazukamen.

Die Autoren der Bibel haben aus den unterschiedlichen Geschichten, die mit den historischen Ursprüngen Israels verbunden sind, eine große und zusammenhängende Geschichte gemacht, weil sie aus der Glaubensüberzeugung heraus lebten, dass in all diesen komplizierten Prozessen Gott in sehr unterschiedlicher Weise am Werke war. Er hat alles so gefügt, dass aus vielen Gruppen und Stämmen ein Volk geworden ist und dieses Volk im Glauben an ihn seine Einheit und seinen Auftrag in dieser Welt findet. Es handelt sich aus der Perspektive des Glaubens also nicht um Geschichtsfälschung, sondern um die Betrachtung von geschichtlichen Prozessen auf einer tieferen Ebene.

Eine kriegerische Form der Landnahme im Sinne der Bibel hat es deshalb nie gegeben. Das bestätigen auch die archäologischen Zeugnisse, denen zufolge einige der Städte, die nach dem Buch Josua von den Israeliten erobert wurden, zu dieser Zeit (spätes 13. Jh. v. Chr.) bereits zerstört waren (z. B. Jericho und Ai). Es handelt sich bei diesen biblischen Erzählungen um Ätiologien: Ätiologien wollen ein Faktum der Gegenwart durch einen Rückgriff auf die Vergangenheit erklären. Im Falle Jerichos wäre die zu erklärende Größe ein merkwürdig aussehender Ruinenhügel und die Erklärung eine in sagenhafter Vorzeit stattgefundene Eroberung. Noch gewichtiger ist allerdings die Tatsache, dass die Bibel selbst in Richter 1 all die Städte aufzählt, die Israel nicht erobert hat. Wenn man genauer hinsieht, muss man sich fragen, ob es überhaupt eine bedeutende Stadt gibt, die Israel erobert hat. Warum erzählt das Buch Josua dann aber derart massiv, dass das Land im Auftrag und mit dem Beistand Jahwes kriegerisch erobert wurde? Wahrscheinlich handelt es sich dabei um eine Geschichtsinterpretation aus dem 7. Jh. v. Chr. Im 8. Jh. hatten die Assyrer das Nordreich Israel ausradiert und die Situation war für viele äußerst hoffnungslos. Die Frage war: Wie konnte Gott das zulassen? Die Antwort, die das Buch Josua gibt, heißt: Einst wurde das Land von Jahwe seinem Volk gegeben, indem er das kleine Israel gegen die mächtigen kanaanäischen Stadtstaaten siegen ließ. Das Land ist also keine Selbstverständlichkeit. Es ist Gottes Geschenk und fordert zur Verantwortung heraus. Wenn es Israel nun genommen wurde, dann nicht weil die Assyrer mächtiger sind als Jahwe, sondern weil Israel durch seinen Ungehorsam diese kostbare Gabe Gottes verscherzt hat (Jos 24, 19–22). Gott kann geben und nehmen. Die meisten in unseren Ohren so grausam klingenden Eroberungsberichte wollen also gerade nicht Gewalt und Besitzansprüche legitimieren: Sie sind äußerst selbstkritisch gemeint.

Das Königtum Sauls, Davids und Salomos

Der erste König Israels, Saul, kam aus der Region, wo die im 13. Jh. beginnende Siedlungstätigkeit ihren Schwerpunkt hatte: aus dem mittelpalästinischen Bergland, genauer: aus dem Dorf Gibea in Benjamin. Der vermutlich

in der zweiten Hälfte des 11. Jh.s auftauchende Wunsch nach einem König ist verständlich, auch wenn er theologisch in den alttestamentlichen Texten oft scharf kritisiert wird. Denn einerseits benötigte das im 11. Jh. bereits stark besiedelte Bergland eine effiziente wirtschaftliche, rechtliche und verkehrsmäßige Infrastruktur, wenn das Zusammenleben der vielen Bevölkerungsgruppen funktionieren sollte, also genau das, wofür ein König als Garant einer starken Zentralgewalt stand. Andererseits konnte ein durch einen König geeintes Reich der drohenden Philistergefahr wirkungsvoller begegnen. Nun darf man sich das Königreich des Saul allerdings nicht zu groß vorstellen: Es wird das mittelpalästinische Bergland umfasst haben, beginnend nördlich von Jerusalem bis zur Jesreelebene hin, ergänzt durch einen kleinen, bis südlich des Sees Genezareth reichenden Streifen im Ostjordanland. Die kanaanäischen Städte in

Künstlerische Darstellung von König David (beim Davidsgrab)

der Ebene gehörten nicht dazu, und natürlich erst recht nicht die philistäischen Ansiedlungen an der Küstenebene.

Das Königtum Davids war bereits ganz anderer Art. Zielstrebig hat er auf seine Karriere hingearbeitet, auch wenn man später darin einen Akt göttlicher Erwählung sah. Man muss sich David wohl am ehesten als eine Art »Bandenführer« vorstellen. Seine Bande war eine Söldnertruppe, mit der es ihm gelang, sich im Süden Judas eine ansehnliche Machtbasis zu verschaffen. Dabei agierte er taktisch äußerst klug und geschickt. So stand er in einem Vasallitätsverhältnis zu den Philistern (1 Sam 27), die ihre Interessen durch ihn vertreten sahen und ihm deshalb auch keine Steine in den Weg legten. Gleichzeitig erwarb er sich Sympathien unter den Bewohnern Judas, indem er ihnen »Geschenke« zukommen ließ, die er auf seinen Beutezügen erobert hatte. Sein Ziel hatte er in dem Moment erreicht, als ihn die Einwohner Judas in Hebron zu ihrem König machten (2 Sam 2, 4). Später salbten ihn nach wiederum sehr geschickten Aktionen auch noch die Bewohner der nördlichen Stämme im Rahmen eines Vertragsverhältnisses zum König (2 Sam 5, 3). Nun herrschte David in Personalunion über ein beträchtliches Gebiet, auch wenn man lieber nicht von einem davidischen Großreich sprechen sollte, da hier der biblische Bericht ein späteres Ideal in die Zeit Davids projiziert. Hauptstadt wurde das von David eroberte Jerusalem.

Nach einem nicht unerheblichen Machtkampf zwischen Salomo und seinem Bruder Adonija folgte Ersterer David auf dem Thron, wobei Salomo vor allem von Kreisen unterstützt wurde, die stärker in Jerusalem verwurzelt waren (der Jerusalemer Stadtpriester Zadok, der Prophet Nathan und Salomos Mutter Bathseba). Auf diese Weise bekam das Stadtkönigtum in der Gestalt des Salomo noch größere Bedeutung und es dürfte auch von daher zu erklären sein, dass es ausgerechnet Salomo war, der in Jerusalem den Tempel erbaute. Schließlich ist es die Aufgabe eines sich sakral verstehenden Stadtkönigs, als Repräsentant Gottes auch für die religiösen Anliegen seiner Untertanen zu sorgen. Im Unterschied zu David musste sich Salomo sein Reich nicht erst mühsam erschaffen. Er erbte es von seinem Vater und konnte sich deshalb der inneren Ausgestaltung widmen. Salomo teilte das Nordreich in einzelne Provinzen auf, was ihm eine bessere Verwaltung, vor allem auch eine effizientere Besteuerung ermöglichte (1 Kön 4, 7–19). Zudem konnte er, indem er die kanaanäischen Städte und die ländlich geprägten israelitischen Gebiete voneinander trennte, eher gewährleisten, dass die kulturelle Diversität der verschiedenen Gruppen nicht zu unüberbrückbaren Spannungen führte. Vieles, was die Bibel über den Reichtum und die Weisheit Salomos erzählt, ist Fiktion, aber nicht alles. Nachdem das Reich durch David politische Stabilität gewonnen hatte, konnte sich Salomo einen gewissen kulturellen Luxus auch leisten.

Nach dem Tod Salomos brach das Reich auseinander, was vor allem damit zusammenhängen dürfte, dass er die nördlichen Stämme durch Steuern und Abgaben zu sehr ausgebeutet hat. So gab es von nun an das Nordreich Israel und das Südreich Juda.

Das Nordreich Israel

Jerobeam, der erste König des Nordreichs, kommt in der biblischen Geschichtserzählung, die vor allem aus der Perspektive des Südreichs erzählt wird, nicht sehr gut weg. Immer wieder wird von der »Sünde Jerobeams« gesprochen: Jerobeam hatte in Dan und Bethel ein Heiligtum errichtet und darin jeweils ein Stierbildnis aufgestellt. Diese beiden geographisch günstig im nördlichen und südlichen Bereich seines Reiches gelegenen Heiligtümer sollten das verlorengegangene Jerusalemer Heiligtum ersetzen.

Das Nordreich existierte ca. 200 Jahre lang. Seine Hauptstädte wechselten anfangs häufig (Sichem, Pnuel, Tirza), bis dann im 9. Jh. durch König Omri Samaria endgültige Hauptstadt des Reiches wurde. Das politische »System«

Stadtmauern des eisenzeitlich Dan

des Nordreiches war nicht klar festgelegt: Man schwankte zwischen einem Wahlkönigtum und verschiedenen Versuchen, eine Dynastie zu etablieren. Die erste große Dynastie war die des Omri (882–845 v. Chr.). Er setzte gegenüber den Kannanäern auf eine bewusst integrative Religionspolitik. Außenpolitisch war die Omri-Dynastie eng mit den phönizischen Küstenstädten verbündet. Mit dem Aramäerstaat um Damaskus kam es dagegen immer wieder zu heftigen Auseinandersetzungen. Die zweite große Dynastie, durch eine Revolte jahwetreuer Kreise initiiert (2 Kön 8–10), war die des Jehu (845–747 v. Chr.). Jehu löste das Bündnis mit den Phöniziern und zahlte den Assyrern Tribut, um so größere Auseinandersetzungen zu vermeiden. Von den Aramäern ging keine Gefahr aus, da diese während der längsten Zeit der Dynastie in Konflikte mit Assyrien verwickelt waren. Diese politische Entspannung führte unter Jerobeam II. (782–747 v. Chr.) zu einer wirtschaftlichen und kulturellen Blüte, die aber von dem aus Juda stammenden Propheten Amos scharf kritisiert wurde. Er geißelte Luxus, soziale Ungerechtigkeit, politische Gräueltaten und religiöse Heuchelei. In der zweiten Hälfte des 8. Jh.s wurden die Assyrer zur beherrschenden Gefahr. Nachdem die Assyrer bereits 733 den größten Teil des Nordreichs in assyrische Provinzen verwandelt hatten, eroberten sie nach dem Abfall Israels von Assyrien 722 auch noch Restisrael samt seiner Hauptstadt Samaria. Die Oberschicht wurde deportiert und ging im assyrischen Bevölkerungsgemisch auf. In Israel selbst wurden fremde Bevölkerungselemente angesiedelt. Israel als Staat war damit endgültig von der Landkarte verschwunden. Der Name ging später auf Juda über.

Das Südreich Juda

Im Unterschied zu Israel gab es in Juda kontinuierlich die davidische Dynastie. Auch die Hauptstadt war und blieb – schon aufgrund der sakralen Begründung (Zionstheologie: Der Zion ist von Gott erwählt) – immer Jerusalem. Außenpolitisch hatte man ebenfalls wie Israel Konflikte mit den Aramäern. Das Verhältnis zu Israel war während der Zeit der Omriden freundschaftlich. Eher abgekühlt war es unter der Jehu-Dynastie. Parallel zu Jerobeam II. kam es auch in Juda unter dem König Usija (773–747 v. Chr.) zu einer prosperierenden Entwicklung. Ende des 8. Jh.s bedrohten die Assyrer auch Jerusalem. Nachdem sich König Hiskija von Assyrien losgesagt hatte, zogen die Assyrer gegen Juda und standen 701 v. Chr. vor Jerusalem. Es hätte nicht mehr viel gefehlt und Juda hätte das gleiche Schicksal wie Israel erlitten. Doch in

Rekonstruktion des davidischen Jerusalem (Zitadellenmuseum)

letzter Minute wendete sich das Schicksal für Juda noch einmal zum Guten. In 2 Kön 18 f. wird erzählt, wie Jerusalem durch ein göttliches Wunder verschont wurde. In historischer Perspektive wird es eine in letzter Minute geleistete Tributzahlung gewesen sein, die das Unglück noch einmal von Jerusalem fernhalten konnte. Ergebnis war jedenfalls, dass Juda die folgenden 60 Jahre ein assyrischer Vasallenstaat war, bis im Jahr 640 Josia an die Macht kam. Ihm schreibt die Bibel ein groß angelegtes religiöses Reformprogramm zu: radikale Rückkehr zum Jahweglauben, Beseitigung von heidnischen und synkretistischen Kulten. Politisch gelang es ihm, das Joch der Assyrer abzuschütteln und die Grenzen Judas bis weit in das ehemalige Territorium Israels hinein auszuweiten. Ende des 7. Jh.s war die babylonische Bedrohung an die Stelle der assyrischen getreten. Im entscheidenden Augenblick sagte sich der judäische König Jojakim von den Babyloniern los, woraufhin Nebukadnezar einen Rachefeldzug startete. Angesichts der vor den Toren stehenden Babylonier kapitulierte Jerusalem (598/597 v. Chr.). Ein Teil der Oberschicht wurde deportiert. Doch auch danach, unter dem von Nebukadnezar als neuer König eingesetzten Zedekia, war man noch nicht klug geworden. Erneut sagte man sich von den Babyloniern los, und auch dieses Mal blieb die prompte Reaktion nicht aus. Das Ergebnis war verheerend: Jerusalem wurde erobert, der Tempel zerstört (587 v. Chr.). Außerdem kam es zu einer weiteren Deportation. Nun war die Zeit des babylonischen Exils endgültig eingeläutet.

Künstlerische Darstellung des Exils (Zitadellenmuseum)

Das babylonische Exil

In der Zeit des babylonischen Exils lebten weiterhin jüdische Bevölkerungsgruppen in Juda/Jerusalem, auch wenn ein Großteil der Oberschicht von den Babyloniern weggeführt worden war. Im Unterschied zur assyrischen Deportationspraxis konnten die Exulanten bei den Babyloniern in geschlossenen Siedlungen wohnen. Es war möglich, sich eine neue Existenz aufzubauen, ja, man konnte sogar ein recht angenehmes Leben führen. Dennoch wurde das Exil als die bislang größte Katastrophe in der Geschichte Judas erfahren. Bedrängende Fragen stellten sich ein: Warum hat Gott zugelassen, dass aus dem Tempel ein Trümmerfeld wurde? Ist der Zion nicht der erwählte Wohnsitz Gottes? Ist all das ein Zeichen, dass Gott sein Volk endgültig verstoßen hat? Oder darf Israel noch einmal auf einen Neuanfang hoffen? Fragen über Fragen, so dass es sicher kein Zufall ist, dass ein Großteil der alttestamentlichen Literatur im babylonischen Exil entstanden ist. Dabei betrachtete man das Exil fast durchgängig als Strafe Gottes für die von Israel begangenen Sünden. Die Frage, ob von Gott her ein neuer Anfang möglich ist, war anfangs durchaus offen. Erst allmählich gewann die Überzeugung Oberhand, dass durch Gottes barmherziges Handeln und die Umkehr Israels noch einmal ein Neuanfang möglich werden kann. Ezechiel, Deuterojesaja (Jes 40–55) und die in exilisch-nachexilischer Zeit entstandenen Schriften sind von dieser Gewissheit geprägt. Nachdem die Perser als neue Großmacht die Babylonier besiegt hatten (539 v. Chr.) und der Perserkönig Kyros ein Jahr später den Juden erlaubte, den Tempel wieder aufzubauen (das so genannte Kyrosedikt), rückte die Hoffnung in den Bereich des Machbaren. Freilich, es dauerte noch Jahre bis die Ersten zurückkehrten. Im Jahr 520 v. Chr. begann man den Tempel neu zu bauen. 515 v. Chr. wurde er eingeweiht (Haggai, Sacharja).

Die nachexilische Zeit

Wie die biblischen Berichte erkennen lassen, litten die nach Jerusalem zurückgekehrten Exulanten unter den katastrophalen Zuständen in Jerusalem. Der Aufbau war mühsam, die im Exil laut werdenden göttlichen Verheißungen einer glücklichen Zukunft schienen sich nicht zu erfüllen. Trotz aller Mühsal und Enttäuschung gelang es im Laufe der Zeit, ein neues, im Tempelkult zentriertes Gemeinwesen aufzubauen. Die Perser, die während der kommenden fast 200 Jahre die neuen Oberherrn waren, unterstützten diesen Prozess nachhaltig durch ihre tolerante Religionspolitik (siehe Esra und Nehemia).

Die hellenistische Zeit

Die nächste entscheidende Epoche nach der Perserzeit war die hellenistische Zeit. Sie begann mit Alexander d. Gr., dem es in relativ kurzer Zeit gelang, ein Weltreich zu schaffen. Nach seinem Tod (323 v. Chr.) wurde das riesige Reich unter seinen Nachfolgern, den sog. Diadochen, aufgeteilt. Für Israel sollten in der folgenden Zeit zwei Diadochenreiche eine zentrale Rolle spielen: das Ptolemäerreich, das sein Zentrum in Ägypten hatte, und das Seleukidenreich, das sich von seinem Zentrum in Syrien ausgehend nach Osten erstreckte. Israel lag mitten zwischen diesen beiden Reichen und war daher ein begehrter Zankapfel. Grob gesagt befand sich Israel im 3. Jh. unter ptolemäischer Herrschaft, erst im Jahr 198 v. Chr. lösten die Seleukiden die Ptolemäer ab. Die intensive Hellenisierung des Nahen Ostens ging auch an Israel nicht spurlos vorbei. Sie führte dazu, dass sich die einen Juden dem Hellenismus annäherten, ihn als einen »modern way of life« betrachteten, der mit dem jüdischen Glauben durchaus kompatibel ist, während andere sehr gesetzestreu waren und im Hellenismus einen mit dem Jahweglauben nicht zu vereinbarenden Götzendienst sahen.

   In der seleukidischen Zeit kam es dann noch einmal zum Entstehen eines autonomen Staates. Der Hintergrund ist folgender: Aufgrund von Streitigkeiten zwischen hellenismusfreundlichen und hellenismusfeindlichen Kreisen in Jerusalem griff der seleukidische Herrscher Antiochus IV. Epiphanes ein. Er eroberte Jerusalem, verbot das Halten des Sabbat und die Beschneidung und stellte im Tempel eine Zeusstatue auf. Folge dieser brutalen Religionsverfolgung war eine Solidarisierung unterschiedlich geprägter toragläubiger Gruppen. Der Widerstand gewann eine konkrete politische Form in dem Priester Mattatias und dessen Söhnen. Vor allem sein Sohn Judas Makkabäus enfesselte einen regelrechten Krieg. Ihm gelang es, im Jahre 164 v. Chr. den Tempel zurückzuerobern, der daraufhin neu geweiht wurde. Daran erinnert das jüdische Chanukkafest. Im Jahr 142 v. Chr. gelang es Simon, nach Judas und Jonathan der dritte Bruder in der Nachfolge, die seleukidische Herrschaft weitgehend abzuschütteln. Von 129 v. Chr. bis 63 v. Chr. gab es noch einmal einen unabhängigen jüdischen Staat unter der Herrschaft der Hasmonäer, wie man die Dynastie der Makkabäer zu bezeichnen pflegt. Religiös gesehen kam es auch unter den Hasmonäern im Laufe der Zeit zu einer Assimilation an den Hellenismus. Die Frommen nahmen den Hasmonäern dabei vor allem übel, dass sie in Personalunion auch das Hohepriesteramt an sich rissen. Es bildeten sich in dieser Zeit die religiösen Bewegungen heraus, die bis in die neutestamentliche Zeit hinein von Bedeutung waren: die radikal hellenismusfeindlichen Essener, die in dieser Hinsicht eher gemäßigten Pharisäer und die hellenismusfreundlichen Sadduzäer.

Die römische Zeit

Pompeius nützte den Machtkampf zwischen zwei hasmonäischen Prinzen (Aristobul und Hyrkan) zu seinen Gunsten und eroberte im Jahr 63 v. Chr. Jerusalem. Damit fand der Hasmonäerstaat sein definitives Ende. Hyrkan durfte zwar weiter als Hoherpriester fungieren, nicht jedoch als König. In den Jahren 50–40 v. Chr. kommt nun allmählich Herodes ins Spiel. Sein Vater, Antipater, hatte sich nach dem Tode des Pompeius auf die Seite Cäsars geschlagen, diesen militärisch kräftig unterstützt und sich dadurch mächtige Sympathien erworben. Er wurde zum Prokurator von Judäa gemacht und konnte so seinen beiden Söhnen, Phasael und Herodes, wichtige militärische Posten anvertrauen. Phasael wurde oberster militärischer Befehlshaber in Jerusalem, Herodes in Galiläa. Damit begann der unaufhaltsame Aufstieg des Herodes. Sein erster Triumph bestand darin, dass er Antigonos, den Sohn des Aristobul, in Galiläa besiegte. Dieser jedoch gab nicht so schnell auf, verbündete sich mit den Parthern und drang mit deren Hilfe 40 v. Chr. in Palästina ein. Herodes gelang die Flucht nach Rom, wo er sich vom Senat offiziell zum König von Judäa erklären ließ. Erst nachdem die Römer die Parther wieder aus Syrien vertrieben hatten, eroberte er mit römischer Hilfe 37 v. Chr. Jerusalem. Antigonos wurde hingerichtet.

Herodes hatte ein ausgezeichnetes Verhältnis zu Kaiser Augustus. Zwar war er ein Vasallenkönig von Roms Gnaden, aber als solcher konnte er sein Reich selbständig regieren. Ergebenheit gegenüber Rom, diplomatisches Geschick, aber auch hartes und teils brutales Durchgreifen gegenüber politischen Gegnern waren Kennzeichen seiner Regierungszeit. Herodes versuchte sich an einem schwierigen Balanceakt zwischen jüdischen und römisch-hellenistischen Interessen. Der ist ihm einerseits auch ganz gut gelungen, weil er sonst nicht so lange an der Herrschaft geblieben wäre, andererseits hat ihn dies bei vielen seiner jüdischen Untertanen nicht beliebter gemacht. Aus römisch-hellenistischer Perspektive betrachtet, war Herodes sicher ein großer König: Sein Reich war politisch und wirtschaftlich stabil und hatte – gerade

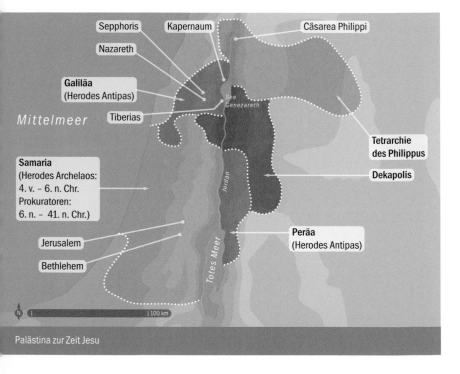

Palästina zur Zeit Jesu

im kulturellen Bereich – manche Höhepunkte aufzuweisen. Aus jüdisch-religiöser oder ethischer Perspektive betrachtet, konnte Herodes jedoch kaum bestehen. Die Förderung paganer Kulte werden ihm fromme Juden trotz seines grandiosen Tempelneubaus kaum verziehen haben und sein krankhaftes Misstrauen gegenüber möglichen Konkurrenten spiegelt sich selbst noch in den neutestamentlichen Texten.

Nach dem Tod des Herodes (4 v. Chr.) wurde sein Reich unter dreien seiner Söhne aufgeteilt. Herodes Archelaus bekam Judäa, Samaria und Idumäa, behielt diese Gebiete aber nicht lange, da er aufgrund von Unfähigkeit im Jahr 6 n. Chr. von den Römern abgesetzt wurde. Die drei Regionen wurden nun zu Judäa zusammengefasst und fortan von einem römischen Statthalter (Prokurator) verwaltet. Dieser wohnte in Cäsarea und kam nur ab und zu nach Jerusalem. Die inneren Angelegenheiten wurden vom Synedrium geregelt, einer Art jüdischer Selbstverwaltungsinstanz, bestehend aus Pharisäern, Sadduzäern und Hohem Priester. Herodes Antipas herrschte über Galiläa und Peräa (4 v. bis 39 n. Chr.). Der Dritte Sohn hieß Philippus. Er regierte über vier Gebiete (Gaulanitis, Auranitis, Trachonitis und Batanäa) – deshalb spricht man von Tetrarchie –, die sich nordöstlich des Sees Genezareth befanden. Er gilt als der friedlichste der Herodessöhne und war bis zum Jahr 34 n. Chr. an der Macht.

Der letzte jüdische Herrscher, dem es noch einmal gelang, das Reich in den Grenzen von Herodes d. Gr. für kurze Zeit (41–44 n. Chr.) unter seine Herrschaft zu bringen, war Agrippa I. Nach seinem Tod wurde Judäa einschließlich Galiläa und Peräa als römische Provinz direkt von Rom regiert. Ab 53 n. Chr. bekam Agrippa II. die Herrschaft über das Gebiet des Philippus und Teile von Galiläa und Peräa zugesprochen. Er regierte bis zum Jahr 100 und war auch während des jüdisch-römischen Krieges immer loyal gegenüber Rom.

Die zelotische Bewegung wurde im Laufe des 1. Jh.s immer stärker. Waren es anfangs nur einzelne Guerillaaktionen, mit denen die jüdischen Gotteskämpfer gegen die Römer

Verschleppung der Tempelgeräte – Nachbildung der Szene des Titusbogens in Rom (Zitadellenmuseum)

vorgingen, so stießen sie in den 60er Jahren auf immer mehr Sympathie bei der jüdischen Bevölkerung, so dass es schließlich zum jüdisch-römischen Krieg (66–70 n. Chr.) kam. Dieser endete verhängnisvoll mit der Einnahme von Jerusalem und der Zerstörung des Tempels unter dem Kommando des Titus im Jahre 70 n. Chr.

Wirklich klug geworden war man durch diese katastrophale Niederlage nicht. Im 2. Jh. kam es erneut zu einer Aufstandsbewegung. Auslöser dafür war Kaiser Hadrian, der im Jahr 134 n. Chr. aus Jerusalem eine römisch-hellenistische Polis machen wollte. Anführer dieses zweiten Krieges gegen Rom (132–135 n. Chr.) war der jüdische Heerführer Bar Kosiba, den Rabbi Akiba, ein berühmter Gelehrter dieser Zeit, sogar für den Messias hielt. Aus Bar Kosiba wurde nun Bar Kochba, wie der messianische Sternensohn von 4 Mose 24,14 hieß. Auch dieser Krieg scheiterte jämmerlich, so dass fortan Juden Jerusalem nicht einmal mehr betreten durften. Der Schwerpunkt der jüdischen Besiedlung verlagerte sich deshalb in den folgenden Jahrhunderten immer stärker nach Galiläa.

Nach dem ersten und zweiten jüdischen Krieg musste sich das Judentum als tempelloses Judentum neu etablieren. Dies geschah durch die rabbinische Bewegung, für die die Tora an die Stelle des Tempel rückte. In Fortsetzung der pharisäischen Bewegung ging es ihr um eine Heiligung des Alltags durch eine ständige Neuaktualisierung der biblischen Gebote in der mündlichen Überlieferung. Diese mündliche Überlieferung wurde um 200 n. Chr. in Sepphoris (Galiläa) in Form der Mischna schriftlich kodifiziert und bildet die Grundlage des Talmud. Das Zentrum jüdisch-rabbinischer Gelehrsamkeit lag nun in Galiläa (3.–5. Jh. n. Chr.), wo sich das Synedrium an verschiedenen Orten niederließ, bis es in Tiberias seinen endgültigen Ort gefunden hatte.

Von der neutestamentlichen Zeit bis zum Staat Israel

Mit dem 4. Jh., in dem das römische Reich christlich geworden war, begann für Israel/Palästina die *byzantinische Epoche*. Kaiser Konstantin bzw. seine Mutter Helena ließen prächtige Kirchen im Heiligen Land bauen: die Geburtskirche in Bethlehem und die Anastasis (Auferstehungskirche) und Eleona (Himmelfahrtskirche) auf dem Ölberg. Diese drei sollten gewissermaßen ein in Architektur gegossenes Glaubensbekenntnis darstellen und damit auch den einen Glauben des Reiches symbolisieren. In den folgenden Jahrhunderten folgten unzählige weitere Kirchen. Der Pilgerstrom schwoll immer mehr

Byzantinischer Türbalken (Negev)

an. Jüdische Existenz, vor allem in Galiläa, war weiter möglich, auch wenn es zunehmend – mit einem Höhepunkt im 5. Jh. – zu Spannungen gekommen ist.

614 eroberten die *Perser* das Heilige Land, zerstören zahlreiche Kirchen und raubten das heilige Kreuz aus der Grabeskirche, das der byzantinische Kaiser Heraklion 624 zurückerobern konnte.

Der im 7. Jh. entstandene *Islam* breitete sich infolge von zahlreichen Eroberungskriegen in Windeseile über den Mittelmeerraum aus. Im Jahre 638 übergab der christliche Patriarch von Jerusalem mit Namen Sophronius dem Kalifen Omar die Schlüssel von Jerusalem, nachdem er die Stadt zwei Jahre (!) gegen die islamische Belagerung gehalten hatte und damit gute Chancen besaß, eine friedliche Übergabe auszuhandeln. Nun war das Heilige Land muslimisch geworden. Verschiedene Dynastien folgten aufeinander (Omajaden, Abassiden, Fatimiden). Christen wurden geduldet, wobei die Spannungen im 11. Jh. zunahmen und schließlich zu den Kreuzzügen führten.

Nach dem Aufruf zum ersten *Kreuzzug* durch Papst Urban II. (1085) eroberten die Kreuzfahrer 1099 in einem grausamen Gemetzel Jerusalem. Knapp 100 Jahre gab es nun ein Kreuzfahrerreich mit Jerusalem als Hauptstadt, bis dann im Jahr 1187 Sultan Saladin die Kreuzfahrer bei den Hörnern von Hittim in Galiläa schlagen und kurz darauf Jerusalem zurückerobern konnte. Im dritten Kreuzzug (1189) konnte zwar die Küste zurückerobert werden, nicht jedoch Jerusalem. Im fünften Kreuzzug (1228/29), eher eine diplomatische Reise, konnte Friedrich II. Jerusalem, Bethlehem und Nazareth per Ver

Mameluckisches Tor in Jerusalem

trag zurückgewinnen. Das Glück währte jedoch nur kurze Zeit. 1244 ging Jerusalem endgültig an die türkischen Truppen verloren. 1291 fällt Akko als letzte Bastion der Kreuzfahrer in die Hände der Mamelucken.

Bis ins 20. Jh. hinein blieb Palästina nun unter verschiedenen islamischen Herrschaften: Vom 13. bis zum beginnenden 16. Jh. regierten die Mamelucken, deren Bautätigkeit man vor

Fahne Israels

allem in Jerusalem noch an vielen Stellen erkennen kann. 1517–1918 war Palästina unter osmanischer Herrschaft. Juden und Christen waren weiter im Heiligen Land präsent, vor allem die jüdische Bevölkerung war jedoch auf eine sehr bescheidene Zahl gesunken.

Im Zuge des 1. Weltkriegs und der damit verbundenen Niederlage des osmanischen Reiches kam Palästina unter britisches Mandat. Die Ende des 19. Jh.s beginnende zionistische Einwanderung nach Palästina führte in den 20er und 30er Jahren des 20. Jh.s – nicht zuletzt aufgrund der unheilvollen britischen Schaukelpolitik – zu zunehmenden Spannungen zwischen Juden und Arabern. Ende der 40er Jahre war die Lage so explosiv geworden, dass die Engländer zum Rückzug bereit waren. Die UNO beschließt darauf in einer Vollversammlung die Teilung des Landes in einen jüdischen und einen arabischen Staat. Die Juden sind begeistert. Die Araber lehnen den Plan ab, so dass es nach der Ausrufung des *Staates Israel* am 14. Mai 1948 durch Ben Gurion zum Krieg kommt. Jordanien, Irak, Syrien, Libanon und Ägypten ziehen gegen Israel in den Krieg. Dieser Krieg endet 1949 mit einem Waffenstillstand. Israel konnte sein Gebiet gegenüber dem Teilungsvorschlag der UNO vergrößern. Ein Staat Palästina entstand nicht, da Jordanien Ostjerusalem und die Westbank annektierte. Folge des Krieges waren zahlreiche palästinensische Flüchtlinge.

Auf die vielen israelisch-arabischen Kriege kann hier nicht eingegangen werden. Erwähnt werden soll nur, dass Israel im Sechstagekrieg u. a. (1967) die Westbank und den Gazastreifen eroberte. Nach zwei palästinensischen Aufständen (Intifadas) und einem gescheiterten Friedensprozess befindet sich Gaza im Augenblick unter der Herrschaft der radikalislamistischen Hamasbewegung. In der Westbank gibt es autonome palästinensische Gebiete, aber auch viele jüdische Siedlungen, die es schwermachen, an die baldige Entstehung eines autonomen palästinensischen Staates zu glauben.

II. Galiläa –
das Hauptwirkungsfeld Jesu

Westufer des Sees Genezareth

Einleitung

Galiläa hat für einen christlichen Pilger vor allem wegen der Person und Botschaft Jesu zentrale Bedeutung. Schließlich handelt es sich um den Landstrich Israels, in dem Jesus die meiste Zeit seines Lebens verbracht hat. Dort ist er aufgewachsen, dort war auch der Schwerpunkt seiner öffentlichen Wirksamkeit. Wer deshalb Jesus, »den Galiläer«, besser verstehen will, der kommt nicht darum herum, sich ausführlicher mit der besonderen Eigenart dieser Landschaft und ihrer Bevölkerung zu beschäftigen.

Topographie

Die südliche Grenze des heutigen Galiläa bildet die sich in ostwestlicher Richtung erstreckende Jesreelebene. Sie war bereits in alttestamentlicher Zeit als Kornkammer des Landes von immenser Bedeutung und wird immer noch landwirtschaftlich intensiv genutzt. Die Jesreelebene verbindet die Küstenebene mit dem südlich des Sees Genezareth gelegenen Jordantal. Sie hatte im Altertum als wichtige Verkehrsverbindung (*Via Maris*) zwischen der Küste und den großen zivilisatorischen Zentren in Syrien und Mesopotamien entscheidende strategische und wirtschaftliche Bedeutung. Im Nordwesten reicht Galiläa heute bis zur libanesischen Grenze. Die östliche Grenze bildet

Jesreelebene vom Osten (Tabor) aus gesehen

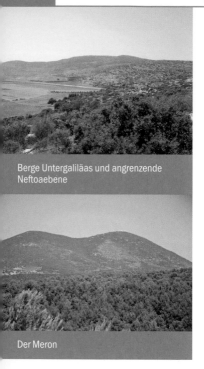

Berge Untergaliläas und angrenzende Neftoaebene

Der Meron

der See Genezareth und im Westen wird die Grenze durch die zur Küste abfallenden Berge markiert. Das neutestamentliche Galiläa, das Reich des Herodes Antipas, hatte einen ganz ähnlichen Umfang, wobei in Richtung Küste sehr schnell das heidnisch-phönizische Gebiet begann und es im Südwesten eine kleine Ausbuchtung in Richtung Samaria gab (siehe Karte, Geschichte, S. 36).

Galiläa besteht größtenteils aus hügeligem, teils bergigem Land. Man teilt es in Unter- und Obergaliläa ein. Mit Untergaliläa bezeichnet man die an die nördlich der Jesreelebene angrenzende, noch relativ niedrige Berglandschaft (300–600 m). Sie wird von zahlreichen kleineren »Hochebenen« durchzogen und war bereits in der Antike verkehrstechnisch gut zugänglich. Die Heimat Jesu, Nazareth, befindet sich in Untergaliläa. Aber auch sein Hauptwirkungsgebiet am See kann man noch dazu zählen, steht mit Untergaliläa jedenfalls in einem organischen Zusammenhang. Insgesamt handelt es sich ziemlich genau um das Gebiet, das (süd-)westlich des Sees Genezareth liegt. Das nordwestlich des Sees allmählich beginnende Bergland bezeichnet man als Obergaliläa. Hier werden die Berge über 1000 m hoch, so der Meron, der mit seinen 1208 Metern die höchste Erhebung Galiläas bildet. Es ist klar, dass dieses schwer zugängliche Gebiet in der Antike bei Siedlern nicht sehr beliebt war. Es war deshalb nur dürftig bewohnt, so dass es kein Zufall ist, wenn es im Neuen Testament keine Rolle spielt und auch bei Josephus vor allem als Rückzugs- und Zufluchtsgebiet für Aufständische vorkommt.

Der Name des Sees Genezareth (hebr. kinneret) leitet sich von der am Westufer gelegenen eisenzeitlichen Stadt Kinneret her. Entweder steckt in dem Namen das Wort »kinnor« (= Leier) – als Anspielung auf die diesem Musikinstrument ähnelnde Form des Sees – oder es handelte sich ursprünglich um den Namen einer Gottheit. Im Neuen Testament hat der See Genezareth große Bedeutung. An seinen Ufern und in seiner Umgebung – vor allem am nordwestlichen Teil (Betsaida, Kapernaum, Chorazin) – liegt der regionale

Das nordwestliche Seeufer (vorne rechts Kapernaum, Mitte links Jordanmündung)

Schwerpunkt der Wirksamkeit Jesu. Der See ist ungefähr 20 km lang, 11 km breit und erreicht eine Tiefe von knapp 50 m. Er befindet sich ca. 200 m unter dem Meeresspiegel und liegt in dem so genannten syrisch-afrikanischen Grabenbruch, der sich von der Türkei über das Rote Meer bis nach Afrika hinabzieht. Die Luftfeuchtigkeit am See ist gerade in den Sommermonaten oft erheblich, im Winter ist das Klima mild und angenehm. Besonders am westlichen Ufer (Genessarebene) gibt es – worauf bereits Josephus hinweist (JosBell III 10, 8) – sehr fruchtbare Böden und eine reiche Vegetation. Der See verfügt über einen großen Fischreichtum, und es verwundert deshalb nicht, dass einige Jünger Jesu Fischer waren.

Geschichte

Wie groß die Teile Galiläas waren, die zum davidisch-salomonischen Reich gehörten, hängt davon ab, ob man bezüglich des geeinten Reiches eher eine minimalistische oder eine maximalistische Lösung bevorzugt. Wenn König Salomo Hazor wirklich zu seiner Befestigung ausgebaut haben sollte, dann hätte bereits ein erheblicher Teil Galiläas zu seinem Reich gehört. In der Zeit des Nordreiches Israel stritten sich Israel und das Aramäerreich um Galiläa und die Jesreelebene. Ziemlich sicher lässt sich nur sagen, dass Galiläa in der Zeit von 880–840 v. Chr. und in der Zeit von 800–738/732 v. Chr. von Israel beherrscht wurde. Nach der Eroberung des Nordreichs durch die Assyrer fiel auch Galiläa unter deren Oberherrschaft.

Von der assyrischen (8. Jh.) bis weit in die persische Zeit hinein war Galiläa nur dünn besiedelt. Das änderte sich erst wieder in der hellenistischen Zeit (ca. 300 – 100 v. Chr.), wo zahlreiche hellenistisch geprägte Siedlungen entstanden, nicht zuletzt am östlichen Seeufer (Gadara, Hippos, Bethsaida) und südlich des Sees (Skythopolis). Diese Siedlungen waren ein wichtiger Knotenpunkt für den wirtschaftlichen Transfer zwischen der Mittelmeerküste und den neuen hellenistischen Zentren in Syrien und dem Ostjordanland. Aber nicht nur im Osten, auch im Westen Galiläas gab es einen neuen Aufschwung, und dies hing vor allem mit den hellenistischen Städten an der Küste zusammen, für die das galiläische Hinterland als Absatzmarkt und Güterlieferant (z. B. von Getreide) wichtig war. Dabei strahlte der Einfluss von Ptolemais/Akko ins untergaliläische Hügelland aus, während Tyrus und Sidon stärkere Verbindung nach Obergaliläa hatten.

Die radikalste Wandlung erfuhr Galiläa infolge der hasmonäischen Eroberung. Vermutlich gelang es bereits Aristobul im Jahr 104/103 v. Chr., große Teile Galiläas seinem Reich einzuverleiben. Er war von der Vision getrieben, Israel in seiner ursprünglichen Ganzheit wiederherzustellen – und dazu gehörte natürlich, wenn man an das alte Nordreich denkt, auch Galiläa. Da jedoch ein überwiegend heidnisches Galiläa diesem Ideal kaum genügt hätte, musste Galiläa judaisiert werden. Damit hat Aristobul, der nur ein Jahr regierte, allenfalls begonnen, richtig in Angriff genommen wurde diese Aufgabe erst von seinem Nachfolger Alexander Jannäus (103 – 78 v. Chr.). Er siedelte Juden aus dem Süden an und vollzog auch Zwangsbeschneidungen an Heiden. Diese Judaisierung war durchaus erfolgreich, so erfolgreich, dass wir gut 100 Jahre später auf eine angestammte jüdische Bevölkerung stoßen. Da das Judentum Galiläas letztlich aus Jerusalem importiert war, wird man trotz unterschiedlicher Prägungen – und trotz der Tatsache, dass es weder hier noch dort das eine Judentum gab – den Unterschied nicht verabsolutieren dürfen. Das alte Vorurteil, dass die Galiläer nicht ganz so gesetzestreu waren wie die Juden aus Jerusalem, ist also schon von der Genese des dortigen Judentums her zu hinterfragen und wird auch von den konkreten Fakten nicht bestätigt. Freilich: An der bestehenden Präsenz heidnischer Orte in Galiläa haben auch die Hasmonäer nichts geändert, wenn nun auch westlich des Sees, also in Untergaliläa, ein stark jüdisch geprägtes Gebiet entstand. Vielleicht machte gerade dieses nahe Beieinander von Judentum und Heidentum das besondere Gepräge Galiläas aus.

Herodes Antipas, einer der Söhne von Herodes d. Gr., erbte nach dessen Tod (4 v. Chr.) die Herrschaft über Galiläa und Peräa. Er residierte zuerst in

Sepphoris, nur 5-7 km von Nazareth entfernt, bevor er dann im Jahr 19/20 n. Chr. das von ihm neu gegründete Tiberias zu seiner Hauptstadt machte. Erst im Jahre 39 n. Chr. musste er abdanken. Aufgrund einiger schwerwiegender politischer Fehler wurde er von Caligula nach Gallien verbannt. Herodes Antipas ist der Regent, unter dessen Herrschaft Jesus aufwuchs und starb. Wie sein Vater war auch er ein entschiedener Anhänger des römisch-hellenistischen »way of life«. Er handelte manchmal sehr energisch und agressiv – wie man an der Hinrichtung Johannes des Täufers sehen kann –, agierte dann jedoch auch wieder sehr vorsichtig. So nahm er bei der Münzprägung auf die Empfindlichkeiten seiner Landsleute Rücksicht, indem er unanstößige jüdische Motive bildlichen Darstellungen vorzog.

Jesus aus Galiläa

Landschaft, Archäologie und Geschichte Galiläas können eine große Hilfe sein, wenn wir Jesus und seine Botschaft besser verstehen wollen. Dies lassen vor allem die folgenden Punkte erkennen:

(1) Galiläa öffnet die Augen für den ländlichen Schwerpunkt des Wirkens Jesu. Wer die Evangelien liest, dem fällt auf, dass in Jesu Gleichnissen das Aussäen

Landwirtschaft um den See Genezareth

der Saat, das Wachstum der Pflanzen oder auch der Fischfang eine große Rolle spielen. All dies wird plausibel, wenn man sich vor Augen hält, dass das Galiläa, in dem Jesus aufwuchs und wirkte, weitgehend bäuerlich geprägt war. Es gab zwar auch zwei größere Städte, Sepphoris und Tiberias, aber in diesen hat Jesus nicht gewirkt. Sein primärer Adressatenkreis waren Menschen, die in einem ländlichen Umfeld lebten. Daraus muss man keinen romantischen Gegensatz zum Stadtleben konstruieren, zumal Jesus in seinen Gleichnissen immer wieder zeigt, dass ihm städtische Themen vertraut waren und das städtische Leben für ihn nicht von vornherein negativ besetzt ist. Aber mit einem Paulus, der fast nur in Städten gewirkt und verkündigt hat, ist Jesus nicht zu vergleichen. Gewiss hatte er auch nicht dessen Bildungshorizont. Es wird deshalb sehr zum Verständnis der Botschaft Jesu helfen, wenn man die materiellen, sozialen und kulturellen Lebensumstände der größtenteils auf dem Land lebenden Galiläer rekonstruieren kann.

(2) Galiläa lässt verstehen, dass Jesus immer wieder Grenzen überschritten hat. Es stimmt zwar, dass Jesus sich und seine Jünger in erster Linie zum Volk Israel gesandt sah: »Geht nicht den Weg zu den Heiden und zieht in keine Stadt der Samariter, sondern geht hin zu den verlorenen Schafen des Hauses Israel.« (Mt 10, 5) Dennoch berichten die Evangelien davon, dass Jesus gelegentlich auch Nichtjuden heilte, also wohl davon ausging, dass die Erwählung Israels im Letzten auch den Heiden zum Segen werden soll. Dieser implizite Universalismus wurde durch Galiläa sicher begünstigt, da jüdische und heidnische Bevölkerungszentren dort wie auf einem Fleckenteppich nahe beieinanderlagen. Man kann von mancherlei Kontakten ausgehen, die es sicherlich leichter machten, religiöse und kulturelle Grenzen zu überwinden.

(3) Galiläa bringt Jesus als Anwalt der Armen und Deklassierten nahe. Diese besondere Nähe Jesu zu denen, die ganz unten waren, kommt exemplarisch in der ersten Seligpreisung zum Ausdruck: »Selig seid ihr Armen; denn das Reich Gottes ist euer.« (Lk 6, 20) Ihr entspricht seine oft beißend scharfe Kritik an den Reichen und Mächtigen. Nun war die Zeit, in der Jesus in Galiläa lebte, aufgrund der langen und im Großen und Ganzen durchaus gedeihlichen Regierungszeit des Herodes Antipas wirtschaftlich relativ stabil. Es gab keine großen Krisen oder Hungersnöte und manche Juden werden davon auch profitiert haben. Aber eben nur die wenigsten. Diejenigen, die sowieso schon am unteren Rand der Gesellschaft standen – und das war der größte Teil –,

rutschten durch die zunehmende Besteuerung schnell noch weiter nach unten ab. Wirtschaftlicher Aufschwung und eine immer größer werdende Kluft zwischen Armen und Reichen waren also kein Gegensatz. Sicher, das war nicht nur ein Problem in Galiläa, sondern auch in Judäa und Jerusalem, aber dadurch, dass nach dem Tod von Herodes d. Gr. durch Antipas die herodianische Macht nun direkt in Galiläa vertreten war, dürfte sich die Spannung eher noch verstärkt haben. Als ein aus einfachen Verhältnissen kommender Galiläer nahm Jesus diese sozialen Spannungen sicher besonders intensiv wahr. Jesus war kein Sozialrevolutionär und sein Verhältnis zur Elite war nicht einfach feindlich. Es ging ihm um die Gottesherrschaft. Aber diese zielt eben auch auf eine radikal neue und bessere Gesellschaftsordnung.

(4) Galiläa hat auch als Landschaft theologische Relevanz: In der Bibel haben Landschaften oft zugleich eine theologische Bedeutung. So galt die Wüste zur Zeit Jesu als Ort der Buße und der Vorbereitung auf die erhoffte messianische Zeit. So wie das alte Israel durch die Wüste ins verheißene Land geführt wurde, so hoffte man, wird Gott auch das jetzige Israel durch die Wüste in die kommende messianische Zukunft führen. Deshalb sammelten sich messianisch-apokalyptische Bewegungen wie die Qumranbewegung oder die Bewegung um Johannes den Täufer mit Vorliebe in der Wüste. Sie wollten sich dort neu für Gott öffnen (Jes 40, 1). Wenn Jesus nun ganz bewusst nicht in der Wüste bleibt, wohin er sich anfangs zusammen mit Johannes hinbegeben hatte, sondern ins verheißene Land zurückkehrt, noch dazu in das fruchtbare Galiläa, das auch mit manchen messianischen Verheißungen verbunden war, dann steckt darin auch eine Botschaft: die Botschaft, dass die messianische Freudenzeit schon jetzt beginnt. Es ist jedenfalls kein Zufall, dass man sich die Freudenbotschaft Jesu nicht in der Wüste vorstellen kann, sondern nur in einer grünenden und blühenden Landschaft.

Nazareth

Franziskanische Verkündigungskirche

Einleitung

Nazareth, ungefähr in der Mitte zwischen Mittelmeerküste und Jordangraben gelegen, ist eine überwiegend arabische Stadt mit über 100.000 Einwohnern. Nazareth ist vielleicht nicht unbedingt eine Schönheit, trotzdem dürfte es kaum eine Pilgerfahrt ins Heilige Land geben, die den Ort nicht fest in ihrem Programm hat. Das ist auch verständlich, denn immerhin verbrachte Jesus dort die längste Zeit seines Lebens: insgesamt über 30 Jahre. Nazareth war die Stadt seiner Kindheit und Jugend, die Stadt, wo er als junger Mann gelebt und gearbeitet hat, und wahrscheinlich sogar die Stadt, in der er auch geboren wurde. Davon gehen heute jedenfalls die meisten historisch-kritisch arbeitenden Theologen aus: Sie halten es aufgrund der neutestamentlichen Texte für wahrscheinlich, dass Matthäus und Lukas seine Geburt nach Bethlehem »verlegt« haben, weil aus dieser Stadt nach alttestamentlicher Verheißung der Messias hervorgehen soll. Sie wollten damit also eine Glaubensaussage machen, wollten sagen, dass Jesus der Messias Israels ist.

Zentrales Ziel der christlichen Pilgerscharen ist die das Stadtzentrum überragende franziskanische Verkündigungskirche. Sie wurde an dem Ort erbaut, an der gemäß der Tradition der Engel Gabriel Maria die Geburt Jesu verkündigt hat.

Nazareth im Neuen Testament

Nun möchte sich natürlich jeder an der Jesusgeschichte interessierte Besucher gerne ein inneres Bild von dem Ort machen, in dem Jesus so lange gelebt hat. Das jedoch ist gerade in Nazareth besonders schwer. Nicht nur, weil die moderne Stadt kaum an ein jüdisches Dorf im 1. Jh. erinnert, sondern auch deshalb, weil die neutestamentlichen Zeugnisse über Nazareth historisch kaum etwas hergeben: Nur zwei ausführlichere Jesusgeschichten spielen in Nazareth. Beide stammen von Lukas.

In Lk 1, 26-38 wird erzählt, wie der Erzengel Gabriel Maria erscheint und ihr die wunderbare Geburt Jesu verkündigt. Auch hier handelt es sich nicht um eine primär historische, sondern um eine theologische Erzählung. Lukas will durch die Erzählung von der Jungfrauengeburt herausstellen, dass Gott selbst von Anfang an die treibende Kraft im Leben Jesu war. Die Geschichte hilft uns deshalb kaum, wenn wir uns für das jüdische Nazareth der Zeit Jesu interessieren. Ähnlich die zweite in Nazareth lokalisierte Jesuserzählung, die von Jesu erster Predigt in der dortigen Synagoge (Lk 4, 16-30) berichtet. Auch hier stehen die theologischen Interessen des Lukas im Vordergrund. Er stellt durch diese Episode heraus, dass die »gute Botschaft« vom Gnadenjahr des Herrn und die nach der Auferweckung Jesu daraus resultierende Zuwendung der Judenchristen zu den Heiden ein großes Konfliktpotential in sich tragen: Es wird zu einer Scheidung in Israel kommen, weil die Mehrheit des jüdischen Volkes in dieser Öffnung eine Relativierung jüdischer Werte und Vorstellungen sieht. Diese Scheidung wirft schon jetzt – in der Synagoge von Nazareth – ihre Schatten voraus.

Aufgrund der literarischen Zeugnisse des Neuen Testaments wissen wir letztlich nur, dass Jesus bis zum Beginn seiner öffentlichen Wirksamkeit in Nazareth gelebt und gearbeitet hat, dass seine Mutter Maria hieß und sein Vater der Bauhandwerker Joseph war. Nach Mk 6,3 hatte Jesus vier Brüder (Jakobus, Joses, Judas, Simon) und mehrere Schwestern, gehörte also zu ei ner Großfamilie. Wie sein Vater hat auch er als Bauhandwerker gearbeitet.

Der archäologische Befund

Dort, wo die literarischen Zeugnisse schweigen, werden nun allerdings die archäologischen umso interessanter, und diese können uns tatsächlich einigen Aufschluss über das Nazareth des 1. Jh.s geben:

Als sich der Franziskanerarchäologe Bellarmino Bagatti in den 60er Jahren des 20. Jh.s daran machte, an dem Ort Ausgrabungen durchzuführen, wo die Verkündigungsgrotte verehrt wurde und die heutige Verkündigungskirche gebaut werden sollte, war er sich bewusst, dass er sich auf ein heikles Terrain begab. Denn was war, wenn die bereits bekannten Höhlen und Grotten – so wie manche vermuteten – jüdische Grabanlagen sein sollten? Dann hätte festgestanden, dass es dort zur Zeit Jesu keine Besiedlung gab und die Verehrung dieses Ortes auch keinerlei historischen Haftpunkt hat. Doch Bagatti hatte Glück! Die Ausgrabungen brachten Spuren einer dörflichen Siedlung aus dem 1. Jh. ans Tageslicht, und darüber hinaus konnte sogar eine recht

Verkündigungsgrotte

frühe christliche Verehrung der so genannten Verkündigungsgrotte nachgewiesen werden. Bagattis Grabungen, zusammen mit anderen, teils schon in
früheren Jahrzehnten durchgeführten Untersuchungen, lassen insgesamt ein
recht plastisches Bild von Nazareth entstehen.

Tasten wir uns also langsam ins 1. Jh., indem wir uns von der Architektur
der Verkündigungskirche an die Hand nehmen lassen. Diese zweistöckige
Kirche ist so angelegt, dass man von der Gegenwart automatisch in die Ver-
gangenheit geführt wird. So gibt eine größere Öffnung in der Oberkirche den
Blick auf die im unteren Stockwerk verehrte Verkündigungsgrotte frei. Diese
stammt aus dem 1. Jh. und gehört zu einem Höhlensystem, das nördlich der
Kirchenmauern weitergeht. Verlässt man die Verkündigungskirche im oberen
Stockwerk durch ihren nördlichen Ausgang, dann kann man von oben auf das
Ausgrabungsfeld blicken und sich vorstellen, wie der innere und der äußere
Bereich durch Gänge miteinander verbunden sind. Auch in der nur wenige
Meter von der Verkündigungskirche nordöstlich gelegenen Josephskirche –
dort soll der Tradition nach Joseph seine Werkstätte gehabt haben – und an
anderen Orten hat man Spuren eines unterirdischen Nazareth freigelegt: Vor-
ratsgrotten mit in den Fels gehauenen (teils birnenförmigen) Vertiefungen, die

als Getreidesilos benutzt wurden oder als Depots für Öl und Wein, Zisternen für die Wasserversorgung, Oliven- und Weinpressen, ebenso wie Mahlsteine. All diese Funde sind ein klarer Hinweis darauf, dass in Nazareth überwiegend Bauern lebten. Die Höhlen dienten dabei nicht nur der Vorratshaltung, sondern wurden teilweise auch als Wohnhöhlen benutzt. Man hat in solchen Fällen die Höhlen einfach durch einen Vorbau erweitert. Es scheint, dass die so genannte Verkündigungsgrotte in jesuanischer Zeit eine Wohnhöhle oder noch wahrscheinlicher eine Vorratsgrotte gewesen ist. Trotz der relativ frühen christlichen Verehrung des Ortes (seit dem 2./3. Jh.) ist also nicht zu beweisen, dass dies nun tatsächlich das Haus der Maria war. Diese Wohnhöhlen waren sicher nicht die einzige Form von Häusern. Daneben wird es auch freistehende Häuser gegeben haben, von denen aber nichts mehr übrig geblieben ist.

Lage und Größe

Das neutestamentliche Nazareth lag an einem Südhang (Dschebel Nebi Sain) und hatte eine Quelle (die heutige Marienquelle). Diese Lage war günstig für den Anbau von Wein, aber auch für Getreide und Oliven, und man kann sich gut vorstellen, wie sich die wenigen Häuser, teils von freien, agrarisch genutzten Flächen umgeben, an den Hügel schmiegten. Die Grenzen des Dorfes konnte man relativ genau nachziehen, da man oberhalb Nazareths am Hang alte Grabanlagen gefunden hat und nach jüdischer Vorstellung Gräber außerhalb der Ansiedlung errichtet werden mussten. So dürfte das Nazareth Jesu ein kleines ovales Dorf gewesen sein, das sich in östlicher Ausdehnung von der heutigen Verkündigungskirche zur Marienquelle hin erstreckte, ungefähr 500 Meter lang und ca. 200 Meter breit. Seine Einwohner (vielleicht 200–300) waren einfache Leute, größtenteils Bauern und Handwerker. Die Utensilien, die man fand, waren jedenfalls völlig unluxuriöse Gebrauchsgegenstände.

Ein jüdisches Dorf

In Nazareth lebten ausschließlich Juden. Man fand nichts, was an eine pagane Bevölkerung denken lassen könnte, dagegen jede Menge Hinweise auf jüdische Traditionen und Bräuche. Typisch jüdisch sind z. B. die zahlreichen Schiebestollengräber, in denen der Leichnam so lange aufbewahrt wurde, bis die Verwesung abgeschlossen war. Erst anschließend wurden die Knochen in so genannten Gebeinkästen (Ossuarien) endgültig bestattet. Auch Ritualbäder (Mikwen) weisen auf eine jüdische Bevölkerung hin. Eine Synagoge wird es ebenfalls gegeben haben, doch wird man diese kaum mehr identifizieren

»Synagogenkirche« aus der Kreuzfahrerzeit

Wohnhöhle in Nazareth (nördlich der Verkündigungskirche)

können, da Synagogen zur Zeit Jesu oft nur einfache Versammlungsräume waren, die auch in Privathäusern vorstellbar sind und keine besondere bauliche Struktur aufweisen müssen. Die heutige »Synagogenkirche« stammt nicht aus der Zeit Jesu, sondern aus der Kreuzfahrerzeit, wo man begann, das erste öffentliche Auftreten in der Synagoge Nazareths zu verehren. Dass Nazareth, wie Lukas den Eindruck erweckt, eine stattliche Synagoge besaß und dazu noch eine teure Jesajarolle, ist angesichts der ärmlichen Verhältnisse eher unwahrscheinlich. Nazareth war – auch wenn Matthäus (Mt 2, 23) und Lukas (z. B. Lk 1, 26) das behaupten – keine Stadt, sondern ein Dorf.

Nazareth enthält Besiedlungsschichten, die in die Bronze- und Eisenzeit zurückreichen. Es war danach aber (vielleicht infolge der assyrischen Invasion im 8. Jh. v. Chr.) lange Zeit kaum oder überhaupt nicht besiedelt. Erst um das 1. Jh. v. Chr. herum dürfte sich infolge der hasmonäischen Besiedlungspolitik wieder eine jüdische Gemeinschaft niedergelassen haben.

Nazareth zur Zeit Jesu

Wenn wir zum Schluss noch einmal kurz zusammenfassen wollen, was Nazareth für die Beschäftigung mit Jesus austrägt, dann kann man es vielleicht so formulieren: Das neutestamentliche Nazareth lässt uns deutlich vor Augen treten, dass Jesus in bescheidenen Verhältnissen gelebt und gearbeitet hat. Die Bewohner Nazareths waren nicht bitterarm, aber an großen Luxus war nicht zu denken. Jesus wuchs in einer Großfamilie auf und arbeitete wahrscheinlich wie sein Vater als »technon«, als »Bauarbeiter«. Schreiner in unserem heutigen Sinn war Jesus sicher nicht, da man keine Holzmöbel hatte. Nazareth war etwas abgelegen, oben in den Bergen, aber zwei wichtige Straßen gingen in nicht allzu großer Entfernung an der Stadt vorbei, so dass die Menschen, die dort lebten, nicht aus der Welt waren und genug Möglichkeiten hatten, am Puls der Zeit zu bleiben. Nazareth war klein, so unbedeutend, dass es weder im Alten Testament noch in den außerbiblischen Quellen jener Zeit auch nur ein einziges Mal erwähnt wird. Die skeptische Reaktion des Nathanael, den sein Freund Philippus davon zu überzeugen versucht, dass ausgerechnet aus diesem Dorf der Messias Israels kommen soll, ist jedenfalls alles andere als überraschend: »Was kann aus Nazareth Gutes kommen?« (Joh 1, 46)

Die Verkündigungskirche und ihre Vorgängerbauten

In die Verkündigungskirche sind mindestens vier Vorgängerbauten integriert, deren Reste in der Unterkirche noch teilweise zu erkennen sind. Sie lagen vor (südlich) der Verkündigungsgrotte (die judenchristliche Kirche und die byzantinische Basilka) oder schlossen diese mit eine (Kreuzfahrerkirche, franziskanischer Vorgängerbau aus dem 18. Jh.).

Die byzantinische und die judenchristliche Kirche
Als Bagatti seine archäologischen Untersuchungen durchführte, stieß er auf die Reste einer byzantinischen Kirche aus dem 5. Jh., die dann später der Pilger von Piacenza gesehen hat: »Das Haus der heiligen Maria ist eine Basilika.« Diese Basilika bestand aus einem Hauptschiff mit Apsis (19,5 m lang und 8 m breit) und einem westlichen Vorbau (heute nicht mehr zu sehen). Das eigentliche Heiligtum,

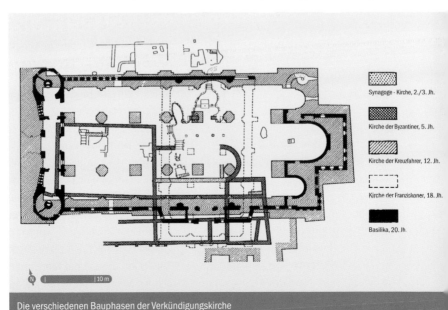

Synagoge - Kirche, 2./3. Jh.

Kirche der Byzantiner, 5. Jh.

Kirche der Kreuzfahrer, 12. Jh.

Kirche der Franziskaner, 18. Jh.

Basilika, 20. Jh.

| 10 m

Die verschiedenen Bauphasen der Verkündigungskirche

Byzantinisches Mosaik mit
Christusmonogramm

die Verkündigungsgrotte, befand sich etwas nördlich davon, außerhalb der Kirche.

Interessant ist ein Mosaik mit Christusmonogramm, das auf eine kleine Felseinbuchtung westlich der Verkündigungsgrotte ausgerichtet ist. Diese kleine Grotte dürfte – wie man aufgrund einiger in ihr gefundener Graffiti schließen kann – ein Martyrium gewesen sein, also ein Ort, wo man eines Märtyrers gedachte. Darauf deutet auch hin, dass man hier Reste eines Steintisches fand, der zum Feiern von Eucharistie und Agapemählern diente. Manche vermuten nun, dass hier eines gewissen Konon gedacht wurde, der in der Christenverfolgung unter Decius (3. Jh.) in Kleinasien den Märtyrertod erlitt und ein Verwandter Jesu aus Nazareth war. Wie wir aus verschiedenen Zeugnissen (z. B. Julius Africanus) wissen, lebten in Nazareth noch lange Zeit Angehörige der Familie Jesu. Für diese Hypothese könnte ein anderes Mosaik sprechen, das der Grotte vorgelagert ist und folgende griechische Stifterinschrift enthält: »Gabe des Diakons Konon aus Jerusalem.« Hier könnte es sich um einen Namensvetter des Märtyrers handeln, der vielleicht sogar bewusst nach diesem benannt wurde, und der deshalb – Jahrhunderte später – zum Gedenken an seinen Namenspatron ein Mosaik gestiftet hat.

Nun scheint diese byzantinische Kirche aber noch eine Art Vorgängerbau gehabt zu haben. Jedenfalls fand Bagatti an mehreren Stellen Hinweise auf eine judenchristliche Verehrung dieses Ortes. So geht der bereits erwähnte Steintisch aus dem Konon-Martyrion – er wurde bei früheren Grabungen zerstört – ins 2./3. Jh. zurück. Darauf weisen auch die christlichen Graffiti hin, die man unter den verschiedenen Anstrichen der östlichen Wand des Martyrion gefunden hat. Sie enthalten zahlreiche Anrufungen, z. B. von Petrus und Paulus, u. a. auch eine Krone mit runden Bändern und einem Palmzweig in der Mitte als Symbol für das Paradies. Zu dieser früheren Kirche – Bagatti spricht von einer Synagogenkirche – gehören auch viele Steinfragmente, die man unter dem byzantinischen Mosaik gefunden hat. Es sind dieselben Steine, die das Fundament der südlichen säulentragenden Mauer der byzantinischen Kirche bilden. In diesem Bereich fand man auch das erste »Ave Maria« auf Griechisch: »Chaire Maria« – »Gegrüßt seist Du, Maria«. Des Weiteren gehört ein Wasserbassin, zu dem sieben Stufen hinabführen und das man unter dem byzantinischen Fußboden fand, zu diesem judenchristlichen Heiligtum. Es war vermutlich ein Taufbecken. Wie weit all diese Relikte zurückgehen, ist schwer zu sagen: in jedem Fall in das dritte, vielleicht aber auch schon ins 2. Jh.

Die heutige Kirche

Nach der Kreuzfahrerkirche (12. Jh.) und der in einer Nord-Süd-Achse gebauten Franziskanerkirche des 18. Jh.s steht nun heute die Verkündigungskirche an diesem geschichtsträchtigen Ort. Diese moderne Kirche muss einem nicht unbedingt gefallen, aber sie ist von ihrer Architektur her in jedem Fall interessant. Spannend ist die große runde Öffnung des Obergeschosses hin zum Untergeschoss, so dass man bei jeder Gottesdienstfeier oben immer an den heiligen Ursprung des Ortes zurückverwiesen ist. Da das obere Stockwerk durch die zahlreichen Mariendarstellungen aus aller Herren Länder auch für die weltweite Völkerkirche steht, kann man in der Konzentration auf die Verkündigungsgrotte ein Zeugnis dafür sehen, dass die Kirche ohne ihre jüdischen Wurzeln nicht denkbar ist.

Die Josephskirche

Die Kirche des heiligen Joseph, nördlich der Verkündigungskirche, noch auf dem Gelände der Franziskaner ist nach der Tradition die Werkstätte des Joseph. Sie ist in der Krypta mit dem unterirdischen Höhlensystem Nazareths verbunden. Am wichtigsten ist in dieser Kirche ein altes, mit einem Mosaik ausgestattetes Becken, in das sieben Stufen hinabführen. Es handelt sich dabei wahrscheinlich um ein Taufbecken, das nach den Franziskanerarchäologen eine ausgeprägte judenchristliche Symbolik enthält.

Die Gabrielskirche

Einen Besuch lohnt auch die griechisch-orthodoxe Gabrielskirche. Sie enthält einen Brunnen, in den hinein früher das Wasser der nahegelegenen Quelle geleitet wurde. Es handelt sich hier um die einzige Quelle Nazareths, und deshalb ist es sicher, dass hier auch schon zur Zeit Jesu das Wasser geschöpft wurde. Nach der griechisch-orthodoxen Tradition geschah die erste Verkündigung des Erzengels Gabriel an Maria hier an diesem Ort, beim Wasserschöpfen. Die erste Kirche stammt vermutlich aus der Kreuzfahrerzeit. Die heutige Kirche wurde im 18. Jh. erbaut.

Taufbecken in der Josephskirche

Orte am See Genezareth

Kapernaum

**Das so genannte »evangelische Dreieck«:
Kapernaum, Bethsaida, Chorazin**
Das Wehewort in Lk 10, 13 – 15 nennt Kapernaum, Chorazin und Bethsaida als Schwer-
punkte des Wirkens Jesu, und dies dürfte historisch auch korrekt sein. Da diese drei Orte wie
ein Dreieck am nordöstlichen Ufer des Sees liegen, bezeichnet man sie oft als »evangelisches
Dreieck«, was in diesem Fall nichts mit der Kon-
fession zu tun hat, sondern mit dem Evangelium, der guten Botschaft, die Jesus verkündigt
hat. Sieht man sich die Lage dieser Orte auf der
Karte genauer an, dann merkt man, dass der
Schwerpunkt des Wirkens Jesu in einem relativ
überschaubaren Bereich lag, auch wenn Jesus
immer wieder andere Gebiete des Landes
durchstreift hat, um die Menschen mit seiner Botschaft zu erreichen. Aufgrund
der inneren Zusammengehörigkeit dieser drei Orte wird hier auch Bethsaida
behandelt, das rein politisch betrachtet damals nicht mehr zu Galiläa gehörte,
sondern bereits zur Tetrarchie des Philippus.

Kapernaum, »die Stadt Jesu«?
Kapernaum ist nach Matthäus (9, 1) »seine Stadt«: die Stadt Jesu. Und tatsächlich: Kapernaum war die Stadt, oder sagen wir besser das Dorf, in dem
sich Jesus am häufigsten aufhielt und wo er viele Heilungtaten vollbrachte.
Als neues »Zuhause«, das an die Stelle von Nazareth trat, sollte man Kapernaum aber besser nicht verstehen (so Mt 4, 12 – 16). Typisch für die Lebensweise Jesu war ja gerade, dass er keinen festen Wohnsitz hatte (Lk 9, 58), sondern
als »Wandercharismatiker« das Reich Gottes im ganzen Land verkündigte.

Nun mag die Bevorzugung von Kapernaum mit der verkehrstechnisch günstigen Lage zusammenhängen. Wenn Jesus mit seiner Botschaft ganz Israel
erreichen wollte, dann, so ist anzunehmen, wird er sich auch darum bemüht
haben, einen Ort als Ausgangsbasis zu finden, von dem aus er dieses Unternehmen sinnvoll in Gang bringen konnte. Nun konnte er von Kapernaum zwar
nicht das ganze Land gut erreichen, aber immerhin den Norden. Das gegen-

über Obergaliläa wesentlich stärker besiedelte Untergaliläa war über die Genessarebene zugänglich, und das Reich des Herodessohnes Philippus, das vom heutigen Golan bis an die libanesische Grenze reichte, war von Kapernaum nur einen Katzensprung entfernt. Man musste nur einen Zweig der Via Maris, der westlich an Kapernaum vorbeiführte – ungefähr dort, wo auch die heutige Straße verläuft – entlanggehen. Zu Fuß brauchte man vermutlich nicht einmal eine halbe Stunde, um zu der an der Jordanmündung liegenden Grenze zu kommen.

Die Vorliebe Jesu für Kapernaum wird allerdings noch mehr damit zusammenhängen, dass dort Petrus und sein Bruder Andreas wohnten. Hier konnte Jesus mitsamt seiner Jüngerschar immer wieder Unterkunft finden. Gerade weil die Jesusgruppe fast immer unterwegs war, werden die Jünger und Jüngerinnen Jesu froh darüber gewesen sein, in Kapernaum eine Art »Basiscamp« zu haben. Ganz ohne Beheimatung geht es anscheinend auch bei Wandercharismatikern nicht.

Kapernaum zur Zeit Jesu

Kommt man heute nach Kapernaum, dann besucht man zumeist das franziskanische Ausgrabungsfeld (seit 1969 Ausgrabungen, vor allem durch Virgilio Corbo und Stanislao Loffreda), das außer einigen antiken Wohneinheiten eine beeindruckende Kalksteinsynagoge und das »Haus des Petrus« aufzuweisen hat. Etwas nördlich dieses Besuchermagneten befindet sich im Bereich des griechisch-orthodoxen Kapernaum ein weiteres, allerdings viel kleineres Ausgrabungsfeld. Man kann die schöne orthodoxe Kirche von den Franziskanern aus gut sehen und bekommt so eine Ahnung von der Größe des neutestamentlichen Kapernaum, das sich ungefähr bis dorthin erstreckt haben dürfte. Während seiner Blütezeit im 4./5. Jh. zog sich der Ort in einer Länge von ca. 1500 m am See entlang und war ungefähr 200–300 m breit.

Was wissen wir vom Kapernaum Jesu? Zuerst einmal: Die Stadt wurde zu Beginn des 1. Jh.s v. Chr. als jüdische Siedlung von den Hasmonäern gegründet. Kapernaum heißt: das Dorf des Nahum. Vermutlich handelt es sich bei diesem Nahum um eine Person, die an der Gründungsgeschichte des Dorfes entscheidend beteiligt war. Eine jüdische Siedlung blieb der Ort auch in der folgenden Zeit, selbst wenn es – wie das Neue Testament behauptet – dort bereits zur Zeit Jesu einen römischen Hauptmann und deshalb vielleicht auch eine kleine römische Garnison gegeben haben sollte. Erst im 5. Jh. ist damit zu rechnen, dass mit den dortigen Juden auch eine Gruppe von Heidenchristen im Ort lebte. Kapernaum hatte ca. 600–1500 Einwohner. Im Unterschied zu

Tiberias und Sepphoris mit ihren ca. 10.000 Einwohnern also wirklich ein Dorf und keine Stadt (so auch JosVita 72). Deshalb fand man auch keine Stadtmauer oder größere öffentliche Gebäude. Selbst wenn im Norden Kapernaums, wie manche vermuten, noch größere öffentliche Gebäude gefunden werden sollten, wird dadurch aus Kapernaum keine Stadt. Dennoch dürfte Kapernaum in wirtschaftlicher Hinsicht – als Umschlagplatz von Waren und als Zentrum von Fischfang (vermutlich an zweiter Stelle neben Magdala) – regional eine gewisse Bedeutung gehabt haben.

Besonders typisch für Kapernaum sind die freigelegten Wohninseln: von einer äußeren Mauern umgebene, um einen Innenhof herum gelagerte kleine Wohn- und Wirtschaftseinheiten, in denen ganze Sippen und Großfamilien lebten. Wenn man sich vor dem Eingang der Kalksteinsynagoge stehend nach Süden wendet, dann steht man direkt vor einer solchen Wohninsel. Man sieht dann auch, dass die Wände der meist nur aus einem Raum bestehenden Häuser (manchmal durch einen steinernen »Raumteiler« gegliedert) aus einfachen unbehauenen Basaltsteinen bestanden. Als Dach dienten mit Lehm verklebte Reisigbündel, die auf hölzernen Balken auflagen. Hier kann man sich sehr anschaulich vorstellen, wie einige Zeitgenossen Jesu ein solches Dach aufdeckten, um einen der Heilung bedürftigen Gelähmten direkt vor den Füßen Jesu zu platzieren (Mk 2, 1–12). Begreiflich ist auch, dass in solchen kleinen Häusern, wo vielleicht Familien von zehn und mehr Leuten lebten, einige »Unruhe« entstand, wenn nachts plötzlich Besuch kam, wie Jesus das in einem Gleichnis beschreibt (Lk 11, 5–8). Die Häuser Kapernaums und die kleinen, nicht gepflasterten Straßen lassen erkennen, dass hier einfache Leute lebten: vor allem Fischer, Händler und Bauern.

Erwähnenswert ist, dass man im griechisch-orthodoxen Kapernaum ein römisches Badehaus gefunden hat. Ob dies mit dem Centurio in Zusammenhang gebracht werden kann, der nach Mt 8, 5–13 (par Lk 7, 1–10; Joh 4, 46 b–53) in Kapernaum lebte und der jüdischen Gemeinde eine Synagoge baute, ist

Wohninsel und Kalksteinsynagoge

Wohninsel

allerdings fraglich, da nicht klar ist, ob es aus der Zeit vor oder nach 70 n. Chr. stammt. Dass – wie das Neue Testament behauptet – ein römischer Centurio dort eine kleine Garnison hatte, ist aufgrund der Grenzlage Kapernaums nicht auszuschließen, möglich ist aber auch, dass er sich dort erst im Ruhestand niedergelassen hat.

Die Kalksteinsynagoge und die Synagoge Jesu

Das prächtigste Gebäude in Kapernaum ist ohne Zweifel die rekonstruierte weiße Kalksteinsynagoge aus dem 4./5. Jh. Schon deshalb ein kostenaufwändiges Projekt, weil der Kalkstein auch dem westlichen Galiläa herangeschafft werden musste, da es um den See herum hauptsächlich Basalt gibt. Das Gebäude besteht aus einem zentralen Versammlungsraum (24 × 18 m) und einem Nebenraum (24 × 13 m), der als Beit Midrasch, also als religiöses Lehrhaus, gedient haben könnte. Der Hauptraum ist durch zwei Säulenreihen in drei »Schiffe« unterteilt und bekommt dadurch ein basilikaähnliches Aussehen. Eine dritte Säulenreihe schließt im Norden an diese beiden an. Beachtlich sind die schönen korinthischen Kapitelle. Typisch für galiläische Synagogen dieser Zeit ist der nach Jerusalem orientierte Eingang. Einen fest eingebauten Schrein für die Tora und andere heilige Schriften, wie wir ihn von modernen Synagogen kennen, sucht man dagegen vergeblich. Man hat sich deshalb oft die Frage gestellt, wo man damals die Torarollen aufbewahrte. Das in Kapernaum gefundene und dort auch ausgestellte steinerne Halbrelief einer »rollenden Bundeslade« könnte eine Antwort auf diese Frage geben: Vielleicht hat man die Heiligen Schriften damals noch nicht in festen, sondern in beweglichen Toraschreinen aufbewahrt. In einer griechischen und einer hebräischen Inschrift werden Personen genannt, die sich finanziell an der Errichtung der Synagoge beteiligt haben.

Kalksteinsynagoge (4./5. Jh.)

Bundeslade bzw. Toraschrein auf Rollen?

Wenn nun diese Synagoge aus einer relativ späten Zeit stammt, wo stand dann die Synagoge Jesu? Nun muss man bei dieser Frage bedenken, dass das Wort Synagoge im Neuen Testament nur in wenigen Fällen ein architek-

Basaltfundament der Kalksteinsynagoge

Grundmauern der oktogonalen Petrushaus-Kirche (5. Jh.)

Rekonstruktion des Petrushauses

tonisch klar markiertes Gebäude meint. Oft bezeichnet das Wort nur eine »Versammlung«, und selbst dort, wo ein bestimmter Platz oder ein konkretes Gebäude gemeint ist, kann dies ein ganz normaler öffentlicher oder auch privater Raum gewesen sein, den man eben regelmäßig für Versammlungen benutzt hat. Man hat in Galiläa bislang nur ein einziges, klar identifizierbares Synagogengebäude gefunden, das aus der Zeit Jesu stammen könnte: die 2009 entdeckte Synagoge in Magdala. Die »Synagoge«, in der Jesus gewirkt hat, könnte im Prinzip also jedes Haus und jeder Platz in Kapernaum gewesen sein. Interessant ist freilich, dass die Franziskanerarchäologen unter dem Hauptraum der weißen Synagoge ein Basaltpflaster aus dem 1. Jh. gefunden haben, das nicht ganz den heutigen Synagogenraum ausfüllt, auch alte Mauern, die nun als Fundament der Kalksteinsynagoge dienen. Da heilige Orte meist immer an derselben Stelle errichtet wurden, könnte es sich um eine Vorgängersynagoge der jetzigen gehandelt haben. Dann würde die heutige Synagoge tatsächlich an dem Ort stehen, an dem Jesus einst gewirkt hat.

Das Haus des Petrus

Direkt gegenüber der Synagoge, nur durch eine Wohninsel getrennt, befindet sich das so genannte »Haus des Petrus«, das heute von einem »Betonufo« überbaut ist: einer Kirche – sie soll ein Schiff symbolisieren –, durch deren Glasfußboden man die antiken Überreste des heiligen Ortes bewundern kann. Vom Architekturkonzept her durchaus beeindruckend, auch wenn man über die Ästhetik dieses franziskanischen Baus streiten kann (Architekt: Ildo Avetta, 1990 eingeweiht).

»Haus des Petrus«, das klingt in den Ohren kritischer Geister nicht besonders glaubwürdig. Und doch muss man sagen, dass speziell an diesem Ort die Wahrscheinlichkeit groß ist, dass wir mit jesuanischem bzw. petrinischem Urgestein in Berührung kommen. So fanden die Ausgräber unter der oktogonalen Kirche des 5. Jh.s eine durch eine Außenmauer klar von der Umgebung abgegrenzte Hauskirche aus dem 4. Jh., und deren Zentrum wiederum bildete ein jüdisches Hofhaus aus dem 1. Jh. Bereits im 2. Jh. (vielleicht sogar früher) wurde das Petrushaus als heiliger Ort verehrt. Dies zeigen sowohl die zahlreichen, teils von Pilgern stammenden christlichen Graffiti wie auch die Tatsache, dass man die Wände und den Boden des Hauses während des 2. und 3. Jh. mehrfach verputzt und mit einem (durch einen Mauerbogen abgestützten) festen Dach versehen hat. Es ist also durchaus möglich, dass wir hier das Haus des Petrus bzw. das seiner Schwiegermutter (Mk 1, 29–31) vor uns haben (s. Abb. S. 66).

Architektonisch am beeindruckendsten ist die Kirche aus dem 5. Jh. Sie bestand aus zwei ineinander liegenden Oktogonen. Das mittlere Oktogon lag direkt über dem heiligen Ort und war von allen Seiten zugänglich. Zwischen dem inneren und dem äußeren Oktogon fand man einen Mosaikfußboden mit geometrischen und floralen Mustern.

Die Berufung der ersten Jünger in der Nähe Kapernaums

In der Nähe von Kapernaum, am Seeufer, hat Jesus nach Mk 1, 16–20 seine ersten Jünger berufen: Simon (Petrus) und Andreas, Jakobus und Johannes, später dann auch noch den Zöllner Levi (Mk 2, 13–17). Auffällig ist, dass die Berufenen auf den Ruf Jesu hin sofort alles verlassen und Jesus nachfolgen. Dadurch wird einerseits die göttliche Autorität und Ausstrahlung Jesu herausgestellt, andererseits wird betont, dass die Nachfolge keine Kompromisse duldet.

Im Unterschied zu Markus stammen nach dem Johannesevangelium die ersten Jünger, auch Simon und Andreas, aus dem Täuferkreis, zu dem auch Jesus enge Kontakte hatte. Johannes setzt also voraus, dass manche Jünger Jesus schon vorher kannten. Dann hätten die ersten Jüngerberufungen vermutlich nicht am See Genezareth stattgefunden, sondern in »Bethsaida jenseits des Jordan« (Joh 1, 28), das traditionell am unteren Lauf des Jordan lokalisiert wird.

Wichtiger als der Ort ist allerdings, dass Jesus 12 Jünger berufen hat. Die Zwölfzahl stand symbolisch für die zwölf Stämme Israels. Im Judentum der Zeit Jesu erwartete man, dass in der messianischen Zeit das Gottesvolk in seiner idealen Ursprungsgestalt wiederhergestellt wird, da es seit dem 8. Jh. v. Chr. nur noch die zwei südlichen Stämme gab. Die Berufung von zwölf Jüngern will somit zum Ausdruck bringen, dass Jesus der ist, durch den das messianische Israel in seiner Idealgestalt errichtet werden wird.

Jesu Wirken in Kapernaum

Markus fügt im ersten Kapitel seines Evangeliums einige Jesusepisoden aus Kapernaum zusammen. Sie lesen sich fast so, wie wenn hier ein Tag aus dem Leben Jesu beschrieben würde. Indem der Evangelist uns am Beispiel Kapernaums vor Augen führt, was das Zentrum des Wirkens Jesu ausmacht, hilft er auch noch dem heutigen Besucher, sich ein wenig in den »Alltag« Jesu hineinzumeditieren. Er erzählt, wie Jesus nach den ersten Jüngerberufungen am See in das Dorf kam und dort in der Synagoge einen Besessenen heilte. Anschließend fährt er fort:

»Und alsbald gingen sie aus der Synagoge und kamen in das Haus des Simon und Andreas mit Jakobus und Johannes. Und die Schwiegermutter Simons lag danieder und hatte das Fieber; und alsbald sagten sie ihm von ihr. Da trat er zu ihr, fasste sie bei der Hand und richtete sie auf; und das Fieber verließ sie und sie diente ihnen. Am Abend aber, als die Sonne untergegangen war, brachten sie zu ihm alle Kranken und Besessenen. Und die ganze Stadt war versammelt vor der Tür. Und er half vielen Kranken, die mit mancherlei Gebrechen beladen waren, und trieb viele böse Geister aus und ließ die Geister nicht reden; denn sie kannten ihn. Und am Morgen, noch vor Tage, stand er auf und ging hinaus. Und er ging an eine einsame Stätte und betete dort. Simon aber und die bei ihm waren, eilten ihm nach. Und als sie ihn fanden, sprachen sie zu ihm: Jedermann sucht dich. Und er sprach zu ihnen: Lasst uns anderswohin gehen, in die nächsten Städte, dass ich auch dort predige; denn dazu bin ich gekommen. Und er kam und predigte in ihren Synagogen in ganz Galiläa und trieb die bösen Geister aus.« (Mk 1, 29–39)

Jesus wird hier als vielbeschäftigter charismatischer Heiler beschrieben. Er wird so sehr bedrängt, dass er kaum zur Ruhe findet und ihm nur noch die Morgenstunden bleiben, um im Gebet vor Gott etwas Ruhe zu finden. Das mag ein wenig überzeichnet sein, aber vermutlich nur ein wenig. Denn tatsächlich war Jesu Wirken durch eine intensive charismatische Heilungstätigkeit geprägt, und er sah in diesen Heilungen Zeichen des schon in der Gegenwart wirksamen Gottesreiches: »Wenn ich mit dem Finger Gottes die Dämonen austreibe, dann ist doch das Reich Gottes schon zu euch gekommen.«

(Lk 11, 20) Jesus war der Überzeugung, dass Gott in allernächster Nähe seine göttliche Königsherrschaft über Israel und die Schöpfung aufrichten wird. Wenn das geschieht, dann kommt es auf allen Ebenen zur Heilung unseres Menschseins: auf der physischen, der psychischen und der geistlichen Ebene. Wenn Jesus in der Gegenwart heilt, will er damit also sagen: »Glaubt mir, bald ist es so weit. Was ihr um euch herum erlebt, ist schon ein Beginnen dieses letzten umfassenden Heilungsprozesses. So wie die ersten Frühlingsblumen den nahen Frühling ankündigen, so meine Taten das nahende Gottesreich. Es kommt ganz gewiss, und ich selbst werde bei dem, was Gott tun wird, eine entscheidende Rolle spielen.«

Eindrücklich ist auch die in Kapernaum erzählte Heilungsgeschichte (Mk 2, 1–12), bei der ein Gelähmter wegen des Andrangs der Menge durch das Dach zu Jesus herabgelassen wird. Eine provozierende Geschichte. Nicht nur, weil Jesus die Sündenvergebung der Heilung vorordnet und so deutlich macht, dass die wahre Heilung im Inneren des Menschen beginnt, sondern noch mehr, weil er selbst die Sünden vergibt, was nach jüdischer Vorstellung nur Gott alleine darf. Jesus hat sich sicher nicht einfach mit Gott gleichgesetzt, dennoch begegnet er immer wieder als Mensch, der aus dem Bewusstsein heraus lebt, dass Gott auf seiner und er auf Gottes Seite steht. Das ist für Jesus eine so unhinterfragbare Selbstverständlichkeit, dass er es nie für nötig hielt, seinen ungeheueren Anspruch durch besondere Offenbarungserlebnisse zu legitimieren.

Kapernaum: ein Ort christlich-jüdischer Konkurrenz?

Auffällig ist, dass sich im Kapernaum des 5. Jh.s eine prächtige Synagoge und eine nicht weniger prächtige Kirche gegenüberstanden. Wie ist dieser Befund zu deuten? Eine Möglichkeit besteht darin, von einer ausgeprägten Konkurrenzsituation auszugehen. Vielleicht wollten die in Kapernaum lebenden Juden den Christen Paroli bieten, nachdem diese dort im 5. Jh. eine kleine, aber doch prächtige Kirche erbaut hatten. Das könnte erklären, warum man keine Mühe und keine Kosten scheute, um in einem einfachen Dorf eine derart repräsentative Synagoge zu errichten. Oder ist es umgekehrt? Bezeugt gerade das Nebeneinander einer stattlichen Kirche und einer prächtigen Synagoge, dass zumindest in diesem Raum des byzantinischen Reiches noch ein friedliches Zusammenleben von Juden und (Juden- bzw. Heiden-)Christen möglich war? Das schließt nicht aus, dass man in einer gewissen Konkurrenzsituation stand, würde aber zeigen, dass es trotzdem noch möglich war, zusammen in einem Dorf zu leben und sich gegenseitig zu respektieren. Die Tatsache, dass

Rekonstruktion von Petruskirche und Synagoge, 5. Jh. (© Princetown University, New York)

es in Kapernaum eine lange judenchristliche Präsenz gab, das Zusammenleben von jesusgläubigen und rabbinischen Juden also irgendwie funktioniert haben muss, könnte diese Deutung unterstützen.

Bethsaida

Einleitung

Lukas setzt voraus (Lk 10, 13–15), dass Jesus auch in Bethsaida (= Haus des Fisches) viele vollmächtige Taten vollbracht hat. Auch der johanneische Bericht (Joh 1, 44; Joh 12, 21), nach dem der Jesusjünger Philippus, ebenso wie Petrus und sein Bruder Andreas, ursprünglich aus Bethsaida stammen, macht es wahrscheinlich, dass Jesus sich öfters dort aufgehalten und gewirkt hat. Auch dann, wenn die in bzw. bei Bethsaida lokalisierte Blindenheilung (Mk 8, 22–26) und die Speisung der 5000 (Lk 9, 10–17) auf die Redaktionsarbeit der Evangelisten zurückgehen sollten.

Der Ruinenhügel et-Tell, der nur einige hundert Meter östlich des Jordans liegt und ca. 2 km vom nördlichen Ende des Sees Genezareth, wird seit 1987 systematisch ausgegraben und heute meist mit dem neutestamentlichen Bethsaida identifiziert. So steht es auch auf dem Hinweisschild, das dem Besucher den Weg zu den Ausgrabungen weist. Doch ist et-Tell tatsächlich mit Bethsaida zu identifizieren? Es gibt immer noch Forscher, die dies mit plausiblen Argumenten bestreiten. Doch bevor wir uns dieser Frage zuwenden, sei zuerst beschrieben, was man in Bethsaida bislang ans Tageslicht befördert hat.

Das eisenzeitliche Bethsaida

Archäologisch am beeindruckendsten sind in Bethsaida nicht die Funde aus der hellenistisch-frührömischen Zeit, sondern ist die Entdeckung der Überreste einer eisenzeitlichen Stadt aus dem 10./9. Jh. v. Chr. Dazu gehören ein beeindruckendes Vierkammertor mit einem davor gelagerten Opferplatz und ein direkt hinter der eisenzeitlichen Stadtmauer gelegener Palast. Vermutlich hat man die im Alten Testament erwähnte Stadt Zer (Jos 19, 35) gefunden. Sie lag im Herrschaftsgebiet von Geschur, einem aramäischen Stamm, der sich dort niedergelassen hatte und sowohl in der Bibel als auch in außerbiblischen Quellen erwähnt wird. Im 10. Jh. kommt es sogar zu einem Vertrag zwischen David und dem geschuritischen König Talmai, der von David durch die Heirat mit dessen Tochter Maacha bekräftigt wird. Anscheinend wollte David so die nordöstliche Grenze seines Reiches sichern. Nach 2 Sam 3, 3 (vgl auch 1 Chr 3, 2) ging Absalom aus der Ehe Davids mit Maacha hervor. Es ist deshalb auch kein Zufall, dass Absalom, nachdem er seinen Bruder Ammon getötet hatte – Ammon hatte zuvor seine Schwester Tamar vergewaltigt (2 Sam 13) –, für drei Jahre nach Geschur floh (2 Sam 13, 38).

Lageplan der Ausgrabungen in Bethsaida

Eisenzeitliches Vierkammertor

Die hellenistisch-frühjüdische Stadt

Aus der hellenistisch-römischen Zeit stammt ein an das eisenzeitliche Tor angrenzendes öffentliches Gebäude, dessen genaue Datierung noch unsicher ist (2. Jh. v. – 1. Jh. n. Chr.): Manche halten es für einen hellenistisch-frührömischen Tempel. Einige Funde deuten darauf hin (z. B. eine hellenistische Terrakottafigur: »Lady of Bethsaida«, römische Glasgefäße etc.), dass nicht nur im Bethsaida des 2. Jh.s v. Chr., sondern auch im Bethsaida des 1. vor- und nachchristlichen Jh.s eine heidnische Bevölkerungsgruppe gelebt haben könnte. Zu zahlreich wird diese im 1. Jh. freilich nicht gewesen sein, weil viele andere Funde (z. B.

»Haus des Winzers«

Rekonstruktion des Winzerhauses (Jean Benoit Heron)

die zahlreichen Steingefäße) zusammen mit den literarischen Zeugnissen (Josephus, Neues Testament) nahelegen, dass es sich um einen überwiegend jüdisch bewohnten Ort handelte. Aufgrund der Vorgeschichte kann man jedoch davon ausgehen, dass die dort lebenden Juden gegenüber römisch-hellenistischen Einflüssen offen waren. Das bezeugen die griechischen Namen der aus Bethsaida stammenden Jesus-jünger: Philippus und Andreas. Simon ist zwar ein typisch jüdischer Name, aber immerhin einer, der auch unter Griechen gebräuchlich war. Interessant ist in diesem Zusammenhang, dass Philippus in Joh 12, 20–22 als eine Art Mittels-mann zwischen einigen Griechen und Jesus in Erscheinung tritt.

Sehr gut vorstellen kann man sich anhand des archäologischen Befundes, wie die im nörd-lichen Teil des Tell ausgegrabenen Hofhäuser einst aussahen. In dem einen hat man viele für die Fischerei nötige Utensilien gefunden, so dass man Fischer als Bewohner an-nehmen darf. Das andere Haus könnte das Haus eines »Winzers« gewesen sein. Darauf deuten Rebmesser hin und ein etwas tiefer gelegener Vorratsraum, in dem große Weinkrüge aufbewahrt wurden.

Ist et-Tell Bethsaida?

Doch kehren wir zu unserer Ausgangsfrage zurück: Ist et-Tell wirklich Bethsai-da? Stutzig macht vor allem eines: Nach Josephus (JosAnt 18, 28) hat der He-rodessohn Philippus das in seinem Reich gelegene Bethsaida um 30 n. Chr. in den Rang einer Stadt erhoben und Bethsaida-Julias genannt, wahrscheinlich zu Ehren von Julia, der Frau des Augustus (gegen JosBell 2, 168). Als Grund dafür nennt er die große Bevölkerungszahl und andere Vorzüge. All das kann man sich für et-Tell nun wahrhaft schwer vorstellen. Viele Menschen werden in diesem 400 × 200 m großen Dorf nicht gelebt haben, und öffentliche Ge-bäude, die einer Stadt würdig wären, sucht man vergeblich. »Josephus und Bevölkerungszahlen« ist nun allerdings ein Problem ganz eigener Art – meist übertreibt er maßlos –, so dass man diesen Hinweis nicht zu ernstnehmen sollte. Und auch die geographische Lokalisierung von Bethsaida an anderen Stellen (JosBell 3,515; Vita 398–406) stimmt bestens mit et-Tell überein. Eine Lösung des Rätsels könnte darin bestehen, dass Philippus den Ausbau zur Stadt zwar beabsichtigte, ihn aber nicht mehr umsetzen konnte, da er kurz darauf starb. Möglich ist auch, dass es tatsächlich noch einen römisch-hellenistischen Teil außerhalb von et-Tell gab, den man bislang nur noch nicht entdeckt hat, ähnlich wie in Sepphoris und Skythopolis. Eine letzte Entscheidung ist im Augenblick noch nicht möglich, dennoch scheint die Identifikation von et-Tell und Bethsaida einiges für sich zu haben.

Chorazin

Einleitung
Keine einzige neutestamentliche Jesusgeschichte spielt in Chorazin. Und doch hat die »Stadt« vermutlich zu den Orten gehört, in denen Jesus häufig gewirkt hat. Mit Kapernaum und Bethsaida gehört sie zum »evangelischen Dreieck« (Lk 10, 13 u. Mt 11, 20 f.).

Lage und Geschichte
Chorazin ist in nordöstlicher Richtung ungefähr 4 km vom See Genezareth entfernt. Es liegt inmitten einer hügeligen Landschaft, die sich vom Seeufer langsam ansteigend nach Nordosten erstreckt, bis sie in den obergaliläischen Bergen eine für galiläische Verhältnisse beachtliche Höhe erreicht (von ca. 250 m unter dem Meeresspiegel bis hinauf zu über 1200 m am Meron). Chorazin ist in der Nähe einer Quelle erbaut und besteht aus schwarzen Basaltsteinen. Es wirkt deshalb meist auch sehr düster. Schlendert man durch den in den 60er und 80er Jahren des 20. Jh.s ausgegrabenen Ort, dann kann man sich ein gutes Bild vom einstigen Aussehen machen, da viele Gebäude bis zu einer bestimmten Höhe oder sogar ganz rekonstruiert wurden. Allerdings muss man sich deutlich vor Augen führen, dass dieses Chorazin nicht das Chorazin aus der Zeit Jesu ist. Die Stadt, wie wir sie heute sehen, ist im Wesentlichen die Stadt des 3./4. Jh.s n. Chr. In dieser Zeit erreichte der Ort

Marktplatz von Chorazin

seine größte Ausdehnung. Nach einer teilweisen Zerstörung im frühen 4. Jh. wurde er in der Mitte des 4. Jh.s in den alten Grenzen wieder aufgebaut. Er existierte bis zur frühislamischen Zeit, und selbst im Mittelalter bis ins 16./17. Jh. war der Ort noch bewohnt. Chorazin war in seiner Blütezeit eine rein jüdisch bewohnte Stadt. Ritualbäder (Mikwen) und die Synagoge sprechen eine deutliche Sprache. Die paganen Elemente in der Synagoge (z. B. der Medusenkopf) waren ästhetisch-architektonische Elemente, die wir in ähnlicher, oft noch gesteigerter Weise in vielen galiläischen Synagogen der byzantinischen Zeit finden (z. B. in Sepphoris und Beth Alpha). Sie sind ein Hinweis auf das gemeinsame kulturelle Milieu von Juden, Christen und Heiden, aber kein Beleg für einen heidnischen Bevölkerungsanteil in einem Dorf oder einer Stadt.

Synagoge von Chorazin (4. Jh.)

Teil des ursprünglichen Toraschreins?

Stuhl des Mose

Chorazin im 1. Jh. n. Chr.

Das Chorazin des Jesus von Nazareth dürfte außerhalb der heutigen Ausgrabungen im Norden gelegen haben, von wo aus sich die Stadt allmählich nach Süden ausdehnte. Dass die Stadt bereits im 1./2. Jh. besiedelt war, belegen die dort gefundene Keramik und eine aus dem 2./3. Jh. stammende Ölpresse. Häuser, die nachgewiesen aus dem 1. Jh. stammen, hat man meines Wissens bislang nicht gefunden, aber das ist auch nicht überraschend, da in dem nördlichen Bereich bislang nicht intensiv gegraben wurde. Es besteht deshalb auch kein Grund, an der Annahme zu zweifeln, dass sich hier das neutestamentliche Chorazin befand. Freilich, es wird sich um nicht mehr als einen kleinen Weiler gehandelt haben.

Die Synagoge des 4. Jh.s

Die Synagoge stammt aus dem 4. Jh. und entspricht dem galiläischen Typus dieser Zeit mit ihren drei südlichen, nach Jerusalem orientierten Eingängen. Bestimmte Architekturelemente könnten ein Hinweis sein, dass es in dieser Synagoge bereits einen festen Toraschrein gab, wo immer dieser auch genau zu lokalisieren ist. Die heutige Aufstellung an der gegenüber dem Eingang liegenden Wand ist jedenfalls Rekonstruktion. Sie wurde analog zu heutigen Synagogen vorgenommen. Das eigentliche Prunkstück der Synagoge ist der »Sitz des Mose« (in der Synagoge steht eine Kopie), der Platz – meist wohl neben dem Toraschrein (falls vorhanden) –, von dem aus in der Autorität des Mose gelehrt wurde. Wie Matthäus bezeugt, gab es solche »Lehrstühle« bereits im 1. Jh. So ermahnt Jesus seine Jünger: »Die Schriftgelehrten und die Pharisäer haben sich auf den Stuhl des Mose gesetzt. Tut und befolgt also alles, was sie euch sagen, aber richtet euch nicht nach dem, was sie tun; denn sie reden nur, tun selbst aber nicht, was sie sagen.« (Mt 23, 2–3)

Tabgha und Umgebung

Einleitung

Der als Tabgha bezeichnete Flecken – ein paar Kilometer südlich von Kapernaum am nordwestlichen Seeufer gelegen – ist Sitz eines Benediktinerklosters und als Ort der Brotvermehrung (Mk 6, 31–46; 8, 1–10; Joh 6, 1–15) bekannt. Der Name ist eine arabische Verballhornung des griechischen Wortes

Ort der Brotvermehrung

Heptapegon, was übersetzt so viel wie Siebenquell bedeutet. Allerdings gibt es auf dem Klostergelände und in der Umgebung nur drei große und unzählige kleinere Quellen.

Ort der Speisung

Markus berichtet von der Speisung der großen Volksmenge, nachdem er zuvor erzählt hat, dass Jesus eine lange Predigt gehalten hatte: »Als nun der Tag fast vorüber war, traten seine Jünger zu ihm und sprachen: Es ist öde hier und der Tag ist fast vorbei; lass sie gehen, damit sie in die Höfe und Dörfer ringsum gehen und sich Brot kaufen. Er aber antwortete und sprach zu ihnen: Gebt ihr ihnen zu essen! Und sie sprachen zu ihm: Sollen wir denn hingehen und für zweihundert Silbergroschen Brot kaufen und ihnen zu essen geben? Er aber sprach zu ihnen: Wie viel Brote habt ihr? Geht hin und seht! Und als sie es erkundet hatten, sprachen sie: Fünf und zwei Fische. Und er gebot ihnen, dass sie sich alle lagerten, tischweise, auf das grüne Gras. Und sie setzten sich, in Gruppen zu hundert und fünfzig. Und er nahm die fünf Brote und zwei Fische und sah auf zum Himmel, dankte und brach die Brote und gab sie den Jüngern, damit sie unter ihnen austeilten, und die zwei Fisch teilte er unter sie alle. Und sie aßen alle und wurden satt. Und sie sammelten die Brocken auf, zwölf Körbe voll, und von den Fischen. Und die die Brote gegessen hatten, waren fünftausend Mann.« (Mk 6, 35–44)

Es war für Jesus charakteristisch, mit Menschen zusammen zu essen und zu feiern. Er machte dadurch deutlich, dass Gott bald das große überschäumende Fest ausrichten wird, das in der Sprache der damaligen Zeit »Reich Gottes« hieß. Jesus lud als Repräsentant Gottes zu diesem Fest ein und ließ dabei keinen Zweifel daran, dass Gott alle dabei haben möchte. Nicht umsonst lud er – zum Ärger mancher Frommen – auch hartgesottene Sünder zu Tisch (Mk 2, 15–17). Die Botschaft Jesu ist eine Freudenbotschaft, und deshalb betont Jesus auch, dass in seiner Gegenwart nicht die Zeit ist, um zu fasten (Mk 2, 18 f.). All diese Impulse verdichten sich in der Geschichte von der Speisung der Fünftausend: Durch Jesus brechen paradiesische Zeiten an (vgl. 2 Kön 4, 42–44). Menschen werden an Leib und Seele satt, bekommen Leben in Fülle. Sie lagern auf grünen Wiesen, so wie der gute göttliche Hirte des Psalms 23 seine Herde auf satten Wiesen weiden lässt. Mag sein, dass die wunderhaften Züge erst später zu einer »normalen« Speisungs- und Festgeschichte dazukamen. Das Wunder, dass durch Jesus Menschen ganzheitlich satt werden, wird dadurch nicht geringer. Ein interessanter Zug besteht übrigens auch darin, dass die Jünger an der Sendung Jesu beteiligt werden: Sie sollen das Wenige, das sie haben – fünf Brote und zwei Fische –, einsetzen, damit Jesus daraus viel machen kann. Und natürlich gehört diese Geschichte nach Tabgha, wo immer sie auch stattgefunden haben mag. Eine so paradiesische Geschichte muss einfach auf einem paradiesischen Stückchen Erde verortet werden.

Eine letzte Anmerkung: Markus berichtet, dass noch eine zweite Speisung am Ostufer stattfand (Mk 8, 1–10). Bleiben bei der ersten Speisung zwölf Körbe Brot übrig, so bei der zweiten sieben Körbe. Wenn man nun noch bedenkt, dass die erste Speisung am überwiegend jüdisch bewohnten Westufer stattfand und die zweite am heidnischen Ostufer (Gebiet der Dekapolis), dann ist klar, dass die zwölf Körbe symbolisch für die zwölf Stämme Israels stehen und die sieben Körbe – auch das ist in der jüdischen Tradition belegt – für die nichtjüdische Welt. Markus will also sagen, dass durch Jesus alle Menschen satt werden: Er ist der Messias der Juden und der Heiden.

Die heutige, rekonstruierte byzantinische Kirche

Die Brotvermehrungskirchen

Der Speisung wurde in Tabgha bereits zur Zeit der Egeria gedacht. Egeria, eine fromme, vermutlich aus Galizien stammende Dame, die den Ort um das Jahr 383 n. Chr. besucht hat, erwähnt die sieben Quellen und fährt dann fort: »Auf dieser Wiese sättigte der Herr das Volk mit fünf Broten und zwei Fischen. (...). Und in der Tat, der Stein, auf den der Herr das Brot legte, ist nun zum Altar gemacht worden. Von dem Stein nehmen die, die kommen, kleine Stücke für ihr Heil; und es nutzt allen.« (Egeria, Itinerarium S. 339, V. 3) Sie erwähnt in diesem Zusammenhang auch eine im 4. Jh. erbaute Kirche, die archäologisch im Apsisbereich der heutigen Kirche nachweisbar ist. Diese Kirche wurde dann

Brote und Fische als Symbol für die Speisung

Tiere des Nildeltas

Nilometer

Primatskapelle

Innenraum der Primatskapelle

im 5. Jh. von dem Jerusalemer Patriarchen Martyrios vergrößert und neu ausgerichtet, so dass der Stein etwas verschoben werden musste. Der noch heute zu sehende wunderschöne Mosaikfußboden mit seinen zahlreichen aus der Nillandschaft stammenden Motiven (Nilometer, typisch ägyptische Tiere und Pflanzen) stammt aus dieser Kirche, die man in den 70er Jahren des letzten Jahrhunderts rekonstruiert hat. Am bekanntesten ist natürlich das Mosaik von den zwei Fischen und dem Brotkorb, das auf unzähligen Postkarten, Kacheln und Keramiktellern abgebildet wurde.

Der Auferstandene begegnet Petrus – die Primatskapelle

Neben der Speisung lokalisiert man in Tabgha und dessen Umgebung noch andere Ereignisse des Lebens Jesu. Besondere Erwähnung verdient die Erscheinung des Auferstandenen am See Genezareth (Joh 21) und die damit verbundene Beauftragung des Petrus zum Hirtendienst.

Es wird erzählt, dass Petrus nach der Kreuzigung am See Genezareth zu finden ist, wo er wieder seinem Beruf als Fischer nachgeht. Man gewinnt den Eindruck, dass er mit der Kreuzigung auch den Glauben an die »Sache Jesu« verloren hat. Das Kreuz muss eine derart traumatische Erfahrung gewesen sein, dass sich all die Hoffnungen und Sehnsüchte, die mit dem Leben des Nazareners verbunden waren, endgültig erledigt hatten. Es blieb Petrus und den anderen Jüngern nichts anderes übrig, als wieder zu ihren alten Berufen zurückzukehren und den messianischen Traum zu begraben. Eine Nullpunktsituation, die sich symbolisch auch in den leeren Netzen spiegelt, die Petrus an diesem Morgen aus dem Wasser des Sees holt. Doch dann beginnt das Unglaubliche. Der Auferstandene begegnet ihm. Zuerst lässt er ihn inkognito die Netze noch einmal auswerfen – mit dem Ergebnis, dass sie jetzt zum Platzen voll sind. Und dann gibt er sich ihm zu erkennen. So schenkt Jesus neue Hoffnung und lässt Petrus und seine Gefährten erkennen, dass seine Sache noch lange nicht ausgeträumt ist. Es ist vermutlich kein Zufall, dass man diese Geschichte gerade hier lokalisiert hat. Denn dadurch, dass in Tabgha die warmen Quellen in den See münden, sammeln sich an manchen Tagen riesige Fischschwärme. Eine bewusste Erinnerung an die vollen Netze des Petrus.

Dieser Ereignisse gedenkt man in der einige Meter nördlich von Tabgha gelegenen franziskanischen Primatskapelle (1933 erbaut) und an den dort zum See hinabführenden Felstreppen. Der als Mensa Christi bezeichnete Heilige Felsen in der Kapelle erinnert an das Mahl, das der Auferstandene am Seeufer mit seinen Jüngern gehalten hat. Er war bereits das Zentrum einer hier im 4./5. Jh. erbauten Kapelle. Diese Kapelle, die den zwölf Aposteln gewidmet war, wurde im 13. Jh. endgültig durch ein Erdbeben zerstört.

Fischschwarm bei Tabgha

Andere in der Nähe von Tabgha lokalisierte Traditionen
Auch die Seligpreisungen (Mt 5, 1–12), die heute oben auf dem Berg in der Kirche der Seligpreisungen verehrt werden, wurden zur Zeit Egerias in der Nähe einer etwas oberhalb von Tabgha gelegenen Höhle lokalisiert: eine Höhle, die heute noch zu sehen ist, wenn man einige Meter nach Tabgha (Richtung Kapernaum) einem links aufwärtsführenden kleinen Weg folgt (unmittelbar nach dem Busparkplatz). Ebenso soll sich die Zollstation des Levi/ Matthäus (Mk 2, 13–17; Mt 9, 9–13) nach dem Bericht der Egeria an der an Tabgha vorbeiführenden Via Maris befunden haben. Sogar

Die von Egeria erwähnte Höhle

Taubental mit Zelotenhöhlen

Jüngerberufung und Jüngertaufe – von einer Jüngertaufe ist im Neuen Testament nirgends die Rede – hat man in Tabgha lokalisiert.

Bei dieser Vielfalt der in Tabgha verehrten Jesustraditionen ist es nicht ganz unwahrscheinlich, dass hier tatsächlich manches auf frühe judenchristliche Traditionen zurückgeht. Es kann gut sein, dass die Judenchristen, die nachweislich in Kapernaum und Umgebung ansässig waren, diesen Ort als einen Ort im Gedächtnis behielten, an dem Jesus sich häufig aufhielt und manche Taten vollbracht hat.

Weitere neutestamentliche Spuren rund um den See Genezareth

Taubental

Ein bis zwei Kilometer nördlich von Tiberias biegt eine Straße in westlicher Richtung nach links ab. Fährt man auf dieser Straße ein wenig weiter, dann öffnet sich auf der linken Seite das Taubental, das mit seinen steilen Felswänden an einen amerikanischen Canyon erinnert. Man kann in das Tal hineinwandern und sieht dann relativ bald am südöstlichen Steilabhang, aber auch auf der ge-

Ausgrabungen in Magdala

genüberliegenden Talseite, verschiedene Höhlen. Wer trittsicher ist, kann über Trampelpfade hinaufklettern, um an Ort und Stelle die künstlich ausgebauten und teilweise sogar mit Mikwen (rituelle Reinigungsbäder) ausgestatteten Höhlen zu bewundern. Archäologische Untersuchungen haben ergeben, dass diese Ausbauten im 1. Jh. durch Zeloten vorgenommen wurden. Die Zeloten waren die religiösen Widerstandskämpfer der damaligen Zeit (dazu ausführlicher bei Gamla). Sie gingen mit Gewalt gegen die Römer vor und mussten sich deshalb immer wieder in schwer zugängliche Gebiete flüchten. Im Taubental kann man sich diese guerillamäßige Lebensweise gut vorstellen.

Magdala

Kehrt man zu der beschriebenen Kreuzung zurück, dann sieht man auf der rechten Seite ein kleines Ausgrabungsfeld. Das ist fast alles, was man von Magdala bislang ans Tageslicht befördert hat, und doch muss Magdala zur Zeit Jesu ein bedeutender und nicht zu kleiner Ort gewesen sein. Josephus spricht von 40.000 Einwohnern (JosBell 3, 539–40), wahrscheinlich waren es jedoch eher um die 5000. Immer noch eine beachtliche Zahl, so dass Magdala vor der Gründung von Tiberias (18/19 n. Chr.) die größte Stadt am Seeufer gewesen sein dürfte. Übrigens hatte Magdala sogar ein internationales

Renommee: Sein gesalzener Fisch (gr. *tarichos*) war bis nach Rom bekannt. So schreibt Strabon: »Der Fisch aus dem See von Tarichea, dort selbst in eigenen Fabriken zubereitet und gesalzen, stellt ein vorzügliches Gericht dar« (Geographie 16, 2). Nicht umsonst heißt Magdala »Turm des Fisches« (hebr. Migdal Nunaija). Ansonsten ist über die wahrscheinlich 100 v. Chr. gegründete Stadt nicht viel bekannt. Von einem Aufenthalt Jesu in dieser Stadt wird im Neuen Testament nichts erwähnt. Dennoch kommt der Name öfter vor, da die bekannteste Jüngerin Jesu aus dieser Stadt kam: Maria von Magdala. Aus ihr hat Jesus sieben Dämonen ausgetrieben, worin man einen besonders schweren Fall psychischer Krankheit sehen kann (Lk 8, 2). Daraufhin wurde sie zu seiner Jüngerin, war Zeugin seiner Kreuzigung (Mk 15, 40 f.) und vermutlich der erste Mensch, dem der auferweckte Jesus erschienen ist (Joh 20, 11 – 18). Alles andere, was man später über sie zu erzählen wusste, ist Legendenbildung. Zu sehen ist heute wie gesagt nicht mehr viel, und selbst dieses Wenige ist nicht für die Öffentlichkeit zugänglich: ein Marktplatz, ein Turm, Reste antiker Straßen und Säulen. Das Gebäude, das man ursprünglich

für eine kleine Synagoge hielt, war ein Quellhaus. Dafür hat man 2009 – westlich des franziskanischen Areals – ein Gebäude gefunden, das als Synagoge zu identifizieren ist und aus der Zeit Jesu stammen könnte.

Das »Jesusboot«

Rekonstruktion des »Jesusboots«

Das »Jesusboot« im Kibbuz Ginnosar

Kurz nach Magdala führt rechter Hand ein Abzweig in den Kibbuz Ginnosar. Dort ist in dem Yigal-Allon-Museum das berühmte »Jesusboot« ausgestellt. Nun hat dieses Boot sicher weder Jesus noch einem seiner Jünger gehört, aber immerhin: Es stammt aus dem 1. Jh. n. Chr. Es wurde aufgrund eines sehr niedrigen Wasserstandes im Jahr 1986 im ausgetrockneten Ufergebiet des Sees entdeckt und jahrelang aufwändig in einer chemischen Lauge haltbar gemacht. Das Boot diente vorwiegend dem Fischfang, hatte ein Segel, konnte aber auch gerudert werden. Es war groß genug (8,2 × 2,3 m), um etwa 5 – 10 Leute aufzunehmen.

Wenn wir über dieses Boot ein wenig meditieren, dann denken wir vielleicht auch an das nahegelegene Magdala als Zentrum der Fischfang- und Fischverarbeitungsindustrie und uns wird noch einmal deutlicher bewusst, welch bedeutende Rolle der Fischfang zur Zeit Jesu spielte. Eigentlich hätte der Fischfang eine lukrative Einnahmequelle sein und vielen Menschen einen zumindest bescheidenen Wohlstand bringen können. Doch die zahlreichen Abgaben (Fischereilizenzen, Steuern, Zölle), die an den Kaiser und seine Klientelfürsten abgeführt werden mussten, ließen die Fischer nicht reich werden. Das zeigt übrigens auch das »Jesusboot«, das aus vielen Second-Hand-Teilen besteht: Hölzern (12 verschiedene Sorten) und Nägeln aus alten Bootswracks. Fischer waren damals einfache, hart arbeitende Menschen, und es ist deshalb sicher auch kein Zufall, dass für manche von ihnen die Botschaft vom nahenden Gottesreich zu einer sehr attraktiven Botschaft wurde, so dass sie sich Jesus gerne anschlossen (Mk 1, 16–20).

Ginnosar

Fährt man nun weiter durch die Ginnosarebene, dann sieht man nach ca. zwei Kilometern rechter Hand ein Umspannwerk. Der sich darüber befindende Hügel ist der Tell Ginnosar (Kinneret), wo seit einigen Jahren (nicht öffentlich zugängliche) Ausgrabungen durchgeführt werden. Eine Besiedlung gab es bereits in der frühen Bronzezeit, während eine befestigte Stadt erst für die Mitte des 2. Jt.s v. Chr. nachzuweisen ist (1550–1400 v. Chr.). Nach einer Siedlungslücke wurde Ginnosar von 1150–1000 v. Chr. neu gegründet, vermutlich als aramäische Stadt, die zu dem am See Genezareth liegenden Königreich Geschur gehörte.

Berg der Seligpreisungen

Bevor man rechter Hand nach Tabgha abzweigt, empfiehlt es sich, geradeaus ein wenig weiterzufahren, um nach einer kurvenreichen Straße rechts zum Berg der Seligpreisungen abzubiegen. Auch wenn die Verehrung dieses Ortes nicht in die Zeit der Alten Kirche zurückreicht, so hat man von dort doch einen wunderschönen Panoramablick über den See Genezareth und kann gut über die Seligpreisungen Jesu meditieren. Die Seligpreisungen stehen u. a. am Anfang der Bergpredigt (Mt 5, 1–12; vgl. Lk 6, 20–26). Matthäus, der in der Bergpredigt verschiedene Jesusworte und Gleichnisse zusammengestellt hat, betont durch diese Voranstellung, dass am Anfang des Christusglaubens die Zusage der göttlichen Liebe steht. Diese lässt im Menschen ein neues Sein entste-

Kirche der Seligpreisungen

hen (Salz, Licht – Mt 5, 13 – 16), das dann auch dazu befreit, im Gehorsam gegenüber Gott und seinen Geboten zu leben. Wir wissen nicht, wo Jesus die Seligpreisungen gesprochen hat, aber die meisten Exegeten stimmen darin überein, dass ein Grundbestand auf Jesus selbst zurückgeht. Die oktogonale Kirche – als Erinnerung an die acht Seligpreisungen – stammt aus den 1930er Jahren und wurde von dem Italiener Antonio Barlucci erbaut.

Kursi – und die Austreibung der Dämonen

Wir umrunden nun weiter den See, bis wir zu dem am nördlichen Ostufer gelegenen Kursi kommen – ein Ort, der mit der Heilung des Besessenen von Gerasa in Verbindung gebracht wurde. Nach Markus (5, 1 – 10) fährt Jesus an das Ostufer des Sees, wo ihm aus den Grabhöhlen ein Mensch entgegenkommt, der Tag und Nacht von Dämonen gequält wird. Niemand konnte ihn bändigen. Niemand ihn davor zurückhalten, sich selbst zugrunde zu richten. Jesus treibt die Dämonen aus. Zuvor allerdings bitten sie ihn noch, sie nicht aus der Gegend zu verjagen, sondern in die dort weidende Schweineherde fahren zu lassen. Jesus erlaubt es. Doch die Schweine stürzen sich – gegen die Hoffnung der Dämonen – in den See und dadurch werden die Dämonen endgültig ausgeschaltet. Anscheinend steht der See symbolisch für die Unterwelt. Die Hirten werden auf diese unheimliche Geschichte hin von Furcht erfasst und fliehen. Die Menschen in der Umgebung, die davon erfahren, bitten Jesus wegzugehen. Der Geheilte will Jesus nachfolgen, wird aber von Jesus dazu aufgefordert, zuhause zu verkündigen, was an ihm geschehen ist. Er erzählt jedoch nicht nur zuhause, sondern in der ganzen Dekapolis, was Jesus Großes an ihm getan hat.

Eine eigenartige, vielleicht sogar abstoßende Geschichte. Doch gerade das, was auf uns abstoßend wirkt, ist beabsichtigt. Die Grabhöhlen, die Schweine, die schauerliche Besessenheit, all dies lässt deutlich erkennen, dass Jesus sich auf heidnischem Gebiet befindet: dem Gebiet der Dekapolis, des hellenistischen Zehnstädtebundes (vgl. auch Jes 65, 1 – 7). Auch die Selbstbezeichnung der Dämonen als »Legion« erinnert an das Heidentum, an die römischen Legionen, insbesondere vielleicht an die *Legio X. Fretensis*, auf deren Wappen ein Wildschwein abgebildet war. Markus unterstreicht das Heidnische weiter dadurch, dass er den Besessenen aus Gerasa kommen lässt. Gerasa, das heutige Jerasch in Jordanien, war zur Zeit des Markus eine der wichtigen Dekapolisstädte. Damit nimmt er allerdings einige Ungereimtheiten in Kauf. Denn wie soll es möglich sein, dass Hirten schnell in das ca. 60 km entfernte Gerasa gehen und Menschen von dort kommen, um zu sehen, was geschehen war? Nicht umsonst ersetzt Matthäus (Mt 8,28) Gerasa durch das südöstlich des Sees, im heutigen Jordanien, gelegene Gadara (Umm Queis). Aber auch das ist unwahrscheinlich. Am ehesten könnte noch Lukas die Lösung haben. Dort steht, zumindest in einer Gruppe von Handschriften, Gergesa, und dies könnte der jüdische Name für das nahegelegene hellenistische Hippos gewesen sein: wie Gerasa und Gadara ebenfalls eine Dekapolisstadt.

Jesus ist, das war Markus überaus wichtig, der Heiland der Juden *und* der Heiden. Dabei stilisiert er die Besessenheit geradezu zu einem besonderen Charakteristikum gottlosen Heidentums: Der Mensch verliert all seine Menschlichkeit, wird zum Getriebenen und Fremdbestimmten. Erst durch die Zuwendung Gottes in Jesus wird er wieder frei. Man kann »Besessenheit« dämonologisch deuten wie in unserer Geschichte. Man kann auf psychologische und psychiatrische Phänomene hinweisen. Man kann auch an die Mächte der Gottlosigkeit und der Selbstsucht denken. Das Grundphänomen bleibt und wird durch das Wort Besessenheit durchaus treffend beschrieben: Der Mensch ist nicht mehr Herr im eigenen Haus. Er braucht Befreiung. Jesus bringt diese Befreiung, indem er Menschen durch die Erfahrung der göttlichen Liebe ein starkes Selbstwertgefühl schenkt. Nun ist das Innere wieder positiv besetzt. Die Ichleere, die bei dem »Besessenen« dazu führte, dass »dämonische« Mächte sein Inneres besetzen konnten, ist verschwunden.

Um an diese durchaus beeindruckende Geschichte zu erinnern, wurde im 6. Jh. ein byzantinisches Kloster gebaut. Erst in den 70er Jahren des 20. Jh.s wurde es entdeckt und ausgegraben. Dabei handelt sich um einen großen Komplex, zu dem neben einer beeindruckenden byzantinischen Kirche auch ein Pilgerhospiz, Straßen und andere Gebäude gehörten. Der Klosterkomplex war von einer Mauer umgeben (145×123 m). Die Kirche selbst (45×25 m) besteht aus der Apsis, dem zentra-

Byzantinische Klosterkirche (6. Jh.)

len Kirchenschiff und zwei Seitenschiffen, wobei im nördlichen (*prothesis*) die Opfergaben aufbewahrt wurden, im südlichen (*diaconicon*) die liturgischen Gegenstände und Gewänder. Ende des 6. Jh.s wurde die Anlage ausgebaut. Dabei wurde ins südliche Seitenschiff ein Baptisterium integriert. Der Fußboden enthält Medaillons mit Pflanzen und Tiermotiven aus der Umgebung, wobei die meisten Tiermotive bei der muslimischen Eroberung zerstört wurden. Bemerkenswert ist die unter dem südwestlichen Raum befindliche Krypta, in der man 40 Skelette fand.

Die Pilger, die an dem direkt am See gelegenen Hafen landeten, betraten die Klosteranlage durch ein Tor, das später auch von einem Turm flankiert wurde. Das eigentliche Klostergebäude lag südöstlich der Kirche am Fuße des Hügels. Wenn man nun den Hügel ein wenig weiter hinaufgeht, stößt man auf die Reste eines Turmes, der ursprünglich den Felsen einschloss, und dahinter auf eine kleine Kapelle, deren Apsis in den Fels mündet. Hier hat man die Höhle verehrt, in der sich der Besessene aufgehalten haben soll.

Kapelle vor der Höhle des Besessenen

Hippos/Susita

Wenn wir unsere Seeumrundung in südlicher Richtung fortsetzen, dann kommen wir nach ca. 7 km zum Kibbuz En Gev. Direkt gegenüber führt eine steile Straße zu dem auf einer hohen Bergkuppe liegenden Ausgrabungsgelände von *Hippos/Susita*. Die von den Seleukiden Anfang des 2. Jh.s v. Chr. gegründete Stadt gehörte im 1. Jh. n. Chr. zur Dekapolis. Hippos war im 1. Jh. eine rein heidnische Stadt. Jüdische Siedlungen gab es vermutlich nur am Seeufer. Aufgrund des begrenzten Platzes auf der Bergkuppe war es wesentlich kleiner als andere Dekapolisstädte (z. B. Skythopolis oder Jerasch), lag aber so exponiert, dass es vom Westufer aus bei klarer Sicht gut zu sehen war. Vielleicht dachte Jesus an Hippos, als er von der »Stadt auf dem Berge« sprach: »Ihr seid das Licht der Welt. Es kann die Stadt, die auf dem Berge liegt, nicht verborgen bleiben.« (Mt 5, 14)

Hippos wird seit Ende der 1990er Jahre ausgegraben. Ans Licht gekommen sind dabei u. a. Teile der Stadtbefestigung, das östliche Tor, die Hauptstraße (*Decumanus maximus*), das Forum und ein daran nördlich angrenzender hellenistischer Platz. Das fast am westlichen Ende der Stadt gelegene Forum (ca 13 × 25 m) dürfte aus dem 1./2. Jh. n. Chr stammen. Es ist mit Basaltsteinen gepflastert, hat im südwestlichen Bereich einen Eingang zu einem großen unterirdischen Wasserreservoir und grenzt an eine monumentale Struktur an (18 × 9 m, 3 m Höhe), die wahrscheinlich ein Tempel für den Kaiserkult war (*Kalybe*). Nördlich des Forums liegt der »Hellenistic Compound«. Ein Platz, der mit Kolonnaden umgeben war und auf dem sich in der hellenistischen und römischen Zeit

Blick auf Hippos

Orientierungsplan von Hippos

Hellenistischer Platz

Decumanus maximus

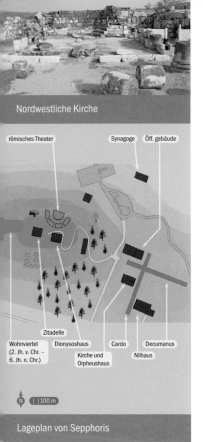

Nordwestliche Kirche

römisches Theater   Synagoge   Öff. gebäude

Zitadelle

Wohnviertel   Dionysoshaus   Cardo   Decumanus
(2. Jh. v. Chr. –
6. Jh. n. Chr.)   Kirche und   Nilhaus
Orpheushaus

N | | 100 m

Lageplan von Sepphoris

ein stattliches Gebäude befand, vermutlich ein Tempel. Einige Reste der dort errichteten Bauten wurden später in der nordwestlich gelegenen Kirche wieder verwendet. Von den ursprünglich acht Kirchen sind inzwischen vier teilweise oder ganz freigelegt worden.

Sepphoris und Tiberias – die Hauptstädte Galiläas

Einleitung

Sepphoris und Tiberias waren zur Zeit Jesu nacheinander die Hauptstädte in Galiläa. Zuerst machte Herodes Antipas Sepphoris zu seiner Hauptstadt, dann im Jahre 19/20 n. Chr. das von ihm neu gegründete Tiberias. Wenn man sich dies vor Augen hält, dann ist umso auffälliger, dass Sepphoris im Neuen Testament kein einziges Mal erwähnt wird und Tiberias nur als Ortsangabe (Joh 6, 23) bzw. als Bezeichnung des Sees Genezareth (Joh 6, 1; 21, 1) vorkommt. Nie wird erwähnt, dass sich Jesus in einer dieser Städte aufgehalten oder dass er gar dort gewirkt hätte. Ist das Zufall oder Absicht?

Sepphoris: Geschichte und archäologischer Befund (1. Jh.)

Sepphoris, erstmals im Zusammenhang mit dem Hasmonäer Alexander Jannäus erwähnt (JosAnt XIII 338), war von 55. v. Chr. an Hauptstadt Galiläas (auch während der Herrschaft von Herodes d. Gr.). Nach Josephus (JosAnt XVII 10, 9; JosBell II 5, 1) hat Varus die Stadt niedergebrannt, nachdem es im Todesjahr von Herodes d. Gr. (4. v. Chr.) zu einem Aufstand gegen Rom kam. Herodes Antipas ließ Sepphoris neu auf- und ausbauen und machte es erneut zur Hauptstadt Galiläas.

Auch wenn vom Sepphoris der Zeit Jesu nicht mehr viel erhalten ist, so gibt es doch einige Spuren, die uns ins 1. Jh. führen. So wissen wir von Josephus, dass das Zentrum der Stadt eine Burg war (Josephus, Vita 67), die ungefähr dort lag, wo heute die Zitadelle der Kreuzfahrer steht. Einige Fundamentstrukturen und manche der herodianischen Quader im nordöstlichen Mauerwerk der Zitadelle scheinen ein Bestandteil dieser Burg gewesen zu sein. Auch die westlich der Zitadelle ausgegrabenen Häuser gehen bis in die hellenistische Zeit zurück und waren im 1. Jh. und später bewohnt. Die dort gefundenen Reinigungsbäder (Mikwen) lassen erkennen, dass es jüdische Häuser waren. Bei dem kleinen, ungefähr 4500 Menschen fassenden Theater wird immer noch kontrovers diskutiert, ob Herodes Antipas es gebaut hat oder es erst im späten 1. bzw. frühen 2. Jh. errichtet wurde. Die prächtigen Bauten, die heute im östlichen Bereich zu bestaunen sind, auch das rechtwinklige, für hellenistische Städte so typische Straßensystem mit seinen beiden Hauptstraßen (*Cardo*: Nord-Süd-Richtung; *Decumanus*: Ost-West-Richtung), sind späteren Datums. Selbst die manchmal noch vertretene Datierung einer im nordöstlichen Bereich befindlichen Basilika in die Zeit des Antipas ist fraglich. Erst in der Zeit nach der Tempelzerstörung und dann noch mehr im 2. Jh. wurde dieser Bereich der Stadt erschlossen und ausgebaut. Fazit: Die Stadt war unter Herodes Antipas noch im Aufbau begriffen. Auf Menschen, die aus gebildeten römisch-hellenistischen Kreisen stammten und in Städten wie Caesarea Maritima oder Skythopolis zuhause waren, wird sie eher einen provinziellen, ja »zweitklassigen« Eindruck gemacht haben. Außerdem dürfte Sepphoris im Unterschied zu den großen hellenistischen Städten (z. B. den Dekapolisstädten) damals noch mehrheitlich jüdisch geprägt gewesen sein. Man muss sich also davor hüten, von der Pracht, die sich einem heute darbietet, unreflektiert auf die Zeit Jesu zu schließen.

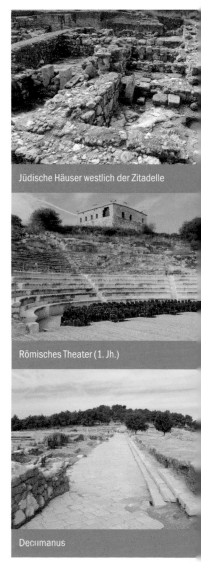

Jüdische Häuser westlich der Zitadelle

Römisches Theater (1. Jh.)

Decumanus

Sepphoris und Jesus von Nazareth

Die Nähe Nazareths zu Sepphoris gibt zu denken. Ist es tatsächlich vorstellbar, dass sich Jesus als Kind oder junger Mann nicht ab und zu in dieser nur fünf Kilometer entfernten Stadt aufgehalten hat? Ich halte das für sehr unwahrscheinlich. Schon deshalb, weil Jesus Bauhandwerker war und es durchaus plausibel ist, dass er in dieser aufstrebenden Stadt Aufträge zu erledigen hatte. Aber selbst wenn das nicht der Fall gewesen sein sollte: Kann man sich vorstellen, dass Jesus die Hauptstadt seiner Heimat nicht zumindest ab und zu besucht hat? Jesus lebte in keinem frommen Getto, und wie seine spätere Verkündigung zeigte, wusste er sehr gut, wie es bei städtischen Einrichtungen wie einem Gericht (z. B. Mt 5, 25 f.) oder einer »Bank« (Mt 25, 14 – 30) zugeht. In Nazareth jedenfalls gab es weder Gericht noch Geldverleiher. Auch seine Worte gegen Macht, Reichtum und Luxus – und seine spätere Option für die Armen – sind eher zu verstehen, wenn er die Welt der Reichen und Mächtigen auch aus eigener Anschauung erlebt und erfahren hat. Dennoch ist die unter Bibelwissenschaftlern leidenschaftlich diskutierte Frage, ob Jesus nun in Sepphoris war oder nicht, im Grunde genommen müßig. Denn selbst wenn er persönlich nie dort gewesen sein sollte, so wird Sepphoris zumindest durch die Erzählungen und Erfahrungen der Menschen aus Nazareth auf ihn ausgestrahlt haben.

Sepphoris in spätrömischer und byzantinischer Zeit

In der spätrömischen und byzantinischen Epoche nahm neben der jüdischen die heidnische und später dann auch die christliche Bevölkerung erheblich zu. Sehenswert ist die ursprünglich zweistöckige römische Villa östlich der Kreuzfahrerzitadelle (3. Jh.). Dort sind auf einem prächtigen Fußbodenmosaik Motive des Dionysoszyklus dargestellt: u. a. der Trinkwettstreit des Weingottes mit Herakles, seine Hochzeit und eine fröhliche Siegesprozession. Außerdem sticht auf den Medaillons am Rand ein Frauenkopf hervor, den man ob seiner ausgesprochenen Schönheit »Mona Lisa von Galiläa« genannt hat. Der Mosaikfußboden gehörte zu einem *triclinium*, also zu einem Festsaal, an dessen Rande man zu Tische lag.

Noch beeindruckender ist das Nilmosaik, das an der Kolonnadenstraße im Ostteil der Stadt zu bewundern ist und aus der byzantinischen Zeit stammt. Es zeigt, wie ein berittener Bote die gute Botschaft von dem gestiegenen Wasserstand des Nil nach Alexandria bringt. Die Nilüberschwemmungen waren in Ägypten die Voraussetzung für ein gutes und fruchtbares Jahr. Besonders beeindruckend sind die dramatischen und teils grausamen Tierdarstellungen im unteren Bereich, die, wenn man sie mit der oberen friedlich harmonischen Bildhälfte vergleicht, den Gedanken nahelegen, dass hier bewusst ein paradiesischer Zustand der realen Wirklichkeit unserer Welt entgegengestellt wird.

Sepphoris bekam vom 2. Jh. an nicht zuletzt in der jüdischen Welt große Bedeutung. Es war eine Zeit lang Sitz des Synedriums und ist die Stadt, in der Jehuda ha Nasi um das Jahr 200 n. Chr. die Mischna zusammengestellt hat. Er war der Erste, der aus den bislang mündlich weitergegebenen Auslegungen und Diskussionen um die Tora (und bereits vorliegenden Sammlungen) das ihm zentral erscheinende Gut auswählte, bearbeitete und in sechs Ordnungen zusammenfasste. Damit schuf er die Grundlage für den Talmud. Das reiche jüdische Leben in Sepphoris bezeugt der Talmud dadurch, dass er von 18 Synagogen spricht, die es

»Mona Lisa von Galiläa«

Raubkatze auf Jagd (Nilmosaik)

in der Stadt gegeben haben soll. Immerhin eine hat man inzwischen freigelegt. Sie stammt aus dem 5. Jh. und enthält ein prächtiges Mosaik, das nach einer Interpretation stark von der Hoffnung zukünftiger Erlösung bestimmt ist. In der Mitte ist der Tierkreis abgebildet, im unteren Bereich die Bindung Isaaks, oben verschiedene kultische Symbole.

Tiberias: Geschichte und archäologischer Befund (1. Jh.)

Das von Herodes Antipas im Jahr 20 n. Chr. als Hauptstadt neu gegründete Tiberias wurde als Polis von einem aus 600 Mitgliedern bestehenden Rat regiert, den ein gewählter Archon leitete. Nach Josephus baute Antipas ein Stadion, einen Marktplatz, Bäder und einen königlichen Palast. Letzterer war nach seiner Beschreibung mit Darstellungen von Tieren dekoriert. Die Decken waren teilweise aus Gold (Vita 65–66). Auch eine große Synagoge soll sich in der Stadt befunden haben (Vita 277). Nach jüdischer Überlieferung nahm man es Herodes übel, dass er Tiberias über einem alten Friedhof erbaute. Die Stadt galt deshalb unter frommen Juden als unrein.

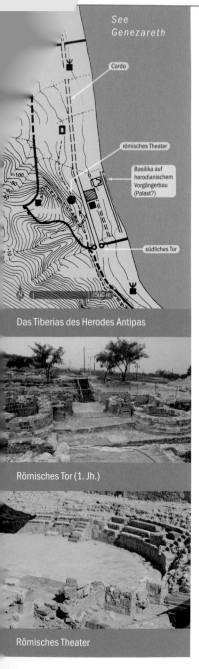

Das Tiberias des Herodes Antipas

Römisches Tor (1. Jh.)

Römisches Theater

Das antike Tiberias liegt südlich der modernen Stadt, wo oberhalb der Straße die für uns wichtigen Ausgrabungen – teils in einem Park – zu sehen sind. Man muss allerdings ein wenig suchen, Hinweisschilder fehlen bislang noch.

Wie in Sepphoris ist auch in Tiberias archäologisch nur wenig aus der Zeit der Stadtgründung gefunden worden. Das im Süden des heutigen Tiberias ausgegrabene Tor könnte aus der Phase der Stadtgründung unter Antipas stammen. Diese Auffassung wird jedoch nur noch selten vertreten. Manche gehen davon aus, dass das Tor aus dem späten 1. Jh. stammt. Es könnte ein freistehendes, noch nicht in eine Mauer integriertes Triumphtor gewesen sein, so wie in Gadara. Das inzwischen weitgehend ausgegrabene Theater geht in seiner ersten Bauphase vielleicht auf das 1. Jh. zurück, die Ausgräber denken sogar an die Zeit von Herodes Antipas. Dieses Theater hatte anfangs nur zwei Sitzränge, erst im Laufe einer Erweiterung im 2. Jh. wurde noch ein dritter Sitzrang angefügt. Am wahrscheinlichsten ist, dass ein schöner Marmorboden, den man unter der später errichteten Basilika (späterer Sitz des Synedriums) ans Tageslicht gefördert hat, Teil einer herodianischen Struktur ist, vielleicht sogar zu dem Königspalast des Antipas gehörte. Darauf deuten unter anderem der importierte Marmor und die in Anwendung gebrachte *opus sectile*-Technik hin: Die Marmorplatten wurden in kleinere Stücke geschnitten und so angeordnet, dass daraus Muster oder bestimmte Motive entstanden. Alle anderen bislang ans Tageslicht geförderten Bauten (Badehaus, Marktplatz, Basilika, Exedra, etc.), einschließlich der schönen Synagoge mit dem

Tierkreis, stammen aus der spätrömisch-byzantinischen oder gar mittelalterlichen Zeit. Tiberias war vom 2. Jh. an eine wichtige jüdische Stadt. Dort wurde die Mischna fertiggestellt und wurden große Teile des Jerusalemer Talmud verfasst. Nachdem das Synedrium mehrere Male den Ort gewechselt hat, fand es schließlich in Tiberias im Jahre 270 seinen endgültigen Aufenthaltsort.

Basilika

Warum wirkte Jesus nicht in Sepphoris und Tiberias?

Es ist gut möglich, dass Jesus Sepphoris in der Zeit vor seiner öffentlichen Wirksamkeit hin und wieder besucht hat, ja, dass er dort vielleicht sogar als Bauhandwerker gearbeitet hat. Sehr unwahrscheinlich ist aufgrund des neutestamentlichen Zeugnisses allerdings, dass er dort oder in Tiberias die Reich Gottes-Botschaft verkündigt hat. Dieser auffällige Tatbestand lässt sich am ehesten dadurch erklären, dass Jesus

Fußboden in *opus sectile*-Technik

sich primär zur normalen jüdischen Landbevölkerung gesandt sah, also zur großen Mehrheit der relativ und absolut Armen: »Selig seid ihr Armen; denn das Reich Gottes ist euer.« (Lk 6, 20) Dabei mied er die Städte nicht, weil ihm die Reichen als Menschen gleichgültig waren – die Begegnung mit dem Oberzöllner Zachäus (Lk 19, 1–10) und anderen Aristokraten wäre dann nicht zu erklären –, sondern weil er deren Lebensstil ablehnte. Jesus wollte nicht akzeptieren, dass man die Unterdrückung anderer um des eigenen Luxus willen billigend in Kauf nimmt. Zu diesen Reichen gehörten Herodes Antipas und die zu ihm gehörige Aristokratie. Zu ihnen gehörten die Großgrundbesitzer, die von den Städten aus die Verwaltung und Verpachtung ihrer Ländereien an Kleinbauern organisierten, ebenso wie die dort ansässigen Steuerbehörden. Jesu ganzes Engagement gehört einer radikal neuen, einer dem Reich Gottes entsprechenden Lebensweise: »Ihr wisst, die als Herrscher gelten, halten ihre Völker nieder, und ihre Mächtigen tun ihnen Gewalt an. Aber so soll es nicht unter euch sein, sondern wer groß sein will unter euch, der soll euer Diener sein; und wer unter euch der Erste sein will, der soll aller Knecht sein: Denn auch der Menschensohn ist nicht gekommen, dass er sich dienen lasse, sondern dass er diene und sein Leben gebe als Lösegeld für viele.« (Mk 10, 42 – 45)

Außerdem ist zu bedenken, dass Herodes Antipas Johannes den Täufer aufgrund dessen scharfer Kritik an ihm hinrichten ließ, und die Verbindungen zwischen Jesus und dem Täufer waren nicht zu leugnen. Wäre Jesus in einer der Hauptstädte Galiläas mit seiner Botschaft aufgetreten, dann hätte er ein ähnliches Schicksal riskiert. Jesus war nicht konfliktscheu, aber vielleicht wollte er die mit einem solchen Auftreten zwangsläufig verbundene Konfrontation – zumindest zum damaligen Zeitpunkt – (noch) nicht wagen.

Biblische Stätten Galiläas in Stichworten

Tabor – Ort der Verklärung

Wer in Galiläa auf den Spuren Jesu unterwegs ist, sollte nicht vergessen, den *Tabor* zu besuchen, den traditionellen Berg der Verklärung. Auch wenn die Lokalisierung auf diesem Berg eher der Ortslage geschuldet ist als der Historie – einer auffälligen Bergkuppe (588 m) mitten in der Landschaft –, so ist der Ort in jedem Fall einen Besuch wert. Man fand hier viele Relikte aus kanaanäischer Zeit. Auch im Alten Testament wird der Tabor öfters erwähnt, so z. B. im Zusammenhang mit der Richterin Debora, die dort die Stämme sammelte, um gegen die Feinde Israels in den Krieg zu ziehen (Ri 4, 17 – 24; 5).

Die Verklärung Jesu wird seit dem 2. Jh. auf dem Tabor verehrt (Mk 9, 2 – 13; Mt 17, 1 – 13): Jesus geht mit dreien seiner Jünger auf einen hohen Berg und wird vor ihren Augen verwandelt. Als strahlend weiße Gestalt spricht er mit Mose und Elija. Schließlich sagt eine himmlische Stimme aus einer Wolke: »Das ist mein lieber Sohn; den sollt ihr hören.« Nicht zufällig zwischen der ersten und zweiten Leidensankündigung situiert, schenkt Gott den Jüngern Jesu einen kleinen Blick hinter die irdischen Kulissen. Sie sollen sehen, wer Jesus in Wahrheit ist, damit sie besser ertragen, was jetzt auf ihn und auf sie zukommen wird. Eine anrührende Geschichte! Sie zeigt, dass Menschen solch göttliche Momente brauchen, wenn sie im leidvollen

Der Tabor (vom Norden aus gesehen)

Dunkel der Geschichte den Glauben an den göttlichen Sinn nicht verlieren wollen. Freilich: Es sind Momente, kein Dauerzustand. Anschließend muss man sich wieder in die Tiefen des Alltags begeben: »Und auf einmal, als sie um sich blickten, sahen sie niemand als Jesus allein.«

Die erste Kirche wurde bereits im 4. Jh gebaut. Es gab an diesem Ort immer wieder Klöster (7.–12. Jh./17. Jh. bis heute). Die heutige Kirche stammt aus dem Jahr 1924 und enthält Reste der byzantinischen Kirche und der Kreuzfahrerkirche, aber auch der vorisraelitischen Zeit.

Kirche der Verklärung

Kana – aus Wasser wird Wein

Das heutige *Kana* ist ein arabisches Dorf, das ungefähr 7 km nordöstlich von Nazareth entfernt liegt, an der Straße nach Tiberias. Hier wird in einer franziskanischen und einer orthodoxen Kirche die Hochzeit von Kana verehrt (Joh 2,1–11), wo Jesus Wasser in Wein verwandelt hat. Johannes stellt dieses Wunder bewusst an den Anfang seines Evangeliums, weil er deutlich machen will, dass mit Jesus die messianische Freudenzeit beginnt. Nun scheint es westlich des heutigen Dorfes im 1. Jh. tatsächlich eine Ansiedlung gegeben haben, in der Zeit der Alten Kirche bis in die mittelalterliche Zeit wurde Kana jedoch 14 km nördlich von Nazareth verehrt. Dort, in Khirbet Kana, fand man die Reste eines Dorfes, das von Hieronymus und anderen mit Kana identifiziert wird. Meist geht man davon aus, dass es sich dabei um das ursprüngliche Kana handelt. Das Kana bei Nazareth wird aufgrund seiner Namensähnlichkeit und seiner günstigen Lage auf dem Pilgerweg zum See Genezareth erst später an die Stelle des wirklichen Kana gerückt sein.

»Das erste Wunder«

Kana bei Nazareth

Khirbet Kana

III. Die Tetrarchie des Philippus

Das Hermonmassiv markiert die nördliche Grenze der Tetrarchie des Philippus

Einleitung

Nach dem Zeugnis der Evangelien unternahm Jesus verschiedene Reisen, unter anderem in das Reich des Philippus, des Bruders von Herodes Antipas. Dieses Gebiet begann jenseits des Jordan bei Bethsaida, umfasste den heutigen Golan bis zur libanesischen Grenze, reichte einst allerdings wesentlich weiter in den Osten hinein. Sehr wichtig für die ersten drei Evangelisten ist die Wanderung Jesu in die Umgebung von Cäsarea Philippi. Hier, in der Nähe der Hauptstadt, liegt für sie der entscheidende biographische Wendepunkt im Leben Jesu. Die galiläische Mission Jesu ist an ihr Ende gekommen. Jesus verlässt nun endgültig den Norden des Landes und wandert, von ersten Todesahnungen begleitet, nach Jerusalem. Neben Cäsarea Philippi soll hier vor allem Gamla besprochen werden, das als Heimat einer ganzen Zelotendynastie eine gute Gelegenheit bietet, Jesu Beziehung zu diesen kämpferischen »Gotteskriegern« zu erörtern.

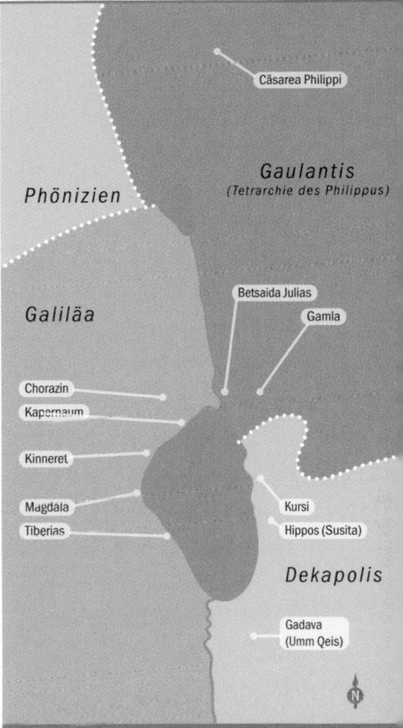

Das Reich des Philippus

Gamla

Einleitung

Gamla befindet sich in einem am nordöstlichen Ufer des Sees Genezareth liegenden Wadi. Es liegt auf einem Bergkamm, der wie ein Querriegel durch einen tiefer liegenden Sattel mit dem nördlichen Abhang des Wadis verbunden ist. Gamla hat das Aussehen eines Kamelrückens, und von dieser auffälligen Form kommt auch der Name: Gamla (hebr. »Gamala«) heißt Kamelhöcker. Die Stadt war im 1. Jh. ein wichtiger Stützpunkt der Zeloten, also der jüdischen Gruppe, die aus religiösen Gründen gegen die römische Besatzung kämpfte und dabei alles andere als zimperlich vorging. Der Name stammt von Josephus, der so allerdings nur eine von verschiedenen Widerstandsgruppen nannte, die kurz vor dem jüdisch-römischen Krieg auftraten. Die Verwendung des Begriffs für die ganze Bewegung ist also nicht völlig unproblematisch, hat

Blick auf das antike Gamla

sich aber weithin so eingebürgert. Die Aktivitäten der Zeloten waren in der ersten Hälfte des Jahrhunderts noch begrenzt (Guerillataktik), erst in den 60er Jahren schwappte der Aufruhr auf das ganze Volk über und führte schließlich zum Krieg gegen Rom. Da eine nicht geringe Anzahl prominenter zelotischer Führer aus Gamla stammte, versteht es sich schon fast von selbst, dass die Stadt in den Kriegshandlungen eine wichtige Rolle spielte. Der Widerstand der Stadt gegen die römischen Truppen war erheblich, trotzdem musste man eine verheerende Niederlage einstecken. Aber auch die Römer hatten einen nicht geringen Blutzoll zu entrichten.

Vermutlich hat Jesus Gamla nie betreten, und dennoch bietet sich die Stadt geradezu an, um das Verhältnis Jesu zu den Zeloten zu thematisieren. Nicht nur, weil man sich hier plastisch vor Augen führen kann, wer die Zeloten waren und wohin der von ihnen eingeschlagene Weg führte, sondern auch, weil Gamla bei klarem Wetter fast überall auf der nordwestlichen Seite des Sees (z. B. in Kapernaum und Bethsaida) gut zu sehen ist. Man kann sich einfach nicht vorstellen, dass der gewaltsame politische Widerstand kein Thema in der Jesusgruppe war, erst recht nicht, wenn man sich vor Augen führt, dass mindestens ein Jünger Jesu (Lk 6, 14) ein ehemaliger Zelot war.

Römische Bresche in der nördlichen Mauer

Geschichte

Gamla war vermutlich schon in der späten Bronzezeit (12. Jh.) besiedelt. Bezüglich der nachexillischen Zeit gibt es noch manch offene Fragen, fest steht jedoch, dass Alexander Jannäus in den 80er Jahren des 1. Jh.s v. Chr. die Stadt als jüdische Stadt neu gegründet hat (JosBell 1, 105; JosAnt 13, 394). Der Hasmonäerkönig interessierte sich aus strategischen Gründen (Absicherung der Grenze seines Reiches) für Gamla und machte es zu einem wichtigen regionalen Verwaltungszentrum. Wie fest Gamla mit der Geschichte der zelotischen Bewegung verbunden ist, zeigen berühmte Repräsentanten der Bewegung. Judas von Galiläa, der im Jahre 6 n. Chr. den gewaltsamen Widerstand gegen den römischen Zensus in Galiläa anführte, stammte aus Gamla. Zusammen mit dem dem radikalen Flügel der Pharisäer zugehörigen Zadok rief er die zelotische Bewegung ins Leben, wobei bereits sein Vater Hezekias unter Herodes d. Gr. als Aufrührer von sich reden machte. Auch Eleazar ben Jair, der Masada bis zum kollektiven Selbstmord gegen die Römer verteidigte, gehörte zu dieser Familie: Er war der Enkel des Judas. Der Kampf um Gamla wird von Flavius Josephus ausführlich beschrieben und kann hier nicht im Detail wiedergegeben werden. Wichtig ist: Nach einem ersten Erfolg der jüdischen Verteidiger gelingt es den Römern schließlich doch, die Stadt in einem zweiten Anlauf zu nehmen.

Der Kampf um Gamla

Man kann vieles in Gamla von der gegenüber befindlichen Aussichtsterrasse gut sehen, auch wenn es natürlich noch beeindruckender ist, die Ausgrabungen aus der Nähe anzuschauen. Man muss dann allerdings viele Treppen hinunter- und später auch wieder heraufsteigen (mit Besichtigung: ca. 2 Stunden). Manchmal gibt es auch einen vom Nationalpark zur Verfügung gestellten Bus, der Besucher über eine kleine Straße direkt nach unten bringt (am Eingang nachfragen).

Viele der von Josephus geschilderten Kriegsereignisse kann man anhand der Ausgrabungen visuell nachvollziehen. So sieht man die Mauer, in die die Römer bei ihrem Angriff Breschen schlagen mussten, um in die Stadt zu gelangen: »Die Römer führten nun Sturmböcke heran und schlugen an drei Stellen eine Bresche in die Mauer, über deren niedergerissene Teile hinweg sie sich unter lautem Schall der Trompeten, unter Waffengeklirr und Kriegsgeschrei in die Stadt ergossen, wo es mit den Verteidigern zum Handgemenge kam.« (JosBell 4, 17) Auch die Reste des Turms, den die Römer unterminierten und zum Einsturz brachten, sind heute noch zu besichtigen (JosBell 4, 62). Wenn man sich die Mühe macht, den Gipfel zu erklimmen, dann sieht man des Weiteren unzählige Gesteinsbrocken, die den westlichen Steilabhang bedecken und von den im Krieg zerstörten jüdischen Häusern stammen. Das Ende von Gamla beschreibt Josephus folgendermaßen: »Der Gipfel war an allen Seiten felsig und schwer zu besteigen; seine Höhe wuchs unermesslich empor und überall sah man nichts als Tiefe, die von Steilhängen rings umgeben war. Von dorther fügten die Juden dem heranrückenden Feind mit Geschossen aller Art und herabgewälzten Felsstücken schweren Schaden zu … Da erhob sich zu ihrem Verderben gegen sie *ein von höherer Macht* gesandter Sturm, der die Pfeile der Römer zu ihnen trug, ihre eigenen aber in schräger Richtung weglenkte. So kamen die Römer heraus und umzingelten mit überraschender Schnelligkeit die Juden.« (JosBell 4, 70) Josephus, einst selbst galiläischer Aufstandsführer, aber noch vor Kriegsende zu den Römern übergelaufen, sieht im Nachhinein im bewaffneten Kampf gegen Rom ein frevlerisches Unternehmen und in der jüdischen Niederlage eine göttliche Fügung.

Die Synagoge

Neben den steinernen Zeugnissen des jüdisch-römischen Kampfes muss man in Gamla vor allem die Synagoge gesehen haben. Sie gehört zu den ältesten im Heiligen Land (in den Jahren 23 v. bis 41 n. Chr. erbaut). In ihrem Zentrum steht ein nicht gepflasterter Innenraum, der auf allen Seiten von Säulen, vierstufigen Sitzreihen und Portikos umgeben ist. Der sich in der südwestlichen Wand befindende Haupteingang weist nach Jerusalem, was hier allerdings auf topographische Gegebenheiten zurückzuführen sein dürfte und nicht auf theologische Intentionen wie bei späteren galiläischen Synagogen. Gleich neben der Synagoge, aber auch an anderen Orten, finden sich jüdische Ritualbäder. Außerdem kann man auf dem Ausgrabungsgelände noch Wohnhäuser und eine Olivenpresse bestaunen.

Synagoge

Jüdisches Ritualbad

Das byzantinische Dorf und Dolmen

Sehenswert sind auch die Überreste eines byzantinischen Dorfes (Deir Quruh) samt Kirche auf dem Gamla gegenüber liegenden Plateau (gleich nach dem Eingang zum Nationalpark rechter Hand). Auch die zahlreichen, sich auf dem Plateau befindlichen Dolmen (frühgeschichtliche Beerdigungsstätten) verdienen unsere Aufmerksamkeit. Sie sind ca. 4000 Jahre alt und zeigen, dass der Golan bereits damals ein beliebtes Siedlungsgebiet war.

Dolmen

Die Zeloten

Die Zeloten waren der Überzeugung, dass die Verehrung des einen Gottes Israels jeden Kompromiss mit dem heidnischen Rom ausschloss. Es war für sie unerhört, dass die Römer ins Land Israel einfielen, Gottes erwähltes Volk unterdrückten und das heilige Land mit ihrem gottlosen Heidentum überschwemmten. Ein besonders neuralgischer Punkt war dabei die Einführung des Zensus (6 n. Chr.), der zur Folge hatte, dass man Rom nun direkt finanziell unterstützen musste. Aber auch die wiederkehrenden Versuche, die Paganisierung Judäas voranzutreiben, z. B. durch das Anbringen heidnischer Symbole am Tempel, erregten Ärgernis und Abscheu. So sahen sich die Zeloten dazu berufen, mit der Schärfe des Schwerts gegen die Römer vorzugehen. Dabei lebten sie in brennender apokalyptischer Naherwartung. Sie waren der Überzeugung, dass Gott sein Reich in allernächster Nähe errichten werde, auch wenn sie davon ausgingen, dass man ihm dabei ein wenig unter die Arme greifen müsse. Interessant ist, dass es in der zelotischen Bewegung viele Schriftgelehrte gab, die Bewegung also trotz ihrer extremen Anschauungen nicht nur eine Gruppe von ungebildeten Sozialbanditen war.

Jesus und die Zeloten

Vieles in der Botschaft Jesu klingt bewusst antizelotisch. Seine Botschaft von der Feindesliebe (Lk 6, 27–35) ist kaum mit Römerhass und gewaltsamen Aktionen zu vereinen. Die an Jesus gestellte Frage, ob man dem Kaiser Steuern zahlen soll, greift ein politisch-religiöses Thema auf, das auch aufgrund der Verweigerung des Zensus durch die Zeloten vielen unter den Nägeln gebrannt haben wird (Mk 12, 13–17). Indem Jesus den Anspruch Gottes über den Anspruch des Kaisers stellt (V. 17: »So gebt dem Kaiser, was des Kaisers ist, und Gott, was Gottes ist!«), markiert er eine deutliche Grenze im jüdisch-römischen Miteinander, gesteht aber zu, dass auch der Kaiser gewisse Ansprüche stellen darf, er jedenfalls nicht von vornherein als gottloser Heide zu bekämpfen ist. Jesus teilt die brennende Naherwartung der Zeloten, ist im Unterschied zu ihnen aber der Überzeugung, dass man geduldig warten muss und das Reich Gottes nicht herbeizwingen darf. Es kommt wie die selbst wachsende Saat (Mk 4, 26–29). So ist es im Grunde genommen eine Tragik des »Schicksals«, dass der, der sich so bewusst gegen die Botschaft der Zeloten gestellt hat, des Aufruhrs angeklagt und hingerichtet wurde. Die über sein Kreuz genagelte offizielle Anklage (»König der Juden«) war jedenfalls eindeutig messianisch-politischer Natur.

Cäsarea Philippi/Banias

Einleitung

Das am nordwestlichen Ausläufer des Hermonmassivs gelegene Banias, benannt nach dem in der antiken Stadt gelegenen Panheiligtum (gr. *paneion*), ist vielfach der nördlichste Punkt einer Israelreise. Dort, kurz vor der libanesischen Grenze, entspringt eine der drei Jordanquellen, die Baniasquelle, und diese sorgt dafür, dass es um das Quellgebiet herum eine reiche Vegetation gibt. Die Landschaft ist sehr vielfältig und abwechslungsreich, selbst im heißen Sommer lässt es sich hier gut aushalten. Vermutlich ist Banias deshalb auch ein beliebtes Ausflugsziel. Doch Banias hat auch für das Neue Testament Bedeutung. Dort lag zur Zeit Jesu Cäsarea Philippi, die Hauptstadt des Reiches des Philippus. Jesus soll bei einer seiner Reisen bis in die Umgebung von Cäsarea

Jordanquelle – im Hintergrund antikes Panheiligtum

Philippi gekommen sein, und die Geschichte, die die Evangelisten dort lokalisieren, hat im Aufriss der Evangelien zentrale Bedeutung.

Geschichte

Banias befand sich im 3. Jh. v. Chr. unter der Herrschaft der Ptolemäer, bis diese im Jahr 198 v. Chr. durch die Seleukiden abgelöst wurden. Nach dem Niedergang des seleukidischen Reiches gehörte Banias vom Ende des 2. Jh.s an bis zur Eroberung Palästinas durch Pompeius (63 v. Chr.) zum Reich der Ituräer, das im heutigen süd-östlichen Libanon sein Zentrum hatte und auf hellenisierte arabische Gruppen zurückging. Ituräa kam 20 v. Chr. unter die Herrschaft Herodes d. Gr. Nach dessen Tod erbte sein Sohn Philippus den nordöstlichen Teil des Reiches und machte Banias zu seiner Hauptstadt. Zu Ehren von Kaiser Augustus nannte er es Cäsarea, und um es von dem am Meer gelegenen Cäsarea zu unterscheiden, bekam es den Beinamen Philippi. 61 n. Chr. wurde die Stadt von Herodes Agrippa II. unter dem Namen Neronias neu gegründet. Agrippa II., dessen Reich noch einmal einen beachtlichen Umfang hatte, hat dort bis zu seinem Tod (92/93 n. Chr.) gelebt.

Palast von Herodes Agrippa II.

Da er im jüdisch-römischen Krieg auf der Seite von Vespasian und dessen Sohn Titus stand, ist es kein Zufall, dass diese beiden sich immer wieder nach Cäsarea Philippi zurückzogen, um sich von den aufreibenden Kämpfen zu erholen. Nachdem der Krieg gewonnen war, hat Titus in Cäsarea seinen Sieg mit »Spielen« gefeiert. Dabei ließ er die jüdischen Kriegsgefangenen wilden Tieren zum Fraß vorwerfen oder zwang sie, gegeneinander zu kämpfen. Im 2. und 3. Jh. war Cäsarea – es wurde jetzt meist Cäsarea Panias genannt – eine spätrömisch-hellenistische Polis. Es gab dort eine jüdische Gemeinde, und später auch eine christliche.

Das Panheiligtum
Im 1. Jh. war Cäsarea Philippi eine beachtliche Stadt von bis zu 30.000 Einwohnern. Das Meiste ist noch unter dem Schutt der Jahrtausende verborgen, nur wenige Bauten wurden bislang ans Tageslicht gebracht. Dazu zählen das Panheiligtum und der Palast von Herodes Agrippa II. Außerdem wurde

westlich des Panheiligtums eine aufgeschüttete und mit Stützmauern abgesicherte Terrasse gefunden. Aufgrund mancher Bautechniken, z. B. der *opus reticulatum*-Technik (quadratische Steine werden mit der Spitze nach unten angeordnet), kann man schließen, dass hier ein von Herodes d. Gr. errichtetes Gebäude (Palast oder Tempel) stand. Auch viele Bauten aus der Kreuzfahrerzeit kann man in Banias noch entdecken.

Das antike Panheiligtum existierte vom 3. Jh. v. Chr. bis ins 3. Jh. n. Chr. und wurde vielleicht als hellenistisches Konkurrenzheiligtum zum nahegelegenen israelitischen Dan-Heiligtum errichtet. Pan ist der Gott des Waldes und der Natur, der Gott der Hirten. Mit ihm assoziiert man rauschvolle Feste, sexuelle Ekstase, Tanz und Fröhlichkeit, wobei ihm auch ernste Züge nicht fehlen. Bei den Ptolemäern war die Panverehrung Teil des Dionysoskultes: Pan tauchte nun plötzlich im Gefolge des Dionysos auf, wo er in der Schar fröhlicher Festpilger auf seiner Flöte musizierte.

Rekonstruktion des Panheiligtums

Der ursprüngliche Ort des Panheiligtums war die große Grotte, die noch heute am westlichen Ende der am Bergabhang gelegenen Terrasse zu sehen ist. Aus ihr kam zur Zeit des Josephus das Wasser der Jordanquelle. Es musste sich aufgrund geologischer Verschiebungen später einen anderen Weg suchen. Über dieser Grotte ließ Herodes der Große seinen Augustustempel errichten. Man fand hier Reste von zwei parallel angeordneten Mauern mit Nischen (für Statuen), die man als die Seitenwände dieses Tempels interpretiert hat. Seine Fassade erhob sich vor der Grotte und verdeckte diese. Die östlich der Grotte gelegenen Stätten (eine künstliche Grotte des Pan und der Nymphen, zwei weitere Tempel und ein für kultische Aufführungen gedachter Platz), von denen nur noch wenig erhalten ist,

Grotte hinter dem antiken Augustustempel

Tempel und Kultorte des antiken Panheiligtums

stammen größtenteils aus dem 2. und 3. Jh. n. Chr. Das Panheiligtum war in der hellenistischen Zeit ein reines Naturheiligtum. Erst in späterer Zeit wurden repräsentative kultische Gebäude errichtet, die mehr den Interessen der herrschenden Schichten entsprachen als denen der im Umkreis lebenden alteingesessenen Bevölkerung.

Jesus bei Cäsarea Philippi – ein biographischer Wendepunkt

Markus erzählt (Mk 8, 27–33), dass Jesus sich in der Nähe von Cäsarea Philippi aufhielt und dort seine Jünger fragte, für wen die Leute ihn halten. Sie antworteten darauf:»Einige sagen, du seist Johannes der Täufer; einige sagen, du seist Elija; andere, du seist einer der Propheten.« Daraufhin fragt Jesus nach der Meinung der Jünger und bekommt von Petrus zu hören:»Du bist der Christus! Und er gebot ihnen, dass sie niemandem von ihm sagen sollten.« Auf dieses Christusbekenntnis folgt die erste Leidensankündigung und die Zurechtweisung des Petrus, der Jesus von diesem Weg abbringen will:»Er aber wandte sich um, sah seine Jünger an und bedrohte Petrus und sprach: Geh weg von mir, Satan! Denn du meinst nicht, was göttlich, sondern was menschlich ist.«

Im literarischen Aufriss des Markusevangeliums handelt es sich hier um einen biographischen Wendepunkt. Jesus schlägt einen neuen Weg ein. Er verlässt den Norden des Landes und begibt sich in Richtung Jerusalem. Wenn wir fragen, warum Jesus diese Wende vollzieht, dann muss man im Sinn des Markus wohl sagen: Die Evangeliumsverkündigung in den beiden nördlichen jüdischen Reiche (Galiläa und das Reich des Philippus) ist zu einem Ende gekommen, und das sicher auch deshalb, weil sie keinen durchschlagenden Erfolg hat. Die meisten Menschen verstehen nicht, was Jesus eigentlich will. Selbst Petrus als Repräsentant der Jünger ist mit Blindheit geschlagen. Er will keinen leidenden, sondern einen triumphierenden Messias, einen, der die eigenen Wünsche und Sehnsüchte erfüllt, der das Volk von der römischen Besatzung befreit und für allgemeines Wohlergehen sorgt. Darin dürfte er die Stimmung vieler widerspiegeln. Doch diese Art Messias will Jesus gerade nicht sein. Zwar vertraut auch er darauf, dass Gott die natürlichen Sehnsüchte der Menschen stillen wird, wenn er sein Reich errichten wird. Aber an erster Stelle steht für Jesus, dass die Menschen durch die Hinwendung zu dem liebenden und gütigen Gott ihr selbstzentriertes Leben aufgeben. Nur die, die Gott Mitte ihres Lebens sein lassen, finden das wahre Leben.»Trachtet zuerst nach dem Reich Gottes, dann wird euch solches alles zufallen.«

(Mt 6,33) Die galiläische Erfahrung Jesu ist, dass nur die Wenigsten dazu bereit sind, und es scheint, dass Jesus darauf mit radikalen Gerichtsworten reagiert. So kündigt er in Lk 10,13–15 den Orten das Gericht an, in denen er am häufigsten gewirkt hat: Chorazin, Bethsaida und Kapernaum. Wenn nun in diesen häufig besuchten Orten das Urteil Jesu derart katastrophal auffällt, wie wird es dann erst an der Peripherie ausgesehen haben. Der Schluss ist kaum zu vermeiden: Seine galiläische Mission ist gescheitert.

Doch warum geht Jesus nun nach Jerusalem? Weil er sich dort den in Galiläa ausbleibenden Durchbruch erhofft? Weil er sich bereits damit abgefunden hat, dass das Reich Gottes nur für einige zum Segen kommt, für die Mehrheit dagegen zum Gericht? Oder weil Jesus bereits in Galiläa zur Überzeugung gekommen ist, dass Gott seine Ziele auch durch Leid und Tod erreichen kann? Eins scheint relativ sicher zu sein: Jerusalem war das heilsgeschichtliche Zentrum Israels. Wenn Jesus deshalb der Überzeugung war, dass Gott das endgültige Heil schaffen wird und ihm als Person dabei die entscheidende Rolle zukommen wird, dann mussten die Würfel in Jerusalem fallen (Lk 13,33). In dieser Gewissheit, dass Gott sich in Kürze gegen alle Mächte des Unglaubens und der Gottlosigkeit durchsetzen wird, zieht Jesus in die Heilige Stadt. Wie er sich diese Durchsetzung zum damaligen Zeitpunkt konkret vorstellte, wissen wir allerdings nicht. Die Worte von Tod und Auferstehung, die Markus hier überliefert, können jedenfalls nicht als Indizien dafür genommen werden, dass Jesus bereits damals fest mit seinem Tod rechnete. Es ist Markus, der ihm diese Worte in den Mund legt, und er tut es, weil er aus der Perspektive des Rückblicks ja bereits weiß, dass Jesus in Jerusalem gekreuzigt und von Gott auferweckt werden wird. Er weiß, was Jesus so damals noch nicht wissen konnte, nämlich, dass Gott sein Heil für Israel und die Völker nicht durch eine Erweckung im letzten Augenblick, auch nicht durch ein für die Meisten vernichtendes Gericht, sondern durch sein heilvolles Handeln in Kreuz und Auferstehung realisieren wird.

IV. Bronzezeitlich-eisenzeitliche Städte im Norden Israels

Blick von Tell Hazor nach Norden (linke Bildhälfte: Bronzezeitliche Unterstadt)

Megiddo

Einleitung
Die ersten Siedlungsspuren reichen in das 6./5. Jt. v. Chr. zurück, doch erst um 3000 v. Chr. tritt Megiddo als befestigte Stadt in Erscheinung. Insgesamt hat man über 20 Siedlungsschichten gefunden, und allein dies zeigt, dass es sich um eine der wichtigsten bronzezeitlichen Städte der Region gehandelt hat. Ihre Bedeutung verdankt die Stadt vor allem ihrer verkehrstechnisch, strategisch und ökonomisch günstigen Lage. Am westlichen Ende der Jesreelebene gelegen, dort, wo die Via Maris von der Mittelmeerküste kommend nach Syrien und Mesopotamien führt, hatten die Bewohner der Stadt direkten Zugang zu den internationalen Handelswegen. Gleichzeitig besaßen sie mit der Herrschaft über die sich gen Osten erstreckende Jesreelebene – der so genannten »Kornkammer Israels« – die beste Voraussetzung für eine wirtschaftlich prosperierende Entwicklung. In strategischer Hinsicht bildete Megiddo die Brücke, die die Großmächte der damaligen Welt (Ägypten, Babylonien, Assyrien) miteinander verband. Wenn diese gegeneinander in den Krieg zogen, mussten sie an Megiddo vorbei, so dass es für die Bewohner der Stadt oft eine Frage von Leben und Tod war, auf welche Seite sie sich geschlagen hatten. So war Megiddo eine begehrte und umkämpfte Stadt, und das kommt eben nicht zuletzt in den zahlreichen Zerstörungen und Wiederaufbaumaßnahmen zum Ausdruck. Wenn in der Offenbarung des Johannes (Offb 16, 16) die Stadt zum Symbol für die endzeitliche Völkerschlacht geworden ist, wo der Sieg Gottes über die widergöttlichen Mächte endgültig offenbar werden soll, dann ist dies aufgrund der Geschichte Megiddos mehr als plausibel.

In archäologischer Hinsicht kommt Megiddo eine Schlüsselfunktion für die biblische Archäologie der Königszeit zu: Liefert die Stadt, die nach biblischem Zeugnis Salomo ausgebaut haben soll, den Beweis dafür, dass es das davidisch-salomonische Großreich wirklich gab? Oder verhält es sich gerade umgekehrt? Eine im Augenblick heiß umstrittene Frage!

Ein kurzer geschichtlicher Überblick
In der Mitte des 3. Jt.s dürfte Megiddo der mächtigste Stadtstaat im Norden des Landes gewesen sein. Inschriftlich erwähnt wird die Stadt allerdings erst im 15. Jh. auf einer Stele im Tempel von Karnak. Dort berichtet Tutmosis III. von einem Sieg über ein Bündnis kanaanäischer Städte (einschließlich

Rekonstruktion der Stadt im Museum des Tells (vorne links Toranlage, links und rechts oben Pferdeställe)

Megiddo), den er in der Nähe der Stadt errungen hat. Anschließend kam es zu einer sich über sieben Monate hin erstreckenden Belagerung und der schließlichen Einnahme von Megiddo. Nach diesem beeindruckenden Sieg machte der Pharao die Stadt zu einem wichtigen ägyptischen Stützpunkt des Neuen Reiches, und das blieb sie im Prinzip auch bis zum Ende der ägyptischen Herrschaft über Palästina im ausgehenden 12. Jh.

Nach dem biblischem Zeugnis des Josuabuches hat Josua den König von Megiddo geschlagen (Jos 12, 21). In Ri 1, 27 wird jedoch ausdrücklich festgestellt, dass es dem Stamm Manasse bei der Landnahme nicht gelungen ist, Megiddo einzunehmen. Wir wissen also nicht genau, wann Megiddo unter israelitische Herrschaft kam, und deshalb ist die Aussage in 1 Kön 9, 15.19, dass König Salomo dort bereits eine erhebliche Bautätigkeit entfaltet hat, mit Vorsicht zu genießen. Im Jahr 923 v. Chr. wurde die Stadt durch Pharao Scheschonk zerstört und erst im 9. Jh. unter König Ahab wieder aufgebaut. Zu einer noch intensiveren Bautätigkeit dürfte es im 8. Jh. unter Jerobeam II. gekommen sein. Im Jahr 732 v. Chr. nahmen die Assyrer unter Tiglat-Pileser III. Megiddo ein und machten die Stadt zum Verwaltungszentrum der nunmehr assyrischen Provinz. Erwähnenswert ist noch, dass der judäische König Josia, der in der Geschichtsschreibung des Südens als großer religiöser und politischer Reformer gepriesen wird, in der Nähe der Stadt gegen den von einem Feldzug gegen die Assyrer zurückkehrenden Pharao Necho kämpfte und dabei

Östliche Seite des Sechskammertors

starb. Vielleicht wollte Necho nicht dabei zusehen, wie Josia das judäische Reich gen Norden erweiterte, indem er sich das ehemalige Staatsgebiet Israels einverleibte. Im 4. Jh. hörte die Besiedlung Megiddos nach bescheidener Bautätigkeit in der Perserzeit endgültig auf.

Gebäude aus der salomonischen Zeit?
Der bekannte israelische Archäologe Yigael Yadin, der in den 1960er und 70er Jahren Grabungen in Megiddo durchführte, war der Überzeugung, dass ein dort gefundenes Sechskammertor und ein Palastgebäude in die Zeit des Königs Salomo zurückgehen und ein Beweis für dessen monumentale Bautätigkeit im Norden sind. Heute scheint sich immer mehr abzuzeichnen, dass Yadin sich geirrt hat. Das beeindruckende Sechskammertor gehört wahrscheinlich in die erste Hälfte des 8. Jh.s, allenfalls in das 9. Jh., ebenso wie die heute noch gut erkennbaren Pferdeställe, von denen die einen im Norden und die anderen (mit einem großen Hof umgeben) im Süden lagen. Bei diesen Ställen handelt es sich um dreiteilige Gebäude, bei denen die einzelnen Teile durch zwei Säulenreihen und dazwischen liegende Tröge voneinander getrennt waren. Auch das sich im Süden der Stadt befindende Getreidesilo und die unterirdische Wasserversorgung, die es ermöglichte, dass die Bevölkerung selbst im Belagerungsfall an die außerhalb der Stadt liegende Wasserquelle herankommen konnte, stammen aus dieser Zeit. Es ist die Zeit

Jerobeams II. (787–747), in der Israel eine erstaunliche wirtschaftliche und kulturelle Blüte erlebte.

Die beiden unter den nördlichen und südlichen Stallanlagen gelegenen Paläste (der nördliche wird meist als »Palast 6000« bezeichnet) stammen ebenfalls nicht aus der Zeit Salomos, sondern gehören in die erste Hälfte des 9. Jh.s, in die Zeit der Omriden. Architektonische Vergleiche mit omridischen Bauten aus Samaria (der Hauptstadt der Omriden) und Jesreel sowie identische Keramiktypen legen diesen Schluss nahe. Auch hier sind die Bauten ein augenfälliges Zeichen einer blühenden Epoche: Israel tritt immer mehr als Staat im eigentlichen Sinne in Erscheinung.

Das Fehlen von Relikten aus salomonischer Zeit muss nicht zur Folge haben, dass man die Existenz eines vereinten Reiches unter David und Salomo ganz ablehnt (so z. B. der israelische Archäologe Israel Finkelstein), aber es wird einen daran hindern, zu vollmundig von einem gut ausgebauten und mit allen staatlichen Einrichtungen versehenen »davidisch-salomonischen Großreich« zu sprechen. Ein solches hat es vermutlich nicht gegeben.

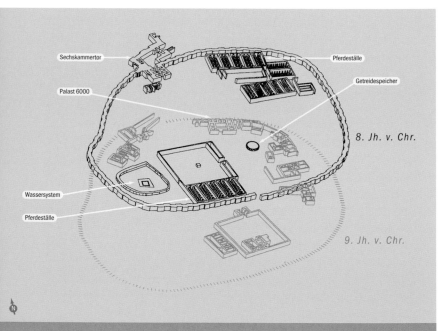

Megiddo im 9. und 8. Jh. v. Chr. © The Megiddo Expeditions, Tel Aviv University

Tore, Mauern, Paläste und Stallanlagen

Wir beginnen mit der Besichtigung am Eingang bei den unterschiedlichen Toranlagen, wo wir zuerst auf die Reste eines noch sehr schön erhaltenen Stadttors aus der späten Bronzezeit (1500–1200 v. Chr.) stoßen. Es handelt sich um ein Vierkammertor, so genannt, weil sich in jeder der beiden Torhälften zwei Kammern befanden, die in Friedenszeiten als Aufenthaltsräume dienten. Etwas weiter oben stoßen wir auf das berühmte Sechskammertor, das wir ins 8. Jh. datiert haben. Von diesem Tor ist nur noch eine, nämlich die linke Seite erhalten. Die andere Seite wurde abgetragen, um an die unteren Strata heranzukommen. Yadin hatte hier zuerst nur das Tor selbst ausgegraben. Da er davon ausging, dass die Tore aus Megiddo, Hazor und Gezer von Salomo gebaut wurden, und die beiden anderen Tore mit Kasemattenmauern verbunden waren, war er natürlich am Anfang über das Fehlen einer solchen Mauer in Megiddo verwirrt. Bei einer zweiten Grabung entdeckte er östlich des Tores jedoch einige Mauern, die er als Kasemattenmauern interpretierte. Wenn man dem Rundweg nach oben folgt und zum Tor zurückblickt, merkt man allerdings, dass dieses Kasemattenmauern sich nicht ganz auf der Linie des Tores befinden, vermutlich also keine Stadtmauern waren, sondern zu einem Palast gehörten.

Oben auf der Höhe angekommen sehen wir die nördlichen Stallanlagen. Nachdem man immer wieder kontrovers diskutiert hat, ob es sich hier um Pferdeställe, Vorratsräume oder Markthallen handelt, überwiegt in letzter Zeit nun doch wieder die Meinung, dass es Pferdeställe waren. Sie stammen, wie vermutet, aus dem 8. Jh. und sind ein Beleg dafür, dass Megiddo in dieser Zeit ein Zentrum der Pferdezucht war. Daneben und teilweise darunter sehen wir die Grundmauern des omridischen »Palastes 6000« (9. Jh.), der einen Umfang von 28 × 21 m hatte. Die Kasematten Yadins gehören also zu diesem Palast!

Kasemattenmauern (Yadin) oder Teile des »Palasts 6000« (8. Jh.)?

Der »Schumacher-Graben« mit seinen bronzezeitlichen Tempeln

Der Kultplatz mit seinen Tempeln

Im so genannten Schumacher-Graben hat man eine Reihe kanaanäischer Tempel aus der Bronzezeit entdeckt. Am beeindruckendsten ist der in der zweiten Hälfte des 3. Jt.s aus unbehauenen Steinen errichtete Rundaltar mit einem Durchmesser von 8,5 m. Man kann sich gut vorstellen, wie auf diesem Altar Opfer dargebracht wurden, und fühlt sich an manche biblische Texte erinnert. So schärft 2 Mose 20, 25 ein, dass die Israeliten ihre Altäre aus unbehauenen Steinen errichten sollen, und in Megiddo kann man nun sehen, dass dies bereits kanaanäische Praxis war. Überhaupt kann man sich hier ein Bild davon machen, wie solche Opferplätze auch noch in israelitischen Städten ausgesehen haben mögen (z. B. 1 Sam 9, 12 f.).

In der ersten Hälfte des 2. Jt.s wurden um diesen Altar herum drei weitere Tempel erbaut. Einer wurde direkt dahinter gebaut und mit diesem architektonisch verbunden, die anderen beiden eher seitlich errichtet. Alle drei Tempel sind so aufgebaut, dass sie aus einem Längsraum bestehen, an dessen hinterer Wand sich ein Altar befand. Dieser Raum wurde jeweils von einem offenen, mit Säulen geschmückten Hof betreten. Am Ende des 2. Jt.s wurde auf den Ruinen dieser Tempelanlage ein neuer Tempel gebaut: mit dicken

Getreidesilo (9. Jh.)

Die südlichen Pferdeställe

Mauern (bis zu 4 m) und zwei die Fassade flankierenden Türmen. Im Tempelareal fand man die Reste von tausenden Tieropfern und in einem Krug sogar die Reste eines Menschenopfers: das Skelett eines etwa 15-jährigen Mädchens.

Silo, Ställe, südlicher Palast, Wassersystem

Im Zentrum des Tells steht ein Getreidesilo aus der Zeit Jerobeams II. Das Silo konnte ca. 450 m³ Getreide aufnehmen. Nicht weit davon entfernt liegen die südlichen Pferdeställe, die wesentlich anschaulicher restauriert wurden als die nördlichen. Man sieht, dass der mittlere Boden gepflastert war, zwischen manchen Pfeilern hat man auch Tröge entdeckt, die am besten als Futtertröge zu interpretieren sind. Nicht alle Pfeilerhäuser dieses Typs waren Ställe, aber in Megiddo ist dies aufgrund biochemischer Untersuchungen sehr wahrscheinlich. Die geringen Ausmaße der Boxen sind damit zu erklären, dass die Pferde in der Antike wesentlich kleiner waren.

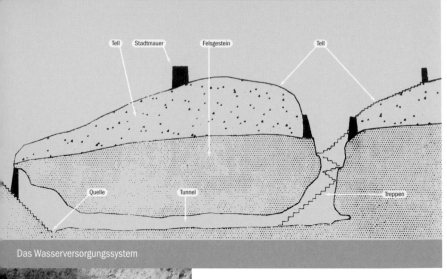

Das Wasserversorgungssystem

Schacht für die Wasserversorgung

Tunnel des Wasserversorgungssystem

In der Nähe der Pferdeställe war einst ein Palast mit großem Vorhof, von dem aber nur noch Teile des Eingangs sichtbar sind. Er gehört vermutlich in die Zeit der Omriden (siehe oben). Nördlich von Palast und Pferdeställen kann man noch Wohnquartiere und Paläste der Assyrer sehen, die im 8. Jh. Megiddo erobert und es zu einem ihrer Verwaltungszentren gemacht hatten.

Ähnlich beeindruckend wie in Hazor ist auch hier das Wassersystem. Hatte man die außerhalb der Mauern befindliche Quelle zuerst dadurch gesichert, dass man sie hinter einer Steinmauer zu verstecken suchte, so wurde später ein hochentwickeltes Wassersystem angelegt. Innerhalb der Stadt hat man einen etwa 30 m tiefen Schacht in den Fels gegraben und diesen durch einen 70 m langen Tunnel mit der Quelle verbunden. Ähnlich wie in Jerusalem hat man auch hier von zwei Seiten aufeinander zu gearbeitet. Man kann die Stadt durch diesen Tunnel verlassen und außerhalb des Tells zum Eingang gelangen oder den Weg zurückgehen.

Tell Hazor mit Hermonmassiv im Hintergrund

Hazor

Topographie und Geschichte

Der etwa 30 km nördlich des Sees gelegene Tell Hazor (= Umzäunung) lag in der Antike an einem zentralen Verkehrsknotenpunkt. Vom Süden kommend konnte man in nördlicher Richtung in den Libanon oder nach Kleinasien gelangen, in nordwestlicher Richtung zu den phönizischen Küstenstädten, in östlicher Richtung nach Syrien und Mesopotamien. Ähnlich wie Megiddo gewann Hazor aufgrund seiner Lage eine enorme wirtschaftliche und strategische Bedeutung. Der Tell war bereits im 3. Jt. v. Chr. bewohnt. Damals handelte es sich wohl noch um eine relativ unbedeutende und unbefestigte Ansiedlung. Erst im 2. Jt. erreichte Hazor den Höhepunkt seiner Macht. Nachdem sie im 18. Jh. v. Chr. neu gegründet worden war, entwickelte sich die Stadt zum wichtigsten machtpolitischen Zentrum des Landes und blieb fast durchgängig bis ins 12. Jh. bewohnt. Bereits in der ersten Hälfte des 2. Jt.s war die Bevölkerung der Stadt derart angewachsen, dass sie auf dem Hügel keinen Platz mehr fand und nördlich des Tells ein neues Stadtviertel, die Unterstadt, angelegt wurde. Das Stadtgebiet von Hazor war damit auf über 70 ha angewachsen (vgl. Megiddo mit ca. 6 ha). Die Texte aus Mari am Euphrat (18.–17. Jh.) bezeugen die diplomatischen und wirtschaftlichen Beziehungen der Stadt nach Mesopotamien. In der Zeit der ägyptischen Oberherrschaft über Palästina (ab dem 15. Jh.) scheint Hazor eine hervorgehobene Stellung besessen zu haben. Obwohl die Könige von Hazor die Oberherrschaft Ägyptens anerkannten, waren sie bemüht, auf regionaler Ebene ihre Herrschaft weiter auszubauen. Es scheint, dass sie auch über andere Städte der Umgebung herrschten. Hazor war im 2. Jt. v. Chr. die bedeutendste Stadt Palästinas.

Biblische Bedeutung
Nach dem biblischen Zeugnis wurde eine von Hazor geführte Städtekoalition von Josua geschlagen und dann anschließend die Stadt selbst zerstört: »Und der Herr sprach zu Josua: Fürchte dich nicht vor ihnen! Denn morgen um diese Zeit will ich sie alle vor Israel dahingeben und sie erschlagen; ihre Rosse sollst du lähmen und ihre Wagen mit Feuer verbrennen. ... Da tat Josua mit ihnen, wie der Herr ihm gesagt hatte, und lähmte ihre Rosse und verbrannte ihre Wagen und kehrte um zu dieser Zeit und eroberte Hazor und erschlug seinen König mit dem Schwert; denn Hazor war vorher die Hauptstadt aller dieser Königreiche.« (aus Jos 1, 6 – 10) Tatsächlich zeigt der archäologische Befund, dass die Stadt um 1200 zerstört wurde, wobei diese Zerstörung auch andere Gründe gehabt haben kann. Die heute zumeist vertretenen Landnahmetheorien gehen eher davon aus, dass Hazor nicht von Josua erobert wurde.

Wir können nicht mit letzter Sicherheit sagen, wann Hazor unter israelitische Herrschaft gekommen ist. Spätestens im 9. Jh. war dies der Fall, vielleicht aber auch schon im 10. Jh., und das selbst dann, wenn das Sechskammertor mit seiner Kasemattenmauer nicht von Salomo stammen sollte. Da uns vor allem die biblische Zeit interessiert, beschränken wir uns bei der folgenden Besichtigung auf die Oberstadt. Die Unterstadt war während der israelitischen Königszeit nicht mehr besiedelt.

Machen wir uns zuerst eines klar: Man hat in der Oberstadt zwei Stadtmauern mit den dazu gehörigen Toranlagen gefunden. Die eine Stadtmauer umfasst nur den westlichen Teil der Oberstadt. Das zu ihr gehörige Sechskammertor, an das sich eine Kasemattenmauer anschließt, trennt das westliche vom östlichen Areal der Oberstadt ab. Die andere Stadtmauer umfasst auch den östlich gelegenen Teil, also die ganze Oberstadt. Relativ einig ist man sich darin, dass Letztere auf den König Ahab zurückgeht, also in die erste Hälfte des 9. Jh.s gehört. Er hat die ursprünglich eher bescheidene Stadtanlage vergrößert. Die Stadtmauer mit dem Sechskammertor wurde von Yigael Yadin noch König Salomo zugeschrieben, wobei inzwischen viele seiner Argumente ins Wanken gekommen sind. Dennoch ist die Situation in Hazor komplizierter

als in Megiddo und es kann nicht ganz ausgeschlossen werden, dass das Tor wirklich auf
Salomo zurückgeht.

Mauern und Befestigungsanlagen

Die Besichtigung beginnt meist in dem nordöstlich gelegenen Ausgrabungsfeld (A). Wir sehen
hier einige Mauern und Befestigungsanlagen
aus der israelitischen Phase (9.–8. Jh.), die
zeitlich nicht ganz klar einzuordnen sind. Ganz
außen sind Reste einer mittelbronzezeitlichen
Mauer zu erkennen, im inneren Feld sehen wir
ein Vierraumhaus, einen Vorratsraum und verschiedene Strukturen aus der assyrischen und
sogar persischen Zeit. Wir befinden uns hier an
der einstigen Ostgrenze der Oberstadt.

Verbindung zwischen Ober- und Unterstadt

Gehen wir einige Meter weiter nach oben, dann
stehen wir vor einem Ausgrabungsbereich (B),
der direkt in den Abhang hineingeschnitten
ist. Es handelt sich um den bronzezeitlichen
Aufgang, der im 2. Jt. die Unterstadt mit der
Oberstadt verband. Man kann sich noch heute
gut vorstellen, wie man von unten über Treppen
hinaufging. Der zu sehende quadratische Sockel diente einst kultischen Zwecken. Entweder
stand dort eine Statue des Königs oder die
eines Gottes. Direkt daran schließt sich etwas
erhöht ein Grabungsbereich an, der vor allem
Gebäudereste aus der israelitischen Besied-
lungsphase aufweist.

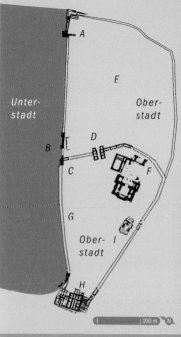

Lageplan der Ausgrabungen

Bronzezeitlicher Aufgang von der Unter- zur
Oberstadt

Erweiterung der Mauer durch Ahab

Direkt gegenüber (etwas westlich) von diesem Areal sehen wir eine relativ
kleine, aber dennoch bedeutende Grabung (C). Wir können hier erkennen,
wie die Kasemattenmauer nach Süden Richtung Sechskammertor abzweigt,

Links ältere Stadtmauer, rechts (nach unten) Stadtmauer des Ahab

Sechskammertor

Bronzezeitlicher Kultplatz

Bronzezeitlicher Thronsaal

während die später gebaute Mauer des Ahab nach unten, in östliche Richtung führt. Wir befinden uns also genau an dem Punkt, wo die ursprünglich die Oberstadt umschließende Mauer im 90°-Winkel nach Süden abzweigt.

Sechskammertor und bronzezeitlicher Königspalast

Folgen wir dieser Linie, dann kommen wir zuerst zu dem imposanten, in eine Kasemattenmauer eingefügten Sechskammertor (*D*). Wie erwähnt führte Yigael Yadin es auf Salomo zurück, was heute vermehrt bestritten wird. Nachdem wir dieses Tor durchschritten haben, sehen wir in einem Ausgrabungsschacht einen von Stelen umgrenzten kultischen Platz aus der Bronzezeit (*E*). Von dort gelangen wir zu dem aus dem 14. Jh. v. Chr. stammenden Königspalast (*F*), der rein repräsentativen und kultischen Zwecken diente. Das Herz dieses Palastes bildet ein 12 × 12 m großer Thronsaal, dessen Boden ursprünglich mit Holz ausgelegt war. Die aus getrockneten Lehmziegeln bestehenden Mauern (3 m dick, im Osten sogar 5 m) sind auf einer Basaltmauer gebaut und mit Holzbalken (Zedernholz) versetzt. Teils waren die Mauern und Türrahmen auch mit Holz verkleidet. Vor dem Palast befand sich ein etwas erhöhter kultischer Platz, eine Art Altar, an dem Opfer dargebracht wurden. Zwischen diesem und dem Palast waren ursprünglich zwei mächtige Säulen errichtet, deren Basen man noch sehen kann. Dieses Prunkstück bronzezeitlicher Kultur weist erstaunliche Ähnlichkeiten zu dem in Syrien ausgegrabenen Palast in Alalakh auf.

Vierraumhaus, Zitadelle, Wassersystem

Bevor wir weiter westlich gehen, richten wir noch einen Blick auf zwei eisenzeitliche Gebäude (rechter Hand vom Palast, wenn man in westliche Richtung geht), die ursprünglich über dem Palast errichtet waren und dann von dort entfernt und an der heutigen Stelle neu aufgebaut wurden (G). Man sieht ein typisch israelitisches Vierraumhaus mit einer Olivenpresse und ein mit zwei Reihen aus Steinsäulen untergliedertes Gebäude, das ursprünglich vermutlich als Vorratsraum diente.

Im westlichsten Ausgrabungsfeld (H) angekommen sehen wir im vorderen Bereich einen Kultplatz, der aus dem 11. Jh. stammen könnte. Ganz am südlichen Rand stoßen wir erneut auf die Kasemattenmauer, deren Hohlräume in der ersten Hälfte des 9. Jh.s mit Erde aufgefüllt wurden. Zu jener Zeit wurde auf bronzezeitlichen Vorgängerbauten eine israelitische Zitadelle errichtet. Man kann heute noch erkennen, wie um zwei längliche Gebäude verschiedene Räume angeordnet waren. Nördlich der Zitadelle befand sich eine Straße, an die sich einige Gebäude anschlossen. Diese Straße wurde von einem mächtigen Eingang mit protoäolischen Kapitellen beherrscht. Im 8. Jh. – angesichts der assyrischen Bedrohung – wurden auch über diesen Gebäuden massive Befestigungsmauern angelegt.

Zu guter Letzt begeben wir uns noch zu dem beeindruckenden Wassersystem von Hazor (I). Es stammt aus dem 9. Jh. Man grub 19 m tief in den Felsen hinein, von wo aus ein 25 m langer, nach unten führender und mit Treppen versehener Schacht zu einem Becken führte, das auf Grundwasserniveau lag. Ganz ähnlich wie

Kultplatz vor dem Palast

Vierraumhaus

Links oben die Zitadelle, rechts davon die Straße, im Vordergrund der Kultplatz

Eingang zum Wasserversorgungsschacht

Der Danfluss: einer der drei Quellflüsse des Jordan

Kultplatz

eisenzeitliche Toranlage

bronzezeitliches Tor

Tell Dan

Gehwege

Eingang
moderne Straße

Parkplatz,
Restaurant

◄●► N

Orientierungskarte von Dan

in Gezer hat man so die Wasserversorgung der Stadt – besonders in Kriegszeiten – gesichert.

Dan

Einleitung

Die Überreste der kanaanäischen Stadt Lajisch, die nach der Eroberung durch den Stamm Dan umbenannt wurde, befinden sich in einer der schönsten Landschaften Israels: im Quellgebiet des Danflusses, einem der drei am Fuße des Hermon entspringenden Quellflüsse des Jordan. Man wandert durch ein wasserreiches, von unzähligen Bächen und Rinnsalen durchfurchtes, üppig bewachsenes Gebiet, an dessen östlichem Rand sich Tell Dan befindet.

Das bronzezeitliche Lajisch (Leschem)

Bereits im 3. und 2. Jt. v. Chr. befand sich dort eine mächtige kanaanäische Stadt, die in den ägyptischen Ächtungstexten (19. Jh.) und in der Siegesliste von Thutmosis III. (1490–1436) erwähnt wird. Das beeindruckendste archäologische Zeugnis dieser Stadt besteht in einem aus der Zeit von 1900–1700 v. Chr. stammenden Tor. Es ist eines der wenigen erhaltenen, aus der Mittelbronzezeit stammenden Lehmziegeltore, die man im Nahen Osten gefunden hat. Normalerweise verwittern die in der Sonne getrockneten Lehmziegel sehr schnell. Der extrem

Bronzezeitliches Lehmziegeltor

gute Erhaltungszustand des Tores in Dan hängt vermutlich damit zusammen, dass das Tor gut mit Erde bedeckt war. Jedenfalls kann man die architektonische Struktur des Gebäudes noch deutlich erkennen, auch wenn man bewusst nur die Hälfte ausgegraben hat. Man sieht die Treppen, die zu einem von zwei Türmen flankierten Tor hinaufführen, und kann zumindest erahnen, dass die Toranlage aus drei hintereinanderliegenden Bögen besteht. Der mittlere Bogen ist mit einem quadratischen Gebäude überbaut, der dritte führt zu einer Straße, über die man in die Stadt gelangte. An diese Toranlage schloss sich ein mächtiger, auf einem Steinfundament errichteter Erdwall an, der die Stadt in einer Länge von 1700 m umgab.

Das israelitische Dan

Die Bibel erzählt, dass der Stamm Dan zuerst an der Küstenebene ansässig war, dann aber durch die Philister verdrängt wurde und nach Norden auswich. Er ließ sich am Fuße des Hermon nieder, nachdem er Lajisch erobert hatte: »Sie (die Daniten) aber ... fielen über Lajisch her, über ein Volk, das ruhig und sicher wohnte, und schlugen es mit der Schärfe des Schwerts und verbrannten die Stadt mit Feuer. Und es war niemand, der sie errettet hätte; denn die Stadt lag fern von Sidon, und sie hatten mit den Aramäern nichts zu schaffen ... Dann bauten sie die Stadt wieder auf und wohnten darin und nannten sie Dan nach dem Namen ihres Vaters Dan, der dem Israel geboren war. Vorzeiten aber hieß die Stadt Lajisch.« (Ri 18, 27–29; vgl. auch Jos 19, 47)

Nach der Reichsteilung errichtete Jerobeam, der erste König Israels, in Dan und Bet-El zwei zentral gelegene Stierheiligtümer und sprach zu seinem Volk: »Ihr seid schon zu viel nach Jerusalem hinaufgezogen. Hier ist dein Gott, Israel, der dich aus Ägypten herausgeführt hat.« (1 Kön 12, 28) Mit dieser Maßnahme wollte Jerobeam gewährleisten, dass alle seine Untertanen in ihrer Umgebung religiös gut versorgt waren. Die Bibel deutet des Weiteren an, dass er damit auch vermeiden wollte, dass seine Landsleute das »Konkurrenz-heiligtum« in Jerusalem besuchen. Das ist möglich, könnte aber auch eine spätere Interpretation aus dem Südreich sein, wo alles an der Haltung zum Je-rusalemer Tempel gemessen wurde. Noch schwieriger wird es, wenn man aus judäischer Sicht das Errichten der zwei Stierbilder als Abfall von Jahwe wertet. Bewusst sagt Jerobeam: »Dies ist dein Gott, der dich aus Ägyptenland geführt hat« – und macht so deutlich, dass es ihm nicht um die Anbetung eines ande-ren Gottes geht. Das Stierbild diente im Grunde genommen nur dazu, Jahwe symbolisch zu vergegenwärtigen. So wie nach judäischer Vorstellung Jahwe auf einem Kerubenthron im Allerheiligsten des Tempels residierte, so kann man sich die Stierbilder in Dan und Bet-El als Podeste vorstellen, auf dem die Füße Jahwes ruhten. Nun betrieb Jerobeam allerdings eine »integrative Religionspolitik«, so dass es vorstellbar ist, dass er durch diese Maßnahme Jahwe-allein-Verehrer und Kanaanäer bedienen wollte. Für die einen wäre das Stierbildnis wirklich nur Symbol für Jahwe gewesen, für die anderen die Legiti-mation, Jahwe und Baal oder vielleicht auch nur Baal zu verehren (Geschichte vom goldenen Kalb). Zwingend ist diese Interpretation jedoch nicht.

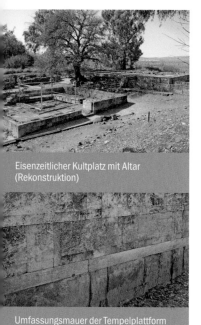

Eisenzeitlicher Kultplatz mit Altar (Rekonstruktion)

Umfassungsmauer der Tempelplattform

Eine israelitische Tempelanlage

Man hat in Dan eine alte Kultstätte gefunden, eine Tempelanlage mit vorgelagertem Brandopfer-altar. War dies die Kultstätte des Jerobeam?

Heute sieht man einen durch ein Metall-gerüst rekonstruierten Altar, von einer Mauer umgeben, und nördlich davon eine etwas hö-her gelegene Plattform, die durch eine Treppe zugänglich ist. Nach der Ansicht des Ausgrä-bers Abraham Biran lassen sich drei Baupha-sen erkennen. In der ersten Phase gab es eine im Freien liegende Plattform, ca. 7 m breit und 18 m lang, ungefähr dort, wo heute die erhöhte Plattform steht. Sie bestand aus Kalksteinqua-dern, die auf unbehauenen Steinen auflagen und aufgrund eines Brandes heute rot gefärbt sind. Davon sind allerdings nur zwei Reihen erhalten. Aus dieser Zeit stammen vermutlich auch verschiedene Kleinfunde: Weihrauchschaufeln, ein verzierter Weihrauchhalter, zwei Frauenköpfe und eine Schale mit eingeritztem Dreizack. Diese Bauphase ist die älteste und geht vermutlich ins 10. Jh. zurück. In diesem Heiligtum könnte theoretisch das Stierbildnis des Jerobeam gestanden haben, auch wenn sich das natürlich nicht beweisen lässt. In der ersten Hälfte des 9. Jh.s – die Zeit von König Ahab – wurde eine fast quadratische Plattform über der älteren Struktur errichtet, deren Mauerwerk augenfällig an Bauten aus derselben Zeit in Samaria und Megiddo erinnert (Läufer-Binder-Technik). Vielleicht gehört auch der in einem Nebenraum gefundene Hörneraltar in diese Zeit. In der ersten Hälfte des 8. Jh.s (dritte Phase), die Zeit von Jerobeam II., wurden am südlichen Rand Treppen angebaut, die auf den Kultplatz führten. Der rekonstruierte mächtige Altar gehört in die zweite oder dritte Bauphase, also ins 9. bzw. 8. Jh. Das Heiligtum war auch in hellenistischer Zeit noch in Gebrauch, wie u. a. eine Inschrift bezeugt, wo ein gewisser Zoilos dem »Gott von Dan« bzw. dem »Gott der Daniter« (andere Leseweise) ein Opfer darbringt. Die kleinen Gebäude um den Altar herum dürften primär kultischen Zwecken gedient haben. Ca. 21 m südlich kann man noch einige kultische Anlagen sehen, wo vermutlich Wasseropfer dargebracht wurden.

Die Toranlage

Sehr beeindruckend ist die große Toranlage auf der südlichen Seite des Tells. Sie stammt aus dem 9. Jh., besteht aus einem inneren und einem äußeren Tor und hatte ursprünglich zwei Türme. Betritt man die Anlage von Osten, dann kommt man durch das äußere Tor in eine Art Innenhof.

Eisenzeitliche Toranlage

Direkt vor der Mauer, auf die man zusteuert, fand man ein Podium, über dem vermutlich eine Art Baldachin errichtet war. Die Säulenbasen, von denen man drei gefunden hat, trugen vier Eckpfosten. Doch für wen war das Podium bestimmt? Eine Möglichkeit wäre, dass es sich um den Thron des Königs handelt. Wie z. B. 2 Sam 19,9 erkennen lässt, war es damals durchaus üblich, dass der König im Tor einen Thronsitz hatte: »Da stand der König auf und

Podium für Königsthron oder Kultbild?

setzte sich ins Tor. Und man sagte es allem Kriegsvolk: Siehe, der König sitzt im Tor. Da kam alles Volk vor den König.« Toranlagen hatten im alten Israel nicht nur eine Verteidigungs- und Schutzfunktion, sondern waren auch Versammlungsorte. Sie dienten der öffentlichen Kommunikation (Ps 69, 13), dem Bekanntmachen von öffentlichen Entscheidungen wie auch dem Fällen von Gerichtsurteilen (Amos 5, 15). Deshalb wird immer wieder davon berichtet, dass sich die Ältesten der Stadt zu Beratungen im Tor versammelten (Ruth 4, 1–2; 1 Mose 23, 18). Vielleicht war in unserer Toranlage die Steinbank rechts vom Podium an der nördlichen Mauer ein solcher Platz der Ältesten. Das Podest könnte aber auch der Verehrung einer Gottheit gedient haben. Kultische Praktiken im oder am Tor – Josia soll sie im 7. Jh. endgültig abgeschafft ha-

Vierkammertor

ben – werden im Alten Testament immer wieder erwähnt (2 Kön 23). Auch in Dan sind vor dem Tor Reste solcher Kultpraxis zu sehen. Geht man durch den Hof noch einige Meter weiter, dann gelangt man zum eigentlichen Tor. Es besteht aus vier sich gegenüberliegenden Kammern (vermutlich Wachräume). Der Durchgang ist ungefähr 4 m breit. Noch heute kann man die Türstopper für die mächtigen Holztore sehen, ebenso die Fassungen für die Türangeln. Hinter

Straße zwischen äußerem und später erbautem inneren Tor

diesem Tor fand man eine weitere Sitzbank und fünf aufgerichtete Mazzeben, die auf einen Kultplatz verweisen. Der Weg vom äußeren zum inneren Tor ist gepflastert, setzt sich nach dem inneren Tor noch ca. 20 m fort, um dann nach Norden in den erhöht gelegenen Stadtbereich zu führen. Im 8. Jh. wurde die ganze Anlage neu gestaltet. Mitten durch den breiten, nach oben führenden Weg wurde eine Mauer gezogen, die dazu zwang, zuerst einige Meter nach Osten zu gehen, bevor man dann in einer nach Westen abbiegenden steilen Kurve vor einem weiteren Tor stand. So sollte die Anlage militärisch noch besser abgesichert werden.

Der einzige außerbiblische Beweis für die Existenz von König David

Der Fund, der die größte Aufmerksamkeit auf sich zog, bestand in einer Stele (9. Jh.), die mit einer aramäischen Inschrift versehen ist und den einzigen außerbiblischen Hinweis auf König David enthält. Der historische Hintergrund ist folgender: Im 9. und beginnenden 8. Jh. gab es zahlreiche Konflikte zwischen den Königen des Nordreichs und dem immer mächtiger werdenden aramäischen Königreich um Damaskus. So wird in 1 Kön 15, 16–20 berichtet, dass Asa von Juda, der mit Israel verfeindet war, den Aramäerkönig Ben Hadad durch hohe Zahlungen dazu brachte, sein Bündnis mit Israel zu lösen. Daraufhin zog Ben Hadad gegen Israel und soll unter anderem Dan verwüstet haben. Die gefundene Stele scheint nun aber von dem ein wenig später regierenden aramäischen König Hasael zu stammen, der hier – wenn man die stark beschädigten Zeilen richtig interpretiert – behauptet, Joram, den König von Israel, und Ahasja vom Hause Davids umgebracht zu haben. Beide Könige waren miteinander verbündet und kämpften gegen die Aramäer (2 Kön 8, 28 f.). Nach biblischem Zeugnis hat Hasael die beiden allerdings nur verwundet. Erst später wurden sie durch den jahwegläubigen Emporkömmling Jehu ermordet. Wie immer es auch gewesen sein mag, für uns ist primär von Bedeutung, dass auf dieser Stele aus der Mitte des 9. Jh.s v. Chr. das Haus David erwähnt wird. Damit ist eindeutig historisch nachgewiesen, dass es den biblischen David und die auf ihn folgende Dynastie gegeben hat, wie klein oder groß dessen Reich auch gewesen sein mag. Von der ursprünglichen, bei der Wiederverwendung wahrscheinlich zerstörten Stele, enthält das gefundene Fragment (32 × 22 cm) nur 13 Zeilen. Es ist denkbar, dass Joasch, der Dan und andere unter Hasael verloren gegangene Städte zurückgewann, die Siegesstele demonstrativ zerstörte (2 Kön 13, 24 f.).

V. Das Nordreich Israel – Samaria

Berglandschaft Samarias (zwischen Ramallah und Nablus)

Einleitung

Das Gebiet des einstigen Nordreiches/Samaria ist heute größtenteils identisch mit dem nördlich von Jerusalem liegenden Teil der Westbank. Es existierte ungefähr 200 Jahre lang: von der Reichsteilung nach dem Tod Salomos bis zu seiner endgültigen Vernichtung durch die Assyrer im Jahre 722 v. Chr. Da die Hauptstadt des Nordreiches über die längste Zeit Samaria war, nannte man vom 2. Jh. an (Makkabäerzeit) auch die ganze Region Samaria. In Israel ist das heute noch üblich. Mit dem Namen Samaria verbindet sich aber noch eine andere Bedeutung. Die Bevölkerung, die dort nach der assyrischen Okkupation lebte, entwickelte einen jüdischen Sonderweg und wurde in der frühjüdischen Zeit vom Mainstream-Judentum in Israel nicht mehr als jüdisch anerkannt. Man nennt diese Gruppe, die es heute noch gibt, Samaritaner.

Sichem

Sichem, ein wenig östlich vom Zentrum von Nablus gelegen, war vom 5. Jt. an besiedelt. Im 2. Jt. wurde es ein bedeutender kanaanäischer Stadtstaat, der den Höhepunkt seiner Entwicklung in der Hyksoszeit (1650–1550 v. Chr.) erreichte. In der Bibel ergeht in Sichem die göttliche Landverheißung an Abraham (1 Mose 12, 6 – 7). Sichem ist aber auch mit der Jakobsgeschichte verbunden: In 1 Mose 34 wird die Stadt als Kanaanäer personifiziert, der Jakobs Tochter Dina vergewaltigt. Daraufhin begehen die Söhne Jakobs eine schreckliche Bluttat an dessen Familie (vgl. auch 1 Mose 49, 5 – 6). Außerdem werden in Sichem die Stämme von Josua dazu aufgerufen, den Bund mit Jahwe zu erneuern (Jos 24). Es ist nicht bekannt, wann Sichem unter israelitische Herrschaft kam. Fest steht nur, dass es im 9. Jh. die erste Hauptstadt des Nordreichs wurde, aber bald seine Bedeutung wieder verlor, weil dann zuerst Tirza und später Samaria an seine Stelle traten. Vollends in der Bedeutungslosigkeit versank die Stadt nach der Zerstörung Israels durch die Assyrer. Erst durch die Samaritaner erwachte die Stadt Ende des 4. Jh.s v. Chr. zu neuem Leben.

Auf Tell Balata kann man die Reste des einstigen Sichem sehen: Stadttore, eine Stadtmauer aus großen Steinen, ein israelitisches Haus aus dem 8. Jh. und den Grundriss des einstigen Baalsheiligtums.

Samaria

Elia und die Baalspropheten
Der israelitische König Omri verlegte im Jahr 876 v. Chr. die Hauptstadt von Tirza in das neu gegründete Samaria. Samaria, dessen Ruinen heute gut 10 km nordwestlich von Nablus liegen, sollte für die biblische Geschichte entscheidende Bedeutung bekommen: An erster Stelle ist hier die durch Omri begründete Omridendynastie (882–845 v. Chr.) zu nennen. Sie hat in der Bibel einiges Gewicht, weil es unter Omris Sohn Ahab zu einer scharfen Rivalität mit dem Propheten Elija kam (1 Kön 17–19). Ahab und vor allem seine aus Phönizien stammende Frau, die Königin Isebel, förderten den Baalskult. Der Prophet Elija wiederum wurde von Jahwe beauftragt, diesen in aller Entschiedenheit zu bekämpfen. Höhepunkt des Konflikts mit den Baalspropheten war eine Art »religiöser Wettkampf« am Karmel, wo Elija den Baalspropheten durch einen handfesten »Gottesbeweis« ein für alle Mal demonstrierte, dass allein Jahwe der wahre Gott Israels ist. Im Rausch des Triumphs ließ er in einem grausamen Gemetzel 450 Baalspropheten ermorden. Daraufhin setzte die erzürnte Königin Isebel alle Hebel in Bewegung, um Elija ergreifen und töten zu lassen. Elija flieht in die Wüste bei Beerscheba, wo er – des Lebens und seines Auftrags müde – nur noch sterben will. Vor Kurzem noch in Siegerlaune, stürzt er nun in einen Abgrund von Selbstmitleid und Depression. Er hat jeden Glauben, dass Jahwe sich doch noch durchsetzen wird, verloren. Doch dann kommt die überraschende Wende: Durch einen Engel Gottes, der ihm Brot und Wasser reicht, bekommt er noch einmal neue Kraft. In 40 Tagen wandert er zum Gottesberg, zum Horeb. Dort begegnet ihm der lebendige Gott, doch nicht im Sturm und im Feuer – wie man sich das traditionell für eine »anständige« Gotteserscheinung vorgestellt hat –, sondern in einem stillen sanften Säuseln. So zeigt Gott, dass er still und verborgen regiert, gegen allen Augenschein, aber gerade auf diese Weise seine »Sache« voranbringt. Liegt darin auch eine göttliche Kritik am brutalen Vorgehen Elijas gegen die Baalspropheten? Wie auch immer: Der prophetische Nachfolger des Elija, Elischa, salbt später den Oberbefehlshaber des Heeres, Jehu, zum König und läutet damit als Repräsentant jahwetreuer Kreise den Sturz der Omridendynastie ein. – Es begann nunmehr die zweite große Dynastie des 9. Jh.s: die Jehudynastie (845–747 v. Chr., dazu 2 Kön 8–10).

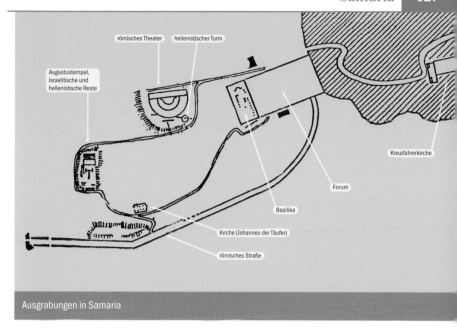

Ausgrabungen in Samaria

Wirtschaftliche Blüte im 8. Jh.

Im 8. Jh. erlebte Israel unter Jerobeam II. (787–747 v. Chr.), also noch während der Jehudynastie, eine Zeit wirtschaftlicher und kultureller Blüte. Es ist bezeichnend, dass es gerade diese Zeit des Wirtschaftswachstums ist, in der die Propheten Amos und Hosea die religiöse und soziale Dekadenz der herrschenden Elite geißeln und den baldigen Untergang des Nordreichs ankündigen. Die göttlichen Maßstäbe unterscheiden sich radikal von menschlichen: Was für Menschen Aufschwung ist, ist in Gottes Augen oft nur Abschwung. Auch Jesaja und Micha, die im Südreich wirkten, stimmt in diese düsteren Gerichtsankündigungen ein: »Und ich will Samaria zu Steinhaufen im Felde machen, die man für die Weinberge nimmt, und will seine Steine ins Tal schleifen und es bis auf den Grund bloßlegen.« (Micha 1, 6) Nachdenklich machende Worte, wenn man heute durch die Ruinen des 722. v. Chr. durch die Assyrer zerstörten Samaria wandert.

Weitere Geschichte

Samaria wurde in hellenistischer Zeit neu gegründet. Alexander der Große hat dort Kriegsveteranen angesiedelt. Im 2. Jh. zerstörten die Makkabäer die Stadt. Erst unter Herodes d. Gr. kam es dann zu einem Neuanfang. Dieser

Das Forum

Der Aufgang zum Augustustempel

Treppen, 2. Jh. n. Chr.

herod. Fundamentmauern

israelitische Mauer, 9. Jh.

Elemente aus israelitischer und hellenistischer Zeit

Grundriss des Augustustempels und Reste aus israelitischer und hellenistischer Zeit

baute die Stadt prächtig auf und errichtete unter anderem einen Tempel für den von ihm verehrten Kaiser Augustus. So nannte man die Stadt fortan auch nach dem griechischen Namen für Augustus: Sebastia. In der frühen Missionsgeschichte des Christentums kommt Samaria als Missionsgebiet in den Blick. Als am Aufstand beteiligte Stadt hat Titus sie im jüdisch-römischen Krieg zerstört und als Ersatz Neapolis gebaut. Aus Neapolis wurde schließlich Nablus: heute eine moderne palästinensische Stadt.

Forum

Die Besichtigung von Samaria/Sebaste beginnt normalerweise an dem neben dem Forum gelegenen Restaurant, wo man auch bequem parken kann. Das Forum (126 × 72 m), das sofort ins Auge fällt, ist von seinem Baubestand her zum größten Teil ins 2. Jh. zu datieren, könnte aber auf die herodianische Zeit zurückgehen. Beachtenswert ist die im westlichen Bereich gelegene dreischiffige Basilika.

Theater und Augustustempel

Gehen wir in westlicher Richtung den Pfad entlang, stoßen wir alsbald auf das römische Theater aus dem 3. Jh., das einen Vorgängerbau gehabt haben könnte. Beachtenswert ist der östlich davon gelegene, in eine Mauer integrierte hellenistische Turm. Gehen wir am Turm vorbei nach oben, dann stehen wir bald auf dem Gipfel und sehen direkt vor uns die Reste des einst von Herodes d. Gr. erbauten Augustustempels. Die Stufen und die Säulenbasen sind allerdings schon aus späterer Zeit. Der Tempel ist auf israelitischen und hellenistischen Strukturen erbaut. Besonders beeindruckend ist eine zum Palast des 9. Jh.s gehörende Mauer in Läufer-Binder-Technik. Spannend ist, dass man zahlreiche Elfenbeinfragmente aus der israelitischen Zeit fand. Sie erinnern an die Drohworte des Amos: »Weh den Sorglosen zu Zion und weh denen, die voll Zuversicht sind auf dem Berge Samarias, den Vornehmen des Erstlings unter den Völkern, zu denen das Haus Israel kommt! Geht hin nach Kalne ... und zieht hinab nach Gat der Philister! Seid ihr besser als diese Königreiche, ist euer Gebiet größer als das ihre, die ihr meint, vom bösen Tag weitab zu sein ... die ihr schlaft auf elfenbeingeschmückten Lagern und euch streckt auf euren Ruhebetten? ... aber bekümmert euch nicht um den Schaden Josefs.« (Amos 6, 1–6)

Kapelle von Johannes dem Täufer, Johanneskirche

Auf der südlichen Seite des Hügels, wohin uns unser Pfad automatisch führt, steht eine kleine byzantinische Kapelle, die an die Auffindung des Hauptes von Johannes dem Täufer erinnert. Nach früher christlicher Tradition befand sich in Sebaste der Palast, wo Herodes Antipas bei einem rauschenden Fest auf die Initiative seiner Frau hin die Hinrichtung des Täufers durchführen ließ (Mk 6, 17–29). Das ist natürlich höchst unwahrscheinlich, da Samaria damals zu Judäa gehörte und Johannes nach Josephus in Machärus am Ostufer des Toten Meeres hingerichtet wurde. Die kleine Kirche wurde im 11. und 12. Jh. umgebaut. Damals hat man auch die nordöstliche Kapelle mit ihrer darunterliegenden Krypta angelegt. Sie soll den Fundort des Hauptes von Johannes markieren.

Im Vordergrund israelitische Mauern, im Hintergrund Fundamentstruktuen des Augustustempels

Kapelle zur Erinnerung an Johannes den Täufer

Römische Kolonnadenstraße

Schon im Dorf selbst, östlich des Parkplatzes, befindet sich eine größere, aus dem 12. Jh. stammende Kirche, in der sich das Grab des Johannes befinden soll. Auch hier stand ein byzantinischer Vorgängerbau aus dem 5. Jh. Heute ist die Kirche eine Moschee. Zahlreiche bauliche Veränderungen, z. B. die Ersetzung der dreigeteilten Apsis durch eine gerade Mauer, wurden erst im 19. Jh. vorgenommen. Sehr schön erhalten sind Teile der einstigen, 1700 m langen römischen Kolonnadenstraße, die sich südlich des Tells entlangzieht und am Forum endet. Sie liegt direkt an der Straße, die zu den Ausgrabungen führt.

Neapolis (Nablus) und Umgebung

Antike Reste

Im modernen palästinensischen Nablus kann man zahlreiche Reste der unter Titus gegründeten Stadt Neapolis entdecken: Teile des Cardo, der die Straße in Ost-West-Richtung durchzog, ein Theater und ein Hippodrom, um nur die wichtigsten Monumente zu nennen.

Ebal und Garizim

In biblischer Perspektive sind die beiden Berge Garizim (881 m) und Ebal (940 m), die das Tal von Nablus in nord-südlicher Achse flankieren, wesentlich bedeutsamer als die Stadt selbst. Der biblische Hintergrund ist folgender: Nach der Landnahme sollte das Zwölfstämmevolk aufgrund der Weisung des Mose an diesen beiden Bergen den Bund mit Jahwe erneuern (5 Mose 11, 26–29). So versammelte Josua die Stämme auf den beiden Bergen: sechs auf dem Ebal und sechs auf dem Garizim. Dazwischen stand die Bundeslade mit den Priestern, die die göttliche Gegenwart repräsentiert. Die Bibel erzählt nun, wie Josua die Gebote in eine Reihe von Steinen meißelt, sie vorliest und Israel unter der Verheißung des Segens und unter Androhung des Fluchs neu auf den Bund mit Gott verpflichtet (Jos 8, 30–35). Zusätzlich wird erwähnt, dass Josua auf dem Berg Ebal einen Altar errichtet, um Gott Opfer zu bringen. Diese Geschichte ist sicher mehr literarische Fiktion als historische Wirklichkeit: Sie soll Israel einschärfen, dass das Einhalten des

Der Berg Ebal (vom Garizim aus)

Bundes die Gewähr dafür ist, dass das Volk auch im Lande bleiben darf. Zu einer Zeit, in der das Land bedroht bzw. schon verloren gegangen war, findet man die Erklärung für den Landverlust im eigenen Ungehorsam gegenüber Gott und seinen Geboten. Dennoch ist interessant, dass man auf dem Ebal tatsächlich eine alte, in die Eisenzeit (1200–1000 v. Chr.) zurückreichende Kultstätte mit Altar und vielen Resten verbrannter Opfertiere fand – u. a. in Form von Krügen, die Knochen und Asche enthielten. Vermutlich spielt die biblische Geschichte auf diese Kultstätte an.

Die Samaritaner

Entstehung und Geschichte
Der Garizim ist als der Berg der Samaritaner bekannt. Noch heute lebt dort und in Nablus eine kleine samaritanische Gruppe. Doch wer waren und sind nun eigentlich die Samaritaner?

Nach ihrem Sieg über Israel im 8. Jh. v. Chr. siedelten die Assyrer im Nordreich heidnische Bevölkerungsgruppen an. Diese sollen sich – jedenfalls nach der traditionellen These – mit den im Lande verbliebenen Israeliten vermischt haben, wodurch es zur Entstehung der Samaritaner kam. Diese Mischbevölkerung hat aus späterer jüdischer Sicht den Jahweglauben nicht in seiner Reinform bewahrt und ist natürlich schon dadurch diskreditiert, dass es sich um eine Mischbevölkerung handelt. Entgegen dieser biblischen Theorie geht man heute meist davon aus, dass die Samaritaner erst im 4./3. Jh. v. Chr. als eigene, vom judäischen Judentum unterschiedene und abgelehnte Gruppe entstanden sind (also keine Mischbevölkerung!). Welche politischen und religiösen Gründe für diese Aufspaltung in zwei unterschiedliche Formen jüdischen Glaubens ausschlaggebend waren, ist noch nicht wirklich befriedigend geklärt. Was die Frage betrifft, wer nun die »reinere« Form des Jahweglaubens bewahrt hat, erscheint es in Übereinstimmung mit dem samaritanischen Selbstverständnis plausibler, davon auszugehen, dass die Samaritaner manche Jerusalemer Entwicklungen nicht mitgemacht haben und dass es deshalb sie sind, die den Jahweglauben in einer ursprünglicheren Form repräsentieren. Es handelt sich also um keinen Synkretismus.

Nachdem es zur Trennung von Juda gekommen war, hat Alexander der Große den Samaritanern die Errichtung eines eigenen Tempels erlaubt. Dieser Tempel wurde von Johannes Hyrkan Ende des 2. Jh.s zerstört, konnte archäo-

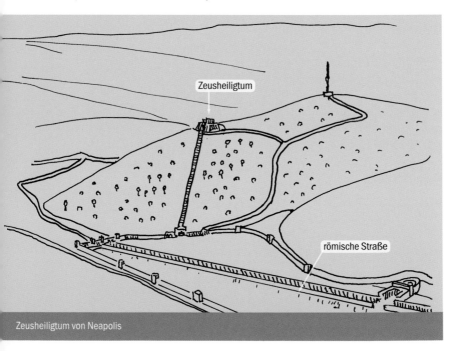

Zeusheiligtum

römische Straße

Zeusheiligtum von Neapolis

logisch bislang aber nicht eindeutig nachgewiesen werden. Möglich ist, dass es noch kein Tempel im eigentlichen Sinn war, sondern ein öffentlicher Heiliger Platz für kultische Aktivitäten. Einen solchen hat man in der alten Siedlung auf dem Gipfel des Garizim tatsächlich entdeckt. Durch eine Inschrift aus Delos ist belegt, dass der Garizim im 2. Jh. der heilige Berg der Samaritaner war. Nach den durch Johannes Hyrkan im 2. Jh. stattgefundenen Zerstörungen und der Vertreibung der Samaritaner konnten diese erst in frührömischer Zeit wieder auf dem Garizim siedeln. Die Beziehungen zwischen Juden und Samaritanern waren nun extrem feindselig. Dass es dabei wesentlich um die Frage ging, ob man Jahwe am Garizim oder im Jerusalemer Tempel rechtmäßig verehrt, zeigt das Gespräch zwischen Jesus und der Frau aus Samarien (Joh 4, 1– 42).

Im 2. Jh. n. Chr. – nach der Niederschlagung der Bar-Kochba-Revolte – wurde am Garizim ein Zeustempel errichtet, der durch eine monumentale Treppenanlage mit dem im Tal gelegenen Neapolis verbunden war. In dieser Zeit zerstreute sich die Gemeinschaft der Samaritaner. Erst im 3./4. Jh. kam es auf dem Garizim zu einem erneuten Erblühen samaritanischen Lebens. Kurz darauf (5. Jh.) brachen jedoch Streitigkeiten zwischen Byzanz und den Samaritanern aus. Die Samaritaner wurden von den Christen vertrieben. Vermutlich dort, wo einst eine samaritanische Synagoge stand (archäologisch nicht nachgewiesen), wurde eine der Gottesmutter geweihte Kirche errichtete, die so genannte Theotokoskirche. Man kann heute noch die Grundmauern der oktogonalen, von einer Befestigungsanlage (ca. 73 m lang und 62 m breit) und einem Vorhof umgebenen Kirche besichtigen. Die geostete und mit Apsis versehene Kirche war ein oktogonaler Bau (37 m lang, 30 m breit), hatte verschiedene Kapellen und einen Mosaikfußboden.

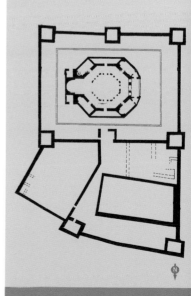

Grundriss der Theotokoskirche

Die Samaritaner heute

Heute gibt es noch ca. 500 Samaritaner. Ein Teil von ihnen lebt in Nablus oder auf dem Garizim, der andere in Holon bei Tel Aviv. Sie haben

Vorbereitung der Passalämmer

Schlachtung der Passalämmer

Erdloch für das Braten eines Passalammes

in Nablus, auf dem Berg Garizim und in Holon eine Synagoge. Noch immer lehnen sie wie ihre Vorfahren Jerusalem als Ort der Gottesgegenwart und des Tempels ab, erkennen nur die Tora in einer eigenen Ausgabe als Heilige Schrift an und lehnen die judäische Weiterentwicklung des Jahweglaubens hin zum rabbinisch-orthodoxen Judentum ab. Die Samaritaner verehren in besonderer Weise Mose als den Boten Gottes, und wie in biblischer Zeit begehen sie das Passafest mit der Schlachtung der Passalämmer. Dieses große Fest findet auf dem Berg Garizim statt, wo in großen Erdlöchern die Passalämmer gebraten und in der Nacht gemeinsam verzehrt werden. Den unter freiem Himmel befindlichen Schlachtplatz kann man das ganze Jahr über besichtigen. An der Zeremonie selbst kann man als Tourist nur teilnehmen, wenn man vorher eine Eintrittskarte (!) besorgt bzw. eine ganze »Ausflugsfahrt« gebucht hat.

Der Jakobsbrunnen und das Josephsgrab

Das berühmte Gespräch Jesu mit einer Samaritanerin soll nach Joh 4, 6 am Jakobsbrunnen in Samaria stattgefunden haben. Nun berichtet die Bibel zwar nur, dass Jakob nach seiner Rückkehr aus der Fremde in der Nähe von Sichem ein Stück Land gekauft hat – vom Graben eines Brunnens ist nicht die Rede –, aber vermutlich gab es bereits zur Zeit Jesu die Tradition, einen bestimmten Brunnen in dieser Gegend mit dem Brunnen Jakobs zu identifizieren. Es ist klar, dass Christen diesen Brunnen besonders verehrten und bereits im 4. Jh. eine Kirche über ihm erbauten. Die Kirche war Johannes dem Täufer geweiht, was darauf hinweisen könnte, dass hier viele Taufen stattfanden. Von dieser Kirche ist außer ein paar Mosaikresten so gut wie nichts erhalten. Sie wurde im 11. Jh. durch den Kalifen und Christenhasser El-Hakim zerstört. Die Kreuzfahrer erbauten dann eine neue, dreischiffige Kirche und integrierten den Brunnen in die Krypta. Auch diese Kirche wurde bald wieder zerstört, obwohl die Krypta mit dem Jakobsbrunnen noch heute erhalten ist. Der Brunnen ist 32 m tief und geht ziemlich sicher auf die Zeit Jesu zurück. Dies belegen die zahlreichen Scherben, die man in den 60er Jahren aus der Tiefe ans Tageslicht geholt hat. Heute befindet sich am Jakobsbrunnen wieder eine orthodoxe Kirche, die ein griechischer Mönch mit viel Geduld, Energie und Leidenschaft fast alleine gebaut hat.

Etwas nördlich des Jakobsbrunnens wird seit dem 5. Jh. das Josephsgrab verehrt, über dem man im 19. Jh. eine Moschee errichtet hat. Es wurde lange Zeit von Juden, Christen und Muslimen verehrt. Im Zuge der Unruhen zwischen Palästinensern und Israelis bei der letzten Intifada im Jahr 2000 wurde es völlig zerstört.

Jesus und die Samaritaner

Da die Samaritaner aus judäischer und galiläischer Sicht keine »richtigen Juden« waren, war man peinlich bemüht, dieses unreine Gebiet zu meiden. So erklärt sich, dass man damals, wenn man von Galiläa nach Jerusalem pilgerte, Samaria weitläufig umging. Meist nahm man den Weg über das Jordantal. Nach den Berichten des Markus- und des Matthäusevangeliums verhielt sich Jesus in dieser Hinsicht ganz traditionell: Sein letzter Weg führte ihn über das Jordantal nach Jerusalem, und man kann davon ausgehen, dass er diesen Weg auch bei früheren Jerusalembesuchen gewählt hat.

Ein wenig anders stellt sich die Sachlage bei Lukas dar. Der lukanische Jesus scheut sich nicht, bei seiner letzten Reise nach Jerusalem auch Samarien zu betreten (Lk 9, 51 f.). Allerdings nimmt Lukas später den Erzählfaden des Markus wieder auf, so dass wir Jesus am Ende doch über das Jordantal (Jericho!) nach Jerusalem wandern sehen. Eine Reise nach Jerusalem mit einem kleinen Ausflug nach Samarien? Interessant ist auch, dass die Zuwendung Jesu zu den Samaritanern bei Lukas als ein Zentrum des Wirkens Jesu in den Blick kommt und die diskriminierten Samaritaner immer wieder als positive Beispiele (z. B. der barmherzige Samaritaner in Lk 9, 25 – 37; siehe auch Lk 17, 11 – 19) für ein Gott wohlgefälliges Verhalten herangezogen werden. Im Johannesevangelium betritt Jesus bereits am Anfang seines Wirkens samaritanisches Gebiet. Er hat dort die Begegnung mit der Samaritanerin am Jakobsbrunnen (Joh 4).

Samaritanischer Hoherpriester (grün)

War Jesu in seiner Beziehung zu den Samaritanern also eher traditionell geprägt oder ging er einen Sonderweg? Die Antwort kann nicht eindeutig sein. Denn einerseits lässt das Gespräch mit der Samaritanerin in Joh 4, 22 klar hervortreten, dass Jesus in religiöser Hinsicht die jüdische Position vertrat: »Ihr wisst nicht, was ihr anbetet; wir wissen aber, was wir anbeten; denn das Heil kommt von den Juden.« Andererseits könnte seine spezifische Erwartung des Gottesreiches tatsächlich beinhaltet haben, dass durch Gottes Geist religiöse Grenzen überwunden werden und deshalb auch die Samaritaner in das messianische Israel aufgenommen werden können: »Aber es kommt die Zeit und ist schon da, in der die wahren Anbeter den Vater anbeten werden im Geist und in der Wahrheit; denn auch der Vater will solche Anbeter haben.« (Joh 4, 23). Dazu würde gut passen, dass Jesus sich insgesamt denen besonders zuwandte, die am Rand der jüdischen Gesellschaft standen. An manchen Stellen wird man auch mit Rückprojektionen aus der Zeit der Urgemeinde rechnen müssen, da manche samaritanisch-christliche Gemeinde ihre Gründung bewusst auf Jesus selbst zurückführen wollte.

In der Geschichte vom Jakobsbrunnen geht es aber nicht nur um die religiösen Unterschiede zwischen Juden und Samaritanern. Noch mehr geht es um die höchst existentielle Frage, ob es ein Wasser gibt, das den unersättlichen Lebensdurst von Menschen stillen kann. Jesus deutet es in seiner Gesprächsführung an, lockt die Erkenntnis geradezu aus seiner Gesprächspartnerin heraus: Es ist dieser Durst, der sie von einem Mann zum nächsten getrieben hat. Nun geht es um die Frage, ob sie in Jesus den erkennen kann, der von Gott her ihre tiefsten Sehnsüchte und Bedürfnisse nach Liebe und Leben stillen kann: »Wer von diesem Wasser (dem Wasser des Jakobsbrunnens) trinkt, den wird wieder dürsten; wer aber von dem Wasser trinken wird, das ich ihm geben werde, das wird in ihm eine Quelle des Wassers werden, das in das ewige Leben quillt.« (Joh 4, 13f.)

Biblische Stätten des Nordreichs in Stichworten

Gibea

Wenn man von Jerusalem nach Ramallah fährt, dann stößt man auf der östlichen Seite der Straße nach ca. 6 km auf die Überreste des biblischen Ortes *Gibea* (Tell el-Ful). Der Tell liegt direkt neben einer kaum übersehbaren Bauruine aus der Zeit der jordanischen Besetzung der Westbank: Hier wollte König Hussein für sich einen Palast erbauen lassen, doch dann brach der Sechstagekrieg aus und an die Stelle der jordanischen Okkupation trat die israelische. Gibea war die Heimatstadt Sauls und gleichzeitig der Ort, wo er als der erste König Israels»residierte« (z. B. 1 Sam 11, 4). Eine Königshauptstadt, wie wir sie uns heute vorstellen, war Gibea allerdings nicht. Saul war ja auch noch kein »richtiger« König. Man wollte einen Heerführer, der dauerhaft und fest als solcher etabliert ist, um der Philistergefahr wirkungsvoller begegnen zu können. Deshalb machte man ihn zum König. Privilegien hatte dieser Soldatenkönig jedoch kaum: weder Beamtenapparat noch eine ausgebaute Verwaltung, vermutlich nicht einmal einen Palast. Das bestätigen auch die auf dem Tell ans Tageslicht geförderten Reste aus der Eisenzeit (11. Jh.): Wenn darunter der »Königspalast« des Saul ist, dann war dieser ein mehr als armseliges Gebäude.

Bet-El

Östlich von Ramallah befindet sich bei dem arabischen Dorf Beitin das alttestamentliche *Bet-El*. Bet-El kommt immer wieder in den Vätergeschichten vor (z. B. 1 Mose 13, 1–4). Besonders beeindruckend ist die Geschichte von Jakob (1 Mose 28, 10–22), der auf seiner Flucht vor dem von ihm betrogenen Esau an dieser Stätte übernachtet und in einem Traum eine Himmelsleiter sieht, auf der Engel herauf- und hinabsteigen. Nicht nur ein Symbol für den geöffneten Himmel an einem heiligen Ort, sondern auch ein Symbol dafür, dass der göttliche Segen sogar den Erzbetrüger Jakob nicht verlässt. So spricht Gott ihm diesen Segen neu zu: »Und siehe: Ich bin mit dir, und ich will dich behüten überall, wohin du gehst, und dich in dieses Land zurückbringen ...« (V. 15). Bet-El dürfte eine lange Tradition als kanaanäisches und später israelitisches Heiligtum besitzen. Es ist deshalb auch kein Zufall, dass Jerobeam hier eines der beiden Staatsheiligtümer mit Stierbild errichtete. Archäologische Untersuchungen legten hier verschiedene Bauten aus der Bronze- und der Eisenzeit frei.

Hügellandschaft Schilos

Schilo

Noch bedeutender ist in der biblischen Geschichtsschreibung des Nordens *Schilo*. Es liegt ca. 20 km nördlich von Ramallah, östlich der Hauptstraße. Nach der biblischen Überlieferung war in Schilo in der Zeit vor der Staatsgründung 200 Jahre lang die Bundeslade untergebracht, so dass hier das gemeinsame kultische Zentrum der Stämme Israels gewesen sein müsste. In dramatischen Erzählungen wird berichtet, wie die Stämme von Schilo aus mit der Bundeslade in den Kampf gezogen sind und dabei die Bundeslade eine Zeit lang sogar als Kriegsbeute in die Hand der Philister geraten ist (1 Sam 4 – 6). Die Bundeslade war deshalb so wichtig, weil man der Überzeugung war, dass Gott seine Präsenz an sie gebunden hatte. Nun ist heute zwar umstritten, ob es ein solches gemeinsames kultisches Zentrum in der vorstaatlichen Zeit je gab, dennoch dürfte Schilo als israelitisches Heiligtum auf eine lange Geschichte zurückblicken. Viel ausgegraben wurde bislang allerdings nicht, vor allem Reste aus der mittleren bis späten Bronze- und Eisenzeit. Dafür ist der Ort fest in der Hand der Siedler, die die biblische Geschichte anschaulich in Szene setzen.

Die national-religiös orientierten Siedler haben sich an vielen Orten der Westbank niedergelassen. Sie betrachten die Westbank als altes biblisches

Ausgrabungen bei Schilo

Kernland und glauben, dass die Eroberung dieses Gebietes durch Israel im Sechstagekrieg dem göttlichen Willen entsprach: Gott bedient sich der politischen Prozesse, um seine uralten biblisch-messianischen Verheißungen zu realisieren. Ihre rigorose und manchmal auch gewaltbereite Haltung verdankt sich also einer bestimmten apokalyptisch-messianischen Weltanschauung. Auch wenn das Gedankengut der Siedler über die immer noch relativ kleine Kerntruppe hinaus in manch religiösen Kreisen populär geworden ist, sollte man nicht vergessen, dass die Mehrheit des orthodoxen Judentums – des Reform- und Konservativen Judentums sowieso – diese Form von Apokalyptik rigoros ablehnt. Die Lehre, die das rabbinische Judentum aus den gescheiterten zelotischen Aufstandsversuchen des 1. und 2. Jh. zog, heißt: Man darf die Zeit (und Gott) durch messianischen Aktivismus nicht bedrängen. Die messianische Zeit ist alleine Gottes Werk und kommt, wann und wie er es will. Das war übrigens auch der Grund, warum viele orthodoxe Juden den Ende des 19. Jh.s entstehenden politischen Zionismus als Ausdruck einer hybriden und glaubenslosen Haltung ablehnten.

VI. Der Jordangraben:
von Galiläa nach Jerusalem

Jordan am Ausgang des Sees Genezareth

Als Jesus von Galiläa nach Jerusalem wanderte, schlug er den damals geläu-
figen Pilgerweg ein. Dieser führte über das Jordantal und Jericho hinauf in die
Heilige Stadt. Wir orientieren uns im Folgenden an diesem Weg.

Beit Shean (Skythopolis)

Einleitung

Beit Shean/Skythopolis gehört zu den Paradeausgrabungsstätten im heutigen Israel und ist deshalb auch ein fester Bestandteil der meisten Studienreisen. Tatsächlich bekommt der Besucher ein überaus plastisches Bild dieser
antiken Stadt vermittelt, da vieles rekonstruiert und durch Modelle anschaulich gemacht wurde. Oft besuchen Gruppen den Ort, wenn sie von Galiläa auf
dem Weg nach Jerusalem sind. Wenn Jesus nach Jerusalem wanderte, wird
er auch an Skythopolis vorbeigekommen sein, die Stadt selbst aber nicht betreten haben. Auch wenn es in Skythopolis Juden gab, als heidnisch regierte
und dominierte Stadt gehörte sie nicht zu seinem primären Adressatenkreis.

Von der Dekapolisstadt zu unterscheiden ist der Tell, der das moderne
Ausgrabungsgelände wie ein Vulkankegel überragt. Dort finden wir die Siedlungsreste einer bronzezeitlichen Stadt, wobei die siedlungsgeschichtlichen
Spuren bis ins 5. Jt. v. Chr. zurückgehen. Dieses Beit Shean wird auch im Alten Testament an einigen Stellen erwähnt. Wir wenden uns zuerst der kanaa-
näisch-israelitischen Stadt zu, bevor wir uns etwas ausführlicher mit der
Dekapolisstadt befassen.

Das Ausgrabungsgelände von Skythopolis

Das bronzezeitliche und israelitische Beit Shean

Beit Shean war von der Mitte des 4. Jt. bis zum 8./7. Jh. v. Chr. fast durchgängig besiedelt. Da es sich nicht um einen kanaanäischen Stadtstaat handelte, hatte Beit Shean auf der regionalen Ebene zwar nur geringe Bedeutung, aber genau das könnte einer der Gründe gewesen sein, warum die Ägypter dort im 15. Jh. eines ihrer Verwaltungszentren einrichteten: So konnten sie auf eine städtische Infrastruktur zurückgreifen, ohne mit den gewachsenen lokalen Machtstrukturen in Konflikt zu geraten. Der eigentliche Grund für die ägyptische Präsenz war freilich die verkehrsgünstige

Haus des ägyptischen Gouverneurs

Siegesstele von Sethos I.

Lage am östlichen Ende der Jesreelebene. Dort führte die von der Küste kommende und nach Nordosten führende Via Maris vorbei. Außerdem konnte man das strategisch wichtige Jordantal gut kontrollieren. Es ist von daher kein Zufall, dass die Stadt in ägyptischen Texten mehrfach erwähnt wird. Sie taucht in der Siegesliste von Tutmosis II. (spätes 16. Jh.) auf und in den topographischen Beschreibungen von Seti I. (13. Jh.) und Ramses II. (1290–1223 v. Chr.). Der Tell selbst legt reiches Zeugnis von seiner ägyptischen Vergangenheit ab. So hat man ein größeres Tempelareal entdeckt, das über die mittlere Bronzezeit hinaus auch in der ägyptischen Periode (16.–12. Jh.) kultischen Zwecken diente. Auch das heute für die Öffentlichkeit zugänglich gemachte »governor's house« (nördlich der Tempelanlage) bezeugt die ägyptische Präsenz. Besonders beeindruckend sind drei ägyptische Stelen, von denen zwei bezeugen, wie die Ägypter mit Aufstandsversuchen der Habiru zu kämpfen hatten. Die Habiru waren sozial unterprivilegierte Gruppen (Flüchtlinge, Söldner, Räuberbanden). Die Hebräer, die in manchen biblischen Texten (z. B. 1 Mose 43, 32; 2 Mose 3, 18) als die genuinen Vorfahren Israels betrachtet werden, waren solche Habiru. Erst im späten 12. Jh. findet die ägyptische Präsenz in Palästina insgesamt und in Beit Shean ihr Ende.

Im Alten Testament wird Beit Shean das erste Mal im Zusammenhang mit dem Ende des Königs Saul erwähnt (1 Sam 31). Saul hat die entscheidende Schlacht gegen die Philister verloren. Drei seiner Söhne sind im Kampf gefallen. Er selbst ist verzweifelt und nimmt sich das Leben, nachdem er seinen Waffenträger vergeblich gebeten hat, ihn zu töten. All das soll sich in den Bergen von Gilboa, ganz in der Nähe von Beit Shean, zugetragen haben. Anschließend kommen die Philister, »schlugen ihm den Kopf ab, zogen ihm die Rüstung aus und schickten beides im Land der Philister umher, um ihrem Götzentempel und dem Volk die Siegesnachricht zu übermitteln. Die Rüstung Sauls legten sie im Astartetempel nieder; seinen Leichnam aber hefteten sie an die Mauer von Beit Shean.« (1 Sam 31, 9 f.) Man hat versucht, den Astartetempel in Beit Shean zu identifizieren, was aber kaum möglich sein dürfte. Die Bibel erzählt nun weiter, dass die Männer von Jabesch Gilead, die all dies gehört hatten, kommen, seinen Leichnam und die seiner drei Söhne von der Stadtmauer von Bet Shean abnehmen und sie unter der Tamariske von Jabesch (1 Sam 11–13) begraben. Sie, die Saul einst vor den Ammonitern gerettet hat (1 Sam 11, 1–15), haben ihm das nicht vergessen. Sie lassen es nicht zu, dass sein Leben mit einer öffentlichen Schändung endet. So erscheint das Leben dieses von Gott verworfenen ersten Königs Israels zumindest vom Ende her in einem etwas versöhnlicheren Licht. Ganz anders ist die Darstellung der späteren Chronikbücher. Dort wird der Kopf des Saul nicht nach Bet Shean, sondern in den Tempel des Dagon gebracht. Außerdem wird trotz der berichteten Aktion der Männer von Jabesch am Ende noch einmal ausdrücklich konstatiert, dass Saul auch wirklich den Tod erlitt, den er verdient hat (1 Chr 10, 8–14).

Es ist nicht ganz klar, wann Beit Shean zu einem Teil des Nordreiches Israel geworden ist, ja ob es gar schon zum davidisch-salomonischen Reich gehörte, wie 1 Kön 4, 7 ff. behauptet. Im 10. Jh. scheint es unter Pharao Scheschonk (926 v. Chr) zerstört worden zu sein, wurde dann aber bald wieder besiedelt. Wer dort wohnte, ob Kanaanäer oder Israeliten oder beide, all diese Fragen konnten bislang nicht geklärt werden. Eine wirkliche Bedeutung erlangte die Stadt in der Zeit des Nordreichs Israel nicht. Endgültig fiel die Ansiedlung dann Tiglat-Pileser III. zum Opfer, als er im Jahr 732 v. Chr. zahlreiche israelitische Städte zerstörte.

Skythopolis

Erst im 4. Jh. gewann Beit Shean als Skythopolis wieder größeres Ansehen. Alexander der Große hat dort Kriegsveteranen aus Skythien angesiedelt und die Stadt nach dieser Bevölkerungsgruppe benannt. Nach der griechischen Mythologie ist hier die Amme von Dionysos begraben, und da sie den Namen Nysia trug, bekam Skythopolis einen zweiten Namen: Skythopolis-Nysia. So existierte seit dem 4. Jh. die hellenistische Stadt, in der es vermutlich bereits seit der ersten Hälfte des 2. Jh.s einen jüdischen Bevölkerungsanteil gab. Als die Söhne des Johannes Hyrkanus im Jahr 107 v. Chr. die Stadt eroberten, stellten sie die Einwohner vor die Entscheidung, entweder zum Judentum zu konvertieren oder die Stadt zu verlassen. Sie entschieden sich für die Flucht (JosBell 1, 66). Erst nach der Eroberung Palästinas durch Pompeius im Jahr 63 v. Chr. wurde Skythopolis wieder hellenistisch und bildete dann später den am weitesten westlich gelegenen Teil des Städtebundes der Dekapolis. Juden hat es weiterhin in der Stadt gegeben, und wenn man Josephus glauben darf, nahm ihre Zahl im 1. Jh. sogar beträchtlich zu (JosBell 2, 466 – 468).

Die größte Ausdehnung und die größte Pracht entfaltete die Stadt in der spätrömischen und byzantinischen Zeit. Im 4./5. Jh. sollen bis zu 50.000 Menschen in ihr gelebt haben. So ist es auch kein Zufall, dass das Meiste, was heute zu besichtigen ist, aus dieser Zeit stammt. Reste aus dem 1. Jh. sind überaus spärlich. Im Jahre 636 n. Chr. wurde Skythopolis arabisch. Das schreckliche Erdbeben im Jahr 749 führte zu zahlreichen Zerstörungen, so dass die Stadt endgültig ihre Bedeutung verlor.

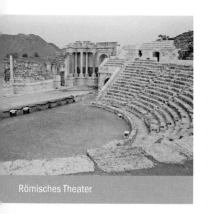

Römisches Theater

Das Theater
Wir folgen dem normalen Rundgang, der mit dem eindrucksvollen römischen Theater beginnt. Es wurde Ende des 2. Jh.s erbaut, wobei einige Funde auf einen Vorgängerbau hindeuten, der aus dem 1. Jh. stammen könnte. Das Theater wurde auch während der byzantinischen Zeit genutzt und im 6. Jh. von Kaiser Justinian reno- viert. Von den ursprünglich drei übereinander gelegenen Sitzrängen ist nur der mit Kalkstei- nen bekleidete unterste erhalten. Die beiden oberen, aus schwarzem Basalt bestehenden

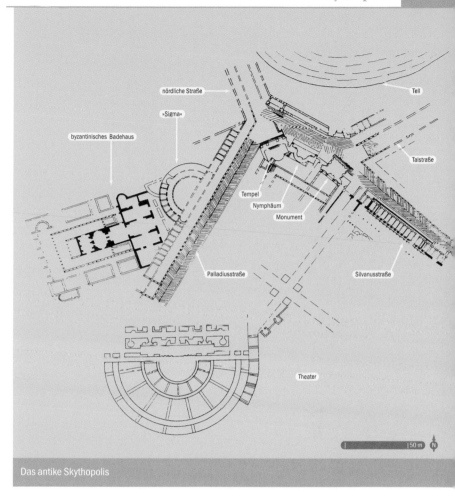

nördliche Straße

»Sigma«

byzantinisches Badehaus

Tell

Talstraße

Tempel
Nymphäum
Monument

Palladiusstraße

Silvanusstraße

Theater

|50 m   N

Das antike Skythopolis

Ränge ruhen auf einem mächtigen Unterbau. Insgesamt bot das Theater ca. 7000 Zuschauern Platz. Der Zuschauerraum (gr. *koilon*/lat. *cavea*) war in einen Abhang eingegraben und mit einer Mauereinfassung umgeben. Die oberen und unteren Sitzränge wurden durch einen Umgang unterteilt, durch den man zu den Sitzen gelangen konnte. Insgesamt ermöglichten neun Gänge (*vomitoria*) den Zugang. Eigenartig ist, dass sie in einem kuppelüberdeckten Raum ausliefen. Man hat vermutet, dass dies der besseren Akustik diente. Die Bühnenwand (*frons scaenae*) war 21 m hoch und bestand aus zwei mit korinthischen Halbsäulen geschmückten Stockwerken.

Warmraum des byzantinischen Badehaus (Caldarium)

Das Badehaus

Gehen wir vom Theater einige Meter in nördlicher Richtung, dann sehen wir
linker Hand das große byzantinische Badehaus, das im Prinzip wie alle römischen Thermen aufgebaut war. Gut kann man bei dem Caldarium, dem
Warmraum, erkennen, wie der Boden auf kleinen Ziegelsäulen ruhte, so dass
darunter ein Hohlraum entstand und von außen durch einen Ofen heiße Luft
zugeführt werden konnte. Die antike Form der Fußbodenheizung! Außen herum boten großzügig angelegte Wandelhallen vielfältige Sport- und Entspan-
nungsmöglichkeiten.

Die Palladiusstraße

Gehen wir zum Eingang zurück und verlassen wir das Badehaus, dann gelangen wir auf die gut 7 m breite Palladiusstraße, die in nordöstlicher Richtung
auf den Tell zuläuft. Sie ist ca. 180 Meter lang und wurde mit im Fischgräten-
muster angeordneten Basaltsteinen gepflastert. In der Mitte befindet sich ein
Abflusskanal, flankiert wurde die Straße auf beiden Seiten von Kolonnaden

und Geschäften. Besonders auffällig ist ein ungefähr in der Mitte der Straße auf der linken Seite liegender halbkreisförmiger Platz (Propyläum), der sich auf die Straße hin öffnet. Nach einer dort gefundenen Inschrift hieß der Platz »Sigma«. Man nannte die Straße Palladiusstraße, weil die Inschrift eines Mosaiks darauf hinweist, dass der Säulengang zur Zeit des Palladius im 4. Jh. erbaut wurde. Die ganze Straße dürfte nicht vor dem 4. Jh. erbaut worden sein. Eine frühere römische Straße gab es hier nicht, aber unter der Straße werden Vorgängerbauten vermutet, die ins 1. oder 2. Jh. zurückgehen.

Palladiusstraße

Vom Erdbeben umgestürzte Säulen

Tempel im Zentrum von Skythopolis

Monumente im Zentrum

Geht man zum Ende der Straße, dann kommt man an eine »T-Kreuzung«. Nach links zweigt die »nördliche Straße« ab, die noch aus römischer Zeit stammt und zum nordwestlich gelegenen Stadttor führte. Geht man nach rechts, dann biegt, bevor man nach einigen Metern in die Silvanusstraße kommt, in östlicher Richtung noch die so genannte »Talstraße« ab. Sie stammt aus der Römerzeit und führt am Amalfluss entlang zum nordöstlichen Stadttor. Sehr beeindruckend sind die bei dem Erdbeben von 749 n. Chr. umgefallenen Säulen, die an Ort und Stelle belassen wurden. Bevor wir uns der Silvanusstraße zuwenden, noch ein paar Sätze zu den drei Monumenten, die am Schnittpunkt dieser Straßen zu sehen sind.

Direkt an der oben als »T-Kreuzung« genannten Einmündung liegt ein römischer, im 2. Jh. n. Chr. erbauter Tempel. Einige Stufen führen von der Straße zur ehemaligen Fassade des Tempels. Diese bestand unter anderem aus einem bis 15 m hohen Giebeldach, das von vier mit Kapitellen geschmückten Säulen getragen wurde. Der innere heilige Raum (*naos*) bestand aus einem Halbrund. Es ist nicht klar, wem dieser Tempel geweiht war, aber man hat

Bauten aus römischer, byzantinischer und muslimischer Zeit in der Silvanusstraße

aufgrund der Stadtgeschichte vermutet, dass es ein Tempel für den Gott Dionysos oder für den Kult der Tyche gewesen sein könnte. Beider Verehrung ist für Skythopolis-Nysia belegt.
Gleich neben dem Tempel sieht man die baulichen Reste eines aus dem 4. Jh. stammenden Nymphäums, einer byzantinischen Brunnenanlage. Noch ein paar Meter weiter – direkt gegenüber der Einmündung der Talstraße – folgt eine relativ wuchtige, ca. 4 m über Straßenniveau errichtete Plattform, auf der ursprünglich Säulen aufgerichtet waren. Wahrscheinlich stammt das »Monument«, dessen Funktion nicht klar ist, aus dem 2. Jh. n. Chr. Hinter ihm stand einst eine Basilika, die auf das 1. Jh. zurückgehen könnte, jedenfalls vor dem »Monument« errichtet wurde, das direkt an die Basilika angebaut ist. Der interessanteste Fund in der Basilika war ein dem Kyrios (»Herrn«) Dionysos geweihter Altar aus der zweiten Hälfte des 2. Jh.s Der Altar war u. a. mit Masken geschmückt, die Dionysos und den Hirtengott Pan darstellen. In dem Rechteck zwischen Palladiusstraße und »Monument«, teilweise auf dem Areal, wo die Basilika stand, haben die Byzantiner später eine Agora errichtet, an deren westlicher Säulenreihe noch Mosaiken zu erkennen sind.

Silvanusstraße und restlicher Rundweg

Gehen wir nun in südöstlicher Richtung auf der Silvanusstraße weiter (links geht es zum Tell hinauf), dann können wir uns anhand der Gebäude an der rechten Straßenseite bildlich vor Augen führen, wie die aufeinander folgenden Epochen jeweils mit dem Vermächtnis ihrer Vorfahren umgingen. Die erste Bauphase, die sich verifizieren lässt, führt in die römische Zeit, wo sich auf

Öffentliche Latrine

der rechten Straßenseite eine Kolonnade befand. Vor ihr hat man ein teilweise mit Marmor verkleidetes längliches Wasserbecken angelegt. In der byzantinischen Zeit wurde dieses Wasserbecken in eine Halle verwandelt, deren Dach auf der römischen Säulenreihe auflag. Die dort gefundene Stifterinschrift gab der Straße ihren Namen. Die letzte Bauphase fuhrt schließlich in die muslimische Zeit. Jetzt wurden Läden in die Halle eingebaut, an deren Fassade ein überdachter Säulengang entlangführte. Auch hier brachte das Erdbeben des 8. Jh.s die Säulen zum Einsturz.

Folgt man dem ausgeschriebenen Rundweg, dann gelangt man auf einen etwas erhöhten Bereich, von dem aus man nicht nur einen guten Überblick über die Silvanusstraße hat, sondern auch Modellrekonstruktionen auf plastische Weise die verschiedenen Bauphasen vor Augen führen.

Wenn wir nun dem breiten Besucherpfad in Richtung Theater folgen, dann können wir auf das römische Badehaus blicken, an das sich eine öffentliche Toilette anschloss, bei der man sich lebhaft vorstellen kann, wie das »wichtigste Geschäft« von regen Diskussionen über aktuelle Neuigkeiten begleitet wurde. Zwischen Toilette und Theater fand man einen Opferbezirk aus dem 1./2. Jh.

Im Umkreis der heutigen Ausgrabungen wurden noch zahlreiche Gebäude gefunden, die zur römischen oder byzantinischen Stadt gehörten: Reste der Stadtmauer, Tore, ein Amphitheater aus der römischen Zeit, Wohngebäude und manches mehr. Nicht alle Ausgrabungen sind für die Öffentlichkeit zugänglich.

Jericho

Jericho

Einleitung

Jericho, 250 m unter dem Meeresspiegel, liegt an der Stelle, wo zur Zeit Jesu der Pilgerweg von Galiläa über das Jordantal kommend nach Jerusalem hinaufführte. Aufgrund einer üppigen Quelle ist Jericho eine grüne Oase – Jericho wird in der Bibel »Palmenstadt« genannt – und seit ältester Zeit (8. Jt. v. Chr.) besiedelt. In theologischer Perspektive können wir drei Jerichos unterscheiden, wobei wir im Folgenden nur die ersten beiden thematisieren können: (1) Tell es-Sultan: Das ist der in die Mittelsteinzeit (Mesolithikum) zurückreichende Ruinenhügel, der mit dem alttestamentlichen Jericho zu identifizieren ist und heute mitten in der Stadt liegt. (2) Das neutestamentliche bzw. herodianische Jericho, das südwestlich des heutigen Jericho am östlichen Ausgang des Wadi Quelt zu finden ist. Dort hat Herodes d. Gr. einen prächtigen Winterpalast errichtet. (3) Das byzantinische Jericho mit seinen Kirchen und Klöstern, von dem nur noch spärliche Überreste erhalten sind. Sehenswert ist das am steilen Berghang gelegene Kloster der Versuchung.

Tell es-Sultan

Die oft zu lesende Bemerkung, Jericho sei die älteste Stadt der Welt, ist mit Vorsicht zu genießen. Denn erstens weiß niemand, was Archäologen in Zukunft noch alles ans Tageslicht bringen werden. Zweitens hat man inzwischen Städte gefunden, die ein durchaus vergleichbares Alter haben oder älter sind. Wenn also auch nicht *die* älteste Stadt, so ist Jericho immerhin eine der ältesten Städte. Man hat aus dem 8. Jt. Zeugnisse einer halbnomadischen Lebensweise gefunden und in der darauf folgenden Phase der Jungsteinzeit (7000 – 5000) entwickelte sich Jericho immer mehr in Richtung Stadt.

Jericho bezeugt die so genannte neolithische Revolution, während der die frühen Menschen aufgrund der Züchtung von Nutztieren und der Kultivierung bestimmter Pflanzenarten begannen, sich an einem bestimmten Ort in größerer Anzahl anzusiedeln. Ein Prozess, der auch in der biblischen Geschichte vom babylonischen Turm dargestellt wird, wenn auch primär im Hinblick auf sein Gefährdungspotential. Denn nach 1 Mose 11, 1 – 9 führt die mit der Stadtwerdung verbundene Machtanhäufung zu menschlicher Hybris (babylonischer Turm) und letzlich auch dazu, dass andere Menschen unterdrückt werden. Es ist dann nur noch ein kleiner Schritt zur Bildung von Großmächten, von denen der Alte Orient jede Menge gesehen und auch erlitten hat. Nun war diese Gefahr in Jericho vermutlich noch nicht besonders groß, denn Jericho blieb trotz seiner 2000–3000 Einwohner eine überschaubare Größe. Auch der aus dem 7. Jt. stammende Turm hat Archäologen zwar mächtig beeindruckt, reichte aber gewiss nicht in den Himmel. Bereits in der ältesten Zeit war Jericho von massiven Mauern umgeben. Interessant ist, dass man in den ersten Jahrtausenden (ca. bis 4000) die Toten unter dem Boden der Häuser bestattete, worin zum Ausdruck kommt, dass man von einer bleibenden Verbindung zwischen der Welt der Lebenden und der Toten überzeugt

Rundturm Jerichos (7. Jt. v. Chr.)

war. Die Einwohner Jerichos hatten unterschiedliche regionale und ethnische Ursprünge. Vielfach kamen sie aus dem Norden (nördliches Syrien, Türkei).

Im 5. Jt. war der Tell besiedelt, hatte aber keinen städtischen Charakter mehr, im 4. Jt. (Chalkolithikum) war die Stadt unbesiedelt, erst von ca. 3000 an (frühe Bronzezeit) entwickelte sich wieder eine Stadt mit einer starken Befestigung. In der mittleren Bronzezeit bis ins 16. Jh. v. Chr. hinein erreichte die Entwicklung noch einmal einen gewissen Höhepunkt, danach wurde Jericho zerstört. Siedlungsspuren gibt es noch im 14. Jh., doch zu der Zeit, als die Israeliten Jericho nach dem biblischen Bericht auf wunderbare Weise erobert haben sollen (Jos 6), war die Stadt bereits ein Ruinenhügel. Das haben inzwischen auch fast alle Archäologen eingesehen, obwohl man anfangs davon überzeugt war, dass man nun die unter Posaunenschall zusammengestürzten Mauern gefunden habe. Sie erwiesen sich später samt und sonders als Mauern aus einer viel früheren Zeit.

In diesem Fall hatte die Bibel also ganz sicher nicht Recht, zumal wir heute wissen, dass die so genannte »Landnahme« ein relativ friedlicher Prozess war (dazu s. Einleitung). Wenn die späteren Israeliten den Besitz eines Ruinenhügels auf ein wunderbares göttliches Eingreifen zurückführten, dann wollten sie damit vor allem eines sagen: Wir haben uns das Land nicht selbst genommen, es wurde uns von Gott geschenkt. Dass dies in militärischer

»Ausschmückung« geschah, mag heute zwar irritieren und an die schlimmen Folgen heiliger Kriege denken lassen, in Zeiten militärischer Bedrohung hatte es jedoch eine ganz andere Funktion: Es sollte das Vertrauen auf den Gott Israels stärken, der auch in schwierigen Zeiten seinem militärisch gerade nicht aufgerüsteten Israel zur Hilfe kommen kann.

Das neutestamentlich-herodianische Jericho

Jericho hatte als östlicher Vorposten Jerusalems große strategische Bedeutung und war deshalb seit dem 2. Jh. v. Chr. auch durch zwei Festungen geschützt, die am Ausgang des Wadi Qelt auf dem südlichen und nördlichen Gipfel lagen. Doch neben die strategische Bedeutung trat schon bald der Erholungswert. Bereits die Hasmonäer (Alexander Jannäus) errichteten dort einen Winterpalast, auch wenn erst Herodes d. Gr. diese wasserreiche Oase in ein kleines Paradies verwandelte.

Noch heute sind Reste des prächtigen herodianischen Doppelpalastes zu sehen. Der eine, auf der südlichen Talseite gelegene Teil bestand aus der Gartenanlage. Davon kann man heute noch eine 113 m lange Fassade erkennen, die den oberen und den unteren Park voneinander trennte. Im unteren Park wirkte die Fassade wie eine Galerie und ermöglichte durch die Exedra einen Zugang zum oberen Teil, während sie gleichzeitig half, das relativ instabile Erdreich der höher gelegenen Gartenanlage abzusichern. Südwestlich dieser Anlage befinden sich die Reste eines zweistöckigen quadratischen Turms, der als Fundament eines »luftigen Pavillons« (Keel-Küchler) diente. Man geht davon aus, dass dieser prächtige Garten durch eine Brücke mit dem auf der Nordseite gelegenen zweiten Teil des herodianischen Palastes verbunden war. Der nördliche Palast besteht aus einer westlich gelegenen, mit einer dreifachen Säulenreihe umgebenen Empfangshalle und zwei östlich daran angebauten Höfen. Der erste Hof, mit Säulen umgeben, war eine Art Garten. An den zweiten Hof schloss sich im Norden eine

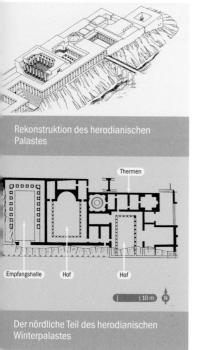

Rekonstruktion des herodianischen Palastes

Thermen

Empfangshalle | Hof | Hof

10 m

Der nördliche Teil des herodianischen Winterpalastes

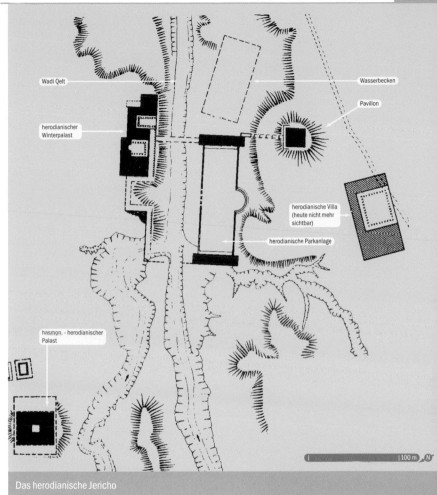

Das herodianische Jericho

(Beschriftungen im Plan:)
Wadi Qelt
Wasserbecken
Pavillon
herodianischer Winterpalast
herodianische Villa (heute nicht mehr sichtbar)
herodianische Parkanlage
hasmon. - herodianischer Palast
100 m   N

kleine Badeanlage mit den üblichen Räumen
(Kaltraum, Warmraum, Übergangsraum) an.
Am auffälligsten ist die aufwändige Technik,
mit der man die Mauern verkleidet hat. Es kam
hier die so genannte *opus reticulatum*-Technik
in Anwendung. Sie bestand darin, dass man
die quadratischen Steine mit der Spitze nach
unten anordnete und so ein rautenförmiges

Der Winterpalast von Herodes d. Gr.

Muster entstehen ließ. Diese Technik ist von der Mitte des 1. Jh.s v. Chr. an in Rom nachgewiesen. Deshalb mutmaßte man auch immer wieder, dass hier römische Spezialisten am Werke gewesen sein müssen – ein weiteres Zeugnis für den Luxus, in dem Herodes schwelgte. Wie oft sich Herodes nach Jericho zurückzog, wissen wir nicht. Fest steht jedoch, dass er dort seine letzten Tage verbrachte. Nachdem er vergeblich in Kallihroe am Ostufer des Toten Meeres Heilung von einer schweren Krankheit suchte, zog er sich nach Jericho zurück, regelte seine Nachfolge und starb dort nach einigen Tagen.

Etwa 200 m nördwestlich sieht man die Reste eines weiteren, etwas kleineren herodianischen Palastes mit Badeanlagen. Er steht dort, wo sich einst der hasmonäische Palast befand. Ein nicht ausgegrabenes, aber noch gut erkennbares Hippodrom befand sich südlich des Tell es-Sultan. Es war ca. 320 m lang und bot 3000 Menschen Platz. Es ist der Ort, wo Herodes kurz vor seinem Tod alle angesehenen jüdischen Männer der Umgebung versammelte. Er befahl, so erzählt Josephus, diese nach seinem Tod umzubringen, damit die Juden wider Willen zur Trauer gezwungen wären. Hinzuweisen ist noch auf den Gipfel des Tell el-Aqabe, wo bereits in hasmonäischer Zeit eine Festung war. Herodes baute diese luxuriös aus und nannte sie nach seiner Mutter Kypros (JosBell 1, 417). In der Zeit des jüdisch-römischen Krieges fiel sie in die Hand der Aufständischen.

Jesus in Jericho

Eine theologisch sehr tiefe und auch ansprechende Jesusgeschichte, die in Jericho spielt, erzählt Lukas. Es ist die Begegnung Jesu mit dem Oberzöllner Zachäus:

»Und er ging nach Jericho hinein und zog hindurch. Und siehe, da war ein Mann mit Namen Zachäus, der war ein Oberer der Zöllner und war reich. Und er begehrte, Jesus zu sehen, wer er wäre, und konnte es nicht wegen der Menge; denn er war klein von Gestalt. Und er lief voraus und stieg auf einen Maulbeerfeigenbaum, um ihn zu sehen; denn dort sollte er durchkommen. Und als Jesus an die Stelle kam, sah er auf und sprach zu ihm: Zachäus, steig eilend herunter; denn ich muss heute in deinem Haus einkehren. Und er stieg eilend herunter und nahm ihn auf mit Freuden. Als sie das sahen, murrten sie alle und sprachen: Bei einem Sünder ist er eingekehrt. Zachäus aber trat vor den Herrn und sprach: Siehe, Herr, die Hälfte von meinem Besitz gebe ich den Armen, und wenn ich jemanden betrogen habe, so gebe ich es vierfach zurück. Jesus aber sprach zu ihm: Heute ist diesem Hause Heil widerfahren, denn auch er ist Abrahams Sohn. Denn der Menschensohn ist gekommen, zu suchen und selig zu machen, was verloren ist.« (Lk 19, 1 – 10) Zachäus war Oberzöllner. Eine Beschreibung, die vorzüglich nach Jericho passt. Jericho war kein Arme-Leute-Ort, es war der Wohnort der Bessersituierten. Der Sohn von Herodes d. Gr., Archelaus, regierte zwar nur bis 6. n. Chr., doch auch seine Nachfolger, die römischen Statthalter, verbrachten – zusammen mit ihrem Gefolge und vielen wohlhabenden Jerusalemern – den Winter am liebsten in Jericho. Zu dieser wohlhabenden Oberschicht gehörte auch Zachäus. Nun waren Zöllner, und natürlich erst recht Oberzöllner, bei frommen Juden nicht besonders beliebt. Sie trieben für die verhasste Besatzungsmacht oder deren Klientelfürsten Zölle ein und nicht selten wirtschafteten sie dabei auch noch in die eigene Tasche. All das, samt der damit verbundenen Assimilation an den hellenistisch-römischen *way of life*, kann man sich in dem mondänen Jericho prächtig vorstellen.

Nun wird von dem mächtigen Zachäus erzählt, dass er klein war. Vielleicht ein erzählerischer Kunstgriff, um die Szene im Baum vorzubereiten, vielleicht aber auch ein Anflug von Ironie. Könnte es sein, dass der große Oberzöllner gar nicht so groß, man könnte auch sagen: so souveran und stark war, wie man das aufgrund seines gesellschaftlichen Status und seiner Machtposition eigentlich vermuten würde? War er innerlich klein, so dass seine erfolgreichen Versuche, möglichst viel Macht zu gewinnen, nur den Sinn hatten, die eigenen Minderwertigkeitsgefühle zu überwinden? Jedenfalls beschreibt Lukas Zachäus als einen Menschen, der auf der Suche nach »mehr« war. Dieses »mehr«, geschenkte Anerkennung, das Gefühl, als Mensch von Bedeutung zu sein und nicht nur als Funktionär, erfährt er, als Jesus in sein Haus einkehrt. Die Folgen davon sind revolutionär. Er beginnt zu teilen, weil er das, was er angesammelt hat, nun anscheinend nicht mehr braucht, um sich darüber zu definieren. Eine Geschichte, die in beeindruckender Weise zeigt, wie durch die Verkündigung des barmherzigen Gottes, der sich in der Zuwendung Jesu zu den Menschen manifestiert, »Heil« ereignet. Menschen werden frei von ihren Zwängen, und damit frei für Gott, den Mitmenschen und sich selbst. Lukas, der Evangelist der Etablierten, ist wohl der Meinung, dass seine Leute – gut situierte Christen der dritten Generation – gerade diese Freiheit neu brauchen.

Die Sykomore, auf die Zachäus hinaufstieg, um Jesus zu sehen, hat man – wie zu erwarten – noch lange den frommen Pilgern gezeigt, und zwar südlich des Wadi Quelt, dort, wo die alte Römerstraße langsam ansteigt und die Hügel der judäischen Berge Richtung Jerusalem erklimmt. So schreibt der Pilger von

Piacenza im 6. Jh.:»Wenn man die Stadt verlässt und in Richtung Jerusalem geht, steht nicht weit von der Stadt Jericho der Baum, den Zachäus bestieg, um den Herrn zu sehen. Dieser Baum, in eine Kapelle eingelassen, ist durch deren Dach nach draußen gelassen; er ist freilich verdorrt«.

Die andere neutestamentliche Geschichte, die in Jericho lokalisiert wird, ist die Heilung des blinden Bartimäus (Mk 10, 46–52). Ein Blinder schreit Jesus nach:»Jesus, Sohn Davids, erbarme dich meiner.« Jesus heilt ihn ob seines Glaubens, und er folgt Jesus nach. Eine Geschichte, in der man symbolisch verdichtet immer wieder das Sehend-Werden entdeckt hat, das dort geschieht, wo ein Mensch zum Glauben kommt. Sehend-werden bedeutet dabei nicht, dass glaubende Menschen eine andere Wirklichkeit sehen als Nichtglaubende, sehr wohl aber, dass sie diese nun aus einer anderen Perspektive sehen.

Die Taufstelle bei Jericho

In der Nähe von Jericho wird auch der Ort lokalisiert, an dem Jesus von Johannes nach Mk 1, 4 f. getauft wurde. Der Evangelist Johannes (1, 28) spricht von einem»Bethanien jenseits des Jordans«, an dem der Täufer wirkte. Es ist zwar kaum noch zu klären, was er mit diesem Bethanien meint, die byzantinische Tradition (z. B. Origenes) jedoch identifizierte es mit der Taufstelle nördlich des Toten Meers. Im Grunde genommen handelt es sich allerdings um zwei, wenn auch nahe beieinander liegende Taufstellen. Die zuerst ver-

Taufstelle am Jordan (jordanische Seite)

ehrte befindet sich östlich des Jordans, am Wadi al-Kharrar (ein Jordanzu-
fluss) im heutigen Jordanien, wo man noch die Reste byzantinischer Kirchenbauten (6.-7. Jh.) sehen kann. Bereits in frühjüdischer Zeit war dieser Ort
mit der Tradition von der Entrückung des Elija (2 Kön 2, 1-18) verbunden.
Sollte sich der historische Täufer als eine Art Elija gesehen haben, dann
könnte dies für die Historizität des Ortes sprechen. Allmählich verschob sich
die Verehrung dann in Richtung Jordan, bis sie schließlich - vermutlich aus
liturgischen Gründen (Jerusalemer Liturgie!) - am Westufer des Jordans ihren Platz fand (Johanneskloster aus dem späten 6. Jh.). Diesen heute israelischen Teil kann man allerdings nur zu bestimmten Zeiten mit Militärbeglei-
tung - er liegt direkt an der Grenze - besuchen.

Der Täufer hatte für Jesus große Bedeutung. Es scheint, dass Jesus eine
Zeitlang zur Täuferbewegung gehörte und Johannes vielleicht sogar sein religiöser Lehrer war. Die Taufe Jesu durch Johannes (Mk 1, 9-11) ist in histo-
rischer Perspektive jedenfalls äußerst wahrscheinlich, da die Gemeinde eine
Szene, in der Jesus sich einem anderen unterordnet, nie erfunden hätte. Vermutlich war diese jüdische Bußbewegung Jesus deshalb so sympathisch, weil
Johannes eine radikale Umkehr zu Gott forderte und - wie Jesus - von der
Gewissheit geprägt war, dass das letzte und entscheidende Eingreifen Gottes
unmittelbar bevorsteht. Es war dabei kein Zufall, dass Johannes die Wüste als
Ort seines Auftretens wählte. Wie vielen frühjüdischen Umkehrbewegungen
(z. B. der Qumranbewegung) galt sie auch ihm als der Ort, wo Gott sein Volk
sammeln wird, um es zu Läuterung und Umkehr zu führen. Sie war das Gegenbild zum üppigen Kulturland, das die Israeliten nur dazu verführte, Gott als
den Geber aller guten Gaben zu vergessen. So sieht Johannes in brennender
Naherwartung das göttliche Zorngericht auf Israel zukommen (Lk 3, 9). Nur
diejenigen, die radikal umkehren und sich als Zeichen ihrer Umkehr im Jordan
taufen lassen, werden gerettet werden.

Nach einer gewissen Zeit hat sich Jesus von Johannes abgesetzt. Vielleicht
u. a. deshalb, weil er trotz großer Übereinstimmung in vielen Bereichen dessen Drohbotschaft nicht teilen konnte. Auch Jesus spricht in klaren Worten
von der Notwendigkeit der Umkehr und vom Gericht, aber Mitte seiner Verkündigung ist die Frohbotschaft von der Barmherigkeit und der Liebe Gottes.
Nicht die Drohkulisse steht im Zentrum, sondern das Heil der kommenden
Gottesherrschaft.

VII. Das Westufer des Toten Meeres

Totes Meer

Einleitung

Das Tote Meer liegt im ostafrikanischen Grabenbruch und gehört zu den wundersamsten Erscheinungen, die die Natur hervorgebracht hat. Es liegt über 400 m unter dem Meeresspiegel, ist ca. 85 km lang und an manchen Stellen um die 18 km breit. Da in der Wüste viel Wasser verdunstet, das Tote Meer aber keinen Abfluss hat, ist der Salzgehalt mit ca. 30 % erstaunlich hoch. Bis auf einige Bakterienarten gibt es dort kein Leben, und das hat bereits die Menschen in der Antike beeindruckt. So sieht man auf dem aus dem 6. Jh. stammenden Madabamosaik (Jordanien), einer byzantinischen Karte des Heiligen Landes, dass die Fische im Jordan kurz vor dem Toten Meer umkehren. Wer könnte es ihnen verdenken!

Schon immer bestand das Tote Meer aus einem riesigen nördlichen und einem kleineren südlich Becken. Heute sinkt der Wasserstand aufgrund der massiven Wasserentnahme durch Israel und Jordanien immer mehr ab, so dass beide Teile bereits voneinander abgetrennt und nur noch durch einen künstlichen Kanal verbunden sind. Das nördliche Becken ist über 400 m tief, das südliche Becken nur um die 5 m

Landzunge zwischen Nord- und Südbecken mit Kanal

Das Tote Meer hatte in der Antike verschiedene Namen. Es wird als »Meer der Arava/Wüste« bezeichnet (z. B. 5 Mose 3, 17; Jos 3, 16), als »Salzmeer« oder als »östliches Meer« (z. B. Ez 47, 18). Manchmal wird es auch »Asphaltsee« genannt, da man von der späten Eisenzeit bis in die neutestamentliche Zeit und später dort Asphalt abbaute. Der Name »Totes Meer« begegnet ab dem 1. Jh. v. Chr., wobei die Benennung unterschiedliche Gründe hat. Manche begründen den Namen damit, dass es dort kein Leben gibt, andere weisen auf die Bewegungslosigkeit und Schwere des Wassers hin oder auf Sodom und Gomorra: zwei Städte am Südende, die nach der Bibel von einem tödlichen göttlichen Strafgericht getroffen wurden (1 Mose 18 f.). Oft bezeichnet das Tote Meer die östliche Grenze von Juda.

Eine sehr schöne Anspielung auf das Tote Meer findet sich beim Propheten Ezechiel (47, 1–12), der davon ausgeht, dass in der kommenden Heilszeit eine Quelle im Jerusalemer Tempel entspringt, deren Wasser sich ins Tote Meer ergießen und aus diesem ein gesundes und fischreiches Gewässer machen wird. So heilt Gott Mensch und Natur (vgl. auch Offb 22, 1–3).

Neuere Untersuchungen haben ergeben, dass das Tote Meer in neutestamentlicher Zeit kein abgelegenes und nicht beachtetes Stück Wüste war. Ganz im Gegenteil: Es gab dort zahlreiche landwirtschaftliche Ansiedlungen, es gab regen Handel und sogar Schifffahrt. Das schließt nicht aus, dass dieses Gebiet frommen jüdischen Gruppen auch als Rückzugsgebiet diente (Essenerhypothese), lässt aber nicht zu, dass man alle dort lebenden Menschen immer gleich in die Nähe solcher Kreise rückt. Wir werden sehen, dass diese Einsicht auch bei der Interpretation der Qumranfunde eine große Rolle spielt.

Im Folgenden beschränke ich mich auf die Orte am Westufer des Toten Meeres, die für die biblische Geschichte besondere Bedeutung haben: Qumran und En Gedi. Das für die Bibel nicht ganz so wichtige Masada werde ich nur kurz streifen, obwohl diese mächtige Trutzburg von Herodes d. Gr. weitaus beeindruckender ist als jene kleinen Flecken.

Khirbet Qumran

Geschichte der Entdeckung
Auf den ersten Blick sind die Ausgrabungen in Khirbet Qumran nicht besonders beeindruckend. Hätte man in der unmittelbaren Umgebung nicht die berühmten Schriftrollen gefunden, die dem Ort seine geheimnisvolle Aura geben,

Wadi Qumran, Mergelterrassen mit Höhlen

dann würde der Besuch dieser Ausgrabungsstätte kaum zu den touristischen Höhepunkten gehören. Es ist unbestreitbar: Seine Berühmtheit verdankt Qumran den Schriftfunden und all den Aufsehen erregenden Theorien und Spekulationen, die damit verbunden sind. Doch beginnen wir von Anfang an:

Es war der April des Jahres 1947, als zwei Beduinenjungen in der Nähe von Qumran eine merkwürdige Entdeckung machten. In einer Höhle fanden sie Krüge mit alten Pergamentrollen. Viel anfangen konnten sie damit zwar nicht, dachten aber, dass sie das Leder wenigstens an einen Schuhmacher verscherbeln könnten. Dieser muss freilich schon geahnt haben, dass man damit zumindest etwas Geld machen könnte, kaufte die Rollen und verkaufte sie für knapp 100 Dollar (!) an den syrischen Metropoliten in Jerusalem. Der Metropolit holte Gutachten ein, woraus klar hervorging, dass er hier einen kleinen Schatz in Händen hielt. Deshalb brachte er die Rollen vor dem Ausbruch des israelisch-arabischen Krieges in Sicherheit, und zwar nach New York, von wo sie dann im Jahre 1954 – also sieben Jahre nach ihrer Entdeckung – in die Hände des israelischen Archäologieprofessors Yigael Yadin gelangten. Auch das war eine abenteuerliche Geschichte: Yadin, der sich zufällig gerade in New York aufhielt, erfuhr über einen Freund, dass im Annoncenteil einer Zeitung (!) antike Schriften angeboten wurden. Er reagierte schnell, und nachdem ihre Identität geklärt war, erwarb er sie im Auftrag des Staates Israel für 250.000 Dollar. Dass er so schnell reagierte, hängt nun wieder mit einem anderen merkwürdigen Zufall zusammen: Die angebotenen Schriften waren nämlich nicht die einzigen Schriften, die die Beduinen gefunden hatten. Drei andere gelangten bereits im Jahr 1947 in die Hände des Vaters von Yigael Yadin, Professor Eliezer Lipa Sukenik von der Hebräischen Universität Jerusalem. Er erkannte auf einen Blick ihr Alter und ihre wissenschaftliche Bedeutung. So sprach sich herum, dass in Qumran Aufsehen erregende Funde gemacht wurden, und sein Sohn ahnte sofort, worum es gehen könnte, als er einige Jahre später in New York auf dieses eigenartige Kaufangebot aufmerksam wurde. Eine Geschichte, spannender als ein Krimi!

Bereits im Jahr 1951 begann ein atemberaubender Wettlauf zwischen Wissenschaftlern und Beduinen. Jeder wollte als Erster neue Schriften finden. Die Wissenschaftler, weil sie daran Interesse hatten, die Funde sachgemäß zu bergen und zu analysieren. Die Beduinen, weil sie sich das große Geschäft nicht durch die Lappen gehen lassen wollten. Nicht selten kamen die Beduinen den Forschern zuvor, so dass die Fragmente erst mühsam in langwierigen Verhandlungen von den inzwischen klug gewordenen Söhnen der Wüste erworben werden mussten.

Vieles, was im Zusammenhang mit der Entdeckung der Rollen passiert ist, lässt sich heute nicht mehr genau eruieren. Fest steht auf jeden Fall, dass in den 1940er und 50er Jahren in elf Höhlen Fragmente oder ganze Rollen entdeckt wurden. Die Fundstücke wurden nach ihren Fundorten benannt, beginnend bei der zuerst entdeckten Höhle. So bekam z. B. die in der ersten Höhle gefundene Jesajarolle das Kürzel 1QJes^a: 1 bezeichnet die Höhle, Q steht für Qumran, Jes für Jesaja und das hochgestellte a zeigt an, dass aus dieser Höhle noch eine oder mehrere Jesajahandschriften stammen. Was man im Laufe der Zeit fand, sprengte alle Erwartungen. Die Reste von Hunderten von Handschriften wurden geborgen, wobei von vielen nur kleinste und allerkleinste Fragmente existieren und nur einige wenige (fast) vollständig erhalten sind. Sie waren in hebräischer, aramäischer oder griechischer Sprache abgefasst. Das lässt auf das hohe theologische Bildungsniveau der Verfasser schließen, da schon damals Hebräisch keine Umgangssprache mehr war und auch Griechisch vor allem die gebildete jüdische Elite sprach.

Da die Texte aus dem 3. vorchristlichen bis zum 1. nachchristlichen Jh. stammen, handelt

Nachbildung der Schriftrollengefäße

es sich um den für die Erforschung des Alten Testaments, des antiken Judentums und des Neuen Testaments wichtigsten Schriftfund, der je gemacht wurde. Er öffnet den Blick für die große Bandbreite des religiösen Denkens im frühen Judentum und hilft so, die Entstehung der Jesusbewegung und des frühen Christentums besser zu begreifen.

Die Qumranschriften

Mit Ausnahme des Buches Esther fand man von allen in der Hebräischen Bibel enthaltenen Büchern mindestens Fragmente einer Kopie. Die einzelnen Bücher des Alten Testaments galten also bereits damals als autoritative heilige Schriften, auch wenn sie nicht offiziell kanonisiert, d. h. als solche deklariert wurden. Besonders bekannt wurde die in Höhle 1 gefundene, fast vollständig erhaltene Jesajahandschrift aus dem späten 2. Jh. v. Chr. Sie befindet sich heute im Israelmuseum in Jerusalem. Man muss bedenken: Vor diesem Fund stammte die älteste Handschrift (Kairoer Propheten-Kodex) aus dem späten 9. Jh. n. Chr., und nun sind wir auf einmal in Besitz einer über 1000 Jahre älteren Handschrift. Überraschend war vor allem, dass es im Textbestand kaum gravierende Änderungen gibt, die Kopisten ihre Aufgabe also sehr gut und gründlich erledigt haben. So haben die in Qumran entdeckten alttestamentlichen Schriften auch eine enorme Bedeutung für die kritische Rekonstruktion der Entstehung des Bibeltextes.

Neben biblischen Büchern kamen in Qumran auch Apokryphen (Tobit und Jesus Sirach) und Pseudepigraphen ans Licht. Außerdem fand man viele Kommentare und Auslegungen zu biblischen Schriften (Pescher, Midrasch), die zeigen, wie man damals methodisch und inhaltlich die Texte auslegte. Sie erhellen auch den neutestamentlichen Umgang mit dem Alten Testament, da sich die zum größten Teil jüdischen Verfasser des Neuen Testaments einer ähnlichen Methodik bedienten.

Die einstigen Bewohner von Khirbet Qumran und die Schriftrollen – Beschreibung der Anlage

Die ersten drei Höhlen, die man entdeckte, lagen alle in dem steil zum Toten Meer abfallenden Felsabhang. Es war deshalb überraschend, dass die Beduinen 1952 auf mehrere Höhlen direkt unter der Mergelterrasse der

Felsabhang über den Mergelterrassen

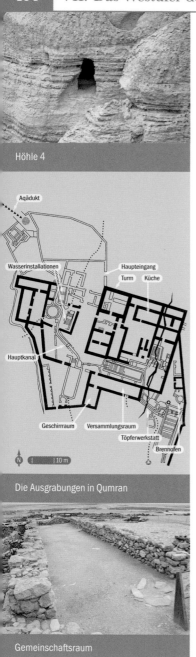

Höhle 4

Aqädukt

Wasserinstallationen

Haupteingang
Turm Küche

Hauptkanal

Geschirrraum Versammlungsraum
Töpferwerkstatt
Brennofen

N 10 m

Die Ausgrabungen in Qumran

Gemeinschaftsraum

Qumranruinen stießen. Später fand man in diesem Bereich noch weitere Höhlen, so dass sich die Frage aufdrängte, ob zwischen den Ruinen und den Schriftfunden ein Zusammenhang besteht. Dies war letztlich dann auch der Grund dafür, dass Roland de Vaux, Archäologe an der École Biblique in Jerusalem, sich dazu entschloss, in mehreren Ausgrabungskampagnen (1952–1958) die Ruinen freizulegen.

Ich möchte zuerst möglichst neutral beschreiben, was de Vaux bei der Ausgrabung der ca. 100×80 m großen Anlage freilegte, bevor ich auf die verschiedenen Deutungsmöglichkeiten näher eingehe.

(1) Im nordöstlichen Bereich der Anlage stand das Hauptgebäude: ein großes zweistöckiges Haus, an dessen nordwestlichem Eck sich ein Turm erhob. Was sich im Oberstock des Hauses befand, lässt sich nur mutmaßen; im Untergeschoss befanden sich Gemeinschafts- und Wirtschaftsräume (Küche, Brennofen), außerdem einige kleinere Zimmer.

(2) Südlich des Hauptgebäudes lag ein relativ langer und großer Gemeinschaftsraum, in dessen Nebenraum man an die 1000 Stück Geschirr fand.

(3) Im Nordwesten lag ein Gebäude mit Innenhof und zwei Vorratsräumen.

(4) Im Südwesten waren Stallungen.

(5) Im südöstlichen Bereich förderte man eine Töpferwerkstatt und einen Brennofen zutage.

(6) Auffällig sind die vielen Wasseranlagen, Zisternen und rituellen Reinigungsbäder (Mikwen). Die ganze Anlage wurde von einem Kanal durchquert, der im Wadi Qumran seinen Anfang nahm.

In der Umgebung der Siedlung hat man einen Haupt- und zwei Nebenfriedhöfe mit insgesamt ca. 1100 Gräbern gefunden. 51 Gräber wurden geöffnet. Die Toten waren jeweils so bestattet, dass die Köpfe nach Süden orientiert waren. Im Unterschied zu früheren Behauptungen, dass auf dem Hauptfriedhof nur Männer bestattet wurden, haben neuere Untersuchungen gezeigt, dass dort auch Frauen bestattet sind. Die in 26 Höhlen am Felsabhang gefundenen Scherben sind zumeist identisch mit der in Qumran gefundenen Keramik.

Kanal (linke Bildhälfte)

Der Friedhof von Qumran

Rekonstruktion der herodianischen Anlage

Was die genaue zeitliche Anordnung einzelner Gebäude und Schichten angeht, wird zwar manches noch kontrovers diskutiert, relativ sicher sind jedoch folgende Fakten: Einige Teile der Anlage gehen auf die vorexilische Zeit zurück. De Vaux dachte an das 8.–6. Jh., aufgrund neuerer Untersuchungen scheint jedoch das 7.–6. Jh. wahrscheinlicher zu sein. Damals war Qumran vermutlich Teil einer Anlage, die landwirtschaftlichen und militärischen Zwecken (Grenzsicherung) diente.

In ihrer heutigen, teils rekonstruierten Form sehen wir die Anlage so vor uns, wie sie im 1. Jh. n. Chr. bis zu ihrer Zerstörung im Jahr 68. n. Chr. ausgesehen haben dürfte: eine quadratische, um einen Hof errichtete Anlage, die durch einen Turm befestigt war, sowie eine durch eine Mauer umgebene Erweiterung im südwestlichen Bereich. Die quadratische Anlage wurde bereits in der 2. Hälfte des 2. Jh.s v. Chr. errichtet, wahrscheinlich unter der Regierung des Hasmonäers Johannes Hyrkan (134–104 v. Chr.). Die Erweiterungen stammen dagegen aus herodianischer Zeit.

Nun aber zur zentralen Frage: Wie wurden die Gebäude in Qumran genutzt? Wer lebte dort? Und vor allem: Gibt es einen Zusammenhang zwischen den in den Höhlen gefundenen Schriftrollen und den dort lebenden Menschen? Roland de Vaux' gängige These, die immer noch häufig vertreten wird, lautet:

In Qumran lebten Essener, und die Schriftrollen – zu einem nicht geringen Teil in Qumran erst hergestellt – gehörten zu deren Bibliothek. Im Jahr 67 n. Chr. wurden sie in Sicherheit gebracht, um sie vor den anrückenden Römern zu schützen.

Die Essener werden von Philo, Josephus und Plinius erwähnt und wurden von de Vaux mit den Menschen identifiziert, die in Qumran gelebt haben und deren religiöses Selbstverständnis in einigen Qumranschriften zum Ausdruck kommt. Zu diesen Schriften gehören die Gemeinderegel (1QS), die Gemeinschaftsregel (1QSa), die Segenssprüche (1QSb), die Damaskusschrift (CD), die Loblieder (1QH) (hebr. *Hodajot*), mehrere Kommentare, Auslegungen und kleinere Schriften.

Der Name »Essener« (gr. *Essenoi, Essaioi*) geht auf ein aramäisch/hebräisches Wort (*chasaja/chassid*) zurück, das so viel bedeutet wie »die Frommen« oder »die Gott Hingegebenen«. Tatsächlich werden sie von den genannten Autoren als eine jüdisch-religiöse, streng nach der Tora lebende Gemeinschaft charakterisiert (nach Josephus ca. 4000 Mitglieder), in der Gütergemeinschaft herrscht und man nur nach einem mehrere Jahre dauernden »Noviziat« aufgenommen wurde. Die Gemeinschaft wurde von Priestern und Vorstehern geleitet. Kultische Reinheit (viele rituelle Waschungen) war obligatorisch. Man gab sich jedoch nicht nur religiösen Übungen hin, sondern verrichtete auch normale körperliche Arbeit (Landwirtschaft, Handwerk). Einheitlich sind die inhaltlichen Darstellungen von Plinius, Philo und Josephus allerdings nicht. So wird beispielsweise die Frage, ob die essenische Bewegung mehr auf dem Land oder in der Stadt bzw. gleichermaßen in beiden Bereichen heimisch war, unterschiedlich beantwortet. Interessant ist auch, dass nur Plinius die Essener am Westufer des Toten Meeres lokalisiert, allerdings nicht in Qumran, sondern in dem südlicher gelegenen En Gedi.

Rituelles Reinigungsbad (Mikwe)

Nun ähnelt das Selbstverständnis der sich in den genannten Qumranschriften artikulierenden Gruppe in vielen Zügen tatsächlich dem, was uns die genannten Autoren berichten. Es gibt jedoch auch Differenzen und der Begriff »Essener« als Selbstbezeichnung kommt in den Qumranschriften an keiner Stelle vor. Außerdem konnte man bislang nicht beweisen, dass auch nur eine einzige von den gefundenen Schriftrollen in Qumran hergestellt wurde oder aus der dortigen »Bibliothek« stammt – trotz einiger weniger von de Vaux gefundener Tintenfässer. Dass es in Qumran eine solche Bibliothek gab, ein Skriptorium, ja vielleicht sogar eine Schriftrollenmanufaktur, ist reine Vermutung. Es ist also nicht eindeutig zu entscheiden, ob die Menschen von Qumran mit den Essenern identisch sind oder zumindest Bestandteil einer größeren essenischen Bewegung waren.

Heute wird immer wieder die Vermutung geäußert, dass die Qumranschriften aus einer großen Bibliothek stammen, vielleicht sogar der Tempelbibliothek in Jerusalem. Beim Ausbruch des Krieges wollte man die kostbaren heiligen Schriften in Sicherheit bringen. Dafür würde sprechen, dass es in der Umgebung noch andere Schriftfunde gegeben hat (bereits in altkirchlicher Zeit), auch die Tatsache, dass die meisten in Qumran gefundenen Schriften recht unterschiedlichen theologischen Inhalts sind, also eher das allgemeine religiöse Denken des damaligen Judentums repräsentieren und nicht nur die Meinung *einer* Gruppe. Die Anlage von Qumran wird dagegen als von den Schriften unabhängiges ländliches Gut (*villa rustica*) angesehen, bzw. als hasmonäische Befestigung, die erst später landwirtschaftlich genutzt wurde. Die Vermutung, dass Qumran im 1. Jh. zumindest auch wirtschaftliche Bedeutung hatte, liegt nicht fern, weil man in den Ruinen viele Hinweise auf landwirtschaftliche Aktivitäten entdeckte und dem Toten Meer heute insgesamt größere ökonomische Bedeutung beimisst.

Freilich: Ganz vom Tisch ist die These von de Vaux noch nicht. Möglicherweise sind beide Thesen sogar miteinander zu kombinieren. Die hohe Zahl von teils auch noch sehr großen Mikwen lässt eben doch daran denken, dass dort eine streng religiöse Sondergruppe gelebt hat. Auch bieten die Gemeinschaftsräume ausreichend Platz für die kultischen Mähler, die in den Qumranschriften beschrieben werden. Dass die Qumrangemeinschaft darüber hinaus eng in das wirtschaftliche Leben der Region verflochten war, braucht nicht bestritten zu werden. Vielleicht bestand ein Problem bisheriger Interpretationen darin, dass man das nicht zu bestreitende exklusive religiöse Selbstverständnis der Gruppe zu absolut setzte und sich deshalb nicht vorstellen konnte, dass sie mit anderen Juden auf der sozialen und wirtschaftlichen Ebene ganz selbstverständlich weiter Handel trieb. Vielleicht haben die Mitglieder der Gemeinschaft ihre wirtschaftlichen Beziehungen sogar genutzt, um ihre Vorstellungen zu verbreiten und neue Mitglieder zu gewinnen. Sollten die Essener tatsächlich mit den Qumranleuten identisch sein, dann würde auch die von Josephus bezeugte Existenz in Städten dafür sprechen, dass die Qumranleute

nicht völlig aus der Welt zurückgezogen lebten. Was die vermutlich hasmonäische Vorgeschichte der Bauten angeht, so ist vorstellbar, dass sich die schon
länger existierende Gruppe erst im Laufe des 1. Jh.s v. Chr. dort niederließ.
Gerade in der Zeit von Herodes d. Gr., der die Hasmonäerdynastie endgültig
ablöste, wäre ein solcher Vorgang gut vorstellbar. Kurz: Es sind durchaus
Kombinationen von de Vaux' und moderneren Hypothesen denkbar, auch
wenn bislang keine einzige davon zu beweisen ist.

Die rekonstruierte Geschichte der »Qumrangemeinschaft«

Ich spreche im Folgenden von der »Qumrangemeinschaft«, selbst wenn diese nicht dort gelebt haben sollte und auch nicht mit den Essenern identisch
ist. Denn wo immer diese Gruppe auch gelebt hat: Dass es sie gab, bestrei-
tet aufgrund ihres sich in den genannten Qumranschriften ausdrückenden
Selbstverständnisses niemand. Nach der von den meisten Forschern geteil-
ten Auffassung handelte es sich um eine priesterliche Gruppe, die aus Protest
gegen den Tempelkult in der 2. Hälfte des 2. Jh.s v. Chr. Jerusalem verließ. Der
Jerusalemer Tempelkult war in den Augen dieser Frommen zu einer gottlosen
Angelegenheit geworden, weil sich die Hasmonäer immer stärker der hellenistischen Lebensweise öffneten und als Gipfel ihrer Unverfrorenheit sogar
das Amt des Hohenpriesters usurpierten, das bislang der Familie der Oniaden
vorbehalten war. Der Erste, der diesen Frevel beging, war der Hasmonäer Jonathan, und zwar im Jahr 152 v. Chr. Ob die Abspaltung sofort geschah oder
unter einem späteren Hasmonäer, ist umstritten. Wahrscheinlich ist allerdings, dass man unter der Führung eines ehemaligen Hohenpriesters Jerusalem verließ und eine neue Gemeinschaft etablierte. Der in den Schriften der
Qumrangemeinschaft begegnende »Lehrer der Gerechtigkeit« wird meist mit
dieser Gründungsfigur identifiziert.

Was waren nun die religiösen Besonderheiten der Qumranleute? Die
Qumranleute verstanden sich als die Einzigen, die den jüdischen Glauben in
seiner Reinform bewahrt hatten. Sie betrachteten sich als von Gott erwählt –
der Gedanke der Vorherbestimmung spielte eine zentrale Rolle –, als »Söhne
des Lichtes«, während das restliche Israel von Finsternis umfangen war. Man
war der Überzeugung, dass Gott inmitten der eigenen Gemeinschaft wohnt,
die Gemeinschaft also eine Art Tempel für Gott ist. Sie hatte damit die Funktion des Jerusalemer Tempels übernommen, zumindest so lange, bis dort
wieder der von Gott gewollte Priesterdienst ausgeübt werden kann. Auffällig
ist der radikale Toragehorsam, der die Gemeinschaft auszeichnete. Die Tora

wurde besonders streng ausgelegt, so dass es bereits bei den kleinsten Vergehen schlimmste Strafen gab. Wichtig waren die regelmäßigen rituellen Reinigungen und die gemeinsamen kultischen Mahlzeiten. Aufnahme in die Gemeinschaft und das Leben derselben wurden streng reglementiert. Außerdem gab es eine intensive apokalyptische Orientierung, d. h. man erwartete, dass Gott bald eingreifen werde, um das Heil endgültig herzustellen. Dabei werde es zu einem Krieg zwischen den Söhnen des Lichtes und den Söhnen der Finsternis kommen, bei dem sich Gott auf die Seite der Seinen stellen wird. Interessant ist die Messiaserwartung: Man erwartete zwei Messiasgestalten, einen königlichen Messias aus dem Haus Davids und einen priesterlichen aus dem Haus Aarons. Man wollte so vermeiden, dass es in der messianischen Zeit erneut zu einer gottlosen Vermischung von Politik und »Kirche« kommt, so wie bei den Hasmonäern.

Qumran und das Neue Testament

Der Wert der Qumranschriften für die neutestamentliche Exegese liegt nicht in angeblichen Verbindungen zwischen einzelnen Personen des Neuen Testaments und der (eventuell) dort lebenden Gemeinschaft. Die theologischen Unterschiede sind viel zu groß, als dass sich solche direkten Verbindungen wahrscheinlich machen ließen. Jesus war kein Essener, und andere Personen der Urgemeinde könnten allenfalls vor ihrer Hinwendung zur Jesusbewegung zur Qumrangemeinschaft gehört haben. Außerdem besteht der größte Teil der Qumranschriften aus Schriften, die mit der beschriebenen Sondergruppe nicht das Geringste zu tun haben. Die revolutionäre Bedeutung für die Erforschung des Neuen Testaments liegt vielmehr darin, dass die Schriften uns die Gemeinsamkeiten *und* die Vielfalt des damaligen Judentums anschaulich vor Augen führen und uns vor diesem Hintergrund helfen, das besondere jüdische Profil Jesu und seiner Anhänger zu erheben. Um es an einem kleinen Beispiel anzudeuten: Das exklusive, fast schon »sektenhafte« Selbstverständnis, das die Qumrangemeinschaft prägte, war sicher nicht das Selbstverständnis Jesu, der sich gerade zu den »verlorenen Schafen des Hauses Israel« gesandt sah. Andererseits gab es aber auch jüdische Gruppen, deren Selbstverständnis dem Selbstverständnis Jesu näherkommt und deren Anschauungen in anderen, nicht von der Qumrangemeinschaft verfassten Qumranschriften repräsentiert sind. Darum geht es: im Vergleich das besondere theologische Profil der neutestamentlichen Botschaft zu erkennen.

Nachal David in westöstlicher Richtung

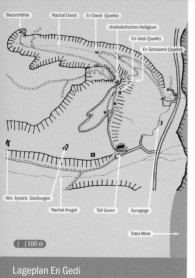

Lageplan En Gedi

En Gedi

Einleitung

En Gedi ist eine grüne und wasserreiche Oase am Westufer des Toten Meeres. Sie liegt zwischen dem relativ kurzen Nachal David mit seiner ganzjährig grünen Vegetation und dem weit in die Berge hineinführenden Nachal Arugot. En Gedi heißt übersetzt so viel wie »Quelle des Böckleins«, und tatsächlich tummeln sich heute noch viele Steinböcke dort. Es gibt drei bedeutendere Quellen in Gedi. Die einst zentrale Quelle, die der Oase ihren Namen gab, befindet sich auf der zwischen beiden Tälern liegenden Anhöhe. Man erreicht sie, wenn man vom Tell Soren die unbefestigte Straße hinaufsteigt, oder über einen Pfad des Naturparks. Die andere Quelle (En Schulamit) liegt nordöstlich am Südhang des Nachal David, die dritte (En David) entspringt ebenfalls im Nachal David, relativ in der Mitte des Tals.

Das chalkolithische Heiligtum

En Gedis Geschichte reicht weit zurück. Bereits am Ende der chalkolithischen Zeit (spätes 4. Jt. v. Chr.) gab es auf der Anhöhe ein Heiligtum, das aufgrund der erhaltenen Mauerreste gut zu rekonstruieren ist. Die von einer Mauer umgebene ca. 20 × 25 m große Anlage bestand aus einem rechteckigen Hauptgebäude, das innen von einer steinernen Bank umgeben war, und einem kleineren Nebengebäude. Das in der Mitte befindliche Bassin, ein Kanal und die Ausrichtung der beiden Tore auf die nahe En Gedi-Quelle sowie die nur ein klein wenig weiter gelegene En Schulamit-Quelle sprechen dafür, dass es sich hier um ein Wasserheiligtum handelte. Mitten in der lebensfeindlichen Wüste verehrte man die lebensspendende Kraft des Wassers. Sollten die in Nachal Mischmar, 9 km südlich von En Gedi, entdeckten Funde (ein kupferner Stab mit Steinbockköpfen, Stempelsiegel mit Steinbockköpfen) in einer Verbindung zu diesem Heiligtum stehen, dann hat dort wohl auch die Verehrung von Steinböcken eine Rolle gespielt. Direkte Wohneinheiten fand man in der Umgebung nicht, so dass es sich eher um eine Art »Pilgerheiligtum« gehandelt haben dürfte.

Chalkolithisches Heiligtum

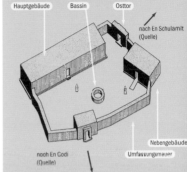
Rekonstruktion des chalkolithischen Heiligtums

Eine Höhle bei En Gedi diente David als Versteck

Biblische Belege

Die wohl bekannteste biblische »Belegstelle« für En Gedi findet sich im Alten Testament. In 1 Sam 24 wird erzählt, wie der junge David, in einer Höhle versteckt, den ihm feindlich gesonnenen König Saul hätte töten können, es aber bewusst nicht tat. Zwar wollten ihn seine Männer dazu überreden, doch David erwiderte: »Das lasse der Herr fern von mir sein, dass ich das tun sollte und meine Hand legen an meinen Herrn, den Gesalbten des Herrn; denn er ist der Gesalbte des Herrn.« (V. 7) Immerhin schnitt er aber

Tell Goren

von Sauls Gewand einen Zipfel ab, um diesem später zu beweisen, dass sein Misstrauen völlig grundlos ist. Wie immer es um den historischen Wert dieser schönen Geschichte bestellt sein mag, sie charakterisiert David als einen jungen Mann, der seine Prinzipien hatte, die Gesetze Gottes achtete und nicht in eigener Machtvollkommenheit den Thron an sich riss – und das, obwohl Gott Saul bereits verworfen und David zum Nachfolger bestimmt hatte.

Jos 15, 61 f. deutet darauf hin, dass En Gedi in der 2. Hälfte des 7. Jh.s besiedelt war. Anscheinend hat der König Josia diese Orte als Befestigung anlegen oder ausbauen lassen, um den südöstlichen Teil seines Reiches zu schützen. Die Ausgrabungen am Tell Goren bestätigen den biblischen Bericht, da deren älteste Schicht in diese Zeit zurückreicht. Auch die Überreste eines Forts bei der En Gedi-Quelle stammen aus dieser Zeit.

Geschichte En Gedis: frühjüdische bis byzantinische Zeit

Verschiedene Schriftsteller berichten, dass En Gedi bereits in dieser frühen Zeit für seine Parfümherstellung bekannt war und es bis ins 2./3. nachchristliche Jh. blieb, wie auch diverse für die Parfümherstellung benötigte und in En Gedi gefundene Gefäße belegen. Insbesondere Josephus und Plinius erwähnen die berühmten Balsampflanzungen in En Gedi und Jericho. Daneben wurde vielleicht auch Henna angebaut, das man schon damals zum Färben von Haut und Haaren benutzte. Außerdem scheint es in En Gedi Weingärten gegeben zu haben. Das kann man zumindest aus Hld 1, 13 schließen: »Mein Freund ist mir ein Büschel Myrrhen, das zwischen meinen Brüsten hängt. Mein Freund ist mir eine Traube von Zyperblumen (Henna) in den Weingärten von En Gedi.« (1, 13 f.) Schließlich war En Gedi auch noch für seine Palmgärten bekannt.

Die Hasmonäer schätzten En Gedi daüber hinaus auch aufgrund seiner strategischen Bedeutung und bauten den Ort – wie vermutlich auch Qumran – als Festung aus. Das zeigen die aus dieser Zeit stammenden Befestigungen am Tell Goren. Im 1. Jh. hatte En Gedi wie eh und je eine wichtige (land-)wirtschaftliche Bedeutung. Ein schwerer Schlag muss es für die Menschen der Oase daher gewesen sein, als die Sikarier von Masada aus die Siedlung überfielen, Nahrungsmittel stahlen und viele Menschen umbrachten (JosBell 4, 402ff.). Anscheinend waren die Bewohner von En Gedi den Römern gegenüber eher loyal, so dass die Aufständischen von Masada sie dafür bestrafen wollten. Die Siedlung erholte sich aber schnell wieder von diesem Anschlag. Interessant ist ein Briefwechsel – unter anderem zwischen Leuten von En Gedi und Bar Kochba –, den man in einer Höhle in der Nähe gefunden hat. Dorthin waren einige Bewohner von En Gedi vor den Römern geflohen. Dieser Briefwechsel bezeugt, dass es inmitten von En Gedi eine römische Garnison gab und die jüdischen Bewohner der Oase mit diesen gut zusammenarbeiteten. Er zeigt auch, dass die Bewohner von En Gedi nicht zu den eifrigsten Gefolgsleuten Bar Kochbas gehörten.

En Gedis Synagoge

Synagogeninschrift

In der spätrömischen und byzantinischen Zeit (2.–6. Jh.) wuchs En Gedi zu einer relativ großen Ansiedlung heran, deren Menschen einen bescheidenen Wohlstand genossen. Man fand Straßen, Geschäfte und Wasserinstallationen. Bekannt ist aber vor allem die im 3. Jh. erbaute und zweimal erweiterte Synagoge. In der ursprünglichen Synagoge bestand der Fußboden aus einem weißen Mosaik, das mit Hakenkreuzen geschmückt war. Bei der ersten Erweiterung errichtete man im Osten und Westen »Seitenschiffe« und im Süden Bänke. Später wurden prächtigere Mosaiken mit Blumen, Vögeln und drei siebenarmigen Leuchtern über den alten Boden gelegt und die Synagoge wurde noch konsequenter auf die nördliche Apsis ausgerichtet. Davor befanden sich die Bema (Lesepult), der Toraschrein und der »Sitz des Mose« (dazu S. 70). Ungewöhnlich war der Fund einer Inschrift, wo am Anfang die 13 Urväter, die Tierkreiszeichen, die jüdischen Monatsnamen und die Erzväter aufgezählt werden. Dieser Teil endet mit dem Wunsch »Friede über Israel«. Darauf folgt ein Abschnitt, in dem neben Danksagungen für die Wohltäter diejenigen mit einem Fluch belegt werden, die streitsüchtig sind, ihre Nachbarn vor den Heiden verleumden oder das »Geheimnis der Stadt« preisgeben. Letzteres könnte auf eine geheime Methode der Parfümherstellung anspielen, auf der der Wohlstand der Stadt beruhte. In den letzten beiden Abschnitten werden die Wohltäter mit Namen genannt.

Felsfestung von Masada

Masada

Einleitung

Masada gehört zum Standardprogramm einer Israelreise und ist vielleicht sogar die am häufigsten besuchte archäologische Stätte im Land. Nicht umsonst! Schon von unten zieht einen die herodianische Felsenfestung in Bann, wie sie sich in majestätischer Höhe 400 m über dem Niveau des Toten Meeres erhebt. Masada begeistert den archäologisch interessierten Besucher mit beeindruckenden Palästen und Festungsanlagen aus der herodianischen Zeit und berührt eines der spannendsten, aber auch tragischsten Kapitel jüdischer Geschichte. Hier wurde im Gefolge des jüdisch-römischen Krieges das letzte zelotische Widerstandsnest – mit immerhin knapp 1000 Menschen – von den Römern ausgelöscht. Nach der Eroberung von Jerusalem hatte sich Eleazar ben Jair mit seinen jüdischen Widerstandskämpfern hierhin geflüchtet und leistete bis zum bitteren Ende Widerstand. Als alles verloren war, beging er

Ausgrabung der Vorratskammern

mit seinen Leuten kollektiven Selbstmord. Eine Helden- oder eine Wahnsinnstat? Darüber wird bis heute leidenschaftlich in der israelischen Gesellschaft diskutiert. Aus neutestamentlicher Perspektive führt Masada erschreckend vor Augen, wohin es führen kann, wenn eine religiös-apokalyptische Gruppe sich dazu berufen fühlt, mit dem Schwert in der Hand für das Reich Gottes zu kämpfen. Ohne Zweifel ein Gegenbild zur friedlichen Reich Gottes-Botschaft Jesu.

Fluchtburg und Winterpalast des Herodes

Bereits der Hasmonäerkönig Alexander Jannäus errichtete dort im frühen 1. Jh. v. Chr. eine Festung, auch wenn die Anlage erst unter Herodes d. Gr. richtig ausgebaut und mit luxuriösen Gebäuden versehen wurde. Für Herodes dürfte Masada aufgrund persönlicher Erfahrungen einen sehr hohen Stellenwert besessen haben. Als er vor den Parthern nach Rom floh,

Modell der drei Nordpaläste

brachte er zuerst seine Familie in Masada in Sicherheit. Bei seiner Rückkehr fand er sie unbeschadet vor. Damit war für ihn klar, dass Masada ihm auch in

Säulen und Wandmalereien im unteren Palast

Zukunft gute Dienste erweisen könnte. So baute der krampfhaft misstrauische und ängstliche Herodes die Festung gründlich aus. Er umgab sie mit einer massiven, mit zahlreichen Türmen bestückten Kasemattenmauer (ca. 1300 m lang, mit ca. 110 Kasematten), ließ riesige Zisternen in den Fels schlagen und errichtete 15 Lagerhallen. Die Festung war so nicht nur schwer einnehmbar, sie konnte auch während einer langen Belagerungszeit gehalten werden. Darüber hinaus nutzte Herodes Masada auch als Winterpalast, wie die großen luxuriösen Anlagen zeigen, die er dort errichten ließ. Besonders beeindruckend ist der Nordpalast, der in drei übereinanderliegenden Etagen in den Abhang hineingeschlagen ist. Die oberste Etage beherbergte den eigentlichen Wohnbereich und ermöglichte auf einer halbrunden Terrasse einen grandiosen Blick auf die Jordansenke. Der mittlere Palast bestand aus einem von Säulen umgebenen Rundbau, in dessen Mitte noch heute ein verdecktes Treppenhaus zu erkennen ist. Der unterste Teil war eine Art Kreuzgang mit offenem Innenhof, dessen Wände und Säulen mit reichen Wandmalereien versehen waren. Übrigens: Die aus Steintrommeln zusammengesetzten Säulen waren so täuschend echt verputzt und bemalt, dass selbst Josephus sie für echte Marmorsäulen hielt. Der Nordpalast – im Schatten gelegen und deshalb in der sommerlichen Hitze sehr angenehm – war der Privatpalast des Herodes, während der weit größere Westpalast mit seinen Wohn- und Repräsentationsräumen eher offiziellen Charakter hatte.

Nicht unerwähnt darf bleiben, dass Masada neben Gamla, Magdala und dem Herodeion der Ort ist, wo man eine der frühesten Synagogen in Palästina fand. Die Synagoge ist relativ klein und geht auf die Zeit von Herodes d. Gr. zurück. Sie bestand aus einem Vorraum und einem durch fünf Säulen gegliederten Hauptraum. Die Zeloten rissen diese Zwischenmauer ein, versetzten die Säulen und umgaben den Hauptraum mit Bänken, um mehr Platz zu gewinnen. Im hinteren Bereich schufen sie einen kleinen Nebenraum, wohl eine Art Geniza, also einen »Beerdigungsort« für heilige Schriften. Diese dürfen im

Judentum nicht einfach weggeworfen werden. Jedenfalls fand man dort neben verkohlten Möbelresten in einem Fußbodenversteck Ostraka (beschriftete Tonscherben) und zwei gut erhaltene Fragmente aus Ez 37 (Auferweckung der Totengebeine) und 5 Mose 33 f. (Segensworte, Tod des Mose).

herodianisch

zelotisch

Die herodianische Synagoge und der zelotische Umbau

Masada und die Zeloten

Nach dem Tod von Herodes d. Gr. (4. v. Chr.) waren auf Masada bis zu Beginn des Krieges (66 n. Chr.) römische Soldaten stationiert. Nachdem diese von den Aufständischen überrannt worden waren, setzten sich die besonders extremen Sikarier (»Dolchleute«) nach Masada ab. Ihr Führer war der bereits erwähnte Eleazar ben Jair. Im Jahr 73 n. Chr. rückten dann die Römer unter ihrem General Silva an, um diesen letzten großen Zelotenstützpunkt auszuräumen. Erstaunlich ist, dass sie so viel Energie darauf verwendeten, Masada zu Fall zu bringen, wo doch Jerusalem bereits erobert und damit der Krieg im Prinzip gewonnen war. Aber vielleicht wollte man »auf Nummer sicher« gehen und ausschließen, dass an irgendeiner noch so verborgenen Stelle des Landes der

Synagoge auf Masada

Aufstand neu aufflackern könnte. Vielleicht sah man darin auch eine primär psychologische Maßnahme, durch die allen potentiellen Aufrührern eingeschärft werden sollte, dass Rom auch noch den kleinsten Funken von Rebellion erbarmungslos auslöschen würde. Auch die Tatsache, dass die Aufständischen von Masada ihre Umgebung – vor allem En Gedi – mit Gewalt und Terror überzogen haben, mag ein Grund gewesen sein. Wie auch immer, im Frühling des Jahres 74 n. Chr. brachten die Römer nach einem guten halben Jahr Belagerung Masada zu Fall.

Flavius Josephus hat ausführlich über die Ereignisse berichtet. Der letzte und vernichtende Schlag begann, nachdem die Römer einen Wall an der Westseite errichtet hatten, auf dem sie einen Rammbock nach oben rollen

Reste der römischen Belagerungsrampe

konnten. Durch diesen Rammbock gelang es, eine Bresche in die Mauer zu schlagen, und nachdem die Zeloten dahinter einen mit Holz eingefassten Erdwall errichtet hatten, brannten die Römer diesen mit Brandfackeln nieder. Jetzt war klar, dass den Aufständischen ihre letzte Stunde geschlagen hatte. Eleazar ben Jair hielt laut Josephus eine ergreifende Rede, in der er das unausweichliche Ende beschwor und seinen Leuten den kollektiven Selbstmord empfahl, um nicht in die Hände der Römer zu fallen. Wenn die Freiheit nicht mehr zu erreichen sei, bleibe nur noch der Tod. Was Eleazar genau seinen Leuten gesagt hat, lässt sich schwer rekonstruieren, da auch Josephus' eigene Vorstellungen in die Rede eingeflossen sind. Jedenfalls gelingt es Eleazar nach Josephus, seine Leute zu überzeugen: Sie bringen zuerst ihre Familien um, um sich dann von zehn durch das Los erwählte Männer töten zu lassen. Schließlich bringen sich diese gegenseitig um, bis noch einer übrig bleibt, der – nachdem er alles in Brand gesetzt hat – auch sich selbst tötet. Auf diese Weise vereiteln die Zeloten den Römern ihren Triumph und bleiben bis zum Schluss ihrem Freiheitspathos treu.

Noch heute kann man an vielen Orten auf Masada die Spuren der Zeloten entdecken. Im Westpalast und an anderen Stellen haben sie in die herodianischen Räume Mauern und Kochgelegenheiten eingebaut, die sich durch ihre Grobheit deutlich von der luxuriösen Umgebung unterscheiden. Die Kasematten dienten ihnen als Wohnung, was z. B. sehr schön an der südlichen Mauer zu erkennen ist, wo nicht nur Kasematten zu Wohnräumen umgebaut, sondern diese auch noch durch Anbauten erweitert wurden. Häufig fand man in diesen Räumen Spuren ihrer Bewohner: Keramik, Reste von Kleidungsstücken, Schmuck, Lebensmittel etc. Besonders erschütternd waren die Skelettfunde einer Familie in einer östlich des Nordpalastes gelegenen Zisterne. Kopfhaut und Haare der Frau waren noch erhalten. Handelt es sich hier um die sterblichen Überreste einer zelotischen Familie? Auch der Fund von 12 Ostraka, auf denen hebräische Namen geschrieben waren, unter anderem der Name »Ben Jair«, führte schnell zu dem Schluss, dass es sich hier um die von

Josephus erwähnten Lose handle, mittels derer die ausgesucht wurden, die die anderen töten sollten.

Heute sieht man manches skeptischer: Dass die gefundenen Skelette von Zeloten stammen und z. B. nicht von Römern, die hier später stationiert waren, ist nicht zu beweisen. Auch die Ostraka geben Fragen auf, zumal an anderen Stellen noch wesentlich mehr von ihnen gefunden wurden. Selbst der von Josephus so eindrücklich beschriebene kollektive Massenselbstmord lässt sich aufgrund des archäologischen Befundes nicht nachweisen. Klar ist nur, dass Masada von den Römern eingenommen wurde: Ob sich die Zeloten bereits selbst getötet hatten oder erst von den Römern getötet bzw. als Kriegsgefangene weggeführt wurden, ist ungewiss. Manchen Juden, die aus ethischen oder religiösen Gründen Selbstmord ablehnen, käme ein solches alternatives Ende sehr entgegen. Diejenigen, die sich für ihre nationalistischen und militaristischen Träume gern auf die Zeloten berufen, sehen das anders. Israelische Rekruten werden heute jedenfalls nicht mehr in Masada vereidigt. Und der Slogan »Masada darf nicht mehr fallen« wird auch in Israel inzwischen problematisiert.

Blick von Masada auf das nordwestlich gelegene römische Lager

VIII. Jerusalem

Blick auf die Altstadt, im Hintergrund der Ölberg

Einleitung

Jerusalem gehört ohne Zweifel zu den Höhepunkten einer Israelreise, und dennoch kann diese faszinierende und so vielfältige Stadt auch für ein gehöriges Maß an Verwirrung sorgen. Drei Religionen an einem relativ kleinen Ort, Israelis und Palästinenser, unzählige Völker und Kulturen, der dauernde Wechsel zwischen Orient und Okzident, politische Spannungen bis zum Ausbruch von Gewalt, religiöse Fanatiker jeder Couleur – verbunden mit den eigenen Bildern und Erwartungen, all das lässt den Adrenalinspiegel schnell in die Höhe steigen.

Jerusalem wird oft mit »Stadt des Friedens« übersetzt. Etymologisch ist das sicher falsch. In dem -*salem* ist eher die Erinnerung an eine ursprünglich in der Stadt verehrte Gottheit bewahrt als an das hebräische Shalom. Dennoch hat man den Namen bereits in der Bibel so interpretiert (z. B. Jer 4,10; 29,10 f.), vielleicht deshalb, weil Jerusalem unzählige Male zerstört und wiederaufgebaut wurde: Dort, wo Zerstörung und Tod ihr schreckliches Angesicht erheben, werden die Kräfte der Sehnsucht und Hoffnung umso stärker. Vor diesem Hintergrund ist es dann sicher auch kein Zufall, wenn in der Johannesoffenbarung (Offb 21 f.) aber auch schon beim Propheten Jesaja (Kap. 60) – Jerusalem zum Sinnbild der von Gott kommenden Erlösung wird.

Die folgenden Ausführungen richten das Hauptaugenmerk auf das Jerusalem der Zeit Jesu und dessen letzte Tage in dieser Stadt. Dennoch soll die alttestamentliche Geschichte nicht fehlen, und gerade in diesem Bereich gab es in den letzten Jahren zahreiche Aufsehen erregende Neuentdeckungen. Die Beschreibungen sind dabei nicht chronologisch angeordnet, sondern folgen den einzelnen Vierteln und Vororten, da kaum ein Besucher genug Zeit haben wird, sich heute den alttestamentlichen und morgen den neutestamentlichen oder byzantinischen Funden zuzuwenden. Eine Groborientierung für die Altstadt Jerusalems bieten deren vier Viertel: das jüdische, das christlich-arabische, das muslimisch-arabische und das armenische Viertel.

In diesem Reiseführer geht es nicht um heutige Politik, sondern um biblisch-theologische

Die verschiedenen Altstadtviertel

Fragen. Dies ist allerdings gerade in Jerusalem kaum zu trennen. Dort, wo die unterschiedlichen religiösen Erwählungsansprüche miteinander kollidieren, werden politische Ansprüche nicht selten mit Archäologie und Geschichte gerechtfertigt. So werden die durchaus wissenschaftlich durchgeführten Ausgrabungen in der Davidsstadt von Teilen der Siedlerbewegung finanziert, die mit den biblischen Relikten ihre Besitzansprüche legitimieren. In der Davidsstadt geht das so weit, dass man, um einen Biblischen Park zu errichten, Palästinenser aus ihren Häusern vertreiben will. Manche Palästinenser gehen deshalb zum ideologischen Gegenangriff über, leider oft mit völlig unhaltbaren Thesen. So behaupten selbst gebildete Muslime, dass es nie einen jüdischen Tempel in Jerusalem gegeben habe. Auch dort, wo die Stimmung nicht so explosiv ist, ist das, was bei einer Ausgrabung erhalten und was zerstört wird, immer schon Resultat einer bestimmten religiös-ideologischen bzw. politischen Vorentscheidung. Israelische Archäologen haben oft keine Probleme damit, muslimische Bauten wegzuräumen, und umgekehrt gehen die für den Haram verantwortlichen Muslime mehr als sorglos mit möglichen Funden aus biblischer Zeit um. Natürlich könnte die biblische Archäologie auch helfen, bestimmte ideologische Vorurteile ins Wanken zu bringen. So wird in Jerusalem sehr deutlich, dass die Kanaanäer in Gestalt der Jebusiter viel stärker am Entstehen der jüdischen Religion beteiligt waren, als es manchem rechts stehenden Israeli lieb sein dürfte. Aber auch das sieht man eben nur, wenn man es sehen will. All dies ist nicht das Thema dieses Reiseführers. Aber einen biblisch-archäologischen Reiseführer zu schreiben, ohne diese Problematik zumindest anzusprechen, hielte ich nun auch für schwierig, gerade dort, wo es um die Stadt des Friedens geht, mit der so wunderbare biblische Verheißungen verbunden sind.

Topographie Jerusalems

Zwischen der Küstenebene und dem Jordantal wird Israel/Palästina von einer sich in Nord-Süd-Richtung erstreckenden Berg- und Hügelkette durchzogen. Diese steigt von der Küstenebene langsam an, erreicht bei Jerusalem eine Höhe von ungefähr 750 m (Ölberg über 800 m) und fällt dann ca. 1200 m ab, bevor man das 400 m unter dem Meeresspiegel liegende Tote Meer erreicht. Die östlich der Altstadt gelegene Ölbergkette markiert ziemlich genau die Wasserscheide.

   Auch wenn Jerusalem etwas abseits im Bergland liegt, war es in der Antike keinesfalls ganz abgelegen. Die Küste war relativ gut zu erreichen, und dort führte immerhin die Via Maris entlang, die bereits in der Bronzezeit die entscheidende Verkehrsverbindung zwischen Ägypten und Mesopotamien bildete. Etwas schwieriger zugänglich war zugegebenermaßen die Königsstraße auf der transjordanischen Hochebene, aber der beste Weg führte auch hier von Jerusalem hinab über die Jordanebene. Innerhalb Israels/Palästinas liegt Jerusalem ungefähr auf der Hälfte des Weges von Samaria in den Süden des Landes.

Das alttestamentliche Jerusalem ist von höheren Hügeln und Bergen umgeben. Am deutlichsten wird das vom Ölberg aus, aber auch die westlich der Davidsstadt gelegene Erhebung, der heutige »Zionsberg«, liegt noch etwas höher. Man merkt also sehr schnell, dass es symbolisch gemeint sein muss, wenn im Alten Testament der Zion als die am höchsten gelegene Stätte bezeichnet wird.

Das Jerusalem der Bronzezeit und der Davidszeit lag auf einem südlich der heutigen Altstadt gelegenen Felssporn. Der Bereich, der heute zwischen dem südlichen Zipfel der Davidsstadt und der nördlichen Altstadtmauer liegt, war ungefähr das Gebiet, wo in unterschiedlicher Ausdehnung das alt- und neutestamentliche Jerusalem lag. Dieser Bereich wird östlich vom Kidrontal und südlich vom Hinnomtal begrenzt. Nördlich gibt es kein Tal, so dass Jerusalem meist von dorther angegriffen wurde.

Die Wasserversorgung der Davidsstadt wurde durch die im Kidrontal gelegene Gihonquelle gewährleistet. Später, vor allem in neutestamentlicher Zeit, brachten große Wasserleitungen (Aquädukte) Wasser vom Süden (Bethlehem) in die Stadt. Auch die interne Versorgung durch das in Zisternen und großen Becken gesammelte Regenwasser spielte eine erhebliche Rolle.

Ein kurzer geschichtlicher Abriss

Jerusalem wurde als befestigte Stadt im 18. Jh. v. Chr. gegründet. In der frühen Bronzezeit (3. Jt. v. Chr.) gab es schon eine bedeutende Siedlung, die allerdings nur durch Keramikfunde nachzuweisen ist. Es ist umstritten, ob Jerusalem bereits in ägyptischen Ächtungstexten aus dem 19./18. Jh. v. Chr. erwähnt wird. Gesichert ist, dass im 14. Jh. v. Chr. Abdi-Chebas, ein kanaanäischer Stadtfürst aus Jerusalem, Briefe an den Pharao geschrieben hat (Amarnaarchiv), aus denen hervorgeht, dass die kanaanäischen Städte Sichem, Gezer und Hebron Jerusalem bedrängen. Als David die Stadt eroberte, war Jerusalem noch ein intakter Stadtstaat. Mit ca. 1000–2000 Einwohnern

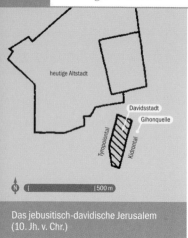

Davidsstadt

Gihonquelle

Tyropoiontal

Kidrontal

N

500 m

Das jebusitisch-davidische Jerusalem
(10. Jh. v. Chr.)

war die Stadt zwar wesentlich kleiner als die kanaanäischen Städte im Norden, verglichen mit
den nur spärlich besiedelten Ortschaften der
Umgebung (ca. 200 Einwohner) war eine solche
Bevölkerungszahl aber durchaus beachtlich.
David hat Jerusalem im 10. Jh. v. Chr. auf
relativ friedliche Weise erobert. Er ließ die alte
Stadtbevölkerung leben, ja integrierte sie sogar bewusst, mit dem Ergebnis, dass viele ihrer
religiösen und kulturellen Vorstellungen in den
sich allmählich etablierenden Jahweglauben ein-
flossen und so die alttestamentliche Überlieferung mitprägten. Auch bei der Vergabe wichtiger
Ämter zeigt sich diese Kontinuität. Dem israelitischen Priester Abjathar hat David
ganz bewusst den kanaanäischen Priester Zadok an die Seite gestellt. Der neu
durch David in Jerusalem eingeführte Jahweglaube wurde den Jerusalemern also
nicht gewaltsam übergestülpt, sondern sehr sensibel in den herrschenden Kult
eingebracht.

Warum machte David Jerusalem zu seiner Hauptstadt? Hier werden mehrere Gründe zusammengespielt haben. So liegt Jerusalem zwar noch im Südreich, aber sehr nahe an dessen nördlicher Grenze zu Israel, so dass es sich
als zentral liegender Regierungssitz geradezu anbot. Dadurch, dass Jerusalem als Stadtstaat relativ unabhängig war, konnte David von einem neutralen
Territorium aus mit der nötigen Unabhängigkeit seine beiden Reichshälften
regieren. Er war weniger erpressbar und man konnte ihm nicht so schnell
vorwerfen, er begünstige in ungerechtfertigter Weise eine der beiden Reichshälften. Zu dieser Unabhängigkeit trug auch bei, dass Jerusalem der Sitz seines ihm treu ergebenen Privatheeres war. Doch abgesehen von all diesen
innenpolitischen Überlegungen gab es auch eine strategisch-militärische
Notwendigkeit, Jerusalem zu erobern. Hätte David es nämlich nicht getan,
dann wären ihm vielleicht die Philister zuvor gekommen, mit dem Resultat,
dass sie einen gefährlichen Keil zwischen den nördlichen und den südlichen
Teil seines Reiches getrieben hätten.

Die ersten größeren baulichen Maßnahmen in Jerusalem dürften auf das
Konto Salomos gehen, auch wenn Salomo nicht der Herrscher eines im ganzen
Orient bekannten Großreichs war. Immerhin konnte er sich, nachdem David die
machtpolitischen Fundamente gelegt hatte, dem inneren Ausbau des Reiches

zuwenden. Die wichtigste städtebauliche Maßnahme Salomos bestand darin, dass er die Stadt
nach Norden hin erweiterte. Dort errichtete er
den Tempel und sein Palastgebäude. Das Stadt-
bild ähnelte nun einem nach Norden hin breiter
werdenden Schlauch. Für ca. 200 Jahre war damit die größte Ausdehnung Jerusalems erreicht.
Im 8. Jh. wurde die Stadt nach Westen hin
erweitert. Diese archäologisch nachweisbare
Erweiterung dürfte neben dem natürlichen Be-
völkerungswachstum vor allem darauf zurückzuführen sein, dass sich nach der Eroberung
durch die Assyrer Flüchtlinge aus dem Nordreich in Jerusalem ansiedelten.

Die schlimmste Katastrophe war die Eroberung Jerusalems und die Zerstörung seines Tempels durch die Babylonier im Jahr 587
v. Chr. Bereits zehn Jahre vorher war Jerusalem
zu einem babylonischen Vasallen geworden,
hatte sich dann aber noch einmal von Babylonien losgesagt. In insgesamt drei Deporta-
tionen führten die Babylonier einen Großteil der
Oberschicht Jerusalems ins Exil (dazu s. auch
Einleitung). Die Zerstörung der Stadt lässt sich
archäologisch an vielen Stellen nachweisen.
Brandschichten, babylonische Pfeilspitzen und
manches mehr bezeugen dieses dunkle Kapitel

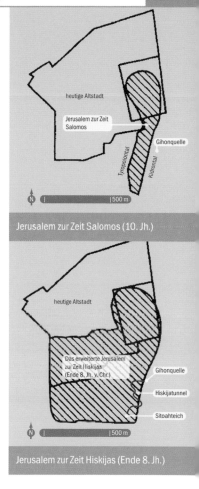

Jerusalem zur Zeit Salomos (10. Jh.)

Jerusalem zur Zeit Hiskijas (Ende 8. Jh.)

jüdischer Geschichte. Nachdem die Perser den Juden erlaubten, nach Jerusalem heimzukehren, wurde 515 v. Chr. der neu gebaute Tempel eingeweiht. Wie
dieser Tempel ausgesehen hat, können wir nicht mehr genau rekonstruieren,
weil Herodes d. Gr. an der Stelle des nachexilischen Tempels faktisch einen
neuen dritten Tempel errichtet hat. Auch ist nicht wirklich geklärt, wie groß das
nachexilische Jerusalem in der ersten Zeit war. War der westliche Teil weiter
eingeschlossen oder kehrte man zur davidisch-salomonischen Schlauchform
zurück? Wir wissen nur, dass Nehemia in der Mitte des 5. Jh.s von den Persern
die Erlaubnis bekam, eine Mauer zu bauen, nicht jedoch, welches Gebiet sie
exakt umschloss.

Jesus in Jerusalem

Auch wenn Jesu eigentliche Heimat Galiläa war, so wird er sich doch häufig in Jerusalem aufgehalten haben. Jerusalem war das geistig-spirituelle Zentrum des jüdischen Volkes, weil sein Tempel als der Ort galt, wo Gott in besonderer Weise gegenwärtig und seinem Volk nahe war. Die klassischen Wallfahrtsfeste, an denen Juden nach Jerusalem pilgerten, waren das Passafest, das Wochenfest (Schawuot/Pfingsten) und das Laubhüttenfest (Sukkot), und es ist davon auszugehen, dass Jesus als frommer Jude in einer gewissen Regelmäßigkeit an diesen Wallfahrten teilgenommen hat (dazu s. auch Lk 2, 41–52).

Schwer zu beurteilen ist, ob Jesus während seiner öffentlichen Wirksamkeit öfter in Jerusalem war. Nach dem Zeugnis des Johannesevangeliums war Jesus drei bis vier Mal in Jerusalem (Joh 2, 13; 6, 4; 11, 55; 5, 1), woraus man schließen kann, dass er ca. drei Jahre gewirkt hat. Nach den Berichten der synoptischen Evangelien war Jesus nur einmal am Ende seiner knapp einjährigen Wirksamkeit in Jerusalem und wurde dort zum Tod am Kreuz verurteilt und hingerichtet.

Wenn wir an Jesus in Jerusalem denken, dann denken wir natürlich vor allem an die letzten Tage seines Lebens. Es waren die Tage vor dem Passafest. Hier kam es zur entscheidenden Auseinandersetzung mit den jüdischen Autoritäten. Auch wenn es nach der überwiegenden Meinung der Bibelwissenschaftler keinen jüdischen Prozess gab – die Juden standen unter römischer Besatzung und hatten keine Kapitalgerichtsbarkeit –, so hat die Priesteraristokratie doch seine Hinrichtung betrieben und ihn den Römern ausgeliefert. Diese verurteilten ihn schließlich als politischen Aufrührer zum Tod am Kreuz. Anlass dafür war wohl seine Aufsehen erregende Tempelaktion, die man als gefährliche politische Provokation verstehen konnte (Mk 11, 15–19).

Jesus ging nach Jerusalem, weil er erwartete, dass Gott dort sein Werk vollenden werde. Doch spätestens in dieser Stadt wird ihm klargeworden sein, dass Vollendung nicht bedeutet, dass sich im letzten Augenblick doch noch alle für seine Reich-Gottes-Botschaft öffnen werden. Wir sehen in Jerusalem einen über die menschliche Bosheit erzürnten Jesus, der das göttliche Gericht ankündigt, der im Durchleiden des Zorns dann aber doch noch den Zorn überwindet: Er lernt zwischen den Taten der Menschen und ihnen als Personen zu unterscheiden. Das letzte Abendmahl zeigt, dass er seinen Tod als ein Geschehen angenommen hat, in dem diese Liebe vollendet wird.

An vielen heiligen Stätten wissen wir nicht, ob die Ereignisse aus dem Leben Jesu, die hier erinnert werden, auch wirklich hier stattgefunden haben.

Oft lässt sich sogar zeigen, dass es sich um späte Traditionen handelt, die nur entstanden sind, weil man das Bedürfnis hatte, die Jesusgeschichte an konkreten Orten zu erinnern und zu meditieren. Ein Priester hat im armenischen Viertel einmal bei einer Führung gesagt:»Das nun ist der Baum, an dem der Esel festgebunden wurde, mit dem Jesus am Palmsonntag nach Jerusalem eingezogen ist.« Auf nähere Nachfrage, ob er dies denn wirklich glaube, soll er geantwortet haben:»Natürlich nicht, aber das ist der Ort, wo wir gedenken.« Dennoch gibt es in Jerusalem genug historisches»Urgestein«, das uns helfen kann, der Jesusgeschichte näherzukommen. Dieses Urgestein, an dem meist keine Kirchen stehen, sind die archäologischen Reste des herodianischen Jerusalem. Eines steht nämlich fest: Jesu Jerusalem war das Jerusalem, dem Herodes d. Gr. seinen ganz persönlichen Stempel aufgedrückt hat. Es ist deshalb aus gutem Grund auch das Jerusalem, das in diesem Reiseführer besonders ausführlich beschrieben wird.

Die Davidsstadt

Einleitung

Das älteste Jerusalem, also die kanaanäische Stadt, die David im 10. Jh. erobert und zur Hauptstadt seines vereinigten Königreiches gemacht hat, liegt ganz und gar außerhalb der heutigen, aus dem 16. Jh. stammenden Stadtmauer. Die Davidsstadt war auf einem länglichen, in Nord-Süd-Richtung liegenden Sporn gebaut, der von zwei tief eingeschnittenen Tälern umgeben war: Auf der östlichen Seite befand sich das Kidrontal, auf der westlichen Seite das aufgrund des Bauschutts der Jahrtausende heute kaum noch zu erkennende Tyropoion-Tal. Der nördlich daran anschließende Bergsattel und der an ihn angrenzende Berg, wo der erste und zweite Tempel standen und heute der Felsendom aufragt, lag bereits außerhalb der Stadt.

Will man sich eine erste Vorstellung von der einstigen Davidsstadt machen, dann bietet sich als nächstgelegener Aussichtspunkt ein Platz am Südosteck der herodianischen Tempelmauer an, dort, wo die Straße nach

Ostseite der einstigen Davidsstadt

Ausgrabungen im nordöstlichen Bereich
der Davidsstadt

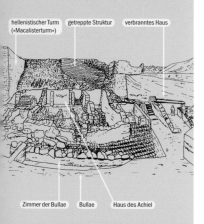

hellenistischer Turm   getreppte Struktur   verbranntes Haus
(»Macalisterturm«)

Zimmer der Bullae   Bullae   Haus des Achiel

Das nordöstliche Ausgrabungsfeld der
Davidsstadt

Die »getreppte Rampe«

Norden abbiegt. Der als Aussichtsplattform markiert Ort erlaubt uns in südlicher Richtung einen Blick auf die Ostseite der einstigen Davidsstadt. Gut sieht man rechter Hand den steil sich erhebenden Hügel, der in südlicher Richtung allmählich an Höhe verliert. Wer sich ein Bild davon machen will, wie das Jerusalem der Davidsstadt ausgesehen hat, der muss seinen Blick nur nach links richten, auf die der Davidsstadt gegenüberliegende Talseite. Dort sehen wir einen Teil des arabischen Dorfes Silwan: An einen Hang gebaute Hofhäuser, durch kleine Fußwege und Treppen miteinander verbunden, so ähnlich wird man sich das davidische Jerusalem vorstellen müssen.

Zu den Ausgrabungen der Davidsstadt gelangen wir, indem wir vom beschriebenen Aussichtspunkt ca. 50 m Richtung Misttor zurückgehen und dann die südlich abbiegende Straße einige Meter hinuntergehen. Linker Hand weist ein Schild den Weg zu den archäologischen Ausgrabungen. Das erste größere Ausgrabungsfeld am Osthang der Davidsstadt kann uns helfen, die verschiedenen Bauphasen in den Blick zu bekommen.

Die »getreppte Rampe«

Versuchen wir uns klarzumachen, wie die verschiedenen Areale der vor uns liegenden Ausgrabung einander zuzuordnen sind. Zuerst einmal: Wir befinden uns an diesem Punkt innerhalb der kanaanäischen bzw. der davidischen Stadt. Die Stadtmauer aus der Bronze- und Eisenzeit liegt einige Meter weiter unten am Hügel. Wenn wir unseren Blick nun nach rechts oben richten, dann ist dort deutlich eine Art Glacis zu sehen. In englischen Beschreibungen ist oft von einer

»stepped stone structure« (»getreppte Rampe«, so Keel) zu lesen. Unter dieser Rampe (ursprünglich 27 m hoch und am oberen Rand 40 m breit) fand Y. Shiloh Mauern, die mit Erde aufgefüllt waren und ursprünglich dazu dienten, ein größeres Bauwerk abzustützen. Die zeitliche Einordnung schwankt zwischen dem 14./13. Jh. und dem 9. Jh., aber vermutlich hat es diese massive Stützkonstruktion im 10. Jh. bereits gegeben. Sie dürfte dazu gedient haben, eine etwa 200 m² große Plattform abzustützen, auf der bereits in vordavidischer Zeit eine massive Festung oder Burg stand: die nach 2 Sam 5, 7 von David eroberte »Zionsfeste«. In anderen biblischen Texten wird dieser Ort auch als »Millo« bezeichnet, was »Auffüllung« bzw. »Aufschüttung« bedeutet und bestens zu den oben beschriebenen, mit Erdreich aufgefüllten Stützmauern passt. Verbirgt sich hinter 2 Sam 5, 9 eine zutreffende historische Information, dann könnte es sein, dass David entweder *um den* mit einem Palast bereits bebauten Millo zusätzliche Gebäude errichtete oder dass er *zwischen* dem Millo und seinem Palast (wo immer dieser auch genau lag) als Bauherr aktiv geworden ist. Nach anderen Texten allerdings (1 Kön 9, 15; 11, 27) hat erst Salomo oder – weil man großartige Bauten eben gerne Salomo zuschrieb – ein noch späterer König hier einen Palast errichtet.

Eisenzeitliche Häuser

Im 7./6. Jh. wurden am unteren Rand einige Häuser in die Rampe eingebaut. Am besten zu erkennen ist das Haus des Achiel, ein für die Zeit typisches Vierraumhaus, das nach dem auf einem Ostrakon (beschriftete Tonscherbe) gefundenen Namen benannt wurde. Im Hauptraum sieht man vier ca. 1,7 m hohe Pfeiler, die das Obergeschoss trugen. Der Eingang befand sich in der südlichen Mauer. Im nördlichen Nebengebäude fand man 37 Vorratskrüge mit Rosettenstempeln, die aus dem 7. Jh. stammen. Interessant ist, dass man in diesem Haus eine private Toilette fand, was mit den anderen Indizien zusammen auf einen hohen Lebensstandard der hier wohnenden Menschen schließen lässt. Allerdings kann auch dieser Lebensstandard nicht darüber hinwegtäuschen, dass die Menschen unter vielen Krankheiten litten. So hat die biochemische Analyse des Toiletteninhalts ergeben, dass sie unter diversen Wurmkrankheiten litten, die auf den Genuss nicht genügend gekochten Fleisches zurückgingen.

Haus des Achiel

Etwas nordöstlich, teils unter der heutigen Treppe, fand man einen ausge-
brannten Raum, der zu einem weiteren Haus gehörte. Er legt eindrucksvoll
Zeugnis ab von der Zerstörung der Stadt durch die Babylonier 587 v. Chr. Das
verbrannte Holz, das man hier fand, stammte teilweise sogar aus Nordsyrien,
was wiederum augenfällig zeigt, dass in diesem Viertel ein nicht unbeträcht-
licher Wohlstand herrschte.

Direkt unter dem heutigen Steg befand sich auf der nächstgelegenen unteren Terrasse das heute nicht mehr sichtbare Haus der Bullae. In diesem
Haus – darauf deuten Webgewichte hin – wurden einst wohl Textilien hergestellt. Den bedeutendsten Fund bilden jedoch 45 beschriftete und vier un-
beschriftete Bullae. Als Bullae (wörtlich: Stiere) bezeichnet man kleine Ton-
medaillons, auf denen sich ein Siegelabdruck befindet. Sie hielten durch
eine Schnur einen Papyrus zusammen. Diese Papyri waren Urkunden, durch
die Besitzverhältnisse (z. B. Besitz von Grundeigentum), Eheverträge oder
Handelsvereinbarungen besiegelt wurden. Interessant ist, dass alle Namen
nordwestsemitischen Ursprungs sind. Einige Namen können sogar in der Bibel erwähnten Personen zugeordnet werden, z. B. »Gemarjahu ben Schafan«,
der nach Jer 36, 10 ff. zu den hohen königlichen Beamten (Sohn des Staats-
schreibers) gehörte und in dessen Halle Baruch die Worte des Jeremia vor-
gelesen hat. Auch der Name »Azarjahu ben Hilkijahu« kommt in 1 Chr 5, 39 f.
und 9, 11 vor. Theologisch interessant ist die geringe Anzahl von Bildsiegeln.
Vielleicht hat dies doch mit einer theologisch begründeten Zurückhaltung gegenüber bildlichen Darstellungen zu tun (Bilderverbot).

Ein hasmonäischer Turm

Zuletzt betrachten wir den »Macalisterturm« und die sich nördlich davon –
direkt über der Rampe – erstreckende Mauer. Die Mauer stammt am ehesten

aus der hasmonäischen Zeit (2. Jh. v. Chr.) und
dürfte mit der bereits bei Josephus erwähnten
»Ersten Mauer« identisch sein. Auch der mächtige Turm gehört in diese Zeit. Er ist 17 m breit
und hat Mauern von bis zu 5 m Stärke.

Die bronzezeitliche und eisenzeitliche Mauer

Wenn wir das Ausgrabungsgelände wieder verlassen und einige Meter den Abhang hinuntergehen, befindet sich auf der rechten Seite der

Turm aus hasmonäischer Zeit

Eingang zum Warrenschacht. Wollen wir uns einen optischen Eindruck von der Größe der Davidsstadt verschaffen, lohnt es sich, zuerst die Treppen weiter nach unten zu gehen, um die Reste der einstigen Mauer zu bestaunen, und erst dann zum Warrenschacht zurückzukehren. Wir gehen also die Treppen hinunter, bis wir auf der linken Seite einige neuere Stützmauern sehen, unterhalb derer die von der amerikanischen Archäologin Kathleen Kenyon ans Tageslicht beförderten Mauerreste zu sehen sind. Wir stehen hier vor der ältesten Stadtmauer Jerusalems. Sie stammt aus der ersten Hälfte des 2. Jt. (ca. 1800 v. Chr.), ist 2 m breit und an dieser Stelle auf einer Länge von 10 m in Nord-Süd-Richtung zu sehen. Auf der untersten Ebene besteht sie aus großen Steinblöcken, die auf dem gewachsenen Fels aufliegen, in den darüberliegenden Schichten aus kleineren unbehauenen Steinbrocken. Die Mauer biegt nach einigen Metern nach links ab, wo sie unter der späteren eisenzeitlichen Mauer verschwindet. Es ist offen, ob die Mauer schon hier endgültig nach Westen abbiegt, wir es also mit dem nördlichen Ende der bronzezeitlichen Stadt zu tun haben, oder ob diese Biegung erst weiter nördlich erfolgt.

Die eisenzeitliche Mauer, die teils über der bronzezeitlichen verläuft, ist ca. 5 m dick und war mit einem direkt davor befindlichen Wehrgang versehen, der wiederum durch eine kleine Mauer geschützt war (heute nicht mehr sichtbar). Ähnlich der bronzezeitlichen Mauer bestand sie aus unbehauenen Felsbrocken, die auf dem gewachsenen Felsen ruhen. Die Mauer wurde durch eingeschobene Holzbalken stabilisiert, durch die Erschütterungen besser abgefedert werden konnten. Vermutlich wurde diese bereits bestehende Mauer von König Hiskija (725–697) ausgebessert, dessen rege Bautätigkeit in der Bibel erwähnt wird. Er wollte damit Jerusalems Verteidigungsfähigkeit angesichts der drohenden Assyrergefahr verbessern. So heißt es in 2 Chr 32, 5 ff.: »Und ward getrost und besserte alle Mauern aus, wo sie Lücken hatten, und führte Türme auf und baute draußen noch eine andere Mauer und befestigte den Millo an der Stadt Davids und machte viele Waffen und Schilde ... und sprach: Seid getrost und unverzagt, fürchtet euch nicht und verzagt nicht vor dem König von Assur ... denn mit uns ist ein Größerer als mit ihm.« Meist geht man davon aus, dass Hiskija östlich von der Davidsstadt, schon im Talgrund, noch eine zweite Mauer errichtet hat, die neue, außerhalb der alten Mau-

Vordergrund: bronzezeitliche Mauer – Hintergrund: eisenzeitliche Mauer er gebaute Häuser und die Wasserstadt eingeschlossen hat. Es ist jedoch nur ein relativ kurzes Stück Mauer, das man am südlichen Ende der Davidsstadt gefunden hat und das als Argument für diese Mauer dienen kann.

Das Wasserversorgungssystem der Bronze- und der Eisenzeit

Ohne eine vernünftige Wasserversorgung war die Gründung und Entwicklung einer antiken Stadt nicht möglich. Deshalb wurden die bedeutenden Städte der Bronzezeit in direkter Nähe einer Wasserquelle gegründet oder durch Brunnen bzw. Tunnelsysteme mit Grundwasser versorgt. Im Falle Jerusalems war die Gihonquelle im Kidrontal der entscheidende Wasserlieferant. Dort, wo eine Quelle zur Verfügung stand, die sich nicht im Stadtgebiet selbst befand, stellte sich die Frage, wie man es im Belagerungsfall vermeiden konnte, von der Wasserversorgung abgeschnitten zu werden. In Megiddo löste man dieses Problem so, dass man einen unterirdischen Tunnel grub, der die Stadt mit der am Rand des Hügels gelegenen Wasserquelle verband. Das nicht einsehbare Wasserversorgungssystem war so gut vor Angriffen geschützt. Im Falle Jerusalems wählte man einen Kompromiss: Das Wasser der *außerhalb* der Stadtmauer gelegenen Gihonquelle wurde in der Mittelbronzezeit mittels eines verdeckten und unterirdischen Kanals in ein ebenfalls außerhalb der Stadt gelegenes Wassersammelbecken geleitet. Dieser Bereich (Wasserstadt) wurde mit starken Befestigungsanlagen geschützt und durch einen Tunnel mit dem inneren Stadtbereich verbunden. Natürlich wäre es im Blick auf die Wasserversorgung günstiger gewesen, wenn man die Stadtmauer weiter unten am Hang gebaut und die Quelle so von vornherein mit eingeschlossen hätte. Doch dann hätte man einen entscheidenden strategischen Vorteil eingebüßt: nämlich den einer Stadtmauer, die auf halber Höhe an einem steilen Hügel lag und die deshalb auch wesentlich besser verteidigt werden konnte als eine Mauer, die im Tal liegt.

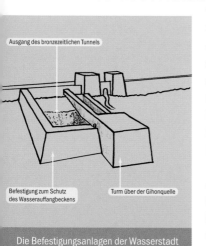

Ausgang des bronzezeitlichen Tunnels

Befestigung zum Schutz des Wasserauffangbeckens   Turm über der Gihonquelle

Die Befestigungsanlagen der Wasserstadt

Bronzezeitlicher Tunnel und Warrenschacht

Nachdem wir das Tunnelsystem betreten haben, steigen wir über eine Wendeltreppe einige Meter hinunter, kommen zuerst in einen Ausstellungsraum und anschließend in ein aus römischer Zeit stammendes Gewölbe, das den eigentlichen Eingang zum Tunnel darstellt. Der Tunnel, den wir nun hinabsteigen, ist u-förmig angelegt und stammt aus der mittleren Bronzezeit (1750–1550 v. Chr.). Er führte zum außerhalb der Stadtmauer liegenden Wasserbecken, freilich so, dass man bereits kurz vor dem Auffangbecken ins Freie kam. Der knapp 50 m lange Tunnel wurde von zwei aufeinander zu grabenden Teams gebaut. Wir gehen ihn ein Stück entlang, bleiben aber vor dem in die Tiefe hinab führenden Warrenschacht stehen. Wir können hier gut erkennen, dass man von dem weichen Kalk ca. 3 m in das harte Dolomitgestein hineingegraben hat und deshalb der Weg plötzlich relativ steil nach unten und wieder nach oben geht. Anscheinend wollte man im 8. Jh. (die Datierung ist aufgrund der im Schacht entdeckten Keramik eindeutig) einen direkten, nur unterirdischen Zugang zur Gihonquelle schaffen und entdeckte dabei einen natürlichen Karstschacht, den so genannten Warrenschacht. Diesen Schacht müssen wir uns für die in den Blick genommene Bronzezeit wegdenken und uns vorstellen, dass der Tunnel auf etwas höherem Niveau nach rechts weiterging. Man hat diese Fortsetzung des Tunnels inzwischen ausgegraben und wir werden nach diesem kleinen Stopp dort auch weitergehen, bis wir zum ursprünglichen Ausgang kommen. Außer diesem Ausgang hat es in dieser Phase noch einen etwas nördlicheren Ausgang gegeben, und dieser liegt direkt über dem Warrenschacht und war ursprünglich eine Wohnhöhle. Der Ausgang nach draußen ist heute zugeschüttet, aber die Umrisse der einstigen Wohnhöhle sehen wir gut, wenn wir ein wenig nach oben blicken.

Abstieg in den bronzezeitlichen Tunnel

Unten Warrenschacht, oben einstige Wohnhöhle

Blick hinunter in den Warrenschacht

Ausgang des bronzezeitlichen Tunnels

Hiskijaquelle

Aber wenden wir uns noch einmal dem 8. Jh. zu. Was machte man damals mit dem Karstschacht, der ja wirklich einen besseren Zugang zur Gihonquelle hätte ermöglichen können? Erstaunlicherweise wurde dieser nie ausgebaut, also auch anscheinend nicht zum Wasserholen benutzt. Wir hören heute zwar das Wasser der Gihonquelle unten rauschen, aber es ist recht kompliziert, an den unbehauenen Wänden ein Gefäß hinunterzulassen, um damit Wasser heraufzuholen. Die einfachste Erklärung ist wohl, dass der bald danach stattfindende Bau des Hiskijatunnels einen weiteren Ausbau überflüssig gemacht hat.

Wir gehen nun den bronzezeitlichen Tunnel der ersten Bauphase weiter, bis wir durch den Ausgang ins Freie treten (heute überdacht). Wir sehen rechter Hand das Speicherbecken (10 × 15 m groß, bis zu 14 m tief), das durch einen unterirdischen Kanal mit dem Wasser der Gihonquelle gespeist wurde. Wie dieses Becken und die Quelle, die beide außerhalb der Stadtmauer lagen, genau geschützt waren, wird noch kontrovers diskutiert. Nach der neusten Theorie geht man davon aus, dass das Gebiet nördlich des in den Fels geschlagenen Beckens von einer massiven, an die Stadtmauer angebauten Befestigung geschützt wurde, die mit einem über der Quelle errichteten massiven Turm verbunden war (dazu S. 192). Auch dieser soll mit der Stadtmauer verbunden gewesen sein. Auch wenn hier vermutlich noch nicht das letzte Wort gesprochen ist, so zeigen die dort gefundenen riesigen Steinblöcke (bis zu 2 m lang und 1 m breit) in jedem Fall, dass die Quelle massiv geschützt war.

Eine Treppe führt uns in das Innere des Quellturms hinab. Wir stehen nun vor der Entscheidung, ob wir durch den Hiskijatunnel waten wollen, der uns zum Teich Siloah führt, oder ob wir den heute trockenen Gihontunnel nehmen, der vom 18. Jh. v. Chr. bis in die Zeit Hiskijas in Betrieb war. Auch er führte gen Süden in ein Auffangbecken, den Vorgängerbau des späteren Siloahteichs (siehe unten). Er diente der Wasserversorgung der Bevölkerung und der Bewässerung von Äckern und Gärten im Kidrontal. Den Hiskijatunnel zu durchwaten ist natürlich ein besonderes Abenteuer, allerdings darf man nicht klaustrophobisch sein und sollte gut mit Taschenlampen ausgestattet sein. Wir wählen die Route über den Gihontunnel, den man trockenen Fußes ca. 100 m entlanggehen kann. Er führt uns direkt zu den sehenswerten Ausgrabungen am südöstlichen Hang der Davidsstadt, die wir sonst nicht sehen würden. Doch zuvor sollten wir uns an der Gihonquelle noch bewusst machen, welch großartige Leistung der Bau des s-förmig gewundenen Hiskijatunnels darstellt.

Gihontunnel

Modell des Hiskijatunnels (Zitadellenmuseum)

Der Hiskijatunnel

Der Hiskijatunnel führt das Wasser des Gihon von der Quelle auf einer Länge von 533 m in den südlichen Teil der Davidsstadt, wo es im Siloahteich gesammelt wurde. Man hat diesen Tunnel nach dem im 8. Jh. regierenden König Hiskija benannt, der ihn nach 2 Kön 20, 20 (2 Chr 32, 3 f. 30) gebaut hat. Dieser Tunnel führte das Wasser zum ersten Mal durch einen nur unterirdischen Tunnel in die um ein vielfaches erweiterte Stadt hinein. So war dem größeren Bedarf an Wasser Genüge getan und gleichzeitig ein auch für die Bewohner des neuen Stadtteils bequemer Zugang geschaffen worden.

Immer wieder hat man sich mit der Frage beschäftigt, wie es möglich war, eine bautechnisch so großartige Leistung zu vollbringen. Man weiß von der Inschrift, die man mitten im Tunnel gefunden hat, dass zwei Bautrupps sich von zweiten Seiten einander genähert haben, bis sie aufeinanderstießen. Auf der Inschrift, die an der Stelle des Durchbruchs angebracht war und die sich heute in einem Museum in Istanbul befindet, heißt es:»1 [Das war] der Durchbruch; und dies war der Umstand des Durchbruchs: Während [die Hauer schlugen mit] 2 der Hacke, jeder auf seinen Kameraden zu, und als noch drei Ellen (= 1,3 m) für den Durchbruch waren, [da wurde gehö]rt die Stimme eines jeden, der r- 3ief zu seinem Kameraden; denn es war ein Riss/Echo im Felsen von Süden und [von Nord] en. Und am Tag des 4 Durchbruchs schlugen die Hauer, jeder, um sich seinem Kameraden zu nähern, Hacke gegen [H]acke, und da flossen 5 die Wasser vom Ausgangsort bis zum Becken, an die zweihundert und tausend Ellen (= 532,8 m). Und hundert 6 Ellen (= 44,4 m) war die Höhe des Felsens über dem Kopf der Hauer [...].« (Küchler, Jerusalem, 62) Doch woher wussten die einzelnen Bautrupps, in welche Richtung sie zu graben hatten? Die m. E. beste Erklärungsmöglichkeit geht davon aus, dass es bereits ein umfangreiches Karsthöhlensystem gab, das vom Norden in den Süden der Davidsstadt führte, so dass man sich daran orientieren konnte und vorhandene Gänge nur dementsprechend bearbeiten musste. Dafür freilich ist der Tunnel an vielen Stellen zu regelmäßig gebaut. Bei einem Karstgang würde man eher einen komplizierten Zickzackkurs erwarten. Wahrscheinlicher ist deshalb, dass das Wissen um Karstverbindungen in Verbindung mít bereits vorhandenem, uns aber nicht mehr zugänglichem technischen Knowhow diese großartige Leistung hervorbrachte.

Eroberung Jerusalems durch den Warrenschacht?

Bis vor Kurzem hat man immer wieder vermutet, dass der Warrenschacht der Schacht war, durch den David oder einer seiner Männer bei der »Eroberung« Jerusalems unbemerkt nach oben stieg, um so die Stadt einzunehmen. Diese so anschauliche Erklärung ist nun leider nicht mehr möglich, da man den Warrenschacht erst 300 Jahre später entdeckt hat! Außerdem ist der biblische Text, den man oft auf den Warrenschacht gedeutet hat, äußerst kompliziert. In 2 Sam 5, 6 – 10 (vgl. 1 Chr 11, 4 – 9) ist zwar von einem »sinnor« die Rede (kommt ansonsten nur noch in Ps 42, 8 vor), ein Wort, das man als waagrechten Wasserfluss deuten kann. Doch wenn sich dieses Wort tatsächlich auf das besprochene Tunnelsystem beziehen sollte, dann müsste man eher an den bronzezeitlichen Tunnel denken oder an den waagrechten Zufluss von der Quelle zum Wasserschöpfteich. Wie auch immer: Das Problem der Eroberung Jerusalems durch David ist bei Weitem noch nicht geklärt, wenn auch wahrscheinlich ist, dass die »Eroberung« ohne viel Gewaltanwendung vonstatten ging und die Jebusiter relativ problemlos in das neue Gemeinwesen integriert wurden.

Der südöstliche Abhang der Davidsstadt: Mauern, ein Steinbruch, die »Königsgräber« und eine antike Synagoge

Geht man nach Verlassen des Siloahtunnels ein wenig nach oben, dann sieht man bald die 5 m breite und teils noch 3 m hohe eisenzeitliche Mauer, unter der sich die Mauer der mittleren Bronzezeit befindet. Wir waren auf diese Mauer bereits im Bereich zwischen Warrenschacht und Gihonquelle gestoßen. Darüber, also im damaligen Stadtinnern, gab es Terrassen, kleine, aus Treppen bestehende Wege, ein Abwassersystem und verschiedene Wohneinheiten. Sechs Wohneinheiten sind noch zu erkennen.

Geht man etwas weiter nach Süden, dann stößt man auf eine hellenistisch-frührömische Mauer, die mit der »Frsten Mauer« des Flavius Josephus identisch sein dürfte (3 m hoch und knapp 20 m lang) und auf die wir ebenfalls bereits am oberen Rand der »getreppten Struktur« gestoßen waren. Darunter liegen verschiedene Terrassen, die deutliche Besiedlungsspuren aus dem 8. Jh. aufweisen. Einige Mauern aus der hellenistischen Zeit werden heute meist als Teile eines Terrassierungssystems gedeutet. Am unteren Rand sieht man ein Kolumbarium, wie es in der hellenistisch-frührömischen Zeit üblich war.

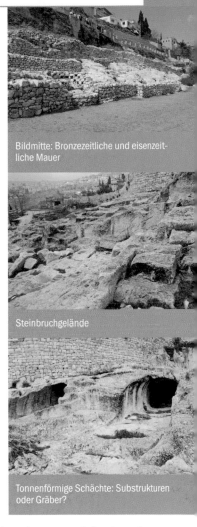

Bildmitte: Bronzezeitliche und eisenzeitliche Mauer

Steinbruchgelände

Tonnenförmige Schächte: Substrukturen oder Gräber?

Wenn wir nun dem Rundweg weiter folgen, dann kommen wir in ein weiteres, ein wenig südlicher gelegenes Ausgrabungsgelände, wo die Reste eines alten Steinbruchs und in den Stein gehauene tonnenförmige Schächte auffallen. Die Steinbrüche stammen aus der persischen Zeit und waren bis in die römisch-byzantinische Zeit hinein in Gebrauch, mit der unschönen Folge, dass frühere Bauten aus der exilisch-vorexilischen Zeit hier nicht mehr auszumachen sind. Schwieriger ist nun allerdings die Interpretation der Schächte. Der Ausgräber dieses Abschnitts, R. Weill (1913/14), hat behauptet, es handle sich hier um die Königsgräber des davidischen Jerusalem. Nun ist in der Bibel zwar klar bezeugt, dass die ersten 13 Könige in der Davidsstadt begraben wurden (1/2 Kön, 2 Chr), doch könnte dies natürlich auch ganz woanders gewesen sein, z. B. in der Nähe des Tempels (vgl. dazu Ez 43,7–9). Doch es gibt darüber hinaus handfeste Gründe, die gegen die von Weill favorisierte Identifikation der Schächte mit den Königsgräbern sprechen: (1) Diese Schächte haben nichts gemein mit der Beschreibung der Königsgräber bei Josephus (JosAnt 7,392 ff.). Auch ähneln sie in keiner Weise anderen aus der Eisenzeit gefundenen Gräbern. (2) Sie können besser erklärt werden als Kellerräume bzw. Substruktionen eines größeren Gebäudes. Dass es hier ein solches gegeben haben muss, zeigt die in einer Zisterne gefundene Theodotos-Inschrift, auf die wir gleich eingehen werden. Wir werden also noch geduldig warten müssen, bis man die Königsgräber findet, falls sie überhaupt noch existieren.

Aber kommen wir zum wichtigsten Fund auf diesem Gelände: der bereits erwähnten Theodotos-Inschrift. Sie stammt aus der Zeit vor der Zerstörung des Jerusalemer Tempels (1. Jh. v./1. Jh. n. Chr.) und ist der einzige eindeutige archäologische Beweis für die Existenz einer Jerusalemer Synagoge in jener Zeit. Sie zeigt außerdem, dass Diasporajuden in Jerusalem äußerst präsent waren, bis dahin, dass sie sich dort niederließen und für ihre Glaubensbrüder aus der Diaspora Synagogen und Hospize erbauten. Die Theodotos-Inschrift lautet:»Theodotos, der Sohn des Vettennos, Priester und Synagogenvorsteher, Enkel eines Synagogenvorstehers, erbaute die Synagoge zur Lesung des Gesetzes und zum Unterricht der Gebote und die Herberge und die Zimmer und die Wasseranlagen, die die Gäste benötigen, die (die Synagoge) seine Väter und die Presbyter und Simonides gegründet haben.« Die in der Nähe gefundenen Ritualbäder und die oben angesprochenen Schachtanlagen standen möglicherweise in einem baulichen Zusammenhang mit dieser Synagogenanlage.

Der Teich Siloah

Am südlichen Ende der Davidsstadt stoßen wir auf die Überreste des Teiches Siloah. Bereits in der mittleren Bronzezeit lag hier ein Becken (Birket al-Hamra), in dem das Wasser des Gihonkanals aufgefangen wurde. Dieses Becken wurde in der Zeit des Königs Hiskija weiter benutzt und ausgebaut (Jes 22,11), wobei es nicht mehr von dem jetzt trockengelegten Gihonkanal, sondern vom neu errichteten Hiskijatunnel gespeist wurde. Dieser endete nord-westlich des

Nördlicher Rand des neutestamentlichen Teiches Siloah

alten Beckens, so dass das Wasser vom Aus-
fluss des Hiskijatunnels mittels eines kleinen
Stücks des alten Siloahtunnels erst dort hi-
neingeleitet werden musste. Parallel dazu gab
es vermutlich aber bereits am Ende des Hiskijatunnels ein kleines Auffangbecken zum Wasserschöpfen. Von dieser Ausgangslage, aber
auch von der weiteren Entwicklung her müssen
wir jedenfalls immer zwischen einem oberen
und einem unteren Becken unterscheiden.

Das *untere Becken* wurde von den Hasmonäern im 2. Jh. v. Chr. durch eine Staumauer er-

Ausgang des Hiskijatunnels

weitert und von Herodes d. Gr. prächtig ausgebaut. Hier befand sich der Teich
Siloah, an dem Jesus nach dem Zeugnis des Johannesevangeliums einen
Blinden geheilt hat (9, 7). In den letzten Jahren wurden die nördlichen, wahrscheinlich aus Herodes' Zeit stammenden Stufen ausgegraben, so dass man
sich ein ungefähres Bild von der damaligen Beckenanlage machen kann. Man
sieht von den Stufen aus gut das teils 5 m hohe Schwemmland, das sich infolge des Aufgebens der Anlage nach dem jüdisch-römischen Krieg hier gebildet
hat. Das Wunder der Blindenheilung wurde deshalb in der byzantinischen Zeit
nur noch am oberen Becken verehrt. Dieses verschlammte wegen des stän-
dig austretenden Wassers nicht so schnell, wurde aber auch bewusst instand

gehalten. Des Weiteren kann man am steilen Abhang des unteren Beckens noch den Siloahtunnel sehen, durch den das Wasser vom oberen Becken hierher geleitet wurde. Auch Reste des bronze- und eisenzeitlichen Staubeckens sind am unteren Rand des Abhangs zu erkennen.

Vom oberen Becken ist heute nicht mehr viel vorhanden: lediglich ein kleiner Streifen mit einigen Säulenbasen am Ausgang des Hiskijatunnels. Hier haben die Römer im 2./3. Jh. ein mit Säulenkolonnaden umgebenes, wahrscheinlich zweistöckiges Badehaus errichtet (21,6 × 22,8 m).

Die Blindenheilung Jesu am Teich Siloah (Joh 9, 1–8)
Dem Wasser des Siloahteichs wurde bereits in frühjüdischer Zeit eine reinigende Wirkung beigemessen. Die Mischna (Sukka 49, 19) berichtet davon, dass es am Laubhüttenfest eine Wasserprozession vom Siloahteich zum Tempel gab, wo man siebenmal um den Altar zog, bevor man das Wasser ausgoss. Dieser Wasserritus hatte am Laubhüttenfest – kurz vor der Regenzeit – zuerst einmal die Bedeutung, dass man Gott um reichen Regen und damit um ein fruchtbares Jahr bat. Er hatte aber auch eine tiefere symbolische Bedeutung. Er spielte auf Jes 12, 3 an, wo für die Heilszeit verheißen wird: »Ihr werdet Wasser schöpfen voll Freude aus den Quellen des Heils.« Es ging also nicht nur um die Befriedigung materieller Bedürfnisse, sondern auch um die Sehnsucht nach einem heilvollen, nach einem sinnvollen und von Gott erfüllten Leben. Deshalb wurde bereits in der jüdischen Tradition das Wasser des Siloah auf den Heiligen Geist bezogen. Wenn Jesus deshalb in Joh 7, 37 sagt: »Wen da dürstet, der komme zu mir und trinke! Wer an mich glaubt, wie die Schrift sagt, von dessen Leib werden Ströme lebendigen Wassers fließen« und diese Verheißung dann im darauf folgenden Vers auf den Heiligen Geist bezogen wird, dann ist damit ausgesagt, dass Jesus der ist, der die tiefste Sehnsucht nach Leben stillen kann.

An der Heilung des Blindgeborenen am Teich Siloah wird exemplarisch aufgezeigt, wie Jesus das Lebenswasser spendet: Er befreit den Blinden nicht nur von äußerer, sondern auch von innerer Blindheit. Er öffnet ihm die Augen für die Liebe Gottes, die niemanden ausschließt, sondern sich jedem in einzigartiger Weise zuwendet. Der Blinde, der von anderen ausgegrenzt wurde, weil man der Überzeugung war, dass Gott ihn aufgrund seiner Sünde mit Blindheit geschlagen hatte, wird durch die bedingungslose Annahme Jesu geheilt. Es ist sicher kein Zufall, dass nach Johannes die einzigen Heilungen Jesu in Jerusalem an zwei Teichen stattfinden: am Teich Siloah und am Teich

Bethesda. In der Mitte der beiden Teiche befindet sich der Tempel als traditioneller Ort der göttlichen Gegenwart. Aufgrund der kultischen Reinheitsbestimmungen war es Menschen mit bestimmten Krankheiten untersagt, diesen zu betreten. Vor diesem Hintergrund ist die Aussage des Johannes klar: Durch Jesus, den neuen »Ort« der Gegenwart Gottes, werden auch Menschen, die von der offiziellen, kultisch konzipierten Religion ausgegrenzt wurden, wieder in die Gemeinschaft Gottes und der Menschen integriert.

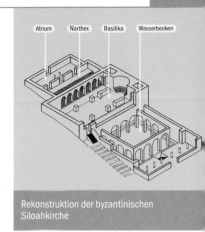

Rekonstruktion der byzantinischen Siloahkirche

Die byzantinische Basilika

Spätestens Mitte des 5. Jh.s wurde am oberen Teich eine byzantinische Basilika gebaut. Der Pilger von Piacenza (6. Jh.) berichtet, dass es neben ihr einen Badebereich gab, wo man sich nach Geschlechtern getrennt in das für heilkräftig gehaltene Wasser begab: »Sie hat zwei von Menschenhand gemachte marmorne Wannen (*solia*) und zwischen den Becken Trennungsschranken. In ihnen badet man, um Segen zu erlangen, im einen die Männer, im andern aber die Frauen. In diesen Wassern werden viele (wunderbare Sachen) gezeigt, sogar die Aussätzigen werden gereinigt.« Aufgrund der literarischen Zeugnisse und der archäologischen Untersuchungen kann man sich ein relativ genaues Bild der ganzen Anlage machen. Es handelt sich um ein auf drei Ebenen verteiltes, in das abfallende Hügelgelände integriertes Bauwerk. Ganz oben lagen Atrium und Narthex, von wo man über eine Treppenanlage in die dreischiffige Basilika (ca. 30 m lang) hinabsteigen konnte. Von dort wiederum konnte man über eine Treppe in die noch weiter unten gelegene Säulenhalle gelangen, die den alten oberen Teich umgab. Ein kleiner Ausschnitt dieses Beckens ist uns ja am Ausgang des Hiskijatunnels noch zugänglich. Die Säulenstümpfe, die man heute noch sehen kann, stammen aus der spätrömischen und byzantinischen Zeit. Vom 9./10. Jh. an existierte die Kirche nicht mehr, auch wenn der Teich noch länger zu sehen war. In der jüdischen, christlichen und später dann auch islamischen Tradition blieb der Ort als Quelle heilenden Siloahwassers in Erinnerung.

Modell vom Jerusalem der Zeit Jesu mit dem herodianischen Tempel (links unten: Unterstadt, links oben: Oberstadt)

Der herodianische Tempel

Einleitung

Das großartigste Bauwerk, das Herodes d. Gr. (Regierungszeit: 36–4 v. Chr.) errichten ließ, war der Jerusalemer Tempel. Er ließ den nachexilischen Tempel abtragen und an dessen Stelle einen neuen erbauen, der den eher bescheidenen Vorgängerbau weit in den Schatten stellte. Selbst der salomonische Tempel, den wir nur aus den Beschreibungen der Bibel kennen, kann mit der herodianischen Anlage nicht mithalten.

Herodes der Große und »sein« Tempel

Herodes hat dieses anspruchsvolle Unternehmen zum einen in Angriff genommen, weil er gegenüber seinen jüdischen Untertanen unter gewaltigem Legitimationsdruck stand. Seine Mutter war Nabatäerin. Väterlicherseits stammte er aus einem idumäischen Geschlecht. Die Idumäer gingen aus den Edomitern hervor und waren von den Hasmonäern gezwungen worden, zum Judentum überzutreten. Herodes war in den Augen vieler also kein »richtiger« Jude, und das änderte sich auch dadurch nicht, dass er eine hasmonäische

Prinzessin heiratete. Noch anstößiger war es aus der Perspektive frommer Juden, dass er ein Vassallenkönig von Roms Gnaden war und sich dem gottlosen römisch-hellenistischen Lebensstil verschrieben hatte. Vor diesem Hintergrund erscheint der von ihm initiierte Neubau des jüdischen Heiligtums als der demonstrative Versuch, die Zweifel an der Ernsthaftigkeit seines Judeseins zu zerstreuen.

Ob man Herodes dies abnahm, ist eine andere Frage. Nicht nur, weil er an anderen Orten gleichzeitig heidnische Tempel baute, sondern auch, weil er selbst den jüdischen Tempel in ein hellenistisch-römisches Architekturkonzept zwängte, das seinem Selbstverständnis als hellenistischem Herrscher entsprach. Vorbild für den Tempel war das *Kaisareion*, ein mit Säulenhallen umgebener heiliger Platz (*temenos*), in dessen Mitte sich ein Tempel befand. Dieses ursprünglich ägyptische Konzept (verwirklicht im alexandrinischen *Kaisareion*) war im Römischen Reich weit verbreitet. Herodes versuchte insgesamt einen heiklen Balanceakt: seine jüdischen Volksgenossen zufriedenzustellen, ohne sein Selbstverständnis als hellenistischer König zu verleugnen.

Es kam allerdings noch ein Motiv ganz eigener Art hinzu: sein schon fast krankhafter Größenwahn. Herodes verstand sich als »neuer Salomo« (JosAnt 15,380 ff.; JosBell 1,331), d. h. er hatte eine Art messianisches Hoheitsbewusstsein. Darauf spielt die Geschichte vom Kindermord in Bethlehem sehr realistisch an. Wenn Matthäus uns erzählt, dass Herodes aus »messianischer Eifersucht« auf den in Bethlehem geborenen Gottessohn alle kleinen Kinder umbringen lässt, dann passt dies – auch wenn es rein »erfunden« sein sollte – hervorragend zu Herodes. Es stimmt mit vielen von Josephus berichteten Charakterzügen überein.

Das Bauvorhaben des Herodes war gewaltig, so gewaltig, dass man ihm nicht erlauben wollte, mit dem Tempelbau zu beginnen, bevor er das ganze Material herbeigeschafft hatte (JosAnt 11, 15). Im Jahr 20/19 v. Chr. begann er dann schließlich mit dem Bau und nach knapp zehn Jahren war der größte Teil vollbracht, auch wenn erst im Jahre 64 n. Chr. (!) die letzten Bauarbeiten abgeschlossen waren. Das Ergebnis war so beeindruckend, dass die Menschen sich geradezu in Superlativen ergingen: »Wer den Tempelbau des Herodes nicht gesehen hat, der hat keinen Prachtbau gesehen.« (Babylonischer Talmud, Traktat Bava batra 4a, s. auch JosBell 6, 267) Es ist eine Ironie der Geschichte, dass dieser Tempel nur sechs Jahre nach seiner Vollendung (70 n. Chr.) von den Römern zerstört wurde.

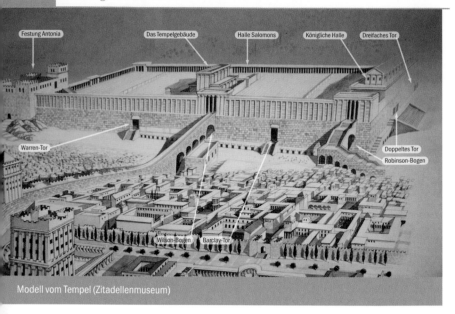

Modell vom Tempel (Zitadellenmuseum)

Bildbeschriftungen: Festung Antonia · Das Tempelgebäude · Halle Salomons · Königliche Halle · Dreifaches Tor · Warren-Tor · Doppeltes Tor · Robinson-Bogen · Wilson-Bogen · Barclay-Tor

Der einstige Tempelplatz

Der Platz, auf dem später die islamischen Heiligtümer (Felsendom und El Aksa) errichtet wurden, ist im Wesentlichen identisch mit dem Tempelplatz des Herodes. Man muss sich nur vorstellen, dass sich ungefähr dort, wo heute der Felsendom steht, vormals der jüdische Tempel befand. Herodes ließ die einstige Tempelfläche auf 144.000 m^2 vergrößern, indem er am Rand des Tempelberges gewaltige Stützmauern errichten ließ, die – mit Erde aufgefüllt – eine riesige trapezförmige Fläche ergaben. Die einstigen Umfassungsmauern – wenn auch natürlich nicht in ihrer ursprünglichen Höhe – sind nicht nur an der heutigen Westmauer (»Klagemauer«) zu sehen, sondern noch an vielen anderen Stellen der Altstadt. Auch als »Hobbyarchäologe« kann man die herodianischen Steinlagen schnell identifizieren, da die Quader außen mit einem kleinen beschlagenen Rahmen (Bossen) versehen sind. Diese mächtigen Quader wurden ohne Zement und Bindemittel aufeinandergereiht und nur aufgrund ihres Gewichts zusammengehalten. Der Druck der Füllmasse war freilich beträchtlich, so dass die Steinreihen von unten nach oben leicht nach innen gerückt wurden (1 cm pro Reihe).

Blick vom Osten auf den Jerusalemer Tempel (Tempelmodell)

Die den Platz umgebenden Hallen

Auch wenn von den prächtigen Bauten auf dem einstigen Tempelplatz heute nichts mehr erhalten ist, so vermitteln doch die Beschreibungen bei Josephus und in der Mischna ein gutes Bild von der einstigen Pracht der Anlage.

Der ganze Tempelplatz war von großen Hallen umgeben. Im Norden, Osten und Westen handelte es sich dabei um zweireihige, ca. 12 m hohe Säulenhallen. Die Decken bestanden aus Zedernholz. Die östliche Halle bezeichnete man als salomonische, vermutlich weil sie auf einem Teil der Mauer des alten Tempels errichtet wurde. Im Süden lag die große königliche Stoa (*stoa basileios*). Durch die Errichtung von drei Säulenreihen entstand eine dreischiffige Halle, die ca. 185 m lang, 15 m breit und 30 m hoch war. Diese Halle war eine Art Marktplatz. Hier konnten Opfertiere gekauft (siehe z. B. Mk 11, 15; Joh 2, 14) und Geld in den tyrischen Schekel umgewechselt werden: die einzige Währung, die auf dem Tempelplatz erlaubt war. Die anderen Hallen, aber auch die königliche Stoa, boten außerdem Platz für die Versammlungen unterschiedlichster Art. Auch eine Synagoge soll sich hier befunden haben.

Blick vom Osten auf das einstige herodianische Tempelareal

Trennung zwischen Juden und Heiden

Zwischen dem eigentlichen Tempelgebiet und den äußeren Hallen befand sich der Vorhof der Heiden. Das Tempelareal selbst war durch eine Trennmauer von diesem Vorhof geschieden. An dieser Mauer waren Schilder angebracht, die unter Androhung der Todesstrafe auf Griechisch und Latein darauf verwiesen, dass es Nichtjuden verboten ist, den inneren Bereich zu betreten. Auf diese Barriere zwischen Juden und Heiden wird im Neuen Testament an mindestens zwei Stellen angespielt. So heißt es im Epheserbrief (2, 14), dass Christus durch seinen Tod den Zaun der kultischen Barrieren, die zwischen Juden und Heiden bestanden hatten, niedergerissen hat: »Denn er ist unser Friede, der aus beiden eines gemacht hat und den Zaun abgebrochen hat, der dazwischen war, nämlich die Feindschaft. ... Denn durch ihn haben wir alle beide in einem Geist den Zugang zum Vater. So seid ihr nun nicht mehr Gäste und Fremdlinge, sondern Mitbürger der Heiligen und Gottes Hausgenossen, ...« (Eph 2, 14.18 f.). Auch in Offb 11,1 f. wird metaphorisch auf den Vorhof Bezug genommen: »Und es wurde mir ein Rohr gegeben, einem Messstab gleich, und mir wurde gesagt: Steh auf und miss den Tempel Gottes und den Altar und die dort anbeten. Aber den äußeren Vorhof des Tempels lass weg und miss ihn nicht, denn er ist den Heiden gegeben; und die heilige Stadt werden sie zertreten zweiundvierzig Monate lang.« Hier wird die räumliche Aufteilung des Tempelareals in eine Zukunftsweissagung umgemünzt: Nur der »äußere Vorhof« darf von den Heiden zertreten werden, das Heiligtum selbst jedoch, also das Volk Gottes, wird Gott in allen zukünftigen Gefährdungen schützen. Das Messen bezeichnet in apokalyptischer Sprache das Markieren eines bestimmten Ortes oder einer bestimmten Menschengruppe, weil Gott in den markierten Grenzen zum Heil oder Unheil handeln will.

Die Gebäude im inneren Bereich
Nach dieser Barriere kam man über einige Treppen zu einer Mauer und konnte nun durch eines der insgesamt neun Tore (vier in der nördlichen und südlichen, eines in der östlichen Mauer) in den inneren Tempelbereich gelangen. Östlich lag der etwas größere Vorhof der Frauen, den man durch ein Tor, vermutlich das »schöne Tor« (Apg 3, 2.10), betrat. Durchschritt man diesen Hof, dann konnte man durch das westliche Tor, das Nikanortor, 15 Stufen hinaufsteigen, um den Männervorhof zu betreten. Auf den Stufen sangen die Leviten ihre 15 Stufenpsalmen (Ps 120–134). Der Männervorhof war nur ein schmaler (ca. 5 m), aber über 70 m langer Streifen, der durch eine Absperrung von dem Innenhof abgetrennt war, auf dem sich der Brandopferaltar befand. Diesen Platz durften nur die Priester betreten (2 Mose 27, 1–8). Der Altar war quadratisch (Seitenlänge: ca. 16 m; Höhe: ca. 8 m) und durch eine Rampe vom Süden her zugänglich. Auf ihm wurden die zahlreichen Opfer dargebracht, die nördlich von ihm geschlachtet und vorbereitet wurden. Es könnte sein, dass der Felsen, der heute noch im Inneren des Felsendoms zu sehen ist, der Ort war, wo einst der Brandopferaltar stand. Das Loch, das dort zu sehen ist und in eine darunterliegende Höhle führt, könnte ursprünglich dem Abfluss des Opferbluts gedient haben. Neben dem Altar befand sich ein bronzenes Wasserbecken (2 Mose 30, 17–21), das der kultischen Reinigung der Priester diente. Am Rande des Hofes befanden sich verschieden Gebäude, u. a. der Versammlungsort des Synedriums.

Das Tempelgebäude
Der eigentliche Tempel lag – noch einmal 12 Stufen höher – westlich des Altars. Es handelte sich um ein riesiges Gebäude, das ca. 55 m lang, 50 m hoch und an der Vorderseite 50 m breit war. Die Außenmauern waren mit weißem Marmor verkleidet. Im Zentrum der üppig geschmückten Fassade konnte man durch ein mit Goldplatten beschlagenes Zedernholztor in die ca. 5 m tiefe Eingangshalle gelangen. Von hier aus gelangte man in das Heiligtum (ca. 35 m

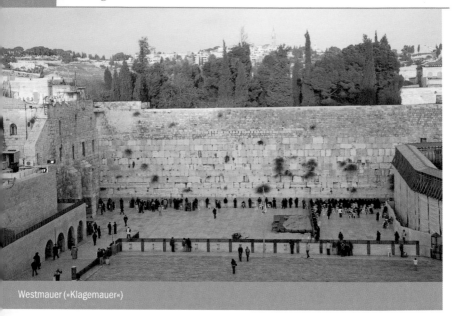

Westmauer (»Klagemauer«)

breit), das wiederum in den Bereich des Heiligen (hebr. *hechal*; ca. 10 × 20 m, ca. 30 m hoch) und des Allerheiligsten (hebr. *debir*; ca. 10 × 10 m, 30 m hoch) unterteilt war. Im Heiligen standen die Menora, der siebenarmige Leuchter (2 Mose 25), der Schaubbrottisch mit 12 Broten (2 Mose 25, 23 – 30) und ein Räucheraltar. Das Allerheiligste, in dem sich im salomonischen Tempel noch der Kerubenthron und die Bundeslade befanden, war in der nachexilischen Zeit leer. Es durfte von niemandem außer dem Hohenpriester betreten werden, und auch dieser durfte nur einmal im Jahr, nämlich am Versöhnungstag (Jom Kippur), hineingehen, um das Opferblut auf die Stelle zu sprengen, wo einst die Bundeslade stand. Dieses Blut sühnte sowohl seine eigenen Sünden als auch die Israels.

Heiliges und Allerheiligstes waren durch zwei aus Bayblonien stammende Vorhänge getrennt, die durch ihre Farbgebung den ganzen Kosmos abbildeten. Wenn die synoptischen Evangelien erzählen (Mk 15, 38; Mt 27, 51; Lk 23, 45), dass dieser Vorhang bei der Kreuzigung Jesu in zwei Teile zerriss, dann liegt die Bedeutung dieser Aussage auf der Hand: Durch den Tod Jesu am Kreuz ist der Zugang zum Allerheiligsten, d. h. der Zugang zu Gott, endgültig frei. Es bedarf keiner kultischen Vermittlung mehr.

Die Westmauer (»Klagemauer«)

Der für das heutige Judentum bedeutendste Abschnitt der ursprünglichen herodianischen Umfassungsmauer ist die Westmauer, oft einfach auch nur »Mauer« (hebr. *HaKotel*«) genannt. Christen bezeichnen diesen Teil oft als Klagemauer, weil Juden hier die Zerstörung ihres Tempels betrauern. In dieser Zerstörung sahen die Christen ein göttliches Gericht, das aufgrund der Ablehnung Jesu über das jüdische Volk kam. Um diese problematische und zutiefst antijüdische Polemik zu vermeiden, sollte man auch als Christ heute besser von der »Westmauer« sprechen.

Betender Jude vor der Westmauer

Die besondere Verehrung dieses ca. 50 m langen Mauerstücks geht auf den Beginn der osmanischen Zeit zurück, als Suleiman der Prächtige (16. Jh.) die Ansiedlung von Juden bewusst förderte und ihnen auch einen heiligen Ort zukommen lassen wollte. Seit dieser Zeit gab es vor der Mauer einen schmalen Korridor. Nach der Eroberung der Altstadt im Sechstagekrieg (1967) hat man das davor befindliche Maghrebiner-Viertel eingeebnet, um den heutigen Vorplatz zu schaffen. Der als »heiliger Bezirk« abgegrenzte Platz vor der Westmauer ist nach orthodoxem Verständnis in eine Männer- und eine Frauenabteilung aufgeteilt. Man kann ohne Probleme direkt zur Mauer hingehen, muss als Mann aber eine Kopfbedeckung tragen. Dort sieht man dann die zahlreichen Zettel, die von frommen Juden in die Mauerritzen gesteckt werden, weil man sich an der Mauer Gott besonders nahe fühlt.

Auch durch jüdische Traditionen wird diese Interpretation gestützt. So heißt es in einem Midrasch (jüdische Bibelauslegung), dass sich nach der Tempelzerstörung die Schechina (= »göttliche Einwohnung«, »Gottes gnädige Gegenwart«) in der Nähe der Westmauer niedergelassen hat und es deshalb dieser spezifische Ort ist, an dem Gott seinem Volk besonders nahe ist (Klagelied Rabba 1, 5 § 31). Daneben gibt es aber auch viele andere Schechinatraditionen, die sich auf die Tempelzerstörung beziehen. Nach den einen nahm Gott diese besondere Form seiner Anwesenheit unter Israel tatsächlich zu sich zurück, da man die Zerstörung des Tempels als göttliches Gericht empfand. Nach anderen ging Gott in Form der Schechina mit seinem Volk in das Exil, litt also mit seinem Volk Israel in empathischer Weise mit.

Steht man vor der Westmauer, dann sieht man nur einen relativ kleinen Teil der ursprünglichen herodianischen Mauer, nämlich genau sieben Steinlagen. Die meist kleineren Steinreihen über den herodianischen Spiegelquadern stammen aus römischer und muslimischer Zeit. Unter dem Boden sind weitere 19 Reihen verborgen, bis man nach ungefähr 21 m auf gewachsenen Fels stößt. Die römische Straße, die etwas weiter südlich ausgegraben wurde und die das Niveau der herodianischen Zeit repräsentiert, befindet sich ca. 9 m unter dem heutigen Niveau.

Links von der Männerabteilung gelangt man in eine Halle, in der der so genannte Wilsonbogen zu sehen ist. Charles Wilson entdeckte ihn in den 60er Jahren des 19. Jh.s. Der heutige Bogen (ca. 13 m Spannweite, 15 m Breite, 23 m Scheitelhöhe) ist zwar eine Nachbildung aus islamischer Zeit, dennoch stand dort in herodianischer Zeit ein von Größe und Aussehen fast identischer Bogen. Er trug ursprünglich mit vielen anderen Bögen eine Brücke, die von der jüdischen Oberstadt auf den Tempelbezirk führte.

Ein weiterer Zugang zum herodianischen Tempel kommt in den Blick, wenn wir in der Frauenabteilung der Westmauer den rechten unteren, an den heutigen Tempelaufgang angrenzenden Mauerabschnitt betrachten. Dort kann man die linke Seite eines herodianischen Türsturzes sehen. Man muss sich vorstellen, dass sich darunter ein heute zugemauertes Tor befand, das nach Ben Dov ca. 5,5 m breit und 11 m hoch war. Man kam so zu einem inneren Aufgang, der zuerst in östlicher und dann in südlicher Richtung auf dem Tempelplatz führte. Nach dem britischen Architekten J. T. Barclay, der den Türsturz Mitte des 19. Jh.s vom Inneren des Tempelbergs her entdeckt hat, nannte man das Tor Barclaytor.

Der Westmauertunnel: Wilsonbrücke, Warrentor, Reste der Baris und ein hasmonäischer Kanal

Ein in den 80er Jahren vom Religionsministerium ausgebauter Stollen, der 1996 von Ehud Olmert für die Öffentlichkeit zugänglich gemacht wurde, ermöglicht es heute, unterirdisch in einem schmalen Schacht an der herodianischen Westmauer entlang bis zur Via Dolorosa zu gelangen. Dieser Abschnitt der Westmauer ist für manche besonders fromme Juden deshalb besonders wichtig, weil es hier einen Punkt gibt, von dem sie vermuten, dass er sich direkt gegenüber dem ehemaligen Allerheiligsten befindet. Man sollte freilich nicht vergessen, dass die Öffnung dieses Tunnels zu blutigen Auseinandersetzungen zwischen Israelis und Palästinensern führte, bei denen viele Palästinenser ums Leben kamen. Muslime befürchteten damals nicht nur, dass ihre darüber gebauten Häuser einstürzen könnten, sie hatten auch Angst, dass Juden sich auf diese Weise langsam den Haram mit seinen muslimischen Heiligtümern einverleiben. Man kann diesen Tunnel nur nach Voranmeldung in geführten Gruppen besuchen (Eingang auf der linken Seite vor der Mauer).

Am Anfang des Westmauertunnels gelangt man in verschiedene Räume und Gänge, die Strukturen von der herodianischen Zeit bis in die muslimische Epoche und die Kreuzfahrerzeit aufweisen. Besonders interessant für den biblisch Interessierten sind zweifelsohne die Bögen, die einst die Wilsonbrücke trugen (s. oben).

Nachdem man den Tunnel selbst erreicht hat, stößt man nach ungefähr 30 m auf gewaltige herodianische Quader, die bis zu 14 m Länge, 3,5 m Breite und 5 m Tiefe messen und bis zu 500 Tonnen schwer sind. Diese massiven Steinquader waren an dieser Stelle nötig, weil sich – wie moderne Radarmessungen zeigen – dahinter große Leerräume befinden (vielleicht Lagerräume oder Versammlungshallen), so dass die Gewölbelast allein von diesen Steinlagen getragen werden musste.

Danach gelangt man bald zu einem weiteren herodianischen Tempelzugang, dem so genannten Warrentor, das mit dem Barclaytor zu den beiden Toren gehörte, durch die man den Tempel von der Straße her begehen konnte. Heute ist nur noch ein Teil des südlichen Türsturzes erhalten. Ein wenig weiter liegt der mit einigen Lichtern verehrte Ort, der sich nach Meinung mancher Juden direkt gegenüber dem Allerheiligsten befindet.

Noch etwas weiter nördlich bemerkt man, dass an der rechten Seite immer mehr Fels sichtbar wird. Hier stand einst die hasmonäische Burg Baris, an deren Stelle Herodes die Antoniafestung errichtete. Dieser gesamte Teil, an dem wir uns jetzt befinden, gehörte vor Herodes noch nicht zum Tempelareal. Herodes ließ bei dem »Umbau« an dieser Stelle den natürlichen Felsen stehen und integrierte ihn in seine Anlage.

In diesem Bereich sieht man auch einen alten, aus der Hasmonäerzeit stammenden Kanal, der das Wasser ursprünglich zur Burg Baris leitete. Ganz am Ende steht man vor dem

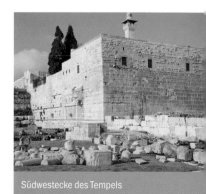

Südwestecke des Tempels

Herodianische Straße an der Westseite des Tempels (links: Fundament des Robinsonbogens)

Geschäfte im Durchgang des Robinson-bogens

Ort des Schofarblasens

südlichen Teil des Struthionbeckens, das durch eine später eingebaute Mauer vom nördlichen, sich in den Ausgrabungen von Ecce Homo befindenden Teil abgetrennt ist. Das Struthionbecken diente der Wasserversorgung des Tempels.

Der archäologische Park an der Südwestecke
Den besten Eindruck vom Tempel des Herodes bekommt man, wenn man den archäologischen Park an der Südwestecke des Tempels besucht (Eingang im inneren Bereich des Misttors auf der westlichen Seite). In der dortigen Ausstellung wird ein etwas kitschiger Film gezeigt, der auf virtuelle Weise aber doch sehr eindrücklich nachempfinden lässt, wie gewaltig und prächtig der herodianische Tempel einst auf die Menschen gewirkt haben muss.

Modell der Südwestecke mit Robinsonbogen

Die herodianische Straße und der Robinson-bogen

Wir beginnen bei der teilweise ausgegrabenen herodianischen Straße, die ursprünglich vom Siloahbecken durch das Tyropeiontal herauf-kam und dann am westlichen Rand des Tempels weiter nach Norden führte. An ihrem nördlichen Ende sieht man, dass viele Steinquader auf sie herabgefallen sind. Bewusst haben die Archäo-logen sie an Ort und Stelle (*in situ*) gelassen, um so den Augenblick der Eroberung und Zerstö-rung des Tempels durch die Römer festzuhalten. Ein weiterer Punkt, der ins Auge fällt, ist ein links der Straße zu sehender Gebäudeteil, dessen vier Räume sich auf die Straße hin öffnen. Es handelt sich um die Basis einer mächtigen Substruktur, die einst die Treppe trug, auf der man über einen Bogen in den Tempel gelangen konnte (Abb.). Der Ansatz zu dem so genannten »Robinson-

Rekonstruierter Innenhof eines musli-mischen Palastes

Herodianischer Treppenaufgang zum Tempel

Reste des westlichen Doppeltors

Die noch erkennbare Struktur des östlichen Dreifachtors

bogen« ist in der Tempelmauer zu sehen. Die vier Räume waren einst Geschäfte.

Ort des Schofarblasens
Gleich am Anfang der Straße steht die Nachbildung eines besonderen Prunkstückes. Es handelt sich um den von außen und innen bearbeiteten, von oben herabgestürzten Eckstein der Tempelzinne. Er enthält eine hebräische Inschrift, die zwar nicht vollständig erhalten ist und dennoch erkennen lässt, um was es sich hier handelt. Nach der einen Interpretation heißt sie: »Zum Ort des Schofarblasens, um [anzukündigen ...]«. Nach der anderen: »Zum Ort des Schofarblasens, um [zu scheiden zwischen Heiligem und Profanem ...«]. Von diesem Ort aus wurde, wie bereits Josephus berichtet, einst das Schofar (Widderhorn) geblasen, um den Beginn und das Ende des Sabbats anzukündigen. Es ist interessant, dass es inzwischen in Jerusalem wieder einen ganz ähnlichen Brauch gibt. Heute ertönt zu Beginn und zum Ende des Sabbats eine Sirene. Das Judentum lebt von dieser klaren Unterscheidung zwischen Sabbat und Alltag. Es weiß darum, dass man den Mut zur Unterbrechung braucht, wenn das wirkliche, das mit Sinn erfüllte Leben nicht ganz von der alltäglichen Routine absorbiert werden soll.

Muslimische Paläste und eine Kreuzfahrerstruktur
Wir gehen nun an der südlichen Tempelmauer entlang ostwärts. In islamischer Zeit standen hier mächtige Paläste, von denen nur noch wenig übriggeblieben ist. Der teils überdachte und mit Zypressen bewachsene Platz wurde dort angelegt, wo sich einst der Innenhof eines dieser Paläste befand. Gehen wir einige Meter weiter, dann stehen wir vor einem mächtigen Bauwerk, das das südlich der Tempelmauer gelegene Ausgrabungsfeld in zwei Teile zerschneidet. Man kann auf Treppen nach oben gehen und hat von dort einen wunderbaren Blick. Ein Teil dieses Bauwerks geht auf die Fatimiden zurück, eine islamische Herrscherdynastie, die hier einen Vorbau zum Huldator errichtete.

Später bauten die Kreuzfahrer den nach wie vor offenen Zugang zu den Huldatoren weiter aus.

Der einstige Treppenaufgang und die südlichen Tore
Wir durchschreiten dieses Bauwerk durch einen kleinen Durchgang und sehen nach einigen Metern die große Treppenanlage auf der einst die Menschen den Tempel betraten. Relativ gut sind die noch ursprünglichen von den rekonstruierten Treppen zu unterscheiden. In der herodianischen Zeit bildeten sie einen wichtigen Zugang zum Tempel. Sie führten vom Ende der Unterstadt bis zur südlichen Mauer, von wo unterirdische Gänge die Menschenmassen nach oben auf den Tempelplatz brachten. Blicken wir nach oben auf die Tempelmauer, dann sehen wir links noch eine Spur der so genannten Huldatore: ein kleiner, aus islamischer Zeit stammender Bogenansatz, der direkt an das Vorwerk aus der Kreuzfahrerzeit anschließt. Man bezeichnete dieses Doppeltor als Huldator, entweder, um an die Prophetin Hulda zu erinnern (2 Kön 22, 14), oder, weil man durch das Wort Hulda (= Maulwurf) auf die unterirdischen Gänge anspielen wollte, die Maulwurfsgängen gleich auf den 14 m höher gelegenen Tempelplatz führten. Weiter östlich gab es einen weiteren, ebenfalls noch erkennbaren Zugang in Form eines Dreifachtores. Die unterirdischen Korridore sind noch heute erhalten, die Tore aber zugemauert, und der theoretisch von oben mögliche Zugang wird von den islamischen Behörden normalerweise untersagt.

Die von der Davidsstadt bzw. Unterstadt langsam zum Heiligtum hinaufführenden Treppen hatten eine immense religiöse Bedeutung. Sie erinnerten an manche biblischen Texte, die solche Prozessionen eindrucksvoll beschreiben. So heißt es im Ps 122: »Ich freute mich über die, die mir sagten: Lasset uns hinaufziehen zum Hause des Herrn. Nun stehen unsere Füße in deinen Toren, Jerusalem.« Das Hinaufziehen zum Heiligen Berg, an das das heutige hebräische Wort für Einwanderung (»Alija« = Hinaufziehen) noch immer erinnert, wird nur verständlich, wenn man den Tempelberg aus der Perspektive der Davidsstadt betrachtet.

Reinigungsbäder und Vierkammertor
Im Bereich der Treppenanlage fand man zahlreiche jüdische Reinigungsbäder aus der herodianischen Zeit. Die meisten der südlich davon ausgegrabenen Bauten sind aus byzantinischer und islamischer Zeit, gehen teilweise aber sogar in die vorexilische Periode zurück. Ein kleines Schmuckstück ist das ganz unten, an der Mauer zur Straße zu sehende Vierkammertor aus dem 7. Jh. v. Chr.

Das goldene Tor

Die Südostecke
Im archäologischen Park, aber noch eindrucksvoller außerhalb desselben an
der Straße, sehen wir die Südostecke des Tempels. Hier befand sich einst einer der beiden an die königliche Säulenhalle angrenzenden Türme, der die
normale Höhe der Tempelmauer um einige Meter überragte. Da es von hier
steil ins Kidrontal hinabgeht, wird man diese Ecke des Tempel trotz der gleich
hohen Südwestecke als die höchste Erhebung des herodianischen Tempels
empfunden haben. Noch heute sind 34 herodianische Steinlagen erhalten
und 21 davon sichtbar. In der christlichen Tradition identifizierte man die
Tempelzinne (gr. *pterygion* = ein vorstehender Gegenstand wie ein Ruder oder
eine Flosse) mit dem Ort, wohin der Teufel Jesus in der Versuchungsgeschich-
te führte: »Da führte ihn der Teufel mit sich in die heilige Stadt und stellte ihn
auf die Zinne des Tempels und sprach zu ihm: Bist du Gottes Sohn, so wirf
dich hinab; denn es steht geschrieben: ›Er wird seinen Engeln deinetwillen
Befehl geben; und sie werden dich auf Händen tragen, damit du deinen Fuß
nicht an einen Stein stößt.‹ Da sprach Jesus zu ihm: Wiederum steht auch
geschrieben: ›Du sollst den Herrn, deinen Gott, nicht versuchen‹.« (Mt 4, 5
u. Lk 4, 9) Auch Jakobus, der Bruder Jesu, soll der Tradition nach bei seinem
Martyrium in den 60er Jahren des 1. Jh.s von hier hinabgestürzt worden sein.

Das Goldene Tor
Das Goldene Tor in der Ostmauer, um das sich in Judentum, Christentum und
Islam viele Legenden ranken, dürfte in byzantinischer Zeit (7. Jh.) errichtet und in
omaijadischer Zeit in der heutigen Pracht ausgebaut worden sein. Bislang konnte

jedenfalls nicht nachgewiesen werden, dass sich hier bereits in neutestamentlicher Zeit ein Tor befand. Mit dem »schönen Tor« von Apg 3, 2.10 dürfte eher ein
Tor im Innenbereich der Tempelanlage gemeint sein. Das Tor, durch das Jesus
nach Jerusalem einzog, wurde erst in der späteren byzantinischen Tradition mit
diesem Tor gleichgesetzt. Vermutlich wurde es im 16. Jh. zugemauert. Warum, ist
zwar nicht ganz klar, aber es könnten dabei auch apokalyptisch-messianische
Erwartungen, denen man einen Riegel vorschieben wollte, eine Rolle gespielt haben. In islamischer (!) und wahrscheinlich auch christlicher Tradition gab es die
Vorstellung, dass Jesus bei seiner Wiederkunft durch dieses Tor einziehen wird,
in jüdischer Tradition erwartete man, dass die heilige Gottesherrlichkeit in An-
lehnung an Ezechiel (43, 1–4) von dort in den messianischen Tempel einzieht.

Jesus und der Tempel
Markus erzählt die Geschichte von der Tempelreinigung: »Und sie kamen nach
Jerusalem. Und Jesus ging in den Tempel und fing an auszutreiben die Verkäu-
fer und Käufer im Tempel; und die Tische der Geldwechsler und die Stände
der Taubenhändler stieß er um und ließ nicht zu, dass jemand etwas durch
den Tempel trage. Und er lehrte und sprach zu ihnen: Steht nicht geschrieben (Jes 56, 7): ›Mein Haus soll ein Bethaus heißen für alle Völker‹? Ihr aber
habt eine Räuberhöhle daraus gemacht. Und es kam vor die Hohenpriester
und Schriftgelehrten, und sie trachteten danach, wie sie ihn umbrächten. Sie
fürchteten sich nämlich vor ihm; denn alles Volk verwunderte sich über seine
Lehre. Und abends gingen sie hinaus vor die Stadt.« (Mk 11, 12–19)

Jesus: radikaler Gegner oder Reformer des Tempelkults?
Was verrät uns diese Geschichte über Jesu Beziehung zum Tempel? War Jesus ein
Reformer, der die Praxis des Tempelkultes zwar kritisierte, den Tempel selbst aber
bejahte? Oder lehnte er den Tempel radikal ab und propagierte eine direkte Got-
tesbeziehung, die einer kultisch-priesterlichen Vermittlung nicht mehr bedurfte?
Eines ist deutlich: Wenn Jesus die Tische von Geldwechslern und Opfer-
tierhändlern umstößt, dann muss man dies nicht zwangsläufig als generelle
Tempelkritik verstehen, es kann auch nur ein Protest gegen die zunehmende
Ökonomisierung und Kommerzialisierung des Tempels gewesen sein. Jesus
würde sich dagegen wehren, dass man Gott vor den Karren der eigenen und
oft eben auch eigennützigen Interessen spannt. Das Haus Gottes soll ein Bethaus sein, keine Räuberhöhle. Wenn man bedenkt, wie wichtig der Tempelkult
für die Ökonomie Jerusalems war, und sich dann noch vor Augen hält, wie die-

se Geschäftemacherei auf dem Tempelplatz selbst präsent war, dann gewinnt dieses Argument zusätzliches Gewicht. Selbst ein Wort wie Mt 5, 23 f. zeigt, dass Jesus nicht das Opfer selbst ablehnt, wenn er auch fordert, dass dem Opfer die Versöhnung vorausgehen muss. Nun gibt es aber ein sehr anders klingendes, vermutlich historisches Jesuswort. Darin sagt Jesus:»Ich will diesen Tempel, der mit Händen gemacht ist, abbrechen und in drei Tagen einen anderen bauen, der nicht mit Händen gemacht ist.«(Mk 14, 58) Zwar ist ein nicht mit Händen gemachter Tempel zwar immer noch ein Tempel, aber dennoch kommt in diesem Wort zum Ausdruck, dass Jesus vom kommenden Gottesreich eine so radikale Veränderung erwartet, dass unsere Begriffe im Grunde genommen nicht mehr taugen, um diese Wirklichkeit zu beschreiben. Vielleicht kann man seine Erwartung deshalb so umschreiben: All das, was Menschen sich vom Tempel erwarten, eine echte Verbindung zwischen der göttlichen und der menschlichen Welt, wird dann gegeben sein. Das wäre in metaphorischer Begrifflichkeit der nicht mit Händen gemachte»Tempel«.

Wenn man beides miteinander in Beziehung setzt, dann kann man sagen: Solange der Tempel steht, akzeptiert Jesus den Tempel und setzt sich leidenschaftlich für eine Praxis ein, die seiner Heiligkeit entspricht. Freilich: Jesu ganze Erwartung ist darauf konzentriert, dass Gott eine neue Wirklichkeit schaffen wird, und dann ist auch all das erfüllt, was Menschen sich schon immer vom Tempel erhofften.

Die Tempelkritik Jesu als Grund für seine Hinrichtung

Jesu Tempelkritik und das in diesem Zusammenhang gesprochene Wort vom neuen Tempel hatten allerdings noch eine andere Dimension. Diese Aktion führte dazu, dass die priesterliche Aristokratie bei seinem letzten Aufenthalt in Jerusalem energisch gegen ihn vorging und ihn den römischen Behörden auslieferte. Diese verurteilten ihn schließlich zum Tod am Kreuz. In historischer Perspektive standen bei der Verurteilung Jesus also nicht die religiösen Argumente im Vordergrund, wie dies die Evangelien nahelegen, sondern die politischen. Das wird verständlich, wenn man in Betracht zieht, dass Jesus das religiös-nationale und wirtschaftliche Zentrum des jüdischen Volkes kritisierte. Außenstehende konnten nicht sicher wissen, ob seine Kritik und seine Reich-Gottes-Botschaft nicht doch auf ein politisches, aufrührerisch-messianisches Aktionsprogramm zielten. Der Tempel war nicht selten ein Ort des religiös-politischen Widerstands und die jüdischen und römischen Autoritäten waren sich zumindest darin einig, dass man gefährliche Situationen im Keim ersticken musste. So ging man »auf Nummer sicher« und richtete Jesus als messianischen Aufrührer (»König der Juden«) hin.

Die Tempelthematik im Neuen Testament
Die Tempelthematik spielt im Neuen Testament – oft im Zusammenhang mit kultischen Fragen – eine wichtige Rolle. Im Johannesevangelium wird Jesus selbst als Tempel verstanden. Nicht mehr ein Gebäude, sondern der Mensch Jesus von Nazareth ist der Ort, an dem Gott seine Gegenwart konzentriert hat: »Und das Wort ward Fleisch und wohnte unter uns, und wir sahen seine Herrlichkeit, eine Herrlichkeit als des eingeborenen Sohnes vom Vater, voller Gnade und Wahrheit.« (Joh 1, 14) Das Wort »Herrlichkeit« (griech. *doxa*; hebr. *kavod* bzw. *schechina*) steht ursprünglich für die göttliche Gegenwart im Tempel (vgl. auch Joh 2, 21), so dass hier klar auf die Tempeltheologie Bezug genommen ist. Paulus spricht davon, dass durch den Heiligen Geist auch der Leib der Christen zum Tempel Gottes geworden ist: »Oder wisst ihr nicht, dass euer Leib ein Tempel des Heiligen Geistes ist, der in euch ist und den ihr von Gott habt, und dass ihr nicht euch selbst gehört?« (1 Kor 6,19). Der Hebräerbrief versteht Jesus als neuen und wahren Hohenpriester (Hebr 4 f.;7–9), durch dessen Tod am Kreuz der Kultus endgültig überwunden wurde (Hebr 10). In der Johannesoffenbarung heißt es ausdrücklich, dass es im neuen Jerusalem keinen Tempel mehr geben wird: »Und ich sah keinen Tempel darin, denn der Herr der allmächtige Gott, ist ihr Tempel, er und das Lamm.« (Offb 21, 22)

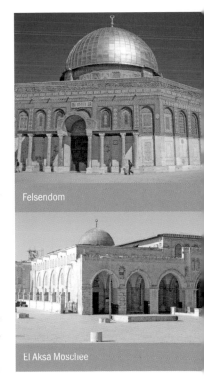

Felsendom

El Aksa Moschee

Die islamischen Heiligtümer:
Felsendom und El Aksa

Auf dem ehemaligen herodianischen Tempelplatz befindet sich heute das drittwichtigste islamische Heiligtum. Muslime nennen es Haram esh-Sharif: »erhabenes Heiligtum«. Es besteht aus dem Felsendom, wo Mohammed in den Himmel entrückt worden sein soll, und der El Aksa-Moschee als eigentlicher Gebetsstätte. Im Grunde genommen gilt freilich der ganze Platz als Gebetsstätte, als Moschee.

Geschichte

Nachdem die muslimischen Heere 636 n. Chr. die Byzantiner am Jarmuk, unterhalb des Sees Genezareth, vernichtend geschlagen hatten, war klar, dass ihr nächstes Ziel Jerusalem sein würde. Sophronius, der damalige byzantinische Patriarch von Jerusalem, bereitete die Stadt deshalb gründlich auf die Belagerung vor und konnte Jerusalem tatsächlich zwei Jahre lang (!) gegen die Muslime halten. Auf diese Weise hatte er eine gute Ausgangsbasis für Verhandlungen, so dass es zu einer friedlichen Übergabe an den Kalifen Omar kommen konnte. Noch heute erzählt man sich die Legende, dass Omar sich bei dem auf die Schlüsselübergabe folgenden Rundgang geweigert haben soll, in der Anastasis zu beten, weil er ahnte, dass seine Nachkommen dann an diesem Ort eine Moschee erbauen würden. So betete er aus Freundlichkeit gegenüber den Christen außerhalb – und dort befindet sich heute natürlich eine Moschee! Wie auch immer es um den Wahrheitsgehalt dieser Legende stehen mag, sicher ist, dass den Christen Jerusalems durch Omar die weitere Ausübung ihrer Religion verbürgt wurde, wenn sie fortan auch die für Nichtmuslime obligatorische Kopfsteuer zahlen mussten.

Der ehemalige Tempelberg hatte für den Islam anfangs vor allem deshalb Bedeutung, weil er mit vielen jüdischen Traditionen verbunden war (Ort des Tempels, Berg Moriah, »Opferung« Isaaks, Grundstein der Welt) und die Muslime im Judentum eine Art Vorgängerreligion sahen, der als solcher auch eine gewisse theologische Dignität zukommt. Nach islamischer Auffassung haben die Juden – wie auch die Christen – von Gott eine Offenbarung bekommen (Tora, Propheten, Jesus), wenn sie diese auch verfälscht haben, so dass Mohammed als Gesandter Gottes diese Irrtümer korrigieren und die endgültige Offenbarung bringen musste.

Moschee vor der Grabeskirche

Die Errichtung von Felsendom und El Aksa
Am Ort des einstigen Tempels errichtete Abd al Malik den Felsendom (688 n. Chr.– 691 n. Chr). Die Mosaiken im Inneren, die von syrischen Christen geschaffen wurden, stammen noch aus dieser Zeit. Die Gestaltung von Kuppel und äußerer Fassade wechselte dagegegen häufig. Der Felsen in der Mitte – in der muslimischen Tradition Ort der Himmelsreise Mohammeds – könnte der Ort sein, wo einst der Opferaltar des Tempels stand. In dem hohen Schrein daneben wird ein Barthaar des Propheten verehrt. Die Höhle unter dem Felsen ist in der muslimischen Tradition der »Brunnen der Seelen«, wo man die Ströme des Paradieses hören kann.

Die El Aksa-Moschee wurde von Walid ibn Abd al Malik, dem Sohn von Abd al Malik, erbaut (709 – 715). Im 8. Jh. hatte die inzwischen mehrfach zerstörte und wiedererrichtete Moschee 15 Schiffe, die heutigen sieben gehen auf das 11. Jh. zurück.

Ein in Stein gegossenes Glaubensbekenntnis gegenüber Juden und Christen
Die Errichtung von Felsendom und El Aksa war ein in Architektur gegossenes islamisches Glaubensbekenntnis. Man wollte deutlich machen, dass der Islam die letzte und höchste Offenbarung ist. Deshalb ist es auch kein Zufall, dass in dieser Zeit die Tradition von der Himmelsreise Mohammeds entstand. Sie basiert auf einer Sure (17, 1), in der es heißt:»Ehre sei ihm, der seinen Diener bei Nacht von der heiligen Moschee zur fernen Moschee getragen hat, zu jenen Bezirken, die wir gesegnet, um ihm unsere Zeichen zu zeigen.« »Die ferne (Moschee)« heißt auf Arabisch »El Aksa« und wurde damals mit Jerusalem identifiziert. So hatte man nun am Ort des einstigen jüdischen Heiligtums eine eigene Tradition und mit dem Felsendom das dazu passende Heiligtum. Die Botschaft ist klar: Der Islam hat das Judentum endgültig überboten.

Noch wichtiger war allerdings, die Überlegenheit über das Christentum zu demonstrieren. Der jüdische Tempel war ja schon lange zerstört, worin man – wie die Christen – ein Zeichen des göttlichen Gerichts sehen konnte. Prächtige byzantinische Kirchen gab es jedoch noch in großer Zahl, und so mancher muslimischer Herrscher wird befürchtet haben, dass diese Pracht Muslime zu dem Irrglauben verführen könnte, dass Gott doch noch irgendwie Gefallen an den Christen habe. So hat man sich bemüht, durch die klare Sprache der Architektur den Sieg des Islams über das Christentum zu demonstrieren. Das geschah so, dass in der Anlage der islamischen Heiligtümer die Struktur der byzantinischen Anastasis aufgenommen wurde, freilich so, dass deren Größe und Pracht um ein

Der Felsendom: markantes Wahrzeichen Jerusalems

Vielfaches übertroffen wird. Die Anastasis bestand ursprünglich aus drei Elementen: der Basilika, der Grabesrotunde und einem dazwischen liegenden Hof. Im Bereich des Haram entspricht der Basilika die El Aksa-Moschee und der Grabesrotunde der Felsendom: dazwischen und in diesem Fall auch darum herum ist der freie Platz. Die Entsprechung zwischen Grabesrotunde und Felsendom wird dadurch unterstrichen, dass der Durchmesser der beiden Kuppeln fast identisch ist. Die Überlegenheit des Felsendomes über die Anastasis wird aber auch dadurch herausgestellt, dass durch die sich im Inneren befindende Gründungsinschrift die Christen dazu ermahnt werden, vom Glauben an die Gottessohnschaft Jesu und an die Trinität abzulassen. Deutlicher kann man es nicht sagen: Der Islam hat endgültig über das Christentum triumphiert.

Es wäre nun allerdings zu einfach, sich christlicherseits über den sich so triumphalistisch gebenden Islam zu mokieren. Denn Christen ließen in ihrem Umgang mit dem Judentum oft einen ähnlichen Triumphalismus walten. Sie betrachteten in der Alten Kirche das alte Israel als von Gott verstoßen und sich selbst als das neue Israel. Allen Religionen ist heute angesichts in Stein gegossener Absolutheitsansprüche die Frage gestellt, ob und wie sie mit dem eigenen und nicht zu verleugnenden Wahrheitsanspruch so umgehen können, dass dadurch eine offene interreligiöse Begegnung nicht unmöglich gemacht wird.

Das jüdische Viertel

Das heutige jüdische Viertel enthält zahlreiche Ausgrabungen, die einen vertieften Einblick in die Geschichte des alttestamentlichen und des frühjüdischen Jerusalem vermitteln können.

Mauern und Tore des vorexilischen Jerusalems

Nachdem die Davidsstadt unter Salomo nach Norden hin erweitert wurde, hat sich über 200 Jahre nichts Wesentliches an der Größe Jerusalems verändert. Erst im 8. Jh. kam es aufgrund der großen Flüchtlingswelle aus dem Norden unter König Hiskija zu einer Erweiterung der Stadt nach Westen. Einen eindeutigen Beleg dafür liefert ein im jüdischen Viertel freigelegtes Mauerstück (einige Meter südlich des Cardo) aus dieser Zeit. Es handelt sich um ein Stück der breiten Mauer, die in Neh 3, 8 erwähnt wird. In 2 Kön 22, 14 ist von einem zweiten Jerusalemer Wohnquartier (hebr. *mischneh*) die Rede, und vermutlich war es dieses westliche Wohnquartier, das Hiskija durch seine Mauer eingeschlossen hat. Heute sieht man von der ursprünglich 8 m hohen Mauer nur noch die 7 m breiten Fundamente. Die Mauer läuft von

Die »breite Mauer« aus dem 8. Jh.

Ost nach West und ist leicht gebogen. Diese Biegung hat entweder mit der besonderen Beschaffenheit des Geländes zu tun oder damit, dass es sich um den Teil einer Toranlage gehandelt hat. Letzteres ist zwar nicht eindeutig nachzuweisen, aber wahrscheinlich, da sich in der Nähe dieser Stelle zu allen Zeiten Toranlagen befanden. Man vermutet, dass die Mauer etwa bis zum heutigen Jaffator ging, dort nach Süden bog und sich am nördlichen Abhang des Hinnomtals wieder nach Osten wandte, wo sie den Siloahpool mit einschloss.

Nördlich der breiten Mauer fand man ein weiteres Mauerstück, das vermutlich aus dem 7. Jh. stammt und zu einem Vierkammertor gehörte. Es könnte sich – darauf deuten auch Brandspuren und babylonische Pfeilspitzen hin – um das so genannte »mittlere Tor« handeln, an dem sich nach Jer 39, 3 die babylonischen Feldherren nach der Eroberung der Stadt versammelten. Direkt vor diesem Mauerstück befindet sich ein aus hasmonäischer Zeit stammender Turm. Dieses Ausgrabungsgelände ist im Augenblick für die Öffentlichkeit leider nicht zugänglich.

Direkt am Kreuzfahrercardo, an der Grenze zwischen jüdischem und arabischem Viertel, aber noch im jüdischen Teil, sind weitere Mauerfragmente zu sehen. In der offenen Ausgrabung sieht man zwei hasmonäische Mauern, bei denen auffällig ist, dass sie nicht miteinander verbunden sind, sondern ein Stück weit parallel laufen. Handelt es sich hier um ein Tor, etwa um das von Josephus erwähnte Gennathtor? Auch ein Stück der eisenzeitlichen Mauer aus dem 7. Jh. wurde hier entdeckt. Reste beider Mauern sieht man auch durch die in den Cardo integrierten Sichtluken.

Die herodianische Oberstadt

Nachdem Israel im Sechstagekrieg die Altstadt erobert hat und im Bereich des jüdischen Viertels viel zerstört worden war, bot sich die einmalige Gelegenheit, archäologische Grabungen durchzuführen. Viele dieser Grabungen wurden der Öffentlichkeit zugänglich gemacht, wobei man sich meist erst einige Meter unter das heutige Straßenniveau begeben muss, da die Gebäude des modernen jüdischen Viertels direkt über den archäologischen Fundstätten errichtet wurden.

In herodianischer Zeit befand sich hier die Oberstadt, das Wohngebiet der aristokratischen Oberschicht. Die zahlreichen, luxuriös ausgestatteten Villen, die man hier gefunden hat, legen davon beredtes Zeugnis ab. Ästhetisch anspruchsvolle Fußbodenmosaike, prächtig ausgestattete Bäder, geräumige Zimmer und Hallen, teils mit Fresken versehen, Weinamphoren, aus verschiedenen Regionen des Mittelmeergebietes importiert, wunderschöne Keramik, all das und vieles mehr zeigt auf beeindruckende Weise, dass hier die Reichen und Privilegierten lebten. Aber nicht nur der hohe Lebensstandard sticht ins Auge. Ebenso auffällig ist, dass die hier lebenden Juden auch ihre religiösen Vorschriften sehr genau einhielten. So sind die Fußbodenmosaike ausschließlich mit geometrischen und ornamentalen Mustern gestaltet. Man war also peinlich darum bemüht, sich an das alttestamentliche Bilderverbot zu halten. Außerdem gibt es kaum ein Haus, wo man keine Ritualbäder gefunden hat. Aber man kann noch Genaueres über die Menschen sagen, die hier lebten:

Im Neuen Testament ist gelegentlich von den Sadduzäern die Rede. Diese Gruppenbezeichnung geht auf den Namen des Priesters Zadok zurück, aus dessen Geschlecht nach alttestamentlicher Vorstellung der jeweils amtierende Hohepriester kommen soll. Konkret waren die Sadduzäer die Priester, die die Jerusalemer Tempelaristokratie stellten. Ihre Ursprünge liegen im 2. Jh. v. Chr., als es in Jerusalem einen erbitterten Streit um die Frage gab, ob man sich als Jude der Hellenisierung öffnen soll oder das jüdische Gesetz eine radikale Abgrenzung von dieser Form von »Heidentum« fordert. Den priesterlichen Gruppen, die eher hellenismusfeindlich eingestellt waren, blieb aufgrund der hellenismusfreundlichen Hasmonäerdynastie nichts anderes übrig, als Jerusalem zu verlassen (Entstehung der Qumranbewegung). Die Priester dagegen, die sich für den hellenismusfreundlichen Weg aussprachen, blieben in Jerusalem, kooperierten dort mit den Mächtigen und übten weiter ihren priesterlichen Dienst aus. Sie waren der Überzeugung, dass eine Integration in die römisch-hellenistische Kultur unter Beibehaltung jüdischer Identität möglich ist. So entstand die Bewegung der Sadduzäer, einerseits anpassungsfähig und dem *modern way of life* durchaus aufgeschlossen, religiös aber sehr konservativ (dazu s. unten). Die Oberstadt, die sich direkt gegenüber dem Tempel befand, war ihr bevorzugtes Wohnquartier. Hier waren sie auch in guter Gesellschaft mit den Reichen und Mächtigen, zumal sich südlich des heutigen Jaffatores der Herodespalast befand.

Luxuriöse Villen (Wohl-Center)
Den besten Eindruck vom Luxus eines Lebens in der herodianischen Oberstadt bekommt man, wenn man das *Wohl Archaeological Museum* besucht, in dem sich das größte heute noch zugängliche archäologische Grabungsareal befindet. Es liegt unter einer jüdischen Talmudhochschule (*Jeschiwat ha-Kotel*), die hier nach dem Sechstagekrieg errichtet wurde (Eingang in der Ha-Qaraim-Straße, östlich des Hurvaplatzes).

Nachdem wir einige Treppen hinabgegangen sind, stehen wir vor dem ersten Haus, dem so genannten Westhaus (17 × 21 m). Auffällig ist, dass man allein in diesem Haus vier Ritualbäder (Mikwen) fand: zwei relativ große (eine an den zentralen Raum anschließend, eine in der südöstlichen Ecke) und zwei kleine. Ein Hinweis darauf, wie wichtig den hier lebenden Menschen die rituelle Reinheit war. Den gediegenen Lebensstil bezeugt das südlich des zentralen Raumes zu sehende quadratische, mit einem Doppelrahmen versehene Mosaik, in dessen Zentrum sich eine Rosette befindet. Gleich daneben sieht man einen Raum mit »Badewanne«, der – in unmittelbarer Nähe zu den Ritualbädern – deutlich macht, dass Körperhygiene und kultische Reinheit zwei durchaus verschiedene Dinge waren.

Gehen wir weiter nach unten, dann sehen wir verschiedene Fotos von der Ausgrabung, für die vor allem der israelische Archäologe Avigad

Rosette im Mosaikfußboden

Partene eines jüdischen Hauses (mit Bad im Hintergrund)

verantwortlich zeichnete. Die beim Auditorium angebrachte bildliche Rekonstruktion des herodianischen Jerusalems ist sehr hilfreich, wenn man sich vor Augen halten will, wo die herodianische Oberstadt einst lag.

Bei den Vitrinen möchte ich nur auf Folgendes hinweisen: Die auf der linken Seite zu sehenden, mit Stempeln versehenen Krughenkel belegen, dass man Wein teilweise von weither importiert hat, sind also wiederum Belege für den hier herrschenden Luxus. Ebenso bezeugt wird dieser durch die Nabatäerkeramik. Die Nabatäer produzierten hauchdünne Keramik, mit Ornamenten versehen (schwarz auf rot). Solche Keramik hat man hier gefunden, aber eben keine Originale, sondern Nachbildungen. Anscheinend war es damals der neuste Schrei der noblen Gesellschaft, solche Imitate herzustellen. Interessant sind auch die gegenüber ausgestellten (weißen) Steingefäße. Es handelt sich hier um ein besonderes Spezifikum damaliger Religiosität: Rituelle Reinheit war so wichtig, dass man bevorzugt Steingefäße verwendete, die unreine Stoffe nicht so schnell absorbieren wie Tongefäße. Beeindruckend ist auch die hier als Graffito verewigte Menora.

Frühjüdische Steingefäße

Sie sieht wie ein Lebensbaum aus und könnte dem im Tempel vorhanden gewesenen Original näherkommen als die bislang für die meisten Rekonstruktionen herangezogene Menora vom Titusbogen in Rom.

Direkt nach den Vitrinen sehen wir einen byzantinischen Kanal, der einige Zimmer des mittleren Doppelhauses, das hier beginnt, durchschneidet. Dieses Haus wurde nördlich und südlich von einer Gasse begrenzt. Es verfügte über Ritualbäder, ein Mosaik und ein schön ausgestattetes Badezimmer mit Wanne. Die hier gezeigten Tische stammen von verschiedenen Fundorten.

Das beeindruckendste Gebäude im *Wohl Museum* ist ohne Zweifel das am weitesten östlich gelegene Haus, das ob seiner Größe (ca. 600 m²) von manchen als palastähnliche Villa (»*palatial mansion*«) bezeichnet wird. Dieses um einen Innenhof herum gruppierte Wohnhaus hatte mindestens zwei Etagen: Im Untergeschoss waren Wirtschafts- und Lagerräume,

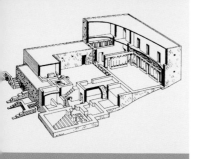

Rekonstruktion der palastähnlichen Villa

Bäder und Zisternen, im Erdgeschoss Repräsentations- und Wohnräume und wahrscheinlich gab es zumindest über dem westlichen Teil auch noch ein Obergeschoss. Einen guten Überblick gibt das im Hof zu sehende Modell. Wir betreten die Villa durch ein dem großen Repräsentationsraum vorgeordnetes Vestibül, das ein stark zerstörtes Mosaik enthält. Die hier und im südlichen Nebenraum zu sehenden Brandschichten – auch vom Dach herabgestürztes verbranntes Holz – sind ein eindrucksvolles Zeugnis des Brandes, der die Stadt bei der Einnahme durch die Römer verwüstet hat. Dennoch blieben im Nebenraum farbige Fresken erhalten, die in ihrer Pracht an die Wandmalereien von Pompei erinnern. Die Wände der großen Empfangshalle (6,5 × 11 m) waren mit weißem, quaderförmig strukturiertem Stuck versehen. Westlich davon schließen sich drei kleine Seitenräume an. Unter dem Innenhof befand sich eine große Zisterne. Nordöstlich des Hofes sehen wir in das Souterrain mit seinen Wirtschafts- und Vorratsräumen. Es ist verständlich, wenn manche Forscher darüber spekulieren, ob dieses prächtige Gebäude der Palast eines Hohenpriesters gewesen sein könnte.

Das »verbrannte Haus«
Nicht weit vom *Wohl Museum* (Tiferet Israel-Straße) entfernt stößt man auf das »verbrannte Haus« (*Burnt house*). Es handelt sich um ein weiteres aus der herodianischen Zeit stammendes, ursprünglich mehrstöckiges Haus, von dem nur das untere Geschoss übriggeblieben ist. Dieses hat eine Fläche von ca. 55 m^2 und umfasst neben vier Räumen noch eine Küche, einen Innenhof und ein Ritualbad. Der heute als Küche gezeigte Raum war ursprünglich allerdings nur ein normales Zimmer. Die richtige Küche befand sich in einem Raum unter dem heutigen Podium. Insgesamt zeigen die zahlreichen Öfen (fast in allen Räumen), Kochutensilien und Gewichtssteine, dass es sich um einen großen und religiös observanten (Steingefäße) Haushalt gehandelt haben muss, vielleicht sogar um einen kleinen »hauswirtschaftlichen Betrieb«.

Beeindruckend sind die überall zu sehenden Brand- und Zerstörungsschichten, die von der Zerstörung der Stadt durch die Römer im 1. jüdischen Krieg herrühren. In dem direkt vor den Sitzplätzen (rechts) liegenden großen Raum hat man die Zerstörungsschichten bewusst *in situ* gelassen. Der in der Küche angelehnte Speer deutet darauf hin, dass die Bewohner in Alarmbereitschaft waren. Am schrecklichsten ist der an einer Küchenmauer gefundene Arm einer jungen Frau. Das Feuer muss so plötzlich über seine Bewohner gekommen sein, dass nicht mehr an Flucht zu denken war.

Auf einem der gefundenen Steingewichte stand der Name »Bar Kathros«, ein
Hinweis auf eine wichtige hohepriesterliche Familie, das auch im Talmud erwähnte »Haus Kathros«.

Jesus in seinem Verhältnis zu Sadduzäern und Pharisäern

Die starke sadduzäische Präsenz in der Oberstadt lädt dazu ein, ein wenig darüber nachzusinnen, worin die Unterschiede zwischen der sadduzäischen und der
pharisäischen Bewegung bestanden und wie Jesus im Rahmen dieser beiden
frühjüdischen Gruppierungen einzuordnen ist. Wir haben bereits gesehen, dass
die Sadduzäer für die römisch-hellenistische Lebensweise sehr offen waren.
Demgegenüber stand eine stark konservative Haltung im religiösen Bereich, die
sich vor allem darin zeigte, dass man allein die Tora als Autorität anerkannte,
jede darüber hinausgehende, aktualisierende Auslegung aber strikt ablehnte.
Deshalb glaubte man in der sadduzäischen Bewegung auch nicht an die Auferstehung der Toten, da von einer solchen in der gesamten Tora nicht die Rede
ist. Hier waren die Pharisäer, die ebenfalls im Laufe des 2. Jh.s entstanden sind,
wesentlich »liberaler«. Sie waren der Überzeugung, dass das Wort Gottes immer
wieder neu auf die sich ändernden Zeiten und Umstände hin interpretiert werden
muss. Die Tora ist lebendig. Bezogen auf die Auferstehung dachten die Pharisäer zum Beispiel folgendermaßen: Wenn Gott, wie es die Tora lehrt, ein Gott der
Gerechtigkeit ist, diese Gerechtigkeit sich aber in diesem Leben oft nicht zeigt,
da die Gottlosen ein üppiges Leben führen und die Frommen schlimm verfolgt
werden, dann muss es so etwas wie eine jenseitige Vergeltung geben, sprich:
Auferstehung und Gericht. Fazit: Die Auferstehung steht zwar nicht direkt in der
Tora, entspricht aber ihrer Intention. So entstand bei den Pharisäern eine Fülle
von Auslegungen, die anfangs nur mündlich weitergegeben wurden (»mündliche Tora«) und dann später (um 200 n. Chr.) die Basis der Mischna (»Lehre«)
bildeten, die wiederum die Grundlage des Talmud ist. Die Pharisäer waren eine
religiöse Erneuerungsbewegung und wollten Gott nicht zu einer Winkelangele-
genheit des Lebens verkommen lassen. Deshalb fragten sie immer wieder neu,
wie man Gott heute am besten dienen kann. Die Sadduzäer dagegen hatten
einen Hang zu einem gewissen Dogmatismus bzw. Fundamentalismus. Bestimmte Regeln wurden genau und für alle Zeiten festgelegt, so dass an diesen
Punkten keine Diskussion mehr möglich war. Vielleicht erkaufte man sich die
Liberalität im Lebensstil damit, dass man meinte, in anderen Bereichen dafür
umso strenger sein zu müssen. Dass die Sadduzäer sehr machtorientiert waren
und den Reichtum nicht verschmähten, ist offensichtlich.

Jesus war weder Pharisäer noch Sadduzäer. Und dennoch zeigen die Evangelien, dass er den Pharisäern näherstand als den Sadduzäern. Mit den Pharisäern glaubte er an die Auferstehung der Toten (Mk 12, 18–27). Wie für sie, so war auch für ihn wichtig, dass Gott innerstes Zentrum des alltäglichen Lebens ist. Wenn Jesus zuweilen Pharisäer scharf kritisiert, dann geschieht dies eher auf der Basis einer gemeinsamen Grundüberzeugung als auf der Basis einer fundamentalen Diskrepanz. Wenn er ihnen z. B. Heuchelei vorwirft, dann kritisiert er sie an den Maßstäben, die sie sich selbst gesetzt haben. Es ist wie so oft im Leben: Der heftigste Streit entsteht zwischen denen, die einander am nächsten stehen. Bei manchen sehr negativen Pharisäerdarstellungen im Neuen Testament darf man nun allerdings auch nicht vergessen, dass diese oft aus der relativ späten Zeit der Evangelienentstehung stammen (um bzw. nach 70 n. Chr.). In dieser Zeit kamen die Pharisäer zunehmend als Repräsentanten eines Judentums in den Blick, das den christlichen Gemeinden das Leben schwer machte. Sie wurden immer mehr zu einem negativ besetzten Begriff für »die Juden«. Dass die Sadduzäer die Hauptgegner Jesu waren, zeigt sich neben den lehrmäßigen Unterschieden darin, dass vor allem sie es waren, die Jesu Verhaftung und Kreuzigung betrieben.

Der Cardo maximus
Im nördlichen Teil der jüdischen Altstadt, dort, wo heute die Jewish Quarter Road verläuft, wurden große Teil des byzantinischen Cardo freigelegt, der eine südliche Verlängerung des älteren römischen Cardo darstellt. Doch führen wir uns zuerst vor Augen, wie das römische Straßensystem beschaffen war, das die Römer im 2. Jh. n. Chr. in Jerusalem errichteten.

Das römische Straßensystem im 2. Jh.
Nachdem der Bar Kochba-Aufstand (132–135 n. Chr.) von den Römern niedergeschlagen worden war, gründeten die Römer Jerusalem neu und nannten es fortan *Aelia Capitolina*. Den Juden wurde verboten, Jerusalem zu betreten. Die jüdische Stadt wurde in eine römische Metropole verwandelt. Man errichtete ein römisches Straßensystem, das aus einer prächtigen Hauptstraße, dem *Cardo* (Nord-Süd-Richtung), und einer rechtwinklig

Südlicher Teil des byzantinischen Cardo

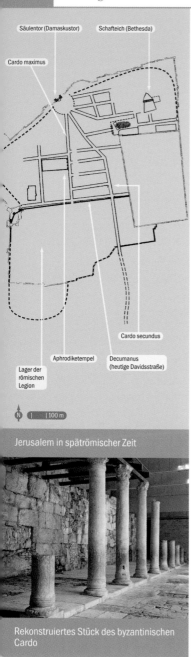

Säulentor (Damaskustor)   Schafteich (Bethesda)

Cardo maximus

Cardo secundus

Aphroditetempel   Decumanus
                   (heutige Davidsstraße)

Lager der
römischen
Legion

N | 100 m

Jerusalem in spätrömischer Zeit

Rekonstruiertes Stück des byzantinischen
Cardo

dazu angelegten Querstraße, dem so genann-ten *Decumanus*, bestand. Das nördliche Ende des Cardo lag am heutigen Damaskustor, wo in den Ausgrabungen noch Spuren des inneren Torbereiches und des einstigen Tores zu sehen sind (zugänglich ist das östliche Seitentor). Vor dem Tor stand eine besonders markante Säu-le, auf der sich in römischer Zeit vermutlich ein Standbild des Kaisers Hadrian befand. In by-zantinischer Zeit war dort nur noch eine Säule (s. Madabakarte) zu sehen, und bis heute nennt man das Tor im Arabischen »Säulentor« (Bab al-Amud). Von diesem Tor aus führte der Cardo nach Süden, bis dorthin, wo heute die Kettenstraße in die zum Jaffator hinaufführen-de Davidsstraße mündet. Wenn man vom Da-maskustor aus in südlicher Richtung geht (bei der ersten Gabelung rechts halten), dann geht man dort, wo im 2. Jh. der Cardo war. Er stimmt mit dem Straßenverlauf des heutigen Suq ex-akt überein. Augenfällig wird dies durch antike Pflastersteine, die man an manchen Stellen nach oben gebracht und in die heutige Straße eingebaut hat. An dem Punkt, wo man auf die Davidsstraße stößt, befand sich einst der nach Westen (Jaffa Tor) und nach Osten (bis zum Tempelplatz) führende Decumanus. Ein zweiter Cardo (*Cardo secundus*, teils parallel zum er-sten) ging vom Damaskustor in südlicher Rich-tung in Richtung Tempelplatz, wo er ebenfalls auf den Decumanus stieß, dann aber noch ein wenig weiter nach Süden führte.

Das byzantinische Straßensystem
Wenden wir uns nun dem byzantinischen Cardo zu. Zuerst gilt es festzuhalten, dass die Byzan-tiner das Straßensystem der Römer in seiner

Struktur übernahmen – auch wenn der Cardo natürlich immer wieder erneuert wurde. Die einzige Besonderheit bestand darin, dass sie den Cardo – allerdings erst im 6. Jh. – nach Süden hin verlängerten. In diesem Stadtteil befand sich die mächtige Neakirche (s. Madabakarte), eine im 6. Jh. von Justinian erbaute Marienkirche (die »neue Marienkirche« – vermutlich, weil es im Kidrontal schon ältere gab). Man wollte eine direkte Verbindung von der Anastasis zur Nea schaffen, und das könnte auch dogmatische Gründe haben, da im 5. Jh. die Gottesmutterschaft Mariens dogmatisch festgelegt wurde und man in byzantinischer Zeit Theologie gerne in monumentale Architektur umsetzte.

Wenn man von der Davidsstraße in den zwischen der Habadstreet und der Jewish Quarter Road gelegenen Suq nach Süden einbiegt,

Jerusalem in byzantinischer Zeit

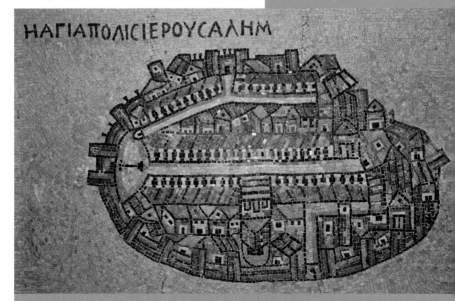

ΗΑΓΙΑΠΟΛΙϹΙΕΡΟΥϹΑΛΗΜ

Nachbildung eines Teils der Madabakarte

Rekonstruktion des byzantinischen Jerusalem: Mitte rechts Anastasis, links Nea, hinten rechts Apostelkirche (St. Peter in Gallicantu)

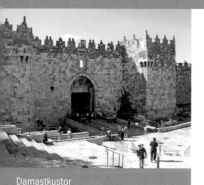

Damastkustor

kommt man erst durch ein Kreuzfahrergewölbe mit zahlreichen Geschäften, die schließlich in ein großes rekonstruiertes Stück des einstigen Cardo führten. Die eigentliche Fahrstraße ist ca. 12 m breit. Westlich davon kann man noch die mit einem Holzgebälk überdachte Säulenkolonnade (*Portikus*) sehen. Die Säulen sind 5 m hoch und tragen korinthisch-byzantinische Kapitelle. Man gelangt nun in einen kleinen Zwischenraum mit einer Abbildung aus der in Madaba entdeckten Karte. Dieses ungefähr aus dem Jahr 600 stammende Fußbodenmosaik zeigt das ganze Heilige Land, einschließlich der hier nachgebildeten Jerusalemkarte. Man kann darauf den byzantinischen Cardo entdecken, der sich durch die ganze Stadt zieht. Links sieht man das Säulentor. Ungefähr in der Mitte – unterhalb des Cardo – die im 4. Jh. erbaute Anastasis, die sich direkt auf den Cardo hin öffnet. Im rechten oberen Teil ist die mächtige Neakirche abgebildet, im rechten unteren Teil die auf dem Zion liegende Apostelkirche. Durch einen kleinen Tunnel gelangt man auf ein weiteres rekonstruiertes Stück des Cardo. Hier sieht man die Geschäfte auf der rechten Seite und kann sich vorstellen, wie – symmetrisch aufgeklappt – der nicht ausgegrabene östliche Teil des Cardo einst ausgesehen haben muss.

Das muslimische Viertel

Der Teich Bethesda

Der Teich Bethesda, an dem Jesus den Gelähmten geheilt hat, befindet sich in der Nähe
des Stephanstors (auch Löwentor genannt) auf
dem Gelände der Weißen Väter (katholischer
Missionsorden).

Die Geschichte der Anlage
Bereits im 8. Jh. v. Chr. befand sich hier ein
Staubecken. Es entstand dadurch, dass man in
einem kleinen, sich nach Norden erstreckenden
Tal einen ungefähr 40 m langen Staudamm
errichtete. In dessen Mitte befand sich ein
Schacht mit Öffnungen auf unterschiedlichen
Höhenniveaus, so dass man den Wasserstand
regulieren konnte. Über einen offenen Kanal,
der auf einer Länge von 50 m nachgewiesen
wurde, floß das Wasser in die Davidsstadt. Das
obere Becken in Jes 7, 3, an dem der Prophet
Jesaja dem König Ahas entgegentreten soll,
könnte dieses Becken gewesen sein (vgl. auch
2 Kön 18, 17). Wenn wir heute vor der Ausgrabung stehen, können wir uns mit Hilfe des dort
gezeigten Planes vorstellen, wo dieses Becken
lag: Es lag nördlich des sich in Ost-West-Richtung erstreckenden Dammes, auf dem wir heute die kleine Kreuzfahrerkapelle sehen.

Dieses Becken wurde um 200 v. Chr. um
ein südliches Becken erweitert (hebrSir 50, 3),
das allerdings nicht vom Nordbecken gespeist
wurde, sondern über einen eigenen Wasserzu-
fluss verfügte. Der Kanal des oberen Beckens
wurde tiefergelegt, so dass das Wasser nun
unter dem Becken nach Süden fließen konnte.
Das neue Becken war trapezförmig angelegt,

Rekonstruktion des oberen Wasserbeckens
(8. Jh.)

Nordwestlicher Teil des südlichen Beckens

wurde teils in den Stein gehauen, teils durch verputzte Mauern eingefasst. Die Südostecke dieses Beckens kann man heute noch sehen, wenn man gleich nach dem Eingang zum Gelände der Ausgrabung links einen kleinen Schacht hinabsteigt. Wenn wir direkt vor der Ausgrabung stehen und von oben hinabblicken, dann sehen wir südlich des Dammes den oberen Teil des ausgehobenen Beckens. Die Tiefe des heutigen Aushubs entspricht ungefähr der ursprünglichen Tiefe des Beckens. Das dort gesammelte Wasser hat der Versorgung des Tempels gedient, bis Herodes d. Gr. einen neuen Teich (»Teich der Söhne Israels«) errichten ließ.

Von der Mitte des 2. Jh.s v. Chr. an bis ins späte 1. Jh. hinein gab es östlich der beiden Teiche kleine Grotten und Zisternen, die zum Baden und Eintauchen bestimmt waren. Mikwen waren es vermutlich nicht. Es könnte also schon damals ein Ort gewesen sein, an dem man – aus welchen Gründen auch immer – Heilung suchte.

Nachbildung der Bethesdateiche im Jerusalemmodell

Medizinisch-kultische Anlage östlich der Becken

Die Krankenheilung am Teich Bethesda
Im Neuen Testament ist der »Teich Bethesda« von Bedeutung, weil Jesus dort, wo viele Kranke lagen, einen 38 Jahre lang gelähmten Mann geheilt hat (Joh 5, 1–18). Die Frage ist nun allerdings, ob man das doppelte Speicherbecken, das man in außerneutestamentlichen Quellen »Schafteich« genannt hat, wirklich mit dem Ort Bethesda gleichsetzen darf. Joh 5, 2 ist jedenfalls vermutlich (gegen Luther) so zu übersetzen, dass sich *bei* dem als Schafteich bezeichneten Wasserspeicher Bethesda mit seinen fünf Säulengängen befand. Das passt auch gut zum archäologischen Befund, da man archäologisch bislang keine Überreste von Säulengängen beim Wasserspeicher gefunden hat. Alle Rekonstruktionen, die um die beiden Teiche herum vier solcher Gänge zeigen und einen zusätzlichen über dem Damm, sind reines Phantasieprodukt. Der Ort der Heilung Jesu wäre damit nicht das doppelte Becken gewesen, sondern die Grottenanlage östlich

des Doppelteiches. Hier ist nun auch tatsächlich denkbar, dass Kranke im Wasser Heilung suchten. Oder will man sich wirklich vorstellen, dass sich Kranke in die riesigen Becken nebenan stürzten, um dann, falls sie zufällig nicht geheilt wurden, erbärmlich zu ertrinken? Auch Säulenhallen im Sinne von Unterkünften und Aufenthaltsorten für Kranke wären hier möglich. Es müssen ja nicht gleich fünf gewesen sein, da die Zahl auch allegorischen Ursprung haben kann.

Bethesda wird oft als »Haus der Gnade« gedeutet, könnte aber auch »Angenehmer Ort« oder »Ort des Herausströmens« (Reland) heißen. Die übliche Bezeichnung für die Doppelbecken war, wie bereits erwähnt, »Schafteich«. Übrigens nicht, weil dort zum Opfer bestimmte Schafe gewaschen wurden (so allerdings Eusebius) – was man den Schafen angesichts der Tiefe des Beckens auch nicht wirklich wünschen kann –, sondern noch am ehesten deshalb, weil sich der Teich in der Nähe des dort stattfindenden Schafmarktes befand.

Aber nun zum eigentlichen Inhalt der Geschichte. Nach einer einleitenden Bemerkung und der Ortsangabe erzählt Johannes: »Als Jesus den liegen sah und vernahm, dass er schon so lange gelegen hatte, spricht er zu ihm: Willst du gesund werden? Der Kranke antwortete ihm: Herr, ich habe keinen Menschen, der mich in den Teich bringt, wenn das Wasser sich bewegt; wenn ich aber hinkomme, so steigt ein anderer vor mir hinein. Jesus spricht zu ihm: Steh auf, nimm dein Bett und geh hin! Und sogleich wurde der Mensch gesund und nahm sein Bett und ging hin. Es war aber an dem Tag Sabbat.« Der in manchen Übersetzungen sich findende Satz von dem Engel, der das Wasser bewegt, steht nicht in den alten Handschriften, ist also eine nachträglich erklärende Glosse. Im Anschluss gibt es eine heftige Diskussion zwischen »den Juden«, dem Geheilten und Jesus. Es geht um die Frage, ob man am Sabbat heilen dürfe (Verse 10–18), woraufhin Jesus in einer langen Rede seine Vollmacht begründet (Verse 19–47).

Eine Heilungsgeschichte, die vor allem aufgrund der durch Jesus gestellten Frage zu denken gibt: »Willst du geheilt werden?« Eigentlich ja selbstverständlich, so sollte man meinen, dass ein Kranker gesund werden will. Und doch ist genau dies oft das Problem: dass Menschen eben nicht mehr gesund werden wollen! Sie haben die Hoffnung aufgegeben und manchmal auch sich selbst. Indem Jesus diese Frage stellt, hilft er dem Kranken zu begreifen, dass seine subjektiv empfundene Ausweglosigkeit auch mit seiner eigenen Einstellung zu tun hat. Und indem er ihm befiehlt aufzustehen, mobilisiert er genau die Kräfte, die auch für eine von Gott gewirkte Heilung vonnöten sind. Dass Jesus am Sabbat heilt, ruft zwar in den folgenden Versen kräftige Kontroversen hervor, war von Jesus aber gewiss nicht als Aushöhlung des Sabbats gemeint. Ganz im Gegenteil: Der Sabbat galt bereits im damaligen Judentum als Symbol für die messianische Zeit, wurde als ein Stück Himmel auf Erden empfunden und gefeiert. Wenn Jesus bewusst immer wieder am Sabbat heilt, dann deshalb, weil er den Anspruch hat, dass durch ihn der messianische Sabbat kommt und tatsächlich – wie solche Heilungen zeigen – schon im Kommen ist. So schenkt der Messias Jesus gerade denen Hoffnung, die aufgrund ihrer Krankheiten aus dem Tempel und damit auch aus der Gemeinschaft Gottes ausgeschlossen waren. Ich habe bereits bei der Heilung am Teich Siloah darauf hingewiesen, dass diese beiden von Johannes in Jerusalem lokalisierten Heilungen nicht zufällig um das Tempelareal herum situiert sind.

Weitere Geschichte des Ortes
Nachdem die Badeanlage nach dem ersten jüdisch-römischen Krieg nicht mehr in Gebrauch war, finden wir im 3. und 4. Jh. verschiedene archäologische Hinweise darauf, dass es hier ein Asklepios/Serapis-Heiligtum gab: z. B. eine Serapis-Votivstele, die eine Schlange darstellt oder einen schlangenförmigen menschlichen Körper. Asklepios war der griechische Heilgott und hatte wie sein orientalisches Pendant Serapis meist eine Schlange bei sich.

Der Krankenheilung Jesu wurde weiter an diesem Ort gedacht, bis dann im 5. Jh. eine dreischiffige byzantinische Basilika (45 m lang, 19 m breit) errichtet wurde. Diese Basilika stand zur Hälfte auf dem zentralen Damm, so dass die darüber hinaus in das obere und untere Becken ragenden Teile mit mächtigen Stützpfeilern abgesichert werden mussten. Diese Pfeiler kann man im südlichen Becken noch gut erkennen, auch einige Säulenstümpfe und der Grundriss von Apsis und Seitenapsiden sind im östlichen Bereich der Badebecken auszumachen. Die Kirche wurde beim Persereinfall 614 n. Chr. zerstört und anschließend noch einmal aufgebaut.

Im 6. Jh. wurde der Ort immer stärker mit Marientraditionen assoziiert. Hier wurde das Haus von Anna und Joachim, den Eltern Marias, lokalisiert, da nach dem Protoevangelium

Die byzantinische Basilika auf dem mittleren Damm (Modell in St. Peter in Gallicantu)

des Jakobus die beiden in der Nähe des Tempels wohnten, Joachim Schafhirte gewesen sein soll und man so vermutlich auf eine Lokalität in der Nähe des Schafmarktes schloss.

Nachdem die Kirche im 11. Jh. durch den Christenhasser Al-Hakim zerstört wurde, bauten die Kreuzfahrer zwei neue Kirchen: eine kleine Kapelle über dem Damm als Erinnerung an das Wunder Jesu, wovon noch einige Reste erhalten sind, und die wunderschöne romanische St.-Anna Kirche (24 m lang) mit ihrer phantastischen Akustik. Hier haben die Kreuzfahrer in der Krypta den Geburtsort Marias verehrt. Als Saladin 1187 Jerusalem von den Kreuzfahrern zurückeroberte, machte er aus der Kirche eine theologische Hochschule (siehe die arabische Inschrift über dem Haupteingang) und sorgte damit dafür, dass die Kirche bis heute erhalten geblieben ist.

Die Via Dolorosa und die Frage nach dem Prätorium

Die Via Dolorosa führt in 14 Stationen den Kreuzweg entlang. Sie beginnt im Hof der El Umariyah-Schule, dort wo einst die Burg Antonia stand und Jesus nach einer Meinung von Pilatus zum Tod verurteilt wurde. Sie läuft dann durch das muslimische und christliche Viertel und endet in der Grabeskirche, dem Ort der Kreuzigung und Auferstehung Jesu. In der Grabeskirche selbst befinden sich die letzten vier Stationen. Der Verlauf der heutigen Via Dolorosa stammt aus dem 18./19. Jh., wobei er in seinem Kernbestand auf einen franziskanischen Prozessionsweg des 14. Jh.s zurückgeht. Es gab Vorläufer in der byzantinischen Zeit und im frühen Mittelalter – teils mit ganz anderem

Kreuzfahrerkapelle

Romanische St. Anna-Kirche

Straßenschild an der Via Dolorosa

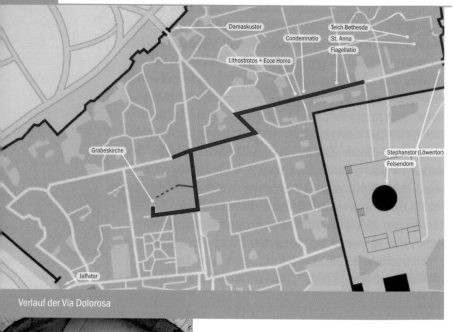

Verlauf der Via Dolorosa

III. Station: Jesus fällt zum ersten Mal unter dem Kreuz

Verlauf (abgesehen vom Ziel: der Anastasis) –, aber allen Kreuzwegen ist eines gemeinsam: Es geht ihnen nicht primär um die historische Frage, ob dieser Weg nun tatsächlich mit dem letzten Weg Jesu in Jerusalem identisch ist. Es geht um erinnernde Vergegenwärtigung, es geht um ein meditatives Sich-Hineinnehmen-Lassen in die Passion Jesu.

Wenn man dennoch herausfinden will, wo die historische Via Dolorosa verlaufen ist, dann ist diese Frage im Wesentlichen identisch mit der Frage, wo der Ausgangs-punkt, also wo das Prätorium lag. Für die Grabeskirche als Ort von Kreuzi-gung und Auferstehung Jesu lassen sich dagegen kaum sinnvolle Alternativen finden. Das Prätorium war der Amtssitz des Statthalters und damit auch der Ort, an dem Jesus verurteilt wurde. Die Evangelien wissen, dass der Prozess Jesu auf einem »Hochpflaster« und im Freien stattfand (Mt 27, 19; Lk 23, 4; Joh 18, 28), sagen aber nicht, wo das Prätorium exakt war. Generell gilt, dass der Statthalter seinen Sitz in einem einheimischen Palast aufschlug. Dafür gibt es in Jerusalem theoretisch drei Möglichkeiten: die Antoniaburg, den Palast von Herodes d. Gr. südlich des heutigen Jaffatores oder den einstigen Hasmonäerpalast, der sich irgendwo in der jüdischen Oberstadt befunden haben muss. Der heutige Ausgangspunkt der Via Dolorosa geht von der Antonia-Festung aus. Dies ist jedoch die unwahrscheinlichste Option, da die Antonia weder von Herodes d. Gr. noch einem seiner Nachfolger als Residenz genutzt wurde und die gesamte Antoniatradition erst im 12. Jh. aufkam. Möglich ist dagegen der Herodespalast am Jaffator, für den immer noch die meisten Wissenschaftler plädieren. Dann wäre der historische Kreuzweg in entgegengesetzter Richtung zur heutigen Via Dolorosa verlaufen: vom Jaffator in nordöstlicher Richtung zur Grabeskirche. Eine nicht zu vernachlässigende Möglichkeit besteht aber auch darin, dass das Prätorium im alten Hasmonäerpalast war, der sich nach Josephus dem Tempel gegenüber in der jüdischen Oberstadt befunden haben muss, vielleicht ungefähr dort, wo heute noch im jüdischen Viertel die Reste von »St. Maria in Jerusalem« zu sehen sind: das einstige Hauptquartier des Deutschen Ritterordens. Diese Lokalisierung würde auch durch Beschreibungen altkirchlicher Pilgerberichte und den Verlauf des byzantinischen Kreuzweges (Gethsemane, St. Peter in Gallicantu nahe dem Zionsberg, »Palast des Richters« = Prätorium, Grabeskirche) gestützt.

Ecce Homo und Lithostrotos

Am Anfang der Via Dolorosa stößt man bald auf den Ecce Homo-Bogen. Hier handelt es sich um einen dreiteiligen römischen Bogen, dessen mittleres Tor – natürlich modern verputzt und deshalb nicht sofort als römischer Bogen erkennbar – die Via Dolorosa überragt. Das nördliche Seitentor und der Ansatz des großen mittleren Bogens sind innerhalb der Kirche der Zionsschwestern zu sehen. Man muss dazu nicht unbedingt die Kirche selbst betreten, man kann auch durch ein kleines Portal von der Via Dolorosa in einen Raum gelangen, von dem aus durch eine Glasscheibe ein Blick auf das in die Apsis sehr schön integrierte Seitentor möglich ist. Hier ist dann auch die römische Bausubstanz deutlich erkennbar und man kann sich gut vorstellen, wie das Tor durch die Mauer hindurch in der Via Dolorosa seine Fortsetzung findet. Das andere Nebentor muss man sich innerhalb des südlich der Via Dolorosa gelegenen Häuserkomplexes vorstellen.

Das Tor dürfte ungefähr zur gleichen Zeit erbaut worden sein wie der Platz, auf dem es steht. Die zeitliche und städtebauliche Einordnung ist allerdings umstritten. Die meisten – und das ist auch die in den Ausgrabungen vertretene Interpretation – gehen davon aus, dass es sich um einen Triumphbogen

Das nördliche Seitentor in der Kirche

Der mittlere Teil des Ecce Homo-Bogens

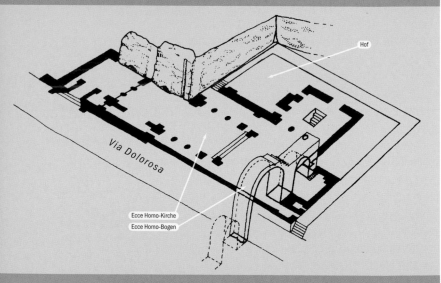

Hof

Via Dolorosa

Ecce Homo-Kirche

Ecce Homo-Bogen

Ecce Homo-Bogen und Basilika

handelt, der durch Kaiser Hadrian in den 30er Jahren des 2. Jh.s erbaut wurde, um an die Niederschlagung des 2. jüdischen Aufstands gegen Rom zu erinnern. Eine andere These stimmt mit dieser zeitlichen Ansetzung überein, sieht darin aber den Eingang zu einem Festungsbau der *Legio X Fretensis*. Manche vermuten sogar, dass es sich um eine Toranlage aus der ersten Hälfte des 1. Jh.s handelt, da der Stil des Tores eher an die frühe Kaiserzeit als an das 2. Jh. denken lässt.

Wie auch immer, Teile des römischen Platzes kann man jedenfalls sehen, wenn man vom Ecce Homo–Bogen einige Meter Richtung Stephanstor geht und linker Hand die Ausgrabungen auf dem Gelände der Zionsschwestern besucht. Dort befindet sich ein Steinpflaster, das man einst mit dem bei Johannes erwähnten *Lithostrotos* (Verurteilungsort Jesu) identifiziert hat und das auf dem benachbarten Flagellatiogelände der Franziskaner seine Fortsetzung findet. Man ging davon aus, dass es sich um den Innenhof der Burg Antonia handelte und Pilatus auf diesem Platz seinen Richtstuhl aufgestellt hat. Dort sagt Pilatus zu dem dornengekrönten und gemarterten Jesus: »Sehr der Mensch!« (Joh 19, 5) Deshalb deutete man das dreigeteilte Tor als Zugangstor zur Antoniafeste und nannte den Bogen in der Via Dolorosa Ecce Homo-Bogen. Heute ist klar, dass das Pflaster außerhalb der Antonia lag, also nichts mit der Verurteilung Jesu zu tun haben kann. Ein gewisser Zusammenhang dieses Ortes mit der Burg Antonia ist freilich gegeben, da man in den Ausgrabungen der Zionsschwestern ein Wasserreservoir besichtigen kann, den nördlichen Teil des so genannten Struthionteichs, der zur Zeit Jesu direkt an die Antonia angrenzte. Dieses Reservoir, 52 × 14 m im Umfang und 18 m tief, wurde in hasmonäischer Zeit (2. Jh. v. Chr.) angelegt, von einem nördlichen Kanal gespeist und diente der Wasserversorgung des Tempels. Beim Bau der Antoniafeste wurde um den Teich herum ein Burggraben angelegt und dieser um das Doppelte seiner Größe auf die oben genannten Maße hin erweitert. Der Teich war zuerst offen. Später wurde er mit einem Tonnengewölbe überzogen, auf dem im 1. oder 2. Jh. der römische Platz mit seinem Triumphbogen errichtet werden konnte.

Hadrianisch überbauter Teil des Struthionteichs

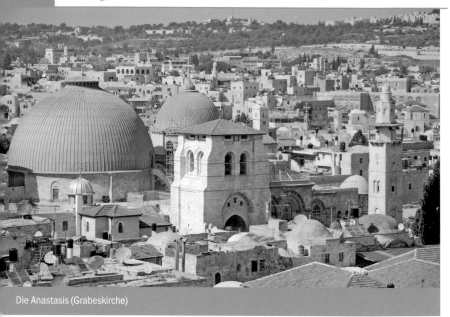
Die Anastasis (Grabeskirche)

Das christlich-arabische Viertel

Die Anastasis (»Grabeskirche«)

Die Grabeskirche, die in der orthodoxen Tradition »Anastasis« (= Auferstehungskirche) genannt wird, ist ohne Zweifel das bedeutendste Heiligtum der
Christenheit in Jerusalem, vielleicht aber auch das emotional am schwersten
zugängliche. Die Kirche wirkt trotz der in den letzten Jahren unternommenen
Renovierungsmaßnahmen an vielen Stellen düster. Manche Teile machen
einen fast schäbigen Eindruck, und insgesamt ist der Bau verwinkelt und
unübersichtlich. Kommen dann in bestimmten Hochzeiten noch Massen von
Touristen dazu, die von ihren Guides mehr oder weniger lautstark durch die
Kirche getrieben werden, dann möchten viele nur noch fliehen, um in der
frischen und sonnigen Jerusalemer Luft Erholung von diesem unwürdigen
Spektakel zu finden. Soll dies tatsächlich der Ort sein, an dem Jesus gekreuzigt wurde und auferstanden ist? Und wenn ja, kann man zu dieser Kirche
einen Zugang finden?

um{
sch
als(
Ric|
äuß
gan
Chr
ist
pun
sis
der
rus{
gie
gew
noc

so {
brei
felt(
Apc
der
zen(
Inn(
Säu
nac
Jest
der
cke
Sie{

Wei
Die
Kirc
nac
Die
des
Im

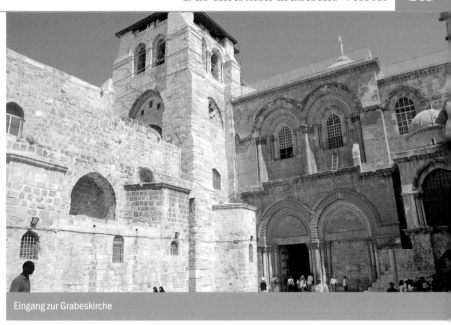

Eingang zur Grabeskirche

Ort der Kreuzigung und Auferweckung Jesu?

So schwer es auch sein mag, sich vorzustellen, dass wir uns hier am ursprünglichen Ort des Geschehens befinden, es gibt durchaus Gründe, die dafür sprechen. Ich nenne die wichtigsten:

1) Nach dem Zeugnis der Evangelien wurde Jesus außerhalb der Stadt gekreuzigt (Mk 15, 20; Mt 27, 32; Joh 19, 20; vgl. auch Hebr 13, 12). Nun liegt die Anastasis heute zwar innerhalb der Stadtmauern, aber vor 2000 Jahren hätten wir uns tatsächlich an einem Ort außerhalb der Stadt befunden. Dies geht schon allein aus der Tatsache hervor, dass man auf dem Terrain der Anastasis Gräber aus der Zeit Jesu gefunden hat und Bestattungen im Judentum immer außerhalb der Stadtgrenzen durchgeführt werden mussten. Außerdem gilt es aufgrund topographischer Gegebenheiten und literarischer Zeugnisse als sicher, dass sich der Platz der Grabeskirche ursprünglich in einem außerhalb der Mauern liegenden rechteckigen Ausschnitt befand. Es gab in der Nähe auch eine Toranlage, so dass die Kreuzigung – wie dies die Evangelien voraussetzen – an einem gut frequentierten Ort durchgeführt wurde.

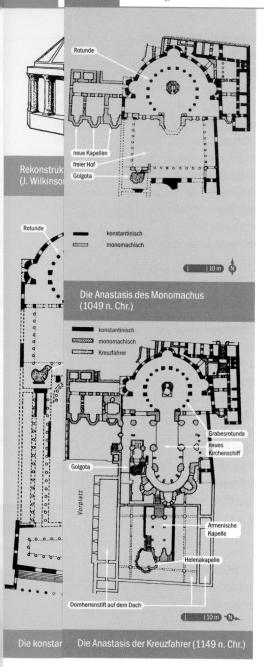

Rotunde

neue Kapellen
freier Hof
Golgota

Rekonstruk
(J. Wilkinso

Rotunde

konstantinisch
monomachisch

| 10 m 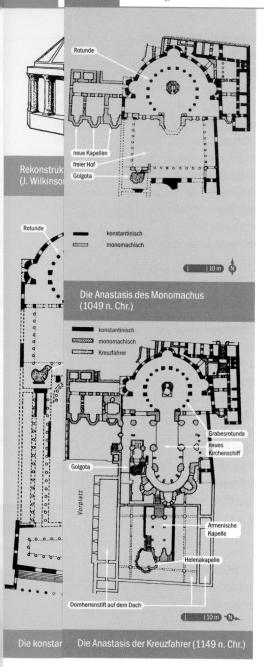 N

**Die Anastasis des Monomachus
(1049 n. Chr.)**

konstantinisch
monomachisch
Kreuzfahrer

Grabesrotunde
neues
Kirchenschiff

Golgota

Vorplatz

Armenische
Kapelle

Helenakapelle

Domherrenstift auf dem Dach

| 10 m N

Die konstar **Die Anastasis der Kreuzfahrer (1149 n. Chr.)**

Dynastien. Die Christen wurden zusammen mit den Juden als »Besitzer des Buches« akzeptiert, konnten im Großen und Ganzen also ihren Glauben ungehindert leben, auch wenn sie einen untergeordneten Status innehatten. Dies änderte sich erst unter den Fatimiden, die das Heilige Land von Ägypten her beherrschten und zunehmend aggressiv gegen die Christen vorgingen. Besonders verheerend waren die Aktionen des Kalifen Abu Ali al Hakim, der von einem fanatischen Christenhass besessen Pilgerfahrten ins Heilige Land verbot, die christlichen Kreuze verbrennen und 1008 die Anastasis verwüsten ließ. Kaiser Monomachus konnte zwar 1048 einen notdürftigen Wiederaufbau ins Werk setzen, aber die Basilika blieb zerstört. Die Kreuzfahrer, denen es 1099 gelang, Jerusalem in einer blutigen und grausamen Schlacht zu erobern, bauten die Kirche des Monomachus in ihrem Stil um. Dort, wo sich einst der freie Innenhof befand, fügten sie ein geostetes Kirchenschiff ein. Im Osten errichteten sie die St. Helena-Kapelle. Auch die Grabkapelle wurde neu gebaut. Zusammen mit dem Golgotafelsen befinden sich beide heiligen Orte nun unter einem Dach. Diese Kreuzfahrerkirche ist in ihrer Grundstruktur – trotz aller späterer Um- und Einbauten und trotz des zerstörerischen Brandes von 1804 – die Kirche, die wir heute noch sehen.

Vorhof

Vor dem heutigen Eingang der Grabeskirche stehend, erblicken wir auf der linken Seite einen aus der Kreuzfahrerzeit stammenden Glockenturm, der ursprünglich höher war. Die zweigeschossige Kreuzfahrerfassade der Ein-

Eingang zur Grabeskirche

Ort der Kreuzigung und Auferweckung Jesu?

So schwer es auch sein mag, sich vorzustellen, dass wir uns hier am ursprünglichen Ort des Geschehens befinden, es gibt durchaus Gründe, die dafür sprechen. Ich nenne die wichtigsten:

1) Nach dem Zeugnis der Evangelien wurde Jesus außerhalb der Stadt gekreuzigt (Mk 15, 20; Mt 27, 32; Joh 19, 20; vgl. auch Hebr 13, 12). Nun liegt
die Anastasis heute zwar innerhalb der Stadtmauern, aber vor 2000 Jahren
hätten wir uns tatsächlich an einem Ort außerhalb der Stadt befunden. Dies
geht schon allein aus der Tatsache hervor, dass man auf dem Terrain der Anastasis Gräber aus der Zeit Jesu gefunden hat und Bestattungen im Judentum
immer außerhalb der Stadtgrenzen durchgeführt werden mussten. Außerdem
gilt es aufgrund topographischer Gegebenheiten und literarischer Zeugnisse
als sicher, dass sich der Platz der Grabeskirche ursprünglich in einem außerhalb der Mauern liegenden rechteckigen Ausschnitt befand. Es gab in der
Nähe auch eine Toranlage, so dass die Kreuzigung – wie dies die Evangelien
voraussetzen – an einem gut frequentierten Ort durchgeführt wurde.

2) Der Ort der Kreuzigung Jesu wird bereits im Neuen Testament »Golgota« genannt. Golgota heißt übersetzt »Schädel« bzw. – etwas freier interpretiert – »Schädelstätte« (Mk 15, 22; Joh 19, 17). Diese Angabe ist nicht metaphorisch (»Schädel Adams« war z. B. eine beliebte Deutung), sondern vermutlich topographisch zu verstehen. Es muss damals einen markanten Hügel außerhalb der Mauern gegeben haben, der im Volksmund als Schädelstätte bezeichnet wurde. Ein solcher herausgehobener Ort war für Kreuzigungen, die immer auch Abschreckungscharakter haben sollten, natürlich ideal. Nun ist der Golgotafelsen heute zwar so in die Grabeskirche eingebaut, dass man ihn kaum noch als über die Gegend erhöhten Fels erkennen kann. Aber es ist zu bedenken, dass er vom ursprünglichen Niveau aus gesehen über 12 m an der Ostseite und 5 m an der Westseite hoch war! Auch das Argument, dass die heutige obere Fläche so klein ist, dass darauf kaum eine Kreuzigung – geschweige denn drei (mit den beiden Mitverurteilten) – stattgefunden haben könne, verfängt nicht. Da der ursprüngliche Fels im Rahmen baulicher Veränderungen zahlreiche Bearbeitungen erfahren hat, ist es nicht verwunderlich, dass nur noch der heutige Felssporn übrig blieb.

3) Vielen Menschen ist schwer vorstellbar, dass Jesus auf dem relativ kleinen Gebiet der Grabeskirche gekreuzigt *und* begraben wurde. Doch der archäologische und topographische Befund – zusammen mit dem Zeugnis der Evangelien – legen gerade dies nahe. So haben archäologische Sondierungen gezeigt, dass sich am Ort der Anastasis ein bereits aufgelassener Steinbruch befand. Dieser Steinbruch erklärt einerseits, dass sich dort ein isoliert stehender Hügel aus Felsgestein befand, andererseits war ein ehemaliges Steinbruchgelände ideal für die Anlage von Felsengräbern. Wenn man nun des Weiteren mit Johannes davon ausgeht, dass Jesus am Tag vor Sabbat und Pessachbeginn starb und man den Leichnam noch vor dem Fest schnell beerdigen musste, dann war man geradezu gezwungen, ihn in einem in der Nähe gelegenen Grab zu bestatten.

4) Als Hadrian nach der Niederschlagung des Bar Kochba-Aufstands im 2. Jh. aus Jerusalem eine römische Stadt machte, ließ er an der Stelle, wo heute die Anastasis steht, einen Aphroditetempel errichten. Nun kann man diese Entscheidung rein städtebaulich begründen. Ein zentrales Heiligtum wird am besten in der Nähe des Forums und des Cardo Maximus errichtet, was hier tatsächlich der Fall war. Es könnte aber sein, dass Kaiser Hadrian seinen Tem-

pel auch deshalb an diesem Ort erbauen ließ, weil es hier bereits vorher ein jüdisches Heiligtum gab. Er hätte damit den römischen Triumph über die jüdische Religion sichtbar manifestiert. Diese Meinung vertreten diverse christliche Autoren des 4./5. Jh.s, und tatsächlich lässt sich für andere Bauten eine solche Praxis Hadrians nachweisen. Da man damals noch nicht zwingend zwischen jüdischen und (juden-)»christlichen« Heiligtümern unterschieden hat, könnte dies ein Argument dafür sein, dass an diesem Ort bereits vorher »etwas« verehrt wurde.

5) Alle genannten Punkte sind gute Gründe, aber keine Beweise. Wirklich wahrscheinlich machen lässt sich die Grabeskirche als authentischer Ort der Kreuzigung und Auferstehung Jesu nur, wenn es in Jerusalem eine feste, ursprünglich judenchristliche Lokaltradition gab, die bis ins 1. Jh. zurückreicht. Konstantin hätte es sich nicht leisten können, die Anastasis an irgendeinem anderen Ort zu erbauen, wenn es dafür schon eine feste Lokaltradition gab. Dass im 1. Jh. Judenchristen den Ort der Kreuzigung Jesu weitertradierten und diese Traditionskette bis ins 4. Jh. reichte, ist nun zwar auch nicht zu beweisen, aber aufgrund der Bedeutung des Kreuzestodes und der Auferstehung Jesu für Christen durchaus wahrscheinlich. Was die Kontinuität der Überlieferung angeht, so zeigen die bei Eusebius überlieferten Bischofslisten, dass es trotz des 1. jüdisch-römischen Krieges eine relativ kontinuierliche (juden-)christliche Präsenz in Jerusalem gab, dass es also auch möglich war, die Erinnerung in diesen unruhigen Zeiten zu bewahren.

Der Bau der konstantinischen Basilika
Im 4. Jh. ließ Kaiser Konstantin über dem Grab Jesu die Anastasis errichten, eine überaus prächtige byzantinische Basilika. Dieses Vorhaben hatte sicher auch einen politischen Hintergrund. Kaiser Konstantin wollte durch den Bau von Kirchen im Heiligen Land das christliche Glaubensbekenntnis sichtbar in Form von Kirchenbauten darstellen und so die Einheit des Reiches im christlichen Glauben demonstrieren. So ließ er an allen zentralen Orten des Heilsgeschehens Kirchen bauen: am Ort der Geburt Jesu in Bethlehem, am Ort von Kreuzigung und Auferstehung und am Ort der Himmelfahrt auf dem Ölberg (Eleona).

Modell der Anastasis (Zitadellenmuseum)

Rekonstruktion der Grabesädikula
(J. Wilkinson)

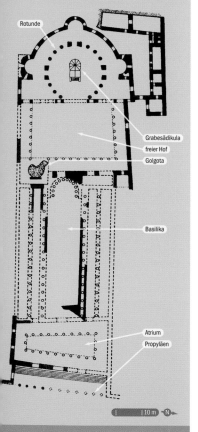

Rotunde

Grabesädikula
freier Hof
Golgota

Basilika

Atrium
Propyläen

| 10 m | N

Die konstantinische Anlage

Bevor seine Baumeister und Architekten, die größtenteils aus Syrien kamen, mit dem eigentlichen Bau beginnen konnten, mussten sie erst einmal den römischen Tempel abtragen. Tatsächlich fanden sie dabei ein altes jüdisches Grab, das sie als Grab Jesu identifizierten. Dieses Grab wurde von dem es umgebenden Felsen »befreit«, so dass nur noch ein kleines, frei stehendes »Gebäude« aus gewachsenem Fels übrig blieb. Manche vermuten, dass dieser Maßnahme auch der Vorraum zum Opfer fiel, falls es einen solchen jemals gegeben haben sollte. Wie die Grabesädikula in konstantinischer Zeit genau aussah, können wir zwar nicht mehr genau wissen, da die Pilgerbeschreibungen stark divergieren und die Abbildungen auf byzantinischen Pilgerfläschchen auch nicht eindeutig sind, oft geht man jedoch davon aus, dass das Modellgrab von Narbonne (vor 10. Jh. n. Chr.) dem Original nahekommt. Für uns heute dürfte dieser Umbau des Grabes Jesu ein unverzeihlicher Frevel sein, da wir historische Gebäude – aufgrund unserer spezifischen Erinnerungskultur – gerne in ihrem Originalzustand erhalten. Die Menschen damals waren überhaupt nicht historistisch: Für sie war es wichtig, einen Ort der Verehrung zu haben, auch wenn es dafür nötig war, historisches Urgestein zu opfern.

Struktur der Anlage

Die Anlage des Konstantin besteht aus zwei zentralen Gebäuden. Über dem Grab Jesus wurde eine Rotunde errichtet, die – von der Größe her – im Prinzip mit der heutigen Rotunde identisch ist. An diese Rotunde schloss sich östlich ein nicht überdachter, von Säulen und Mauern umgebener Hof an. Auf diesem Hof befand sich in der südöstlichen Ecke der schon damals recht bescheidene Felssporn von Golgota. Es handelte sich also um eine Art Open Air-Heiligtum. An diesen Hof schloss sich in östlicher Richtung die eigentliche Basilika an, die vom Cardo aus über Treppen und ein äußeres Atrium zugänglich war. Deutlich ist die theologische Ausrichtung des ganzen Baus. Der eigentliche Zielpunkt ist die Verehrung des auferstandenen Christus, der den Tod und die Dunkelheit endgültig überwunden hat. Das Kreuz ist mehr oder weniger Durchgangsstation auf diesem Weg. Dieser Schwerpunkt auf der Auferstehung, der der Kirche letztlich den Namen gab (Anastasis = Auferstehungskirche) ist noch heute für die östlichen Nachfolgekirchen der einstigen byzantinischen Kirche – also die griechisch-orthodoxe und die russisch-orthodoxe Kirche – entscheidend, während abendländische Theologie gerade in ihrer protestantischen Ausformung das Kreuz Jesus meist stärker gewichtet hat. Deshalb spricht man wohl auch nicht rein zufällig bei uns immer noch von der »Grabeskirche«.

Einige kurze Anmerkungen zu den zentralen Gebäudeteilen: Die Basilika, das so genannte Martyrion, war fünfschiffig und nach Eusebius 45 m lang und 26 m breit. Es war innen mit Marmor verkleidet, hatte eine kunstvoll geschnitzte, getäfelte Decke und eine Apsis, die innen mit zwölf Säulen in Analogie zu den zwölf Aposteln umgeben war. Teile der Apsis hat man unter der östlich gelegenen Apsis der heutigen Kirche gefunden. Teile des Atriums kann man in der östlich angrenzenden russisch-orthodoxen Kirche oder beim Zuckerbäcker Salatimo sehen. Der Innenhof, als Garten des Josef von Arimathäa bezeichnet (30 × 30 m), war mit Säulen umgeben. Auf dem Golgatafelsen war damals ein Kreuz aufgerichtet, das nach der Legende in einer Grotte gefunden wurde. Den Rundbau mit dem Grab Jesu beschreibt Eusebius folgendermaßen: »Als Krönung des ganzen Werkes ließ der Kaiser die heilige Grotte mit erlesenen Säulen und großer Pracht ausschmücken. Dieses Denkmal war überreich an unvergänglichen Erinnerungen, da es die Siegeszeichen unseres Erlösers über den Tod einfasste.«

Weitere Geschichte der Kirche

Die prächtige konstantinische Basilika wurde im Jahr 614 mit vielen anderen Kirchen von den Persern zerstört. Das Kreuz wandert dabei als Beutestück mit nach Persien, wurde später aber von Kaiser Heraklion (628) zurückerobert. Die Kirche konnte in den folgenden Jahren vom Jerusalemer Patriarchen Modestus wieder aufgebaut werden, wenn auch nicht ganz in ihrer alten Pracht. Im 7. Jh. begann die muslimische Herrschaft (638) mit ihren verschiedenen

Rotunde

neue Kapellen
freier Hof
Golgota

▬ konstantinisch
▨ monomachisch

|━━━| 10 m N

Die Anastasis des Monomachus
(1049 n. Chr.)

▬ konstantinisch
▨ monomachisch
▨ Kreuzfahrer

Grabesrotunde
neues
Kirchenschiff

Golgota

Vorplatz

Armenische
Kapelle

Helenakapelle

Domherrenstift auf dem Dach

|━━━| 10 m N

Die Anastasis der Kreuzfahrer (1149 n. Chr.)

Dynastien. Die Christen wurden zusammen mit den Juden als »Besitzer des Buches« akzeptiert, konnten im Großen und Ganzen also ihren Glauben ungehindert leben, auch wenn sie einen untergeordneten Status innehatten. Dies änderte sich erst unter den Fatimiden, die das Heilige Land von Ägypten her beherrschten und zunehmend aggressiv gegen die Christen vorgingen. Besonders verheerend waren die Aktionen des Kalifen Abu Ali al Hakim, der von einem fanatischen Christenhass besessen Pilgerfahrten ins Heilige Land verbot, die christlichen Kreuze verbrennen und 1008 die Anastasis verwüsten ließ. Kaiser Monomachus konnte zwar 1048 einen notdürftigen Wiederaufbau ins Werk setzen, aber die Basilika blieb zerstört. Die Kreuzfahrer, denen es 1099 gelang, Jerusalem in einer blutigen und grausamen Schlacht zu erobern, bauten die Kirche des Monomachus in ihrem Stil um. Dort, wo sich einst der freie Innenhof befand, fügten sie ein geostetes Kirchenschiff ein. Im Osten errichteten sie die St. Helena-Kapelle. Auch die Grabkapelle wurde neu gebaut. Zusammen mit dem Golgotafelsen befinden sich beide heiligen Orte nun unter einem Dach. Diese Kreuzfahrerkirche ist in ihrer Grundstruktur – trotz aller späterer Um- und Einbauten und trotz des zerstörerischen Brandes von 1804 – die Kirche, die wir heute noch sehen.

Vorhof

Vor dem heutigen Eingang der Grabeskirche stehend, erblicken wir auf der linken Seite einen aus der Kreuzfahrerzeit stammenden Glockenturm, der ursprünglich höher war. Die zweigeschossige Kreuzfahrerfassade der Eingangsfront ist in romanisch-frühgotischem Stil gestaltet und zeigt aufgrund der zahlreichen orientalischen Elemente, dass sich die Kreuzfahrer bereits nach 50 Jahren Präsenz im Heiligen Land recht gut »inkulturiert« hatten. Die Reliefs der beiden Türstürze befinden sich heute im Rockefellermuseum. Das linke zeigt Szenen aus dem Leben Jesu, das rechte besteht aus einem Rankenwerk mit Menschen, Tieren und mythologischen Wesen.

Der Salbungsstein

Salbungsstein
Betritt man nun den Innenraum, dann stößt man zuerst auf den in der orthodoxen Tradition innig verehrten Salbungsstein, der zwar aus dem 14. Jh. stammt, sich aber erst seit 1810 hier befindet. Nach Joh 19,38–40 hat Joseph von Arimathia den Leichnam Jesu vom Kreuz abgenommen und gesalbt, bevor er ihn dann in sein Grab gelegt hat. Das steht freilich in einer gewissen Spannung zur markinischen Ostergeschichte, wo die Frauen erst am Ostertag vorhatten, ihn zu salben, aber aufgrund der Auferweckung Jesu im Grunde genommen nie mehr

Die griechisch-orthodoxe Kapelle auf Golgota

dazu kamen. In konstantinischer Zeit würden wir hier in dem freien Atrium zwischen Basilika und Rotunde stehen und rechter Hand den freistehenden Golgotafelsen erblicken. Jetzt sehen wir direkt auf das Mittelschiff des Kreuzfahrereinbaus mit einem modernen Mosaik, das die Salbung Jesu darstellt.

Golgota und Adamskapelle
Gehen wir rechts dirckt nach dem Eingang die kleine steile Treppe hoch, dann gelangen wir auf den heute gut eingemauerten Golgotafelsen. Bei der Renovierung der Kirche nach dem Persereinfall hat Monomachus den Felsen als Erster mit einer zweistöckigen Kirche eingefasst. In der Kreuzfahrerzeit kam dann noch der Vorbau der Adamskapelle hinzu. Die Golgatakapelle selbst besteht aus zwei Teilen. Der südliche, katholische Teil umfasst die 10. und 11. Station der Via Dolorosa (Jesus wird entkleidet und gekreuzigt – franzis-

Die Adamskapelle

kanischer Kreuznagelungsaltar). Der nördliche, griechisch-orthodoxe Teil (12. Kreuzgangstation: Lk 23,34.44–46) sticht durch seine Kreuzigungsdarstellung hervor. Unter seinem Altar befindet sich ein mit einer silbernen Platte eingefasstes Loch, durch das man die traditionelle Stelle des Kreuzes Jesu berühren kann (vermutlich eine Marmorplatte aus der Zeit des Monomachus). Interessanterweise fand man 1986 bei Restaurationsarbeiten ein sekundär gefülltes, ca. 45 cm tiefes Loch mit einem Steinring, der ursprünglich dazu gedient haben könnte, ein Kreuz in diesem Loch zu verkeilen.

Die sich direkt unter den Golgotakapellen befindende Adamskapelle aus der Kreuzfahrerzeit – ursprünglich standen hier die Särge der Kreuzfahrerkönige Gottfried von Bouillon und Balduin I. – erinnert an eine Legende, die sich

Die neu gestaltete Rotunde der Anastasis

bereits ab dem 3. Jh. nachweisbar mit dem Golgotafelsen verband und auf frühjüdische und neutestamentliche Traditionen zurückgeht: Vor allem Paulus betont immer wieder, dass Christus der neue Adam ist, also der Anfänger und Repräsentant einer neuen Menschheit, durch den das Unheil, das die alte Menschheit beherrscht hat, endgültig überwunden wurde (vgl. z. B. Röm 5, 12–21; 1 Kor 15, 45–49).

Rotunde und Grab Christi
Wir gehen nun in die Rotunde, in deren Mitte das Grab Christi steht. In der konstantinischen Zeit war der äußere Umgang zwischen der Außenmauer und der um das Grab angelegten Säulenreihe ein geräumig angelegter Wandelumgang, heute ist der westliche Umgang überhaupt nicht mehr zugänglich, weil man eine Mauer zwischen den Säulen aufgezogen und dadurch neue Räume geschaffen hat. Außerdem muss man sich vorstellen, dass die Säulen zur Zeit Konstantins doppelt so hoch waren wie heute. Durch all diese Maßnahmen ging der großzügige Eindruck von einst weitgehend verloren. Auch die Lichtverhältnisse haben sich aufgrund späterer Umbauten entscheidend verschlechtert. Die Rotunde hat insgesamt also viel von ihrer einstigen Ästhetik eingebüßt, auch wenn sie durch die Renovierung in den letzten Jahren wieder etwas gewonnen hat. Während sich die Grundausrichtung des Rundbaus seit dem 4. Jh. nicht geändert hat, ist von der ursprünglichen Bausubstanz aufgrund der zahlreichen Zerstörungen und Umbauten heute nur noch wenig erhalten. Nur die von innen her nicht mehr sichtbaren Außenmauern sind bis auf eine Höhe von 11 m noch konstantinisch, ebenso wie die Fundamente der zwölf Säulen und der vier Pfeilerpaare. In den 1990er Jahren konnten sich die drei hauptverantwortlichen Konfessionen (giech.-orthodox, katholisch, armenisch) auf die bauliche Neugestaltung der Kuppel einigen. Sie besteht aus zwölf goldenen Strahlen (Symbol für die Evangeliumsverkündigung der Apostel), die von dem auferstandenen Jesus Christus her in die Welt hineinstrahlen.

Die heutige Grabkapelle stammt aus dem Jahr 1810. Sie wurde vom kaiserlichen Baumeister Komenos von Mytilene errichtet, nachdem die Kirche durch den Brand von 1808 gewaltige Brandschäden erlitten hat. Die Grabeskapelle des Konstantin bestand vermutlich aus der eigentlichen Grabkammer, die ein pyramidenförmiges Dach trug. Davor war ein Vorraum mit einem von vier Säulen getragenen Giebeldach. Dieser Grabbau wurde durch Al Hakim zerstört und erstmals von Monomachus durch eine gemauerte Kapelle ersetzt. Die Kapelle von 1810 ersetzte einen Neubau derselben aus dem 16. Jh.

Niemand weiß genau, wie viel vom ursprünglichen Felsen noch vorhanden ist. Aber da eine Renovierung dringend vonnöten ist (Eisenträger!), wird dieses Geheimnis vielleicht bald gelüftet werden.

Wenn man in das Grab hineingeht, kommt man zuerst in die »Engelskapelle«, so genannt, weil nach Lukas 24,5 dort zwei Engel den Frauen erschienen sind. In der Mitte steht ein Sockel mit einem kleinen Stein, der an den ursprüglich hier aufbewahrten Rollstein erinnern soll. Die Grabkammer selbst ist ein winziger Raum (2×2 m). Bei den Bauarbeiten von 1810 hat man entdeckt, dass nördlich und südlich noch einiges vom ursprünglichen Gestein vorhanden ist, nicht jedoch im westlichen und südlichen Bereich. Die westlich des Grabes angebaute kleine Kapelle wird das erste Mal im 12. Jh. erwähnt und gehört heute den Kopten.

Das Grab des Joseph von Arimathia

Grab des Joseph von Arimathia

Direkt gegenüber kommt man in die Kapelle der Syrer mit dem Grab des »Joseph von Arimathia«. Nach der Überlieferung der Evangelien war Joseph ein reicher Bürger aus Jerusalem, anscheinend ein Sympathisant der Jesusbewegung, so dass er aus diesem Grund Pilatus bat, Jesus begraben zu dürfen (Mk 15, 42–46) und Jesus in ein aus einem Felsen gehauenes (Mk 15, 46), neues (Lk 23, 53; Joh 19, 14) Grab legte. Deshalb identifizierte man später ein in der Nähe des Grabes Jesu gelegenes Grab als Familiengrab des Joseph von Arimathia. Das ist natürlich reine Vermutung. Fest steht jedoch, dass es sich hier um jüdische Schachtgräber aus dem 1. Jh. v. bis zum 1. Jh. n. Chr. handelt, die beweisen, dass es hier zur Zeit Jesu Gräber gab. Durch den Bau der Kirche im 4. Jh. wurde auch diese Grabanlage beschädigt, so dass heute vor allem noch die südlich gelegenen drei Schiebegräber und der Eingang der rechten drei Stollen zu sehen sind (die dahinterliegenden Schiebegräber wurden beseitigt, um einen größeren Raum zu schaffen).

Einstiger Innenhof

Wenn wir die Rotunde verlassen, sehen wir linker Hand – vor dem Eingang in die franziskanische Kapelle – den Magdalenenaltar, der an die Erscheinung des Auferstandenen vor Maria Magdalena erinnert. Gehen wir nun nach rechts, dann sehen wir vor uns die »Bögen der Jungfrau«. Wir befinden uns jetzt an dem Ort, wo einst der offene Innenhof war, und zwar an dessen nördlicher Seite. Wenn wir uns vorstellen wollen, wie groß dieser Hof ungefähr war, dann ist es am besten, sich mit dem Rücken zur Nordwand zu stellen, um den Blick in Richtung Kirchenschiff zu richten. Nun sehen wir rechter Hand die Rotunde und linker Hand den beginnenden heutigen Apsisumgang. Das etwa ist die Länge des einstigen Innenhofes. Am interessantesten ist freilich die alte Säulenreihe, die diesen Innenhof umgab und in die hinein man dann in der Kreuzfahrerzeit die Stützbögen für den damaligen Kirchenbau errichtet hat. Diese ältere Säulenreihe ist zwar nicht direkt die des Konstantin, sondern die des Baus des Monomachus aus dem Jahr 1048, dürfte jedoch ungefähr dort stehen, wo sich bereits zur Zeit Konstantins eine solche befand. Besonders auffällig ist das byzantinische Korbkapitell mit seinem Flechtwerk und einem korinthischen Abschluss.

Armenische Kreuzauffindungskapelle und St. Helena-Kapelle

Am Ende der Säulenreihe befindet sich das »Gefängnis Christi«. Man hat hier und an anderen Stellen versucht, Teile des Kreuzweges Jesu zu vergegenwärtigen, so auch in den im kreuzfahrerzeitlichen Apsisumgang angelegten Kapellen. Anschließend führt eine Treppe zu zwei Kapellen hinab, der armenischen Kreuzauffindungskapelle und der noch tiefer gelegenen eigentlichen Kreuzauffindungsgrotte. Die in die seitlichen Wände eingeritzten Kreuze stammen aus der Kreuzfahrerzeit, gehen also auf Pilger des 12. Jh.s zurück, die sich auf diese Weise am heiligen Ort verewigten. Die Kapelle, seit dem 15. Jh. im armenischen Besitz, wurde von den Kreuzfahrern gebaut, die die Fundamente der konstantinischen Basilika für ihre Unterkirche nutzten. Auffällig sind die vier Säulen mit ihren großen (wiederverwendeten) korinthischen bzw. byzantinschen Korbkapitellen und das Fußbodenmosaik, das die wichtigsten armenischen Kirchen abbildet, einschließlich des Berges Ararat und der Arche Noah.

Durch eine der Apsiden kann man in eine für die Öffentlichkeit nicht zugängliche Ausgrabung gelangen. Dort sieht man Spuren des alten Steinbruchgeländes, Mauern aus der vorkonstantinischen Zeit, Fundamentmauern der konstantinischen Basilika und – besonders kontrovers diskutiert – das

Im Vordergrund die Stützbögen der Kreuzfahrerkirche, dahinter die einstigen Innenhofsäulen

Gemälde eines römischen Schiffes mit Inschrift. Nach der einen Interpretation handelt es sich um das Gemälde eines Isis-Anhängers aus dem hadrianischen Aphroditeheiligtum [ISIS MIRIONIMUS = »10.000-namige (Göttin) Isis«], der glücklich mit dem Schiff in Palästina gelandet ist, nach der anderen um eine christliche Pilgerinschrift [DOMINE IVIMUS = »Herr, wir werden kommen«] aus dem frühen 4. Jh.

Dieser Raum bildete ursprünglich mit der Kreuzauffindungsgrotte zusammen eine Grube in dem besagten Steinbruch. Die heutige Grotte der Kreuzauffindung, die St. Helena-Kapelle, stammt aus dem 11./12. Jh. Südlich der Apsis, dort, wo der Helena-Altar steht, wurde der Ort der Kreuzauffindung verehrt. Die Fresken stammen noch aus dem 11./12. Jh. Der Fels lässt deutliche Bearbeitungsspuren erkennen, die auf den einstigen Steinbruch zurückverweisen. Nach der Legende wurde das Kreuz von der Kaiserinmutter Helena gefunden. Das war allerdings nicht so leicht, da nur einige Juden den Ort kannten und diese ihr Geheimnis natürlich nicht preisgeben wollten. So musste Helena die Juden erst gewaltig unter Druck setzen, bis einer – Judas! (der christliche Antijudaismus lässt grüßen) – das Geheimnis lüftete. In einer

Zisterne fand man tatsächlich drei Kreuze. Nun musste man nur noch herausfinden, welches das Kreuz Jesu war. So holte man einige Kranke/Tote, legte
sie auf die Kreuze, und das Kreuz, das sofort wundertätige Wirkung entfaltete,
war natürlich das wahre Kreuz Christi. Wo dieser Ort der Kreuzauffindung genau war, berichten die ursprünglichen Legenden noch nicht. Erst im Mittelalter hat man die Kreuzaufindung in der besagten Grotte lokalisiert.

Südlicher Umgang und Kirchenschiff
Auf dem Rückweg zum Ausgang, nachdem wir die Treppen wieder hochgegan-
gen sind, sehen wir links noch einen heute mit Glas eingefassten Felsspalt, der
an den durch die Kreuzigung Jesu verursachten Riss im Felsen erinnern soll.
Wir sollten auch nicht vergessen, einen Blick in das durch die Kreuzfahrer er-

richtete Mittelschiff zu werfen, das heutige griechisch-orthodoxe Kirchenschiff. In der Kreuzfahrerzeit gab es die heutigen hohen Mauern
übrigens noch nicht. Es war durch die Pfeiler
ein direkter Blick in den Chorumgang möglich,
so dass die gesamte Anlage erstens viel geräu-
miger wirkte und zweitens die architektonische
Einheit mit der Rotunde der Anastasis klar zur
Geltung kam. Am Anfang des Kirchenschiffes
sieht man den durch eine Steinfigur markierten
»Nabel der Welt«. Christen haben dadurch
zum Ausdruck gebracht, dass für sie der Ort
der Kreuzigung und der Auferstehung Jesu das
Zentrum der Welt bilden. Damit wurde die alte
jüdische Tradition vom Tempel als Mitte der
Welt christlich adaptiert.

Das griechisch-orthodoxe Kirchenschiff

»Er ist nicht hier«
Am Ende eines Besuches der Anastasis schlage
ich vor, durch die beiden äthiopischen Kapellen,
deren Eingang sich rechts des Haupteingangs
befindet, auf das Dach der Grabeskirche zu
steigen, wo sich heute ein kleines äthiopisches
Kloster befindet. Historisch befinden wir uns
hier an dem Ort, wo einst die Kreuzfahrer ein

Äthiopisches Kloster auf dem Dach der
Anastasis

Chorherrenstift errichteten. Noch heute legen gotische Gewölbereste Zeugnis von diesem Bau ab. Doch abgesehen davon ist dies vielleicht der beschaulichste Platz, wenn schon nicht in, dann aber zumindest auf der Grabeskirche. Und ein wenig Beschaulichkeit hat man nach einem Besuch der Grabeskirche meist dringend nötig. Die Grabeskirche kann faszinieren, weil sie eine so reiche und vielfältige Geschichte in sich trägt wie kaum ein zweites Bauwerk. Sie kann uns inspirieren, weil wir uns hier vielleicht tatsächlich auf historischem Urgestein der Jesusüberlieferung befinden. Sie wird uns aber auch überdeutlich vor Augen führen, dass man der Wirklichkeit der Auferstehung nicht durch historische Verifikation auf die Spur kommen kann. Er ist auferstanden, heißt eben: Er ist nicht hier! Wo ist er dann? Er ist dort, wo man sich vertrauensvoll auf den Weg der Nachfolge macht. Dort kann man im Gehen seine Gegenwart erfahren. Dort können auch noch heute alltägliche Ereignisse transparent werden für die liebende Gegenwart des Auferstandenen und seines Gottes.

Der Ölberg

Einleitung

Die Ölbergkette erhebt sich östlich der Altstadt in Nord-Süd-Richtung und bildet den höchsten Punkt des von der Mittelmeerküste langsam ansteigenden Hügellandes. Vom Ölberg aus fällt das Gelände dann wieder steil ab, bis man nach ca. 1200 m Höhenunterschied den Jordangraben erreicht und sich nun 400 m unter dem Meeresspiegel befindet. Wer auf dem Ölberg steht, merkt sofort, wie der Typus der Landschaft sich schlagartig ändert. Blickt man nach Westen, Richtung Altstadt, dann ist alles noch relativ grün, geht der Blick nach Osten, dann erheben sich vor einem die kahlen und ausgetrockneten Hügel der judäischen Wüste. Der Grund dafür ist offensichtlich: Die vom Mittelmeer kommenden Wolken regnen sich vor dem Bergland ab, danach wird der Regen deutlich weniger und die Vegetation dementsprechend karger. So bieten sich einem – z. B. vom Turm des Auguste Viktoria Geländes – großartige Ausblicke. Bei gutem Wetter kann man den nördlichen Teil des Toten Meeres und die Berge Jordaniens erblicken. Wendet man sich um, dann liegt vor einem Jerusalem wie ein ausgebreiteter steinerner Teppich, und dazwischen das Kidrontal.

Diese Lage zwischen Stadt und Wüste ist dafür verantwortlich, dass der Ölberg schon immer als Fluchtweg geschätzt wurde, wenn die Situation in Jerusalem zu gefährlich wurde. So erzählt die Bibel, dass David über Jerusalem

Ölbergkuppe vom Norden aus gesehen

in die Wüste floh, nachdem sich unter seinem Sohn Absalom eine Revolte gegen ihn erhoben hatte (2 Sam 15 f). Mit dem Ölberg verbinden sich aber noch vielfältige andere biblische Assoziationen.

Eine aus alttestamentlicher Sicht durchaus negative besteht darin, dass es auf dessen Höhen anscheinend schon von frühester Zeit an Heiligtümer für fremde Götter gab. So soll Salomo dort für die Götter seiner vielen Frauen Höhenheiligtümer angelegt haben (1 Kön 17, 7 f.), womit er vermutlich auf eine vorisraelitische Tradition zurückgriff. Nun wissen wir zwar nicht genau, ob diese Heiligtümer in den folgenden Jahrhunderten durchgängig weiter benutzt wurden, es erscheint jedoch durchaus realistisch,

Jüdische Gräber am Ölberg

wenn in 2 Kön 23, 13 f. berichtet wird, dass erst Josia (7. Jh.) im Rahmen seiner Kultreform diese Heiligtümer abgeschafft hat. In der nachexilischen Zeit scheinen dann auch keine heidnischen Kulte mehr dort heimisch gewesen zu sein.

Der Ölberg ist auch mit zahlreichen endzeitlichen Traditionen verbunden. Diese gehen auf Sacharja 14, 3–5 zurück, wo davon die Rede ist, dass Gott an »jenem« endzeitlichen Tag auf dem Ölberg stehen wird, um dort die Israel feindlichen Völker zu richten. Der Ölberg wird sich in Ost-West-Richtung spalten, ein großes Tal entsteht, und durch dieses Tal werden die Jahwe Getreuen fliehen und so dem vernichtenden göttlichen Völkergericht entgehen. Eine ähnliche Tradition findet sich in Joel 4, 2, wo das allerdings erst später mit dem Kidrontal identifizierte Tal Joschafat als Ort des Gerichts ins Spiel kommt. Diese in jüdischen Quellen vielfach neu interpretierte Tradition hat dazu geführt, dass in Judentum, Christentum und Islam der Ölberg und das Kidrontal als Ort des letzten Gerichts gelten. Deshalb haben Juden, Christen und Muslime auch im Kidrontal und am Ölberg ihre Gräber angelegt. Man will direkt am »Ort des Geschehens« sein, wenn Gott die Menschheit am Ende der Tage versammeln und richten wird.

Auch im kultischen Bereich spielte der Ölberg im Judentum eine Rolle. So wurde auf dem Ölberg die rote Kuh geopfert, deren Opfer nötig war, um kultische Reinheitsriten durchführen. Und der »Sündenbock« wurde am heiligen Versöhnungstag (Jom Kippur) über den Ölberg in die Wüste getrieben, wo er von einem Felsen gestürzt wurde.

Jesus und der Ölberg

Die Evangelien berichten uns, dass Jesus bei seinem letzten Aufenthalt in Jerusalem in Bethanien gewohnt hat (Mk 11, 11; Lk 10, 38; Lk 21, 37; Joh 12, 1 ff.). Nun könnten schon die exorbitanten Übernachtungspreise in Jerusalem Grund genug gewesen sein, dass Jesus sich außerhalb der Stadt einquartiert hat. In diesem Fall wird jedoch die intime Beziehung zu Lazarus und dessen beiden Schwestern Maria und Martha eine noch wichtigere Rolle gespielt haben (Joh 11). Wir können uns jedenfalls vorstellen, dass Jesus jeden Tag von dem südöstlich der Stadt gelegenen Bethanien nach Jerusalem gelaufen ist und dabei eine Entfernung von einigen Kilometern zurückgelegt hat. Der Weg wird damals nicht wesentlich anders verlaufen sein als heute, ging also vermutlich von Bethanien am südöstlichen Abhang des Ölberges entlang nach Bethfage – ganz oben wäre das Gelände zu unwegsam gewesen – und von dort aus weiter zum eigentlichen Ölberg, dorthin, wo heute das arabische Dorf Et Tur liegt. Anschließend

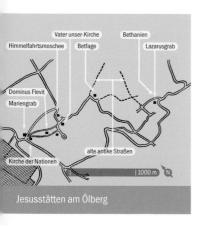

Jesusstätten am Ölberg

ging es den steilen Abhang hinab ins Kidrontal, von wo aus man nach einem kleinen Anstieg direkt in die Stadt hineinging.

Verschiedene Szenen des Lebens Jesu werden am oder zumindest in der Nähe des Ölbergs lokalisiert und durch später gebaute Kirchen bis heute memoriert: sein Weinen über Jerusalem, die Gethsemaneszene und die Himmelfahrt. Wir beginnen unseren Weg oben auf der Ölbergkuppe, die mit dem Bus oder dem Taxi günstig von der Altstadt aus zu erreichen ist und den Vorteil bietet, dass man dann bequem bergab gehen kann.

Die Vater unser-Kirche: die einstige Eleona

Kaiser Konstantin baute auf dem Ölberg über einer Grotte eine Basilika, die an die Himmelfahrt erinnern sollte und an bestimmte Geheimnisse, die Jesus seinen Jüngern dort offenbart hat. Der Name »Eleona« geht auf das griechische Wort *elaion* zurück, das eigentlich Olivenhain bedeutet, oft aber auch den ganzen Ölberg bezeichnet.

Der Ort der Himmelfahrt im Neuen Testament

Die Himmelfahrtstradition wird im Neuen Testament an zwei unterschiedlichen Orten lokalisiert. Matthäus, der allerdings nicht explizit von einer Himmelfahrt spricht, lokalisiert die letzte Begegnung Jesu mit seinen Jüngern in Galiläa. Dort spricht Jesus die programmatischen Worte: »Mir ist gegeben alle Gewalt im Himmel und auf Erden. Darum gehet hin und machet zu Jüngern alle Völker: Taufet sie im Namen des Vaters und des Sohnes und des Heiligen Geistes und lehret sie halten alles, was ich euch befohlen habe. Und siehe, ich bin bei euch alle Tage bis an der Welt Ende.« Lukas dagegen – der diese Szene in zwei unterschiedlichen Varianten überliefert (Lk 24, 50 – 53 und Apg 1, 1 – 12) – geht davon aus, dass die letzte Begegnung des Auferstandenen in Jerusalem stattfand, entweder in Bethanien (Lk 24,50) oder direkt auf dem Ölberg: »Und als er das gesagt hatte, wurde er zusehends aufgehoben, und eine Wolke nahm ihn auf vor ihren Augen weg. Und als sie ihn nachsahen, wie er gen Himmel fuhr, siehe, da standen bei ihnen zwei Männer in weißen Gewändern. Die sagten: Ihr

Kirchenschiff der einstigen Eleona, vorne rekonstruiertes Altarpodium

Männer von Galiläa, was steht ihr da und seht zum Himmel? Dieser Jesus, der von euch weg gen Himmel aufgenommen wurde, wird so wiederkommen, wie ihr ihn habt gen Himmel fahren sehen. Da kehrten sie nach Jerusalem zurück von dem Berg, der heißt Ölberg und liegt nahe bei Jerusalem, einen Sabbatweg entfernt.« (Apg 1, 9 – 12) Lukas hat die Himmelfahrt, mit der die Erscheinungen des Auferstandenen abgeschlossen werden, in Jerusalem lokalisiert, weil für ihn die heilige Stadt eine hohe heilsgeschichtliche Bedeutung hatte: Jerusalem war schon immer das Zentrum des göttlichen Handelns und deshalb muss das Heil, das der Gott Israels durch Jesu Kreuzigung und Auferstehung geschaffen hat, auch von Jerusalem aus das jüdische Volk und die ganze Menschheit erreichen. Dass sich die Himmelfahrt nun allerdings auf dem Ölberg ereignet haben soll, mag auch mit dem Propheten Ezechiel zusammenhängen. Nach diesem hat die göttliche Herrlichkeit beim Beginn des Exils den Tempel verlassen, weil Gott Jerusalem dem Gericht übergeben hat (Ez 11, 22 – 25). Sie wandert daraufhin über das östliche Tor Richtung Ölberg, wo sie stehen bleibt. Nicht recht deutlich ist, ob die Herrlichkeit Gottes dort bleibt oder ob durch die Bewegung nach Osten deutlich gemacht werden soll, dass sie ihre Wanderung fortsetzt, um schließlich den exilierten Juden nahe zu sein. Wie auch immer: Ezechiel setzt voraus, dass die göttliche Gegenwart nicht an einen bestimmten Punkt gebunden ist, sondern sich auch aus dem Tempel entfernen kann, so dass Menschen, wo immer sie sich auch befinden, die göttliche Nähe erfahren können. Will Lukas durch die Lokalisierung der Himmelfahrt am Ölberg zeigen, dass die göttliche Herrlichkeit in Christus wohnt und diese Herrlichkeit aufgrund der Auferweckung und Erhöhung Jesu nun nicht mehr örtlich begrenzt, sondern überall erfahrbar ist?

Apokryphe und biblische Ölbergtraditionen
Die Tradition der Jüngerunterweisung geht auf die apokryphen Johannesakten (ca. 130 n. Chr.) zurück, nach denen Jesus dem Apostel Johannes während seiner Kreuzigung auf dem Ölberg in einer Höhle erschien. Dorthin hatte sich der Jünger zurückgezogen, weil er das Leiden seines Meisters nicht mehr länger ertragen konnte. Jesus weiht ihn in die tieferen Geheimnisse der Erlösung ein, wobei diese Unterweisungen deutlich gnostischen – heute würden wir sagen esoterischen – Charakter haben: Das Leiden Jesu hat nur noch geistig-symbolische Bedeutung. Später werden mit dieser Höhle auch neutestamentliche Unterweisungen des irdischen, bzw. des schon auferstandenen Jesus verknüpft. Nun werden im Neuen Testament Jesu Endzeitrede (Mk 13, Mt 24 f.,

Lk 21) und die Worte, die er als Auferstandener vor der Himmelfahrt an seine Jünger gerichtet hat (Apg 1, 6 – 8), zwar auf dem Ölberg lokalisiert, nicht jedoch in einer bestimmten Höhle.

Die einstige und heutige Kirche
Die Eleona, die Konstantin hier gebaut hat, war 70 m lang und führte über Podium, Narthex und Atrium in die eigentliche Basilika. In der Krypta befand sich die Grotte der Unterwei-

Grabanlage in der Grotte der Unterweisung

sung. Heute kann man den Grundriss der dreischiffigen Basilika aufgrund der rekonstruierten Säulenstellungen noch ungefähr erahnen. Die einstigen Vorbauten muss man sich freilich westlich des Portals vorstellen. Das Altarpodium ist modern, markiert aber den Platz, wo sich in der Antike der Altarraum befand. Die Grotte selbst ist stark rekonstruiert, wobei die Apsis konstantinisch ist, ebenso wie einige Teile der Nordmauer. Die zu sehende Grabanlage wurde erst 1927 bei den Ausgrabungen entdeckt. Dass es sich dabei – wie oft zu lesen ist – um die Nekropole der Jerusalemer Bischöfe in byzantinischer Zeit handelt, ist eher unwahrscheinlich. Darauf deutet archäologisch nichts hin und außerdem ist die Anlage dafür viel zu klein. Die Kirche dürfte Ende des 1. Jt.s langsam zerfallen sein. Die Kreuzfahrer haben im 12. Jh. dann zuerst eine kleine Kapelle und später eine neue Kirche errichtet. Von dieser Zeit an wurde der Ort auch mit der Vater unser-Tradition in Beziehung gebracht. Im 17. Jh. war die Kirche zerstört. Im 19. Jh. hat eine biblisch und archäologisch interessierte französische Prinzessin (Aurelie de la Tour d'Auvergne) ein größeres Gelände auf dem Ölberg gekauft, weil sie vermutet hat, dass sich dort die Reste der einstigen Eleona befinden müssen. Sie hat jedoch bis zum Ende ihres Lebens nichts gefunden. Dies blieb den weißen Vätern vorbehalten, die hier später Grabungen durchführten. Heute ist der Ort vor allem von der Vater unser-Tradition bestimmt, wie dies die zahlreichen Übersetzungen in und um die Kirche des Karmeliterinnenklosters herum zeigen.

Die Himmelfahrtkapelle – das »Inbomon«
Waren zur Zeit Konstantins die Tradition der Jüngerunterweisung und die Himmelfahrttradition mit der Eleona verbunden, so ist in den folgenden Jahren die Himmelfahrt mehr und mehr auf den nahegelegenen, höchsten Punkt des Ölbergs gewandert. Der spätere Name der dort erbauten Kirche

Rekonstruktion des Inbomon (J. Wilkinson)

Die Himmelfahrtskapelle bzw. -moschee

Fußabdruck Jesu

Inbomon kommt auch von daher: Er ist auf das griechische *en bomo* (= auf dem Hügel) zurückzuführen. Es ist natürlich möglich, dass auch schon vor dem Bau des Inbomon die Himmelfahrt Jesu (zumindest auch) dort verehrt wurde. Der Pilger von Bordeaux (334 n. Chr.) spricht eigenartigerweise nun allerdings davon, dass auf dem nahe der Eleona gelegenen Hügel die Verklärung Jesu (!) verehrt wurde. Aber vielleicht hat er hier einfach die Himmelfahrt mit der Verklärung verwechselt. Wie auch immer: Er weiß jedenfalls noch nichts von einer Kirche. Egeria bezeugt 50 Jahre später klar (381–384 n. Chr.), dass dort die Himmelfahrt verehrt wird, hat aber ebenfalls noch kein Gebäude gesehen. Tatsächlich scheint die dortige Kirche erst Ende des 4. Jh.s durch Poimenia, eine adlige und gottesfürchtige Frau, erbaut worden zu sein. Einige Jahre später hat dann eine gewisse Melania noch ein Kloster angeschlossen. Im Laufe der Zeit wurde das Inbomon immer wichtiger, bis es schließlich die Eleona als Ort der Himmelfahrt verdrängt hat.

Aufgrund der literarischen Zeugnisse und der (wenigen) archäologischen Spuren ist deutlich, dass es sich um eine Rundkirche mit einem oder gar drei Säulenumgängen gehandelt hat. Wichtigstes Kennzeichen dieser Kirche war, dass die von einem Säulenumgang umgebene Rotunde in der Mitte zum Himmel hin offen war – so dass man sich bewusst auf die Himmelfahrt Jesu ausrichten konnte – und dass in der Mitte die Fußabdrücke Jesu verehrt wurden. Das Gebäude war nicht besonders groß, hat aber vor allem in der Dunkelheit mächtig Eindruck gemacht, da die im oberen Bereich angebrachten Glasfenster von innen her beleuchtet waren und deshalb der Glanz der Himmelfahrtkirche von weither gesehen werden konnte.

Die Himmelfahrtkirche wurde beim Persereinfall zerstört und von Modestus in einer Form neu aufgebaut, die sich nicht wesentlich von der Kirche der Poimenia unterschieden haben dürfte. Im 11. Jh. ist sie verfallen. Die Kreuzfahrer errichteten ein Oktogon, das kaum größer war als der byzantinische Rundbau, und in dessen Mitte sich ein kleine, ebenfalls als Oktogon gestaltete Kapelle (gut 5 m Durchmesser) befand. Diese ist in ihrer Grundstruktur noch erhalten. Aus ihr wurde dann vom 12./13. Jh. an allmählich die Himmelfahrtsmoschee. Die Integration dieses christlichen Heiligtums fiel Muslimen nicht schwer, da Jesus auch nach dem Koran in den Himmel gefahren ist (Sure 4, 158; 23, 51). In der Kreuzfahrerzeit handelte es sich noch um einen von acht Pfeilern getragenen Rundbau, der nach oben hin offen war. Erst später wurden die Seiten zugemauert und das Heiligtum mit einer geschlossenen Kuppel überwölbt. Der Fußabdruck Jesu hat sich in der Geschichte immer wieder verändert, war von der Kreuzfahrerzeit an jedoch in festem Gestein zu sehen, während er vorher im Staub abgebildet war.

Dominus flevit-Kapelle – »der Herr hat geweint«

Begibt man sich von der Ölbergkuppe auf der steilen Straße hinab Richtung Kidrontal, dann

Die Tränenkapelle

Byzantinisches Mosaik neben der Tränenkapelle

sieht man etwa auf halber Höhe rechts den Eingang zu Dominus flevit, der »Tränenkapelle«. Hier soll Jesus angesichts des Unglaubens Jerusalems geweint haben: »Als er nahe hinzukam, sah er die Stadt und weinte über sie und sprach: Wenn doch auch du erkenntest zu dieser Zeit, was zum Frieden dient! Aber nun ist's vor deinen Augen verborgen. Denn es wird eine Zeit über dich kommen, da werden deine Feinde um dich einen Wall aufwerfen, dich belagern und von allen Seiten bedrängen und werden dich dem Erdboden gleichmachen samt deinen Kindern in dir und keinen Stein auf dem andern lassen in dir, weil du die Zeit nicht erkannt hast, in der du heimgesucht worden bist.« (Lk 19, 41–44; vgl. auch Mt 23, 37–39)

Lukas 19, 41–44 in seinem historischen Kontext
Man kann diese Worte auf ihre Relevanz für den Weg des historischen Jesus und auf ihre Bedeutung für das frühe Christentum hin betrachten.

Bezogen auf den historischen Jesus stellt sich die Frage, ob seine Botschaft aufgrund der auch in Jerusalem vorhandenen Ablehnung immer mehr zu einer Gerichts- und Drohbotschaft geworden ist. Manch harte Gerichtsworte, die die Evangelien vor und in Zusammenhang mit der Passionsgeschichte überliefern, können einen auf diesen Gedanken bringen. Es scheint jedoch – vor allem aufgrund der Abendmahlsworte –, dass das Durchleiden des göttlichen Schmerzes und des göttlichen Zorns letztlich dazu geführt hat, dass zum Schluss doch noch die göttliche Liebe in Jesus gesiegt hat, so dass sein Tod zum Zeichen der Versöhnung werden konnte: »Vater, vergib ihnen, denn sie wissen nicht, was sie tun!« (Lk 23, 34) In urchristlicher Perspektive scheint in diesen Worten die im 1. Jh. unter Christen verbreitete Ansicht durch, dass die Tempelzerstörung ein göttliches Gericht über Jerusalem war, weil die Stadt Jesus abgelehnt hat. Nun sind diese ernsten Töne hier durchaus vorhanden. Aufschlussreich ist allerdings, dass Jesus über Jerusalem weint: Der lukanische Jesus zeigt echten Schmerz und echte Trauer angesichts seiner Ablehnung durch das jüdische Jerusalem. Das ist ein wichtiges Indiz dafür, dass auch Lukas sich mit der Trennung vom Judentum nicht einfach abgefunden hat. Tatsächlich durchzieht die Israelfrage sein Evangelium und die Apostelgeschichte vom Anfang bis zum Ende und er rechnet wohl damit, dass Gott seine Israel gegebenen Verheißungen aller temporären Ablehnung zum Trotz letztlich doch noch erfüllen wird. Leider wurden in der altkirchlichen Wirkungsgeschichte solche Aussagen generalisiert und zur judenfeindlichen Enterbungstheorie hin entwickelt. Nach dieser hat die Kirche das ungläubige Judentum definitiv ersetzt, so dass das göttliche

Gericht nicht mehr örtlich und zeitlich begrenzt gedacht wird, sondern als endgültig und unrevidierbar. Eine Anschauung, die unendliches Leid über das jüdische Volk gebracht hat.

Das byzantinische Kloster (7. Jh.)
Das byzantinische Kloster, das man auf dem Gelände bei Ausgrabungen fand und das in den modernen Bau integriert wurde, stammt aus dem 7. Jh., hatte aber mit der Tradition des weinenden Jesus noch nichts zu tun. Die heute in die Dominus flevit-Kapelle integrierte Klosterkirche war ursprünglich geostet. Heute ist sie gewestet, so dass man bei der gottesdienstlichen Feier einen beeindruckenden Blick auf Jerusalem hat. Erhalten ist noch das alte byzantinische Fußbodenmosaik in seinem ursprünglichen Grundriss. Direkt vor dem Altarraum befindet sich eine Stifterinschrift, die leider dort, wo beschrieben wird, wem die Kirche geweiht war, abbricht. Nur die zwei Anfangsbuchstaben »An ...« sind erhalten (Hinweis auf die heilige *An*na, die Mutter Jesu, oder auf einen Geistlichen der *An*astasis?). Nördlich des Kirchenraumes sieht man ein Mosaik mit einem beeindruckenden Mosaikfußboden, wo auf zahlreichen Medaillons Blumen, Früchte, Gemüse und auch Fische dargestellt werden. Bei einzelnen Medaillons ist eine symbolische Interpretation naheliegend. So könnte der durchstochene Granatapfel ein Hinweis auf den gekreuzigten Christus sein. Fische und Brot könnten als eucharistische Hinweise die Tradition von Johannes 21 aufnehmen.

Grabanlage mit jüdischen Ossuarien (Knochenkästen)

Ossuarium (Knochenkasten)

Die alten Grabanlagen (2. Jt.– 4. Jh.)
Im Umfeld von Dominus flevit fand man während der Ausgrabungen Grabanlagen, die bis ins 2. Jt. v. Chr. zurückreichen. Besonders beeindruckend war der Fund einer kanaanäischen Grabanalage aus der mittleren und späten Bronzezeit (1600–1200 v. Chr.) mit mehr als 2000 Gegenständen. In der frühjüdischen Zeit (2. Jh. v.– 2. Jh. n. Chr.) gab es dort ebenfalls zahlreiche jüdische und vielleicht sogar judenchristliche Grabanlagen. Die

jüdischen Grabanlagen bestanden meist aus einem zentralen Raum, in den verschiedene Stollengräber mündeten. Dort wurde der Leichnam bestattet, bis er verwest war. Anschließend nahm man die Gebeine heraus, legte sie in Knochenkästen, die so genannten Ossuarien, die dann ebenfalls in der Grabstätte bestattet wurden. So sparte man Platz und konnte ein Familiengrab sehr lange benutzen. Die Frage, ob es hier auch judenchristliche Anlagen gab, ist nicht eindeutig zu beantworten, manches spricht jedoch dafür. Zumindest manche der dort auf Ossuarien gefundenen Symbole (z. B. das Chi-Rho-Zeichen als Abkürzung für Christus in Form der ersten beiden, übereinander geschriebenen griechischen Buchstaben) können als Hinweis darauf gewertet werden, dass hier Christen, vielleicht auch Judenchristen bestattet wurden. Insgesamt wurde die Nekropole bis ins 3. und 4. Jh. genutzt, also sowohl in der römischen als auch in der beginnenden byzantinischen Zeit.

Gethsemane: Ort des Gebetes Jesu

Der »Garten« Gethsemane (Joh 18, 1) war vermutlich ein Landgut (Mk 14, 32), eine Ölbaumplantage am Fuße des Ölbergs, auf der östlichen Seite des Kidrontals. Der Name kommt von dem hebräischen Gat-Schemanim her, das so viel heißt wie »Ölpresse«. Es handelte sich um eine der vielen Plantagen, die es damals am Ölberg gegeben hat.

Der Ölberg: links die Kirche der Nationen (Gethsemane), in der Bildmitte die russische Maria-Magdalenenkirche, rechts oben Dominus flevit

Die theologische Bedeutung des letzten Gebets Jesu

In der neutestamentlichen Überlieferung ist der Garten Gethsemane von Bedeutung, weil Jesus dort seine letzten schweren Stunden verbracht hat, bevor er gefangen genommen und am folgenden Tag gekreuzigt wurde (Mk 14, 26 – 53; Mt 26, 30 – 57; Lk 22, 40 – 54; Joh 18, 1 – 14). Es ist der Ort, wo er mit seinem Gott gekämpft und gerungen hat, weil er schlimmstes Leid auf sich zukommen sah. »Meine Seele ist zu Tode betrübt.« (Mk 14,34) Jesus ist so sehr am Ende, dass er seinen Gott anfleht, ihm diese bittere Stunde zu ersparen. Dennoch ist er bereit, sich dem Willen Gottes zu beugen und den Leidenskelch aus seiner Hand zu nehmen: »Aber nicht, was ich will, sondern was du willst.« So erkennt Jesus im nahenden Tod schließlich den ihm von Gott bestimmten Weg und bereitet sich innerlich auf die letzte und größte Herausforderung seines Lebens vor.

Es ist ein sehr menschlicher Jesus, der uns hier vor Augen gemalt wird. Kein Jesus, der wie ein Gott über die Erde schritt, unangefochten von allen menschlichen Versuchungen, sondern ein Jesus, der versucht wurde »wie wir« (Hebr 4, 15 f.). Dennoch gab es etwas in ihm, dass ihm die Kraft gab, die Vollendung seines Lebens ganz und gar von Gott zu erwarten. Trotz des schmählichen Todes, den er auf sich zukommen sah, trotz der Tatsache, dass er sich das Kommen des Reiches Gottes – zumindest am Anfang seiner Verkündigung – wohl ganz anders vorgestellt hatte. Es ist dieses »etwas«, das

Alte Ölbaume im Garten Gethsemane

sich Christen von Anfang an nur so erklären konnten, dass Jesus aus einem besonderen göttlichen Geheimnis heraus lebte, aus einer einzigartigen Verbindung zu seinem Gott. Aber es bleibt deutlich: Auch Jesus musste kämpfen. Auch Jesus musste seinen Weg erst mühsam finden. Mag er auch schon länger geahnt haben, dass sein Leben so enden kann: Dass es tatsächlich so enden wird und Gott auf dieses Weise zu seinem Ziel kommen will, das wird ihm erst in seinen allerletzten Stunden aufgegangen sein.

Gethsemane und die »ecclesia elegans«
Man versteht, dass dieser Ort Christen schon früh bewegt hat, dass es ein Ort war, der besonders dazu angetan war, des Leidens und Betens Jesu zu gedenken. Als Egeria Ende des 4. Jh.s Jerusalem besucht, findet sie dort bereits eine Kirche vor. Sie erzählt, wie die Gläubigen am Gründonnerstag – nachdem sie zuvor schon einen langen Gottesdienst auf dem Ölberg (»Inbomon«) hinter sich gebracht hatten – von dort nach Gethsemane hinabsteigen: »Wenn die Hähne zu krähen beginnen, steigt man vom Inbomon mit Hymnengesang hinunter und gelangt zum Ort, wo der Herr gebetet hat, wie im Evangelium geschrieben steht: ›Und er entfernte sich etwa einen Steinwurf weit und betete‹. An diesem Ort ist nämlich eine vornehme Kirche (ecclesia elegans).« Es dürfte sich bei der »eleganten Kirche« um den byzantinischen Vorgängerbau der Kirche der Nationen handeln, dessen Mauern und Mosaike archäologisch nachgewiesen sind. Dies entspricht auch den frühen Zeugnissen (Hieronymus), obwohl manche Forscher die »elegante Kirche« auch mit der Eleona identifizieren oder mit einem Vorgängerbau von Dominus flevit. Egeria berichtet des Weiteren, wie man anschließend den Berg hinunterzieht und nach »Gessamani« gelangt, wo mehr als 200 Kerzen brennen und man unter großem Gebrüll und Geschrei die Stelle rezitiert, wo Jesu gefangen genommen wurde (Mk 14,43–52).

Innenraum der »Kirche der Nationen«

Die heutige Kirche und ihre Vorgängerbauten
Die heutige Kirche ist zwar etwas größer als die wahrscheinlich unter Theodosius I. (379–395 v. Chr.) gebaute »ecclesia elegans«, stimmt aber mit deren Grundausrichtung weitgehend überein. Anhand der in den Boden eingelassenen grauen Marmorplatten kann man

den Verlauf ihrer Mauern und Säulen gut verfolgen. Auch byzantinische Mosaikreste sind in den Seitenkapellen noch zu erkennen. Es handelte sich um eine dreischiffige Kirche (ca. 25,5 × 16,5 m) mit vorgelagertem Narthex und Atrium. Zentrum bildete – wie noch heute – die in der Apsis sich befindende Felsplatte, auf der Jesus sein Gebet verrichtet haben soll. Brandspuren deuten darauf hin, dass diese Kirche im 7. Jh. durch die Perser zerstört wurde. Spuren der im 12. Jh. neu erbauten und im 14. Jh. wieder zerfallenen Kreuzfahrerkirche (die südliche Seitenapside und einen Teil der zentralen Apsis) kann man südlich der Kirche der Nationen entdecken. Der Ort wurde auch in der darauf folgenden Zeit weiter von Pilgern besucht, aber erst 1924 wurde nach zuvor durchgeführten Ausgrabungen von Antonio Barluzzi wieder eine Kirche erbaut. Da 16 Länder zu ihrem Bau beigetragen haben, nennt man sie »Kirche der Nationen«. Die durch die violetten Fenster sehr dunkel gehaltene Kirche erzeugt bewusst eine düstere Stimmung. Der heilige Fels ist von einer eisernen Dornenkrone umgeben. Die Wandmosaiken in der Apsis zeigen den von Angst und Verzweiflung erfassten Jesus in der Mitte, den Verrat des Judas (links) und die göttliche Vollmacht Jesu über seine Feinde (rechts).

Das Mariengrab

Maria stand – historisch gesehen – ihrem Sohn eher skeptisch gegenüber. So geht aus Mk 3, 20 ff. klar hervor, dass die Jesusfamilie, Maria voran, Jesus für verrückt hielt. Erst nach dem Tode und der Auferstehung Jesu begannen die meisten der Familienmitglieder an ihn zu glauben. Jakobus, der Bruder Jesu, hat in der judenchristlichen Urgemeinde eine Führungsposition eingenommen und Maria wurde als Mutter des Herrn natürlich besonders verehrt. Es gibt allerdings nur eine neutestamentliche Stelle, die diese Zeit im Blick hat und Maria erwähnt. Dort heißt es:»Sie alle (die Jerusalemer Jesusgläubigen) verharrten dort einmütig im Gebet, zusammen mit den Frauen und Maria, der Mutter Jesu (Lk 1, 14).« Anscheinend ging Lukas davon aus, dass Maria in Jerusalem blieb, während spätere Traditionen voraussetzen, dass sie mit Johannes, dem »Lieblingsjünger«, nach Kleinasien (Ephesus) ging und dort starb.

Viel mehr zu berichten weiß eine Sammlung apokrypher Texte aus dem 4./5. Jh., die man

Eingang zum Mariengrab

ursprünglicher Eingang
zum Friedhof
Byzantinischer Eingang
Byzantinische Krypta
Grab aus 1. Jh. v. Chr.

Mihrab   Mariengrab
Byzantinischer Eingang
Familiengrab Baldwin II

| 10 m

Grundriss des Mariengrabs

Grab der Maria (hinter dem Altar)

unter dem Titel »Transitus Mariae« (Übergang, also Tod bzw. Himmelfahrt Marias) überliefert hat. Diese in unterschiedlichen Sprachen vorliegende Sammlung dürfte judenchristliche Traditionen enthalten, im Wesentlichen aber ein Zeugnis der Marienfrömmigkeit dieser Zeit sein. Nach einer Textfassung ist Maria in Jerusalem, und zwar auf dem Zion, im Beisein der Apostel entschlafen. Anschließend wurde sie ins Kidrontal gebracht, wo man sie begrub und von wo aus sie auch in den Himmel gefahren ist. Historisch sind diese Texte kaum auszuwerten. Fest steht jedoch, dass das heutige Mariengrab, durch das man über die mittelalterlichen Stufen hinabsteigt, in seinem Kern auf eine Grabanlage aus frühjüdischer Zeit zurückgeht. Theoretisch könnte es also durchaus der Ort sein, wo man Maria im 1. Jh. beigesetzt hat. Ähnlich wie in der Anastasis zeigt auch hier der archäologische Befund, dass man ein Grab dadurch besonders hervorgehoben hat, dass man es vom restlichen Felsen trennte. In jedem Fall ist bezeugt, dass hier eine besonders wichtige bzw. heilige Gestalt bestattet wurde.

Im 5. Jh. wurde an dieser Stelle eine erste kreuzförmige Kirche erbaut, deren östlicher Arm das Mariengrab enthielt. Diese Kirche wurde vermutlich im 6. Jh. mit einem prächtigen Überbau versehen, der jedoch schon bald dem Persereinfall zum Opfer fiel. Unter dem Patriarchen Modestus (7. Jh.) wurde die Kirche in ihrer doppelstöckigen Form hergestellt, bis die Oberkirche erneut zerstört und in der Kreuzfahrerzeit ein letztes Mal erneuert wurde. Nach der dritten Zerstörung durch Saladin im 13. Jh. blieb bis auf den heutigen Tag nur noch die Unterkirche bzw. die Krypta erhalten. Dass immerhin diese noch existiert, verdanken wir den Muslimen, die Maria ebenfalls verehren.

Zumindest kurz soll noch auf die Grotte des Verrats (ca. 19 × 10 m groß) hingewiesen werden, deren Eingang rechts des Mariengrabes zu finden ist. Diese Grotte war im 6. Jh. einer von drei Orten, an denen man das letzte

Abendmahl Jesu verehrte. Erst zwischen dem 6. und 10. Jh. wurde hier auch der Verrat lokalisiert, der anfangs vermutlich westlich von Gethsemane im Talgrund lokalisiert wurde. In byzantinischer Zeit diente die Höhle – wie die zahlreichen Schachtgräber zeigen – als Begräbnisstätte.

Bethanien und Betfage

Beide Orte liegen zwar nicht auf dem traditionellen Ölberg, sondern am südöstlichen Rand desselben, gehören biblisch-theologisch und topographisch aber fest zu den mit dem Ölberg verbundenen Jesustraditionen. Wie bereits erwähnt, spricht manches dafür, dass Jesus, wenn er in Jerusalem war, bei Freunden in Bethanien untergekommen ist. Das ist jedenfalls dann so, wenn man kleine Anmerkungen, dass er in Bethanien übernachtet hat (Mk 11, 11; Mt 21, 17), mit seiner Freundschaft zur Lazarus und dessen Schwestern kombiniert. Wenn dem so war, dann hatte Jesus in dem ca. 3 km von Jerusalem entfernten Bethanien eine günstige Ausgangsbasis für sein Wirken in Jerusalem.

Leider ist Bethanien heute aufgrund der Errichtung der mitten durch Ostjerusalem hindurchgehenden Trennmauer nicht mehr auf direktem Weg zu erreichen. Man muss mit einem Scheruttaxi vom arabischen Busbahnhof um Ostjerusalem herumfahren und kommt dann von Osten über Maaleh Adumim nach El-Azarieye, wo das einstige Bethanien lag.

Zwei in Bethanien lokalisierte neutestamentliche Geschichten

Zwei biblische Geschichten werden in Bethanien lokalisiert: die Salbung Jesu im Haus Simons (Mk 14, 1–9; vgl auch Joh 12, 1–8) und die Totenauferweckung des Lazarus (Joh 11). Vor allem letztere ist eine eigenartige Geschichte. Nicht nur, weil kritische Geister daran zweifeln, dass Jesus Tote auferweckt hat, sondern auch, weil man sich fragen kann, was das Ganze für einen Sinn haben soll: Früher oder später muss Lazarus ja doch sterben. Nun steht allerdings auch nicht das Schicksal des Lazarus im Zentrum, sondern der Schmerz und die Trauer von Maria und Martha. Man gewinnt den Eindruck, dass die Schwestern zwar theoretisch

Das Lazarusgrab

an die Auferstehung glauben (11, 24), aber dass dieser Glaube angesichts der grausamen Wirklichkeit des Todes nicht wirklich trägt. Sie müssen die lebenschaffende Macht Gottes konkret erfahren, und vielleicht ist das dann auch der Clou der Geschichte: Der Evangelist macht deutlich, dass der, der an Jesus glaubt, schon jetzt etwas von der Wirklichkeit des lebendigen Gottes erfahren kann, so dass aus blindem Glauben ein sehender, ein mit Erfahrung gesättigter Glaube werden kann. Beeindruckend ist auch, dass Lazarus mit Leinen umwickelt aus dem Grab herauskommt. Soll damit auf einer symbolischen Ebene deutlich gemacht werden, dass es vieles gibt, was uns bindet und einschnürt, uns die Lebenskraft nimmt und uns so – schon mitten im Leben – mehr tot als lebendig sein lässt? Heißt die Botschaft deshalb: Schon jetzt im Leben kann Jesus uns von den Mächten des Todes befreien?

Die verschiedenen Kirchen Bethaniens
Archäologische Untersuchungen in der Nähe des Lazarusgrabes haben zweifelsfrei ergeben, dass es in Bethanien im 1. Jh. eine schon lange existierende jüdische Siedlung gab. An dem Ort, wo man die Totenauferweckung des Lazarus bis heute verehrt, wurden im Laufe der Zeit insgesamt vier Kirchen erbaut. Als Egeria das Heilige Land besuchte, im Jahre 384, bezeugt sie einen heiligen Ort, das Lazarium, aber noch keine Kirche. Kurz danach, Ende des 4. Jh.s, wurde die erste Kirche erbaut, eine der ältesten im Heiligen Land. Diese Kirche, von der man noch Mosaikreste in der modernen Kirche und im Vorhof sehen kann, scheint relativ bald durch ein Erdbeben zerstört worden sein, wurde aber im 5. oder 6. Jh. neu aufgebaut. Die dritte Kirche – eine Renovierung des byzantinischen Vorgängerbaus – stammt aus der Kreuzfahrerzeit und existierte bis ins 14. Jh., wobei die Kreuzfahrer über dem Grab des Lazarus noch eine

Mosaikrest aus der ersten byzantinischen Kirche

zweite zusätzliche Kirche erbauten. In den ersten beiden Kirchen hatte man über das Atrium und einen kleinen Tunnel einen direkten Zugang zum Lazarusgrab. Später wurde der Eingang in eine Moschee integriert. Die heutige Franziskanerkirche stammt aus dem Jahre 1954 und wurde von Antonio Barluzzi erbaut. Das Lazarusgrab ist direkt von der Straße aus zugänglich. Man steigt durch einen relativ kleinen Eingang über 20 Stufen hinab, um sich anschließend in die eigentliche Grabkammer hineinzuzwängen.

Betfage

Ein weiterer Ort, der in der neutestamentlichen Tradition von Bedeutung ist, ist Betfage. Das Dorf, das ungefähr zwischen Bethanien und der eigentlichen Ölbergkuppe liegt, wird im Zusammenhang mit dem messianischen Einzug Jesu nach Jerusalem erwähnt (Mk 11, 1–11). Jesus schickt seine Jünger in ein Dorf, vielleicht nach Betfage, wo sie einen dort angebundenen Esel für seinen Einzug nach Jerusalem holen sollen. Die Erzählung macht deutlich: Gott hat alles unter Kontrolle. Alles ist vorbereitet, so dass das, was nun Schreckliches passiert, kein tragischer Unglücksfall der Geschichte ist, sondern der von Gott für Jesus bestimmte Weg. Anschließend reitet Jesus auf dem Esel

Eingang zum Lazarusgrab

nach Jerusalem ein und die Menschen rufen ihm zu: »Hosanna! Gesegnet sei der, der da kommt in dem Namen des Herrn! Gesegnet sei das Reich unseres Vaters David, das nun kommt. Hosanna in der Höhe.« Wenn es diesen Einzug tatsächlich so gegeben hat, dann darf man sich nicht vorstellen, dass ganz Jerusalem Jesus zugejubelt hat. Es werden nur einige Anhänger gewesen sein. Theologisch relevant ist der Esel: Er galt einerseits als königliches, ja als messianisches Reittier (Sach 9,9–10), andererseits drückt er Demut und Bescheidenheit aus. Vielleicht wollte Jesus, der sich – um dem zelotischen Missverständnis zu wehren – nie offiziell als Messias bezeichnet hat, durch diese Zeichenhandlung ausdrücken, wie er sein Messiasamt versteht: nämlich als eines des Dienstes und nicht der Herrschaft.

Es gab bereits im 6. Jh. eine Kirche, in der man dieses Ereignisses gedachte. Im 12. Jh. erwähnt Theoderich einen Quader, von dem aus der Herr den Esel bestiegen haben soll. Diesen Quader hat man zufälligerweise gefunden. Er steht heute in der Kirche der Franziskaner. Auf diesem Quader kann man verschieden Szenen sehen, die alle auf dem Ölberg spielen: die Auferweckung des Lazarus, Jesus und Maria, das Losbinden des Esels und Jesu messianischen Einzug nach Jerusalem am Palmsonntag.

Weitere biblische Orte Jerusalems in Stichworten

Jaffator – Zitadelle – Palast von Herodes d. Gr.
Der Komplex der Zitadelle am heutigen Jaffator stammt wie die Stadtmauer aus dem 16. Jh. und wurde von Suleiman dem Prächtigen erbaut. Die Zitadelle steht an dem Ort, wo es seit dem 2. Jh. v. Chr. – und vielleicht schon früher – eine Stadtmauer gab und wo Herodes d. Gr. drei Türme in Erinnerung an seinen Freund Hippikus, seinen Bruder Phasael und seine Frau Mariamne errichtete. In dem archäologischen Park innerhalb der Zitadelle sind noch herodianische Mauerreste und ein beeindruckendes Stück des Phasaelturms zu besichtigen. Aber auch abgesehen davon ist die Zitadelle einen Besuch wert: nicht nur, weil man von ihrem Turm aus einen großartigen Blick über den westlichen Teil Jerusalems und die Altstadt hat, sondern noch mehr, weil das dort befindliche Museum einen wunderbaren Überblick über die Geschichte Jerusalems bietet und anhand von Rekonstruktionen vieles anschaulich macht.

Innerhalb der Stadtmauer erstreckte sich südlich des Jaffatores einst der Palast von Herodes d. Gr. Er reichte weit ins armenische Viertel hinein. Nachdem Judäa direkt unter römische Herrschaft gekommen war (6. n. Chr.), also während der Zeit der Statthalter, werden die Statthalter auch in diesem Palast residiert

Zitadelle am Jaffator

haben, wenn sie von ihrem Wohnsitz in Cäsarea am Meer herauf nach Jerusalem kamen.

Jakobuskathedrale

Im armenischen Viertel liegt die von den Kreuz-fahrern im 12. Jh. erbaute Jakobuskathedrale. Sie ist dem Gedenken an zwei Jakobi gewid-met. Der erste Jakobus ist der Jünger Jesu, den Herodes Agrippa I. (44 n. Chr.) töten ließ (Apg 12, 1–2).

Ausgrabungen innerhalb der Zitadelle

Er wird im Neuen Testament im-mer zusammen mit seinem Bruder Johannes erwähnt und scheint zusammen mit diesem und Petrus einen Dreierkreis gebildet zu haben, der innerhalb der Jüngerschaft in einem besonders vertrauten Verhältnis zu Jesus stand. Dieser Dreierkreis war bei besonders wichtigen Ereignissen im Leben Jesu zugegen (Mk 5, 37; Mk 9, 2). Der andere ist Jakobus, der Bruder Jesu. Er kam erst nach der Auferstehung Jesu zum Glauben an Jesus, hatte dann aber bald eine zen-trale Position in der Jerusalemer Urgemeinde inne (s. z. B. Gal 2, 9; Apg 15) und wurde später als erster Bischof Jerusalems betrachtet. Er war selbst bei nicht an Christus glaubenden Juden aufgrund seines Gesetzesgehorsams äußerst beliebt, so dass es zu großen Protesten kam, als der amtierende Ho-hepriester ihn im Jahr 62 n. Chr. – ohne römische Erlaubnis und bei einem Wechsel in der Statthalterschaft – hinrichten ließ.

Die armenische Jakobuskathedrale war zuerst dem Jünger Jesu gewidmet, im 15. Jh. kam dann das Gedenken an den Bruder Jesu hinzu. Sein Grab wird unter dem Altar verehrt. Bei Jakobus, dem Herrenjünger, teilt man sich die Ehre mit Santiago de Compostella: In der Jerusalemer Kirche soll unter dem Altar der nördlichen Kapelle sein Haupt aufbewahrt sein, in Santiago der restliche Körper.

Der neue Zion

Der direkt vor dem Zionstor gelegene Südwesthügel Jerusalems gilt heute als »der Zionsberg«. Historisch betrachtet ist das natürlich falsch. Der Zion war ursprünglich in der Davidsstadt (»Festung Zion«, 2 Sam 5, 7) und »wanderte« in salomonischer Zeit auf den Tempelberg, war ursprünglich also der höchste Ort innerhalb der jeweiligen Stadt. Später wurde ganz Jerusalem als von Gott erwähltes heilsgeschichtliches Zentrum der Welt verstanden. In diesem symbolischen Sinn stand Jerusalem/Zion nun »über« den Völkern (Jes 60 f.). Bereits Josephus war historisch nicht mehr richtig informiert und ging davon aus, dass sich der ursprüngliche Zion auf dem Westhügel, also dem heutigen Zionsberg, befindet. Die Christen übernahmen diese Anschauung. Freilich lokalisierten sie auf dem Zion die Geburtsstunde der Kirche (Pfingstereignis) und betrachteten sich als die Repräsentanten des neuen, des wahren Zion.

Das Davidsgrab

Nicht nur der Zion ist gewandert, sondern auch das Davidsgrab. Es muss sich ursprünglich irgendwo in der Davidsstadt befunden haben. Ab dem 4. Jh. wurde es in Bethlehem verehrt (bei Muslimen bis ins 14. Jh.), bis man dann vom 10. Jh. an in der jüdischen und christlichen Tradition zunehmend davon ausging, dass das Grab natürlich auf dem Zion sein muss, also auf dem Westhügel.

Das Davidsgrab ist heute eine Synagoge. Der große Steinsarg stammt von den Kreuzfahrern, die mit der Aufstellung dieses Kenotaphs (Leersarg) die schon vorher vorhandene Tradition vom Davidsgrab verfestigt haben. Aus neutestamentlicher Perspektive ist aufschlussreich, dass der israelische Ar-

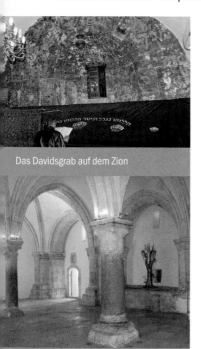

Das Davidsgrab auf dem Zion

Der Abendmahlssaal

chäologe Pinkerfeld nach der Explosion einer Mörsergranate im Jahr 1951 Grabungen vor der hinter dem Kenotaph sich befindenden Nische durchführen konnte. Er drang dabei über eine byzantinische und frührömische Schicht bis zu einem Steinboden aus dem 1. Jh. vor. Dort gefundene christliche Graffiti aus dem 2. Jh. bezeugen, dass es sich um eine kleine (juden-) christliche Kirche aus dem 2./3. Jh. handelt. Die nach Norden ausgerichtete Nische könnte bewusst auf den Ort von Kreuzigung und Auferstehung hin orientiert worden sein. In diesem auch literarisch (Epiphanius) bezeugten Kirchlein wurde die Versammlung der Urgemeinde nach der Himmelfahrt Jesu und die Ausgießung des Heiligen Geistes lokalisiert, später auch die Feier des letzten Abendmahls.

Der Abendmahlssaal

Direkt über dem Davidsgrab, im »Obergemach«, befindet sich der Abendmahlssaal, den wir nur von einem Zugang außerhalb der

Synagoge erreichen können. Er wurde von den Kreuzfahrern im 13. Jh. in frühgotischem Stil erbaut und – wie die Gebetsnische zeigt – ab dem 16. Jh. auch als Moschee genutzt.

Die verschiedenen Kirchen auf dem Zion
Die erste hier erbaute byzantinische Kirche stammt von Theodosius I. und war eine oktogonale Memorialkirche. Im 5. Jh. wurde dann eine fünfschiffige Basilika erbaut, die vermutlich das alte Kirchlein (Davidsgrab) in ihrem südöstlichen Teil mit einschloss. Diese Kirche galt als »Zion, Mutter aller Kirchen«. Die dritte Kirche war die Kreuzfahrerkirche, die ebenfalls das Davidsgrab in ihren Mauern barg. Heute steht etwas westlich davon die Hagia Maria Sion (Dormition Abbey: Ort eines Benediktinerordens), in deren Kellergewölben man bei Ausgrabungen einige wenige Relikte dieser

Die von Wilhelm II. erbaute Hagia Maria Sion

Kirchen entdeckt hat. Die Hagia Maria Sion ist eine Anfang des 20. Jh.s in wilhelminischem Stil erbaute Rundkirche, in deren Krypta man des Entschlafens Marias gedenkt.

Wenn man nach der Ursprünglichkeit der am Zion verehrten neutestamentlichen Traditionen fragt, dann ist zumindest möglich, dass sich hier ursprünglich – am Flecken des alten Kirchleins – ein mit der Geschichte der Urgemeinde verbundener Ort befand. Ob allerdings das Pfingstereignis hier stattfand, ist fraglich. Auch die Abendmahlstradition dürfte erst vom 5. Jh. an an diesem Ort verehrt worden sein, wobei sie zeitgleich auch in der Eleona und in der Verratsgrotte bei Gethsemane haftete.

Das Essenertor
Südlich der Hagia Maria Sion hat man ein kleineres Tor gefunden, das das bei Josephus erwähnte Essenertor sein dürfte. Kontrovers diskutiert wird bis heute, ob es auf dem »Zion« zur Zeit Jesu ein Essenerviertel gab. Das ist im Prinzip möglich, da die Essener nach Josephus nicht nur am Toten Meer (Qumran), sondern auch in den Dörfern und Städten lebten. Es könnte aber auch so geheißen haben, weil es zu essenischen Siedlungen in der Wüste führte.

Treppe aus herodianischer Zeit

Die Grotte, in der Jesus ausgepeitscht wurde, oder ein Vorratsraum?

Blick in das Hinnomtal

St. Peter in Gallicantu (zum Hahnenschrei)

Nicht weit von der Hagia Maria Sion entfernt, auf der südlichen Seite der um die Altstadt herumführenden Straße, liegt der Eingang zu St. Peter in Gallicantu. Dort wird des Verhörs Jesu vor dem Hohenpriester Kaiaphas (Mk 14, 53) gedacht und der Verleugnung des Petrus (Mk 14, 66 – 72). Nun bezeugen die Grabungen zwar, dass es sich hier um ein im 1. Jh. dicht bebautes Stadtviertel handelt (Höhlen, Zisternen etc.) – vor allem die ans Tageslicht geförderte, vom Siloahteich heraufkommende Treppe ist beeindruckend –, doch ansonsten deutet archäologisch nichts darauf hin, dass hier der (auch im armenischen Viertel verehrte) Palast des Kaiaphas stand. Es dürfte sich um einen reinen Ort des Gedenkens handeln, der allerdings bereits im 4. Jh. existierte, auch wenn erst im 5./6. Jh. eine byzantinische Kirche erbaut wurde. Eine weitere Kirche errichteten die Kreuzfahrer.

Die heutige Kirche ist dreistöckig und wird von oben her begangen. Der zweite Stock (Unterkirche) liegt auf der Ebene der byzantinischen Kirche und führt zu einer in der Krypta verehrten Grotte, wo Jesus der Tradition nach ausgepeitscht wurde. Das Neue Testament weiß allerdings nichts von einer Auspeitschung Jesu im Haus des Hohenpriesters und der archäologische Befund deutet eher darauf hin, dass es sich um Vorratsgrotten handelt.

Das Hinnomtal

Von St. Peter in Gallicantu, aber auch von der nach Westen führenden Straße hat man einen schönen Blick auf das mit gar nicht so schönen Traditionen assoziierte Hinnomtal. Dieser

Ort war bereits im Alten Testament äußerst negativ besetzt, weil hier in der Königszeit dem kanaanäischen Gott Moloch Kinderopfer dargebracht worden sein sollen (2 Kön 16, 3; 21, 6). Eine Praxis, die Gott durch den Mund des Jeremia scharf kritisiert: »und haben die Höhen des Tofet im Tal Ben-Hinnom gebaut, um ihre Söhne und Töchter zu verbrennen, was ich nie geboten habe und mir nie in den Sinn gekommen ist.« (Jer 7, 31) Diese Kinderopfer führten dazu, dass das Hinnomtal zu guter Letzt der Hölle ihren Namen gab. Aus dem Hinnom wurde die Gehenna, die Hölle. Dazu passt natürlich auch die christliche Tradition von Judas, der sich im Tal mit dem durch seinen Verrat erworbenen Geld einen Acker gekauft haben soll: »Der hat einen Acker erworben mit dem Lohn für seine Ungerechtigkeit. Aber er ist vornüber gestürzt und mitten entzwei geborsten, so dass alle seine Eingeweide hervorquollen.« (Apg 1, 18) Seit byzantinischer Zeit wird der Blutacker (Akeldama) im Hinnomtal »verehrt«. Heute steht an diesem Ort ein griechisch-orthodoxes Nonnenkloster. Auf dem Klostergelände und darum herum entdeckte man viele frühjüdische Gräber, vielleicht sogar das des auch im Neuen Testament erwähnten Hohenpriesters Hannas und seiner Familie (Lk 3, 1 f.; Joh 18, 13 – 24; Apg 4, 5 – 6).

Das Kidrontal

Das hervorstechendste Kennzeichen des Kidrontals sind seine Monumentalgräber, die aufgrund der mit dem Ölberg verbundenen endzeitlichen Traditionen errichtet wurden. Am prächtigsten ist das im nördlichen Teil gelegene Absalomgrab, das zwar nach dem Sohn Davids benannt wurde, aber aus dem 1. Jh. v. Chr. stammt. In der byzantinischen Tradition wurde es, wie eine kürzlich entdeckte Inschrift zeigt, als Grab des Zacharias, des Vaters von Johannes dem Täufer, verstanden. Daneben befindet sich die Grabanlage einer Jerusalemer Priesterfamilie (Bene Hesir, 2. Jh. v. Chr.). Die Säulen der Fassade sind im dorischen Stil gehalten. Die Christen verehrten es als Grab von Jakobus, dem Herrenbruder. Die südlich gelegene Grabanlage mit dem pyramidenförmigen Dach ist mit verschiedenen biblischen Namen verbunden (Joseph, Jesaja, Sacharja), wurde aber nie vollendet.

Frühjüdische Monumentalgräber im Kidrontal

IX. Der Süden des Landes

Wüste Juda

Bethlehem und Umgebung

Einleitung

Bethlehem liegt etwa 12 km südlich von Jerusalem. Es gehört heute zu den autonomen palästinensischen Gebieten der Westbank und ist durch »die Mauer« von Jerusalem abgetrennt. Der Zugang über den wie ein Hochsicherheitstrakt befestigten Checkpoint ist für touristische Reisegruppen völlig unproblematisch. Nur als Einzelreisender muss man, wenn man mit dem Taxi oder dem Bus von Jerusalem kommt, aussteigen, zu Fuß durch die Schleuse gehen, um dann mit einem Bethlehemer Taxi oder Bus weiterzufahren. Bethlehem dürfte zu den am häufigsten besuchten Pilgerorten in der Westbank gehören, auch wenn die politische Situation immer wieder dazu führt, dass man die Stadt in spannungsreichen Zeiten meidet und damit die vom Tourismus abhängigen Bethlehemiten in große Nöte stürzt.

Bethlehem gilt als Geburtsort Jesu und war deshalb von frühester Zeit an eine Hauptattraktion für christliche Pilger. In byzantinischer Zeit gab es sogar eine Art Pilgerweg von Jerusalem nach Bethlehem, in dessen Nähe einige Klöster gegründet wurden und mancher heilige Ort verehrt wurde. Erst vor einigen Jahren hat man beim Bau der neuen Straße die Ruinen eines alten Klosterkomplexes freigelegt. Es scheint sich um das Kathismakloster zu handeln, das vermutlich im 5. Jh. an dem Ort erbaut wurde, an dem nach dem Protoevangelium des Jakobus Joseph und die schwangere Maria eine Rast eingelegt haben. Maria soll sich dabei auf einem Felsen niedergelassen haben, und tatsächlich fand man in der Mitte der oktogonalen Kirche einen Felsen. In Bethlehem selbst ist natürlich die Geburtskirche der wichtigste heilige Ort, gefolgt von den zahlreichen Hirtenfeldern in der näheren Umgebung.

Bethlehem im Alten Testament

Bethlehem wird im Hebräischen meist als »Bet-Lechem«, als »Haus des Brotes« gedeutet, auch wenn dies nicht die ursprüngliche Bedeutung war. Bethlehem war in alttestamentlicher Zeit eher ein Dorf als eine Stadt, jedenfalls ein Ort ohne große Bedeutung. In der Bibel begegnet es in verschiedenen legendarischen Geschichten (Ri 12, 8 – 10; 17, 7 – 9; 19) aus der Richterzeit (12./11. Jh.). Es war das Siedlungszentrum einer Sippe, die im Alten Testament »Efratiter« genannt werden (1 Sam 17, 12).

Berühmt wurde Bethlehem, weil es die Geburtsstadt Davids, des größten und bedeutendsten Königs Israels war. Nicht Bethlehem hat David groß gemacht, sondern David Bethlehem. Freilich, viel mehr, als dass David aus Bethlehem stammt, viele Geschwister hatte und sein Vater Isai hieß, weiß man über die Beziehung zwischen David und seiner Heimatstadt auch nicht zu sagen. Die Geschichte von der Salbung Davids in Bethlehem durch Samuel (1 Sam 16, 1–13) mag die eine oder andere historische Erinnerung enthalten, ist als Ganzes jedoch eine späte Legende, um das Königtum Davids göttlich zu legitimieren. Auch wie und warum David an den Hof Sauls kam, lässt sich nicht mehr mit Sicherheit eruieren (vg. dazu 1 Sam 16, 14–23; 1 Sam 17). Fest steht nur, dass nach dem endgültigen Zerwürfnis mit Saul und dessen Tod David zuerst zum König von Juda und später von den nördlichen Stämmen zum König über Israel gewählt wurde. Bethlehem hatte von beidem keinen Nutzen. Denn zuerst regierte David in Hebron und später machte er Jerusalem zu seiner Hauptstadt.

Besonders anrührend ist die Geschichte von Noomi und Ruth, die zum größten Teil in der Umgebung von Bethlehem spielt. Sie ist zwar erst in nachexilischer Zeit entstanden, enthält aber viele alte Überlieferungen und ist in der Richterzeit, wo sie der Autor des Buches Ruth spielen lässt, gut vorstellbar.

Elimelek und Noomi wandern mit ihren beiden Söhnen während einer Hungersnot nach Moab aus. Die Söhne heiraten moabitische Frauen. Elimelek stirbt, schließlich auch die beiden Söhne. Noomi beschließt daraufhin nach Bethlehem zurückzukehren. Eine der beiden verwitweten Schwiegertöchter kehrt zu ihrer Familie zurück. Ruth jedoch will Noomi nicht verlassen, sondern mit ihr in ihre Heimat gehen. In diesem Zusammenhang fallen die bekannten Worte: »Wo du hingehst, will ich auch hingehen ... Dein Volk ist mein Volk und dein Gott ist mein Gott« (1, 16). In Bethlehem heiratet der reiche Boas schließlich die treue Ruth, so dass dem Elimelek doch noch Nachkommen erweckt werden und die Geschichte ein schönes Happy End bekommt.

Aufschlussreich ist auch, dass in 1 Chr 2, 5–15 die nichtjüdische Moabiterin Ruth einen Platz in der Genealogie des Königs David bekommt – und im Neuen Testament innerhalb des Stammbaums des Messias (Mt 1, 5). So enthält das Buch Ruth viele Themen: Es erzählt von der grenzüberschreitenden Kraft des Glaubens, von der Überwindung von Fremdenfeindlichkeit, von Liebe und Treue und – nicht zu vergessen – von einem Gott, der hinter den Ereignissen seine Fäden zieht und so alles zu einem guten Ende bringt.

Kerzen in der Geburtskirche

Jesu Geburt in Bethlehem

Nach Matthäus und Lukas wurde Jesus in Bethlehem geboren, wobei sich beide im Detail in vielerlei Hinsicht voneinander unterscheiden. Nach Matthäus wohnten Maria und Joseph eine Zeit lang regelrecht in Bethlehem. Sie hatten dort sogar ein Haus! (Mt 2,11) Erst im Anschluss an die Flucht nach Ägypten (Kindermord des Herodes) flieht Joseph samt Familie aus Angst vor dem Herodessohn Archelaus nach Nazareth und lässt sich dort nieder. Deshalb geht auch Matthäus davon aus, dass Jesus in Nazareth aufgewachsen ist (13,53–58). Für Lukas dagegen ist von Anfang an klar, dass die Jesusfamilie in Nazareth ihr eigentliches Zuhause hatte. Joseph und Maria kommen deshalb aufgrund eines historisch zu dieser Zeit nirgends belegten Zensus nach Bethlehem, so dass die schwangere Maria Jesus »zufällig« in einer Bethlehemer Notunterkunft zur Welt bringt (Lk 2,6 f.).

Berücksichtigt man die Ungereimtheiten zwischen beiden Erzählungen und führt man sich des Weiteren die theologischen Interessen der Evangelisten vor Augen, dann liegt es nahe anzunehmen, dass sie die Geburt Jesu von Nazareth nach Bethlehem »verlegten«, um dadurch eine theologische Wahrheit zum Ausdruck zu bringen, nämlich dass Jesus der Messias Israels ist. Jedenfalls verheißt Micha 5,1, dass der zukünftige Herrscher Israels aus Bethlehem kommen wird, und wie es scheint hat diese Schriftstelle bereits damals in den jüdischen Diskussionen um die Herkunft des Messias eine bedeutende Rolle gespielt (vgl. Mt 2, 3–5):»Und du, Bethlehem Efrata, die du klein bist unter den Städten in Juda, aus dir soll mir der kommen, der in Israel Herr sei, dessen Ausgang von Anfang und von Ewigkeit her gewesen ist.« Bethlehem wäre also eine theologische, keine historische Ortsbestimmung. Natürlich kann niemand ausschließen, dass Lukas oder Matthäus historisch gesehen Recht haben, aber sehr wahrscheinlich ist dies nicht. Zu denken gibt vor allem, dass Johannes, der im Detail oft sehr zuverlässige historische Informationen bietet, in einem Streitgespräch (Joh 7, 40–43) die Juden sagen lässt, Jesus könne deshalb nicht der Messias sein, weil er aus Nazareth stamme. Hätte Johannes um eine Geburt Jesu in Bethlehem gewusst, dann hätte er sofort gekontert. Aber genau das geschah nicht. Die Geburt Jesu in Nazareth scheint eine Verlegenheit gewesen zu sein, mit der man irgendwie fertig werden musste. Wie freimütig man die historischen und literarischen Gegebenheiten an die eigene Glaubensüberzeugung anpasste, zeigt in treffender Weise Matthäus, in dessen »Zitat« aus Micha 1, 1 aus Bethlehem plötzlich eine »große« Stadt wird: »Und du, Bethlehem im jüdischen Lande, bist keineswegs die kleinste unter den Städten in Juda ...«. Man mag solche bewusst inszenierten historischen Ungenauigkeiten aus heutiger Perspektive kritisieren und den Evangelisten Unglaubwürdigkeit vorwerfen, man kann aber auch die Tiefe ihrer Glaubensüberzeugung bewundern, die sie dazu gebracht hat, das zu fokussieren, was für sie das Wesen von Geschichte ausmacht.

Vorplatz der Geburtskirche

Die Geburtskirche

Bereits in zwei christlichen Schriften des 2. Jh.s (Justins Dialog mit Tryphon; Protoevangelium des Jakobus) wird eine Höhle als Geburtsort erwähnt. Vermutlich wurde also bereits damals eine Höhle als Geburtsort verehrt. Spätestens im 3. Jh. war die Geburtsgrotte nach den Schilderungen des Origenes eine intensiv besuchte Pilgerstätte. Vielleicht war dies auch der Grund, warum man noch im 3. Jh. im Rahmen einer antichristlichen Maßnahme (Zeit der Christenverfolgungen!) aus der Grotte ein Adonisheiligtum machte.

Im Jahr 326 n. Chr. errichtete Kaiser Konstantin die erste Kirche über der Bethlehemer Geburtsgrotte. Auf diese folgte, nach einer Brandkatastrophe, Anfang des 6. Jh.s ein Neubau durch Kaiser Justinian. Wir befinden uns heute in der glücklichen Lage, dass diese zweite Kirche fast vollständig erhalten ist, so dass wir uns einen lebendigen Eindruck von einer großen byzantinischen Kirche jener Zeit verschaffen können. Und tatsächlich, obwohl vieles renovierungsbedürftig ist und das nötige Geld fehlt, vermittelt diese Kirche durch ihre schlichte Eleganz und ihre räumliche Geschlossenheit einen Eindruck altehrwürdiger Größe.

Wenn man heute vor der kleinen Pforte steht, die in die Kirche hineinführt, muss man sich bewusst machen, dass sich das einstige Atrium noch außerhalb der heutigen Mauer befand, eben dort, wo heute der große Vorplatz liegt. Man hat Reste des justinianischen Atriums unter dem heutigen Pflaster entdeckt und konnte den Umfang ungefähr ermitteln: 32 × 26 m. Allein schon diese enorme Größe lässt erkennen, dass die damaligen Pilgermassen gegenüber den heutigen Touristenströmen nur unbedeutend kleiner waren. Die Pforte wurde übrigens nicht deshalb so niedrig angelegt, um die eigene Demut zu trainieren – auch wenn man von der »Demutspforte« spricht –, sondern um berittene Eindringlinge am »Betreten« des Gotteshauses zu hindern.

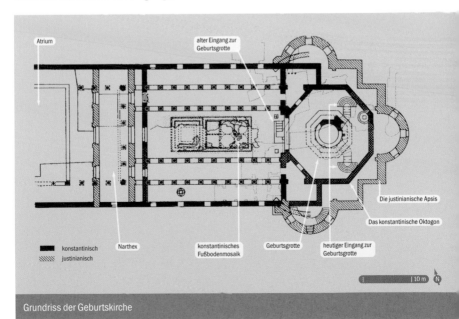

Atrium · alter Eingang zur Geburtsgrotte · Die justinianische Apsis · Das konstantinische Oktogon

konstantinisch · justinianisch · Narthex · konstantinisches Fußbodenmosaik · Geburtsgrotte · heutiger Eingang zur Geburtsgrotte · 10 m · N

Grundriss der Geburtskirche

Geburtskirche

Mosaikfußboden aus konstantinischer Zeit

Die heutige Pforte geht auf die mittlere Pforte der justinianischen Kirche zurück, die beiden seitlichen Pforten sind zugemauert.

Zuerst kommt man in den inzwischen durch verschiedene Mauern ziemlich zerstückelten und verbauten Narthex. Ist dieser durchschritten, dann steht man bereits in der etwas dunklen Basilika. Wenn man Glück hat, d. h. wenn nicht allzu viele Touristen in der Kirche sind, dann sollte man dort auch erst einmal eine Weile stehen bleiben und den phantastischen Blick in das ehrwürdige Kirchenschiff genießen. Der Umfang der justinianischen Basilika stimmt im Großen und Ganzen mit dem der konstantinischen Basilika überein, sogar die Säulen stehen am selben Ort. Im Original erhalten sind von der konstantinischen Basilika allerdings fast nur noch Reste von dem aus dem frühen 5. Jh. stammenden Mosaik (16,40 × 6,80 m). Man kann sie unter den aufgeklappten Holzverschlägen bestaunen: geometrische Formen, Akanthusblätter, Rosetten und Mäander. Ganz vorne, kurz vor dem Chor, befinden sind zwei kleine Mosaiken, in deren Mitte zur Zeit des Konstantin ein Eingang nach unten in die Geburtsgrotte führte. Auf einem dieser Mosaike kann man das griechische Wort Ichtys (= Fisch) lesen: ein altes christliches Zeichen, das die Anfangsbuchstaben von »Jesus Christus, Gottes Sohn, Erretter« enthält. Sehenswert sind die mittelalterlichen Wandmalereien auf den Säulen, wo Heilige, Könige und biblische Gestalten zu entdecken sind. Noch beeindruckender freilich sind die wunderschönen byzantinischen Mosaiken im oberen Teil des Hauptschiffes (12. Jh.). Im nördlichen Bereich sind die sieben ökumenischen Konzilien und verschiedene Landessynoden dargestellt, an der südlichen Seite der Stammbaum Jesu.

Die Geburtsgrotte

Einer der großen Unterschiede zwischen der konstantinischen und der justinianischen Kirche besteht darin, dass Konstantin über der Geburtsgrotte einen oktogonalen Bau errichtet hatte, während Justinian die heute noch erhaltenen mächtigen drei Apsiden anlegen ließ. In der Mitte des konstantinischen Oktogons gab eine ebenfalls oktogonale Steinbrüstung den Blick auf die mit einem Baldachin überspannte Geburtsgrotte frei. Man kann sich das ähnlich wie bei der neu erbauten Kirche über dem Petrushaus oder der Verkündigungskirche in Nazareth vorstellen. Vermutlich war dies auch noch in der Kirche Justinians so und erst später, zu einem nicht genau bekannten Zeitpunkt, wurde die Geburtsgrotte durch eine Mauer verschlossen.

Die Geburtsgrotte, zu der man durch die südliche justinianische Treppe hinabsteigen kann, gehört zu einem größeren Höhlensystem, das von der an die Geburtskirche nördlich anschließenden katholischen St. Katharinenkirche aus zugänglich ist. In der Geburtsgrotte selbst gibt es zwei kleinere »Grotten« bzw. Nischen.

In der zentralen Grotte befindet sich unter einem Altar ein silberner Stern, und zwar punktgenau an dem Ort, wo Jesus geboren worden sein soll: »Hic de virgine Maria Jesus Christus natus est.« »Hier wurde von der Jungfrau Maria Jesus Christus geboren.« Und wenn Jesus nun gar nicht in Bethlehem geboren wurde, sondern in Nazareth? Macht diese exakte Kartographierung dann noch Sinn? Ja, denn wichtig ist nicht, ob Jesus in Bethlehem oder in Nazareth geboren wurde, wichtig ist nur, dass er geboren wurde, dass es einen realen geschichtlichen Ort gibt, wo sich der Durchbruch zwischen Himmel und Erde ereignet hat. Der biblische Gott ist kein philosophisches Abstraktum. Er ist in seiner Liebe so konkret, dass er real in unsere menschliche Wirklichkeit hinein gekommen ist. Ohne diese Form von Örtlichkeit ist christlicher Glaube nicht zu haben.

Die andere Nische enthält eine aus Stein gehauene Krippe. Hieronymus berichtet davon, dass man bereits im 4. Jh. in der konstantinischen Basilika eine silberne Krippe gezeigt hat, durch die eine ältere und einfachere Ausführung ersetzt wurde. Dazu merkt er kritisch an:»O möchte es mir doch gestattet sein, jene Krippe zu sehen, in welcher der Herr einst lag! Jetzt haben wir Christen angeblich ehrenhalber die aus Lehm gefertigte Krippe entfernt und durch eine silberne ersetzt. Aber für mich ist jene, die man fortgeschafft hat, wertvoller. Die Heidenwelt erwirbt Gold und Silber; der christliche Glaube verdient jene Lehmkrippe. Derjenige, der in dieser Krippe geboren ist,

Die Geburtsgrotte

verschmäht Gold und Silber. Ich verachte nicht diejenigen, welche der Ehre wegen die silberne Krippe aufgestellt haben, wie ich auch diejenigen nicht verachte, die für den Tempel goldene Gefäße angefertigt haben. Aber ich bewundere den Herrn, der, obwohl Weltschöpfer, nicht zwischen Gold und Silber, sondern auf Lehm geboren wird.« (Bibliothek der Kirchenväter 15, 211) Wenn wir die Geburtsgrotte auf der anderen Seite wieder verlassen, dann können wir im Seitenschiff noch zwei wunderschöne mittelalterliche Mosaiken bestaunen (Erscheinung des Auferstandenen vor Thomas; Einzug Jesu nach Jerusalem), bevor wir die Kirche in der nördlichen Apside verlassen, um in die direkt angebaute Katharinenkirche zu gehen.

Das Höhlensystem der Katharinenkirche

Das Interessanteste an dieser Kirche ist das Höhlensystem, in das man von dort gelangen kann. Es ist mit der Geburtsgrotte verbunden, aber der Zugang zu ihr ist abgesperrt. In dieses Höhlensystem hat sich der Kirchenvater Hieronymus im 4. Jh. zurückgezogen, um dort den Rest seines bewegten Lebens, immerhin 34 Jahre, zu verbringen. Hieronymus ist heute vor allem deshalb bekannt, weil er die lateinische Bibelübersetzung, die Vulgata, geschaffen hat. Er war ein gelehrter Bibelexeget, ein theologischer Kämpfer und ein Freund und Gönner verschiedener römischer Damen, die sich in Palästina dem monastischen Leben hingaben. Insbesondere einer Patrizierdame namens Paula war er stark verbunden. In einer dieser Höhlen war er ursprünglich auch begraben. Heute ist das Grab leer, weil man seine sterblichen Überreste im 13. Jh. nach Rom brachte. Die Höhlenanlage als solche ist nachweislich seit der vorexilischen Zeit in Benutzung gewesen. Sie diente vor allem als Begräbnisplatz, wie die zahlreichen noch heute zu sehenden Gräber bezeugen. In einer Grotte gedenkt man der Ermordung der unschuldigen Kinder durch Herodes d. Gr. (Mt 2, 16 – 18).

Weitere Geschichte der Geburtskirche

Als die Perser das Land im Jahr 614 überfielen und viele christliche Kirchen verschonten, blieb die Geburtskirche erhalten. Nach einer alten und durchaus glaubwürdigen Überlieferung hängt dies damit zusammen, dass sich am

Eingang der Kirche ein Bild mit den drei Weisen befand, die als persische Magier bzw. Mithrapriester dargestellt waren und so die Perser davon abhielten, die Kirche zu zerstören. Heute befinden sich die Hauptteile der Kirche in griechisch-orthodoxem und armenischem Besitz, die direkt anschließende Katharinenkirche gehört den Franziskanern.

Die Milchgrotte, das Haus des Joseph und der Davidsbrunnen
In der Nähe der Geburtskirche kann man in der Grotte einer Kirche die *Milchgrotte* besichtigen. Dort soll Maria, die gerade beim Stillen war und von Joseph zum Aufbruch nach Ägypten gedrängt wurde, ein paar Tropfen Milch verloren haben. Dieser spätestens vom 7. Jh. an verbreiteten Legende geht aber schon eine ältere voraus, nach der sich hier das Wohnhaus der heiligen Familie vor der Flucht nach Ägypten befunden haben soll – eine Tradition, die heute vor allem mit dem nicht weit von der Milchgrotte entfernten *Haus des Joseph* verbunden ist. Auch in der Milchgrotte hat man die Grabstätte der von Herodes ermordeten unschuldigen Kinder verehrt. Mit der Erinnerung an David ist in Bethlehem heute nur noch der *Davidsbrunnen* verbunden, der aus drei Zisternen besteht. Dort soll David seinen übergroßen Durst gestillt haben (2 Sam 23,15 ff.).

Die Hirtenfelder in Bet Sahur
Lukas berichtet ausführlich über die in der Nähe von Bethlehem lagernden Hirten, denen der Engel die frohe Botschaft verkündigte:»Und es waren Hirten in derselben Gegend auf dem Felde bei den Hürden, die hüteten des Nachts ihre Herde. Und der Engel des Herrn trat zu ihnen, und die Klarheit des Herrn leuchtete um sie; und sie fürchteten sich sehr. Und der Engel sprach zu ihnen: Fürchtet euch nicht! Siehe, ich verkündige euch große Freude, die allem Volk widerfahren wird; denn euch ist heute der Heiland geboren, welcher ist Christus, der Herr, in der Stadt Davids ...« (Lk 2, 8 – 11) Diese stark legendarische Geschichte entzieht sich natürlich einer historischen Lokalisierung. Dennoch gibt es zwei traditionelle Orte, an denen sie kommemoriert wird: das griechisch-orthodoxe und das lateinische Hirtenfeld, beide in Bet Sahur. Die Verehrung am griechisch-orthodoxen Hirtenfeld dürfte ein wenig älter sein (Mitte des 4. Jh.s), aber auch das lateinische Feld ist nur unwesentlich jünger und in jedem Fall liegt es an einem sehr schönen Ort.

Am griechisch-orthodoxen Hirtenfeld hat man in den 1970er Jahren eine Kirche ausgegraben, deren ältester Teil aus einer mit einem Mosaik (frühes

5. Jh.) ausgestatteten Grotte besteht. Über dieser Grotte wurde im 5. Jh. eine zweistöckige Kirche errichtet, die vermutlich im 7. Jh. vergrößert und nach ihrer Zerstörung durch die Perser als Klosterkirche neu erbaut wurde.

Das lateinische Hirtenfeld war und ist ebenfalls Ort archäologischer Grabungen. Einfache Utensilien (Kochtöpfe, Lampen, Münzen aus der Zeit des jüd.-röm. Krieges), Ölpressen, ein Kolumbarium weisen in die Zeit des 1. Jh.s Hier könnten also tatsächlich im 1. Jh. Hirten gelagert haben. Im 4./5. Jh. gab es dort ein erstes Kloster, von dem jedoch kaum etwas zu erkennen ist. Das, was an Mauern und Räumen heute noch zu sehen ist – abgesehen von den Relikten des 1. Jh.s – stammt aus einem erst im 6. Jh. errichteten Kloster.

Das Herodeion

Einleitung
Ungefähr 7 km südöstlich von Bet Sahur befindet sich das Herodeion, das wie ein abgeschnittener Vulkankegel aussieht und eine von Herodes d. Gr. errichtete Festung war. Der Name ist hier wirklich Programm, denn Herodes ließ die Festung erbauen, weil dieser Ort für sein Leben entscheidende Bedeutung bekam. Als Herodes im Jahr 40 v. Chr. auf der Flucht vor den Parthern

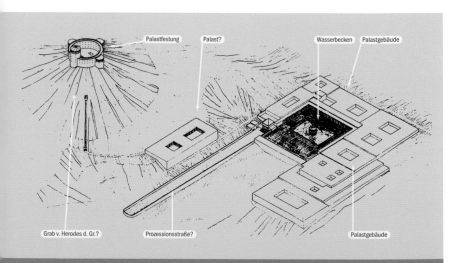

Die obere und untere Palastanlage des Herodeion

nach Masada war, kam es an diesem Ort zu einem Gefecht, bei dem es ihm schließlich gelang, die Oberhand zu gewinnen. Aufgrund dieser positiven Erinnerung ließ er den Hügel künstlich erhöhen und errichtete auf ihm eine Burg und einen Palast. Diese Palastfestung bildete mit den stattlichen Gebäuden des unteren Herodeion eine architektonische Einheit.

Später besetzten die Zeloten diesen Ort, wovon die in den Felsen geschlagenen unterirdischen Höhlen und Gänge noch beredtes Zeugnis ablegen. Es war die erste Festung, die die Römer nach dem Fall Jerusalems einnahmen, bevor sie sich das nicht weit davon entfernte Machärus vornahmen und – als größte Herausforderung – Masada. Auch im Bar Kochba-Krieg war das Herodeion ein Zentrum des bewaffneten Widerstands.

Ein Besuch lohnt in jedem Fall, schon deshalb, weil man von oben einen wunderbaren Blick über die judäischen Berge hat. Bei gutem Wetter kann man sogar den Ölberg, das Tote Meer und die jordanischen Berge sehen.

Die Palastfestung

Die Befestigungsanlage des Herodeion besteht aus einer doppelten Ringmauer, drei Halbtürmen und einem runden Turm, der in die Anlage hineinreicht. Neben einem rechteckigen Innenhof kann man heute noch die Überreste der Thermen, des Festsaals (Triklinium) und des dazwischenliegenden Hofes

Die verschiedenen Räume des herodianischen Palastes

bewundern. Interessant ist, dass man zahlreiche Ostraka gefunden hat, die das luxuriöse Leben der herodianischen Bewohnerschaft beschreiben. Sie zeugen vom Gefallen an der Poesie ebenso wie von den Freuden eines ausschweifenden sexuellen Lebens. Der Festsaal wurde erst von den Aufständischen des ersten oder auch zweiten jüdischen Krieges in eine Synagoge umgebaut. Auch die östlich des Festsaals angebaute Mikwe und andere nur schwer erkennbare Einbauten gehen auf die Zeloten zurück. Besonders beeindruckend ist es durch die unterirdischen Gänge zu gehen, die zum größten Teil auf die Kämpfer des zweiten jüdischen Aufstands zurückgehen. Man kann dieses System von oben nach unten durchwandern und kommt dann ungefähr auf halber Höhe wieder heraus, von wo ein Pfad zum Parkplatz zurückführt. Kurz bevor man das Tunnelsystem verlässt, kann man die riesigen herodianischen Zisternen bewundern. Einige Meter rechts vom Ausgang befindet sich der Ort, wo man erst kürzlich das Grab von Herodes d. Gr. entdeckt zu haben meint.

Das untere Herodeion

Steht man oben auf dem Herodeion, dann sollte man nicht vergessen, einen Blick auf die unteren, wesentlich größeren Palastanlagen zu werfen. Am beeindruckendsten ist das große Wasserbecken (69 × 45 m), das mit Gärten und Säulengängen umgeben war. Es diente vermutlich als Schwimmbecken, als Wasserreservoir und als Ort für Bootsfahrten – und das mitten in der Wüste. An seiner Südwestecke befand sich ein Badehaus. Das andere, südöstlich davon gelegene Gebäude scheint ein Palast gewesen zu sein. Eine langestreckte »Bahn« (350 m), an deren westlichem Ende sich ein monumentales Gebäude befand, könnte die Prozessionsstraße für die Beerdigung des Herodes gewesen sein. Auch nordöstlich des Beckens befanden sich einst große Gebäude. »Zu seiner Zeit stellte das Herodeion einen der größten Paläste in der griechisch-römischen Welt dar.« (Ehud Netzer)

Hebron

Einleitung

Hebron befindet sich 30 km südlich von Jerusalem mitten im judäischen Bergland (fast 100 m hoch), in einer wasserreichen und fruchtbaren Umgebung. Der Name bedeutet so viel wie »Bündnisort«, wobei die Stadt im Alten Testament an manchen Stellen auch Kiriat Arba genannt wird (z. B. Jos 14, 15). Das könnte »Stadt des Arba« oder auch »Stadt der

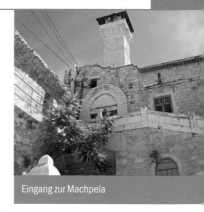

Eingang zur Machpela

Vier« bedeuten. Im ersten Fall würde es sich um eine uns unbekannte Person handeln, im zweiten Fall vermutet man, dass damit auf vier Stadtviertel oder vier Stämme angespielt sein könnte.

Die Stadt ist eng mit der Geschichte der Erzväter, der Landnahme und dem davidischen Königtum verbunden. Noch heute verehren Juden und Muslime dort die Patriarchengräber. Für Juden gehört die Stadt sogar zu den vier heiligsten Orten. Muslime, die aufgrund der koranischen Überlieferung vor allem Abraham verehren, nennen sie »El Chalil« (= der Freund), womit auf Abraham als Gottes Freund angespielt ist (Jes 41, 8). Hebron wird heute leider nur noch selten besucht, da die Stadt durch die dort lebenden jüdischen Siedler zu einem der konfliktträchtigsten Orte im Heiligen Land geworden ist. Dennoch lohnt ein Besuch. Die »Machpela«, der Ort der Patriarchengräber, ist ein beeindruckendes Monument mit einer langen Geschichte. Außerdem kann Hebron gerade aufgrund der dauernden Konflikte zwischen radikalen jüdischen Siedlern und der arabischen Bevölkerungsmehrheit nachdenklich machen. Es konfrontiert uns mit der traurigen Tatsache, dass Abraham, der eine verbindende Basis von Judentum, Christentum und Islam sein könnte, heute oft fundamentalistisch missbraucht wird, um eine Politik zu legitimieren, die des Gottes, der ihn zum Vater vieler Völker (1 Mose 17, 4) bestimmt hat, ganz und gar unwürdig ist.

Archäologischer Befund

Auf dem westlich der Altstadt liegenden Dschebel er-Rumede (»Berg des Ruinenhäufchens«) hat man Reste des bronzezeitlichen und eisenzeitlichen Hebron ausgegraben. Für die zweite Hälfte des 3. Jt.s ist bereits eine massive Stadtmauer nachgewiesen, in der Spätbronzezeit (15.–13. Jh. – Zeit der

»Landnahme«) war der Hügel anscheinend nicht mehr bewohnt. Erst im
11./10. Jh. finden sich wieder Besiedlungsspuren. Sie deuten darauf hin, dass
Hebron zur Zeit Davids ein unbedeutender Fleck war. Auf eine richtige Stadt
stoßen wir erst wieder im 8.–6. Jh v. Chr. Aus dieser Zeit stammen auch einige
interessante Funde: hunderte von Stempeln mit dem Ortsnamen Hebron und
einem zwei- bzw. vierflügligen Symbol. Diese Stempel, die die Aufschrift »für
den König« trugen, wurden benutzt, um Krüge zu kennzeichnen. Es handelte
sich um für den Königshof bestimmte Naturalabgaben (Öl, Wein und Getreide).

Geschichte und biblische Bedeutung

In den Erzvätererzählungen der Bibel hat Hebron vor allem als Ortsname Bedeutung. So wird berichtet, dass sich Mamre, ein altes mit der Abrahams-
überlieferung (z. B. 1 Mose 13, 18 oder 18, 1) verbundenes Heiligtum in der
Nähe von Hebron befindet. In 1Mose 23 wird erzählt, dass Abraham die
Höhle von Machpela käuflich als Bestattungsplatz für Sara erworben hat. Da
die Stadt nach der babylonischen Invasion im 6. Jh. nicht mehr zu Juda gehörte, sondern an die Idumäer fiel, erhebt der aus dieser Zeit stammende Text
(Priesterschrift) damit einen eindeutigen Besitzanspruch. Nach den Erzählungen der Genesis wurden schließlich auch noch Abraham (1 Mose 25, 9),
Jakob (1 Mose 49, 30) und Isaak (1 Mose 35, 27 ff.) in Hebron begraben.

Merkwürdig ist, dass im Zusammenhang mit der Landnahme der Israe-
liten Hebron als Stadt der Anakiter, als Stadt von »vorzeitlichen Riesen« in den
Blick kommt. So berichten die Kundschafter, die das verheißene Land vor der
Eroberung durch die Stämme auskundschaften sollten, von furchterregenden
Wesen, die den Israeliten große Angst einflößten (4 Mose 13, 21f. 28. 33). Es
ist zwar nicht ganz klar, worauf diese sagenhafte Erzählung von den einstigen
Einwohnern Hebrons zurückgeht, aber anscheinend machten die Einwohner
der mittelbronzezeitlichen Zeit auf andere mächtig Eindruck. Historisch betrachtet muss man sagen, dass Hebron zur Zeit der »Landnahme« – also in
der späten Bronzezeit – nicht nur nicht von »Riesen« bewohnt war, sondern,
wie der archäologische Befund erkennen lässt, überhaupt nicht mehr als befestigte Stadt existierte. Der Ort wurde deshalb auch nicht von »Israel« gewaltsam erobert, sondern hat aufgrund seiner zentralen und verkehrstechnisch
günstigen Lage mit der Zeit einfach eine gewisse Bedeutung für die dort lebenden Judäer bekommen.

Besonders wichtig wurde Hebron für David. Wenn Hebron in der jüdischen
Tradition als eine der ältesten Städte (so z. B. JosBell, 4, 530 f.) gilt, dann

sicher auch aufgrund dieser prominenten Persönlichkeit: Als erste Hauptstadt des größten Königs Israels kann die Stadt schließlich kein geschichtsloser und unbedeutender Ort sein. Sicher ist, dass man David hier zum König über Juda machte, nachdem er zuvor Macht und Einfluss in der Region gewinnen konnte. In einer Zeit akuter Bedrohung durch die Philister und aufgrund seines kämpferischen Rufs wird man ihn gerne zum König gemacht haben. Nach sieben Jahren Herrschaft über Juda wurde er auch

Die Machpela in Hebron

noch von den Nordstämmen zum König gewählt (2 Sam 2, 4b–7). Folge war, dass er seinen Regierungssitz nach Jerusalem verlegte und Hebron wieder ins Abseits der Geschichte geriet.

Nachdem Hebron in der vorexilischen Zeit fest zum Südreich Juda gehörte, ging es im 6. Jh. infolge der babylonischen Invasion an die Idumäer verloren. Erst durch Judas Makkabäus kam die Stadt im 2. Jh. wieder unter jüdische Herrschaft (1 Makk 5, 65) und wurde später durch Johannes Hyrkan zwangsjudaisiert. Seit dieser Zeit wird die Höhle von Machpela an der heutigen Stelle gezeigt, wobei nicht sicher ist, ob sie damals schon mit einem Gebäude überbaut war. Herodes d. Gr. ließ dort jedenfalls ein beeindruckendes Monument mit einer gewaltigen Umfassungsmauer errichten (JosBell 4, 531 f.), und dieses ist noch heute zu großen Teilen erhalten.

Nur einige wenige Hinweise zur späteren Baugeschichte: Im 6. Jh. wurde eine für Christen und Juden zugängliche Basilika mit vier Säulenreihen und einem ungedeckten Atrium errichtet. Die Christen verehrten hier – entgegen Jos 24, 32 – auch noch die Gebeine Josephs. Nach der muslimischen Eroberung wurde aus der Basilika eine Moschee. Die Kreuzfahrer haben in den Höhlen dann schließlich sogar Gebeine entdeckt, was das Pilgerwesen enorm steigerte und dazu geführt haben dürfte, dass man eine heute noch weitgehend erhaltene Kirche baute. Damals durfte man auch noch die unterirdische Höhle besuchen, was unter muslimischer Herrschaft dann strikt verboten wurde.

Die Machpela – das Heiligtum der Patriarchengräber
Der Ort der Patriarchengräber gleicht heute einem Hochsicherheitstrakt. Da Muslime und radikale jüdische Siedler Anspruch auf das Heiligtum erheben und es dort in der Vergangenheit immer wieder zu blutigen Auseinandersetzungen

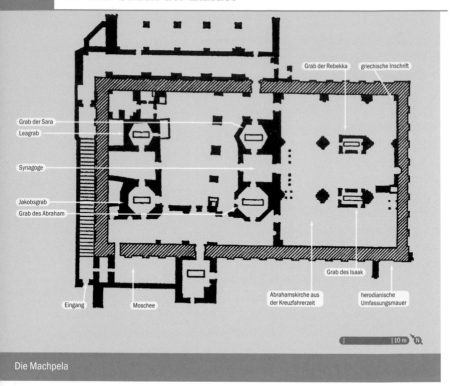

Grab der Rebekka — griechische Inschrift

Grab der Sara
Leagrab

Synagoge

Jakobsgrab
Grab des Abraham

Grab des Isaak

Abrahamskirche aus
der Kreuzfahrerzeit — herodianische
Umfassungsmauer

Eingang — Moschee

| 10 m | N

Die Machpela

kam, muss man zahlreiche Sicherheitskontrollen über sich ergehen lassen, bevor man das Innere betreten darf.

Das Heiligtum besteht aus einer mächtigen rechteckigen Umfassungsmauer (34 × 59 m), die eine Höhe von bis zu 20 m erreicht. Sie geht zum größten Teil auf Herodes d. Gr. zurück, der hiermit eines seiner beeindruckendsten Bauwerke in Palästina schuf. Im Innenbereich, der durch eine Mauer in ein kleineres und ein größeres Rechteck geteilt ist, finden wir Einbauten aus ganz unterschiedlichen Zeiten. Das kleinere Rechteck, das die Gräber von Isaak und Rebekka enthält, ist – wie die Kreuzrippengewölbe und die mächtigen Pfeiler schnell erkennen lassen –, im Wesentlichen mit der mittelalterlichen Abrahamskirche aus der Kreuzfahrerzeit identisch. In diesem Bereich befand sich ursprünglich auch die byzantinische Kirche, von der allerdings nicht mehr viel erhalten ist. Vor allem eine griechische Inschrift in der Ecke links der Gebetsnische erinnert noch an diese Zeit. Die Kenotaphe (Leergräber) selbst stammen aus dem 14. Jh. Das größere Rechteck hat in der Mitte einen Innenhof, um den herum die Kenotaphe von Abraham, Sara, Jakob und Lea angeordnet sind. Die verschiedenen Einbauten, heute unter anderem eine Synagoge und eine kleine Moschee, stammen ebenfalls aus dem 14. Jh.

Die Höhle von Machpela selbst darf nicht betreten werden, obwohl es nach wie vor mehrere Zugänge geben muss. Sicher ist, dass eine schmale Öffnung unter dem westlichen Baldachin der großen Moschee in die unterirdischen Räume führt. Aufgrund des Berichts eines kleinen Mädchens, das Mosche Dayan 1968 durch eine kleine Öffnung in diese Räume hinuntergelassen hat, befindet sich unter der Moschee in 10 m Tiefe ein 4 × 5 m großer Raum, an dessen einer Seite drei Stelen früharabischen Ursprungs stehen. Dieser Raum ist durch einen unterirdischen Gang mit einer zweiten Kammer verbunden, in der eine Treppe nach oben führt. Diese Beschreibung kommt grob mit einem mittelalterlichen Bericht überein, auch wenn davon auszugehen ist, dass es noch mehrere unterirdische Räume gibt.

Das Abrahamsgrab – Inschrift: »Abraham, unser Vater.«

Zumindest erwähnt werden soll hier noch, dass man gut drei Kilometer nördlich von Hebron einen kleinen ummauerten Bezirk (Ramet el-Chalil) ausgegraben hat, der eine byzantinische Kirche und islamische Bauten enthält. Dies scheint der Ort zu sein, wo man nach literarischen Quellen in frühjüdischer Zeit Mamre verehrt hat. Das wirkliche Mamre wird jedoch eher mit Chirbet Nimra zu identifizieren sein, das etwa einen Kilometer nördlich von Hebron liegt. Der Name erinnert an Mamre und auch der Grabungsbefund, der bis in die frühpersische Zeit zurückgeht, könnte dafür sprechen, dass sich hier einst das biblische Mamre befand.

Abraham, der Vater vieler Völker (Orthodoxe Kirche Kapernaum)

Beerscheba

Einleitung

Beerscheba (Brunnen des Schwurs, der Fülle oder der Sieben), heute eine Universitätsstadt von fast 200.000 Einwohnern, liegt am nördlichen Rand der Negevwüste, ca. 80 km südlich von Jerusalem und ca. 230 km nördlich von Elat, ungefähr in der Mitte zwischen Küste und Totem Meer. Im 19. Jh. war hier noch so gut wie nichts, zu Beginn des 19. Jh.s entstand eine bescheidene türkisch-osmanische Siedlung. Der eigentliche Aufschwung kam erst mit den Israelis, die dort Neueinwanderer aus zahlreichen Ländern ansiedelten.

Im Alten Testament gilt Beerscheba als ein wichtiger Wohn- und Aufenthaltsort der Erzväter (Abraham, Isaak und Jakob), aber auch als südliche Grenzstadt des Stammes Juda. Zwei Stätten sind für den biblisch interessierten Besucher von Bedeutung. Beide liegen direkt am sich in ostwestlicher Richtung erstreckenden Nachal Beerscheba: der östlich der modernen Stadt gelegene Tell (Tell es-Seba), der mit der alttestamentlichen Stadt aus der Eisenzeit zu identifizieren ist, und der sich westlich davon befindliche »Abrahamsbrunnen« (Bir es-Seba), um den herum sich einst eine Art Lagerplatz

Der Brunnen vor dem Tell: Abrahams Brunnen?

befand. Die Ruinenfelder, die viele Reisende in der Umgebung des Brunnens sahen, stammen im Wesentlichen aus der byzantinischen Zeit, wobei man auch Mauerreste aus der Eisenzeit gefunden hat. Der Brunnen selbst dürfte in seiner heutigen Form byzantinisch sein. Ein anderer, wesentlich älterer Brunnen (11. Jh. v. Chr.) – der eigentliche Abrahamsbrunnen? – befindet sich direkt vor den Stadtmauern des Tells.

Geschichte und Archäologie

Die ersten Siedlungsspuren (höhlenartige Behausungen) stammen aus dem Chalkolithikum (4. Jt. v. Chr). Sie finden sich vor allem im Bereich des Abrahambrunnens. Die auf dem Tell freigelegten Strata gehören zum größten Teil in die Eisenzeit (11.–6. Jh.), wo Beerscheba als südliche Grenzstadt des Stammes Juda einige Bedeutung erlangt hatte. Einige Mauerreste aus dem 10./9. Jh. könnten zu einem um einen freien Platz erbauten Häuserring (83 × 60 m) gehört haben: eine im Negev häufig nachgewiesene Siedlungsform. Im 9./8. Jh. ist dann bereits eine richtige, wenn auch immer noch relativ kleine Befestigung nachzuweisen, bestehend aus Vierkammertor, Außentor und einer massiven, durch einen Glacis geschützten Mauer. An die Stelle der

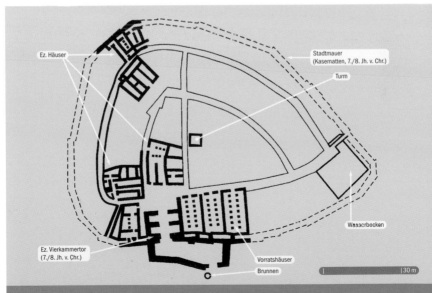

Ez. Häuser

Stadtmauer
(Kasematten, 7./8. Jh. v. Chr.)

Turm

Wasserbecken

Ez. Vierkammertor
(7./8. Jh. v. Chr.)

Vorratshäuser

Brunnen

30 m

Die Ausgrabungen auf Tell es-Seba

massiven Mauer trat dann später – 8. oder 7. Jh. – eine Kasemattenmauer. Auch die langgestreckten Pfeilerhäuser (17 m lang mit zwei Pfeilerreihen), vermutlich Vorratshäuser, stammen aus dieser Zeit. Besonders aufsehenerregend war der Fund mehrerer behauener Steine, aus denen man einen Hörneraltar rekonstruieren konnte. Diese Altarform wird im Alten Testament an mehreren Stellen erwähnt (z. B. 2 Mose 29, 12). Manche vermuteten, dass dieser Altar aufgrund der Kultreform des Königs Hiskija am Ende des 8. Jh.s abgebaut wurde. Tatsächlich kann man ein auf dem Altar eingeritztes Symbol als heidnisches Schlangensymbol deuten, und der biblische Bericht lässt keinen Zweifel daran, dass Hiskija die damals übliche Verehrung der ehernen Schlange (Nehuschtan) verbot (2 Kön 18, 4). Offen ist freilich, ob es sich auf dem Altar wirklich um ein Schlangensymbol handelt und wann genau der Altar verwendet wurde.

Aufschlussreich ist die Wasserversorgung. Es gab im nordöstlichen Bereich ein durch eine Treppe zugängliches Wasserreservoir. Dieses wurde von unter Steinplatten verborgenen Kanälen gespeist, die das Regenwasser dorthin leiteten. Nicht ganz sicher ist, ob Beerscheba wie Lachisch durch den assyrischen Feldherrn Sanherib im Jahr 701 v. Chr. zerstört wurde oder im 7. Jh.

Tell es-Sheba

noch weiter existierte. Heute tendiert man eher zu letzterer Auffassung. Es scheint sogar, dass noch eine Siedlung außerhalb der Mauern dazugekommen ist. Erklärt werden könnte dieser Aufschwung durch die Tatsache, dass die Assyrer – Juda war damals assyrischer Vasall – den Handel nach Arabien ausbauen wollten. Weitere Siedlungsreste stammen aus der persischen, hellenistischen, römischen und byzantinischen Zeit.

Beerscheba: Stadt der Erzväter und Grenzstadt Judas

Abrahams Präsenz in Beerscheba wird in der Bibel an mehreren Stellen erwähnt. Nach 1 Mose 21, 22–23 schließt er dort einen Vertrag mit dem Philisterkönig Abimelech, in dem es um Brunnenrechte geht, und anschließend wird erzählt, wie er eine Tamariske pflanzt und dort den Namen Jahwes, des »ewigen Gottes«, anruft (21, 33). Vorausgesetzt ist dabei immer, dass sich Abraham nur vorübergehend in Beerscheba aufhält. Eigentlich wohnt er in Gerar, wohin er nach seinem Aufenthalt in Mamre (siehe Hebron) gezogen ist. Erst nach der »Opferung« Isaaks (1 Mose 22) lässt er sich dauerhaft in Beerscheba nieder. Sara scheint übrigens von Anfang an in Mamre geblieben zu sein, wo sie dann auch stirbt, so dass Abraham erst von Beerscheba nach Hebron kommen muss, um sie zu begraben.

Auch die Geschichte Isaaks ist eng mit Beerscheba verbunden. Isaak, der zusammen mit seinem Vater Abraham in Beerscheba lebt (22, 19), sucht aufgrund einer Hungersnot Zuflucht in Gerar bei dem noch immer dort herrschenden Philisterkönig Abimelech. In ihm wiederholt sich in einem eigenartigen Parallelismus die Geschichte Abrahams: Aufenthalt in Gerar – erneuter »Umzug« nach Beerscheba – Vertrag mit Abimelech wegen der von Abraham gegrabenen Brunnen. Einziger Unterschied: Er ruft dort nicht nur den Namen Jahwes an, sondern baut in Beerscheba auch noch einen Altar. Auch von seinem Sohn Jakob wird berichtet, dass er in Beerscheba dem Gott seines Vaters ein Opfer darbrachte (1 Mose 46, 1).

Die Bibel erzählt Geschichte in einer für uns Heutige oft eigenartigen Form. Wenn hier davon die Rede ist, dass Jakob der Sohn des Isaak und Isaak der Sohn des Abraham ist, dann wird keine Familiensaga erzählt, sondern es werden regionale, soziale, wirtschaftliche oder religiöse Verbindungen zwischen verschiedenen Gruppen und Stämmen in Form einer Familiengeschichte ausgedrückt. Man will damit also sagen: Die Abraham-, Isaak- und Jakobgruppe sind eng miteinander verbunden. Wenn nun dabei auch noch Beerscheba eine Rolle spielt, dann kann man vermuten, dass dieser Ort, bzw. ein Heiligtum an diesem Ort, dazu führte, dass diese Gruppen in engen Kontakt miteinander kamen. Auffällig in der biblischen Erzählung (1 Mose 21, 33) ist, dass Abraham Jahwe, den »ewigen Gott« (hebr. »El Olam«) anbetet. El Olam war ursprünglich nicht einfach der gleiche Gott wie Jahwe, sondern der höchste Gott des kanaanäischen Pantheons. Es scheint, dass die Gruppen der Erzväter in einer bestimmten Entwicklungsphase diesen El Olam verehrten und Beerscheba vielleicht ein Zentrum dieser Verehrung war. Erst später, als sich der Jahweglaube unter den verschiedenen Gruppen und Stämmen durchgesetzt hatte, ging man davon aus, dass Jahwe und der Gott der Vätergruppen derselbe ist. Der Glaube des jüdischen Volkes fiel genauso wenig vom Himmel wie das Volk Israel – und dennoch lädt die Bibel dazu ein, in diesem komplizierten Prozess einen Gott am Werke zu sehen, der mit Israel und der ganzen Menschheit etwas Großartiges vorhat.

Als Nord- und Südreich unter David und Salomo noch vereint waren, markierte Beerscheba die südliche Grenze des ganzen Reiches. Man sprach davon, dass Israel »von Dan bis Beerscheba« gehe (z. B. 1 Kön 5, 5). Später galt Beerscheba als Südgrenze des Stammes Juda (2 Kön 23, 8), also als Grenze des Südreiches. Die einzige biblische Erzählung aus dieser Zeit ist die des Propheten Elija, der von der israelitischen Königin Isebel verfolgt wird, nachdem er die Baalspriester umgebracht hat. Er flieht daraufhin nach Beerscheba (1 Kön 19, 3), also ins Südreich. Dort lässt er seinen Diener zurück und geht alleine in die Wüste, wo er einen Zusammenbruch erleidet, von Gott neu aufgerichtet wird, um dann zum Gottesberg (Sinai / Horeb) zu wandern, wo er Gott in einer ganz neuen Weise erfährt (dazu s. auch S. 126).

Arad

Geschichte

Bereits im Chalkolithikum (4. Jt. v. Chr.) gab es in Arad eine Siedlung. Die bronzezeitliche Stadt hat sich zu Beginn des 3. Jt.s entwickelt und wurde um 2850 v. Chr. mit einer 2 m dicken und 1200 m langen Mauer und vielen Verteidigungstürmen umgeben. Sie existierte in dieser Form etwa bis zum Jahr 2600 v. Chr. Sie war planvoll aufgebaut, was auf eine straffe Verwaltung hindeutet, und hatte vielfältige Handelsbeziehungen nach Ägypten und zum Sinai. Ein auffälliger Fund war ein Krughenkel, der den Namen des Herrschers der ersten ägyptischen Dynastie (Pharao Narmer) trug (um 3000 v. Chr.). Gehandelt hat man vermutlich auch mit Asphalt vom Toten Meer. Vor allem die Ägypter brauchten diesen zum Einbalsamieren ihrer Mumien. Eine ausführliche Beschreibung der sehenswerten Ausgrabung ist hier nicht möglich. In jedem Fall sollte man den gefundenen Doppeltempel besichtigen, der auf mesopotamischen Einfluss hinweist, und die noch recht gut erhaltenen Wohnhäuser, oft aus Wohnraum und »Küche« bestehend. Nach dem Niedergang des bronzezeitlichen Arad gab es eine Siedlungslücke von fast 1500 Jahren.

Erst im 11. Jh. v. Chr. ist wieder eine unbefestigte Siedlung nachzuweisen. Zu dieser gehört auf dem höchsten Hügel des Areals ein ca 30 × 30 m großer Kultplatz, anscheinend ein kenitisches Heiligtum. Die Keniter, die auch in der Bibel erwähnt werden, siedelten ursprünglich in der Arava und gelangten von dort in den östlichen Negev (Ri 1, 16).

Im 10. oder 9. Jh. wurde in Arad an der Stelle, wo einst das kenitische Heiligtum lag, eine ca. 50 × 50 m große große Festung angelegt, die – je nach Datierung – einst Teil des salomonischen Reiches war (10. Jh.), zumindest aber zum späteren Südreich gehörte (9. Jh.). Diese Festung mit ihren Kasemattenmauern und Ecktürmen ist heute noch gut zu erkennen. Die Stadt wurde mehrere Male zerstört und wieder aufgebaut: Das letzte Mal durch die Babylonier im 6. Jh. In nachexilischer Zeit befand sich dort nur noch ein kleines Fort.

Biblische Bezüge

Die Keniter, die im 11. Jh. in Arad siedelten und dort ein Heiligtum hatten, waren wie die Midianiter Jahveverehrer. Beide sind ursprünglich in der Arava beheimatet. Wir haben bereits gesehen (dazu s. S. 25 ff.), dass die Mosegruppe und andere Gruppen, die den Jahweglauben in das entstehende Israel einbrachten, ihn ursprünglich von diesen in der Arava umherziehenden nomadischen Gruppen empfangen haben dürften.

Nach diversen Bibelstellen (4 Mose 21, 1–3; 33, 40; Jos 12, 14) wurde das kenitisch-kanaanäische Arad von den Israeliten bei der Landnahme erobert. Da es jedoch eine überwiegend kriegerische Landnahme nie gegeben hat und auch archäologisch nichts darauf hinweist, werden die späteren judäischen Bewohner von Arad die Ruinen der bronzezeitlichen Stadt einfach auf den Sieg ihrer Vorfahren über die Kanaanäer zurückgeführt haben.

Der Jahwetempel

In biblischer Perspektive am spannendsten ist, dass man in Arad einen Jahwetempel außerhalb Jerusalems fand. Dieser Tempel befindet sich im nordwestlichen Bereich der eisenzeitlichen Festung, die wiederum dort erbaut wurde, wo einst das kenitische Heiligtum stand. Er wurde vielleicht schon im 10. Jh., spätestens jedoch im 9. Jh. errichtet und hat im Laufe der Zeit verschiedene Veränderungen erfahren. Die Grundstruktur (ca. 13,5 × 9 m) ist dabei immer die gleiche geblieben: ein Hof mit Brandopferaltar und verschiedenen Nebenräumen, der sich auf einen breit angelegten Tempelraum hin öffnet. In dessen Mitte befand sich eine Kultnische, in der im 9. Jh. zwei kleine Räucheraltäre auf einem durch Stufen erhöhten Podest standen und dahinter als Gottessymbol eine Mazzebe (aufgerichteter Kultstein) aufgerichtet war. Diese Tempelform dürfte auf das israelitische Hofhaus zurückgehen. Zum Tempel in Jerusalem gab es manche Unterschiede, aber auch einige auffällige Gemeinsamkeiten. War der Jerusalemer Tempel ein Langhaustempel, so ist der Tempel in Arad ein Breitraumtempel. Beide Bauten haben jedoch einen Vorraum bzw. Vorhof, der in »das Heilige« führt, und beide Male befindet sich dort ein als »Allerheiligstes« abgegrenzter Bezirk: in Jerusalem allerdings als eigener Raum, in Arad nur als Nische. Gemeinsam ist beiden Heligtümern, dass dort ein Gottessymbol stand: in Jerusalem die Bundelade mit Kerubenthron, in Arad eine Mazzebe. Ebenso gab es in beiden Anlagen einen Brandopferaltar im Vorhof, wenn auch der Altar in Arad aus unbehauenen Steinen bestand und damit eine frühere Bautradition repräsentiert (2 Mose 20, 25 f.).

Es gab in Israel also eine Zeit, in der man Jahwe legitim sowohl im Jerusalemer Tempel als auch in kleineren »Provinzialtempeln« verehren konnte. Erst mit Hiskija (2 Kön 18, 22) begann ein Prozess, der in der josianischen Reform im 7. Jh. gipfelte und zu einer Kultzentralisation in Jerusalem führte. In dieser Zeit wurde der Tempel in Arad dann auch nicht mehr benutzt. Durch diese

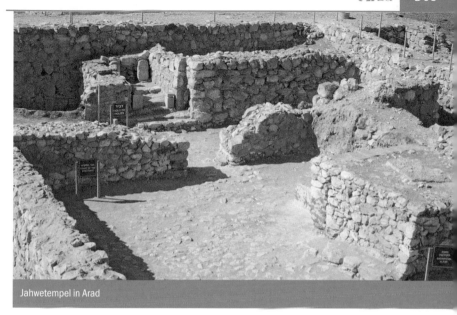

Jahwetempel in Arad

Konzentration auf den einen Ort wurde die Anbetung des einen Gottes zwar wirkungsvoll unterstrichen und manchem »Wildwuchs« gewehrt, andererseits rückte Jahwe so weiter von den Menschen weg. Aufschlussreich ist auch, dass man – wie die Mazzeben zeigen – lange keine Probleme mit Gottessymbolen hatte. Man war ja auch nie der Überzeugung, dass diese mit der Gottheit zu identifizieren sind, sondern ging immer davon aus, dass Gott diese nur als »Wohnort« benutzt. Sie repräsentieren Gott, aber sie sind nicht Gott. Zum Problem wurde eher die Verwechselbarkeit, da sich Mazzeben, die heidnische Götter repräsentieren sollen, durch nichts von Mazzeben unterscheiden, die den allein anzubetenden Gott Israels darstellen. Insgesamt ist Arad ein guter Ort, um darüber nachzudenken, ob Gottesverehrung in Form eines Bildes für einen biblisch orientierten Glauben legitim ist.

X. Die Küstenebene und das beginnende Bergland

Die Schefela bei Lachisch

Einleitung

Die fast überall flache Küstenebene war eine wichtige Verkehrsverbindung zwischen den Großmächten (Ägypten/Mesopotamien/Kleinasien) und hatte für den Handel im Mittelmeerbereich große Bedeutung. Geprägt war sie im Altertum durch bedeutende Hafenstädte. Diese waren meist als Stadtstaaten organisiert und schlossen sich teilweise auch in lockeren Verbänden zusammen.

Die südliche Küstenebene kommt im Alten Testament vor allem im Zusammenhang mit den Philistern in den Blick. Die Philister kamen im Rahmen des bronzezeitlichen Seevölkersturms an die südöstliche Mittelmeerküste und wurden von den Ägyptern im 12. Jh. im Bereich des südlichen Palästina angesiedelt. Gaza, Aschkelon, Aschdot, Ekron und Gat gehörten zu dem philistäischen Fünfstädtebund. In der Bibel gelten die Philister als die Hauptbedrohung des im Entstehen begriffenen Volkes Israel, und tatsächlich hat die Philistergefahr entscheidend dazu beigetragen haben, dass sich die verschiedenen Stämme zu einem Volk zusammenschlossen. Die Philistergefahr wurde durch David gebannt. An die Stelle scharfer Auseinandersetzungen trat allmählich ein schiedlich friedliches Nebeneinander. Endgültig wurde die Macht der Philister durch die Babylonier im Jahr 604 v. Chr. gebrochen.

Die nördliche und teils auch die mittlere Küstenebene waren in alttestamentlicher Zeit eher durch den Einfluss Phöniziens bestimmt, der von Tyrus und Sidon bis nach Akko und darüber hinaus (Dor, »Stratons Turm«/Cäsarea) reichte.

Zeitweise gehörten Teile der Küstenebene in der alttestamentlichen Epoche zu Israel bzw. Juda. In herodianischer Zeit war der südliche und mittlere Bereich ein Teil des Reiches von Herodes d. Gr., bis er zur römischen Provinz Judäa/Samaria kam. Der nördliche Bereich war vor allem durch Akko/Ptolemais geprägt.

Mit dem Wort Schefela (= »Hügelland«) bezeichnet man die südliche Hügellandschaft der Küste, die landeinwärts eine Höhe von bis zu 300 m erreicht und langsam in die Berge Judas übergeht. In diesem Gebiet war meist der Einfluss Judas dominierend. Die hier besprochenen Städte Lachisch und Emmaus/Nikopolis liegen in der Schefela.

Aschkelon und Aschdot

Aschkelon

Aschkelon, bereits vor der Philisterherrschaft eine bedeutende bronzezeitliche Stadt (ca. 2000 v. Chr), wurde vermutlich nur deshalb gegründet, weil durch einen unterirdischen Fluss die Wasserversorgung der Stadt gesichert war. An der Via Maris gelegen, die bei Megiddo landeinwärts biegt, hatte es für die damaligen Großmächte immer auch strategische Bedeutung. Die Stadt stand meist unter ägyptischem Einfluss, auch die Philister standen in einem Vasal-

litätsverhältnis zu den Ägyptern. Als Philister-stadt ist Aschkelon in der Bibel durchgehend negativ konnotiert. Ein gutes Beispiel dafür bietet Jer 47, 6 – 7, wo der Prophet eine Unheils-weissagung über die Stadt ausspricht: »O du Schwert des Herrn, wann willst du doch aufhö-ren? Fahre in deine Scheide und ruhe und sei still! Aber wie kann es aufhören, da doch der Herr ihm Befehl gegeben hat wider Aschkelon und es wider das Ufer des Meeres bestellt hat.«

Bronzezeitliches Lehmziegeltor
(1900 – 1750 v. Chr.)

Stadthalle (3. Jh. n. Chr.)

Herodes d. Gr. war ein großer Bewunderer der hellenistischen Stadt und hat hier eine reiche Bautätigkeit entfaltet. Manche antike Autoren behaupten sogar, dass seine Familie aus der Stadt stamme. Das Ausgrabungsgelände, ein archäologischer Park, zeigt Relikte, die von der Bronzezeit über die römische, byzantinische und muslimische Epoche bis zu den Kreuzfahrern reichen. Besonders beeindruckend ist das bronzezeitliche Lehmziegeltor. Man kann heute noch relativ gut den Erdwall erkennen, der einst über einer Länge von fast 2,5 km die bronzezeitliche Stadt umgab und in dessen nordwestlichem Bereich sich dieses Tor befindet: ein 3,5 m hoher Bogen über einem ungefähr 2,4 m breiten Zugang. Ganz in der Nähe sieht man, dass die bronzezeitliche Mauer in muslimischer Zeit (10. Jh.) durch einen Glacis überbaut und verstärkt wurde.

Zu erwähnen ist eine Stadthalle aus dem 3. Jh. (Kaiser Severus), deren mit Bänken ausgestattete Apsis vermutlich als Versammlungsort des »Stadtrates« diente. Einige der ursprünglichen Granitsäulen wurden wieder aufgerichtet. Im Übrigen ist der Ort inzwischen ein Open-Air-Museum verschiedener steinerner Fundstücke.

Außerhalb des Parks ist noch eine kleine Marienkirche aus byzantinischer Zeit zu besichtigen, die später in eine Moschee umgewandelt wurde.

Aschdot

Aschdot, die Arbeiterstadt mit dem größten Hafen in Israel, wird in der Bibel erwähnt, weil die Philister die Bundeslade der Israeliten dorthin verschleppten haben (1 Sam 5). Das hat ihnen allerdings keinerlei Vorteil gebracht, ganz im Gegenteil: Ihr Hauptgott Dagon – halb Fisch und halb Mensch – brach vor der Bundeslade zusammen, so dass nur noch ein Scherbenhaufen übrig blieb, und, um das Unheil voll zu machen, wurden die Philister vom Gott Israels auch noch mit der Pest geschlagen (1 Sam 5, 4.6).

Man entdeckte in Aschdot bei Grabungen 14 Besiedlungsschichten, wobei eine Schicht aus dem 13. Jh. Spuren einer großen Brandkatastrophe aufweist, vielleicht Folge der Eroberung der Stadt durch die Philister. Aschdot wurde im Jahr 147 v. Chr. durch die Makkabäer erobert. Im Neuen Testament wird nur erwähnt, dass sich Philippus nach der Taufe des Kämmerers aus Äthiopien in der Nähe der Stadt aufhielt (Apg 8, 40).

Blick auf die Dächer von Jaffa

Jaffa/Joppe

Geschichte

Auch Jaffa (griech. Joppe), ein hübsches orientalisches Städtchen in unmittelbarer Nachbarschaft von Tel Aviv (Tel Aviv wurde zu Beginn des 20. Jh.s von Jaffa aus gegründet), hat eine Geschichte aufzuweisen, die weit in die bronzezeitliche Epoche zurückreicht. Besonders abenteuerlich ist, wie die Stadt im 15. Jh. durch Tutmosis III. unter die Herrschaft der Ägypter kam: Nach einem ersten vergeblichen Belagerungsversuch ließ dieser den Bewohnern der Stadt 200 Körbe mit Geschenken zukommen. In ihrer Begeisterung brachten die Bewohner von Jaffa die Geschenke schnell in die Stadt und übersahen, dass sich unter der Schicht der Geschenke jeweils ein Soldat befand. So konnte Jaffa nach dem Prinzip »trojanisches Pferd« schnell von den Ägyptern erobert werden, und noch heute erzählt man sich in Ägypten amüsiert diese Geschichte. Um 1200 v. Chr. kam die Stadt wie die gesamte Region unter philistäischen Einfluss. Die Bibel berichtet, dass Salomo über den Hafen von Jaffa Zedernholz aus dem Libanon importierte (2 Chr 2,16). Es ist aber nicht sicher, ob man dem Glauben schenken darf, da Jaffa zur Zeit Salomos vielleicht noch unter philistäischer Herrschaft stand. Im 8. Jh. gehörte die Stadt einige Jahrzehnte zu Juda (769–733 v. Chr.), wurde dann assyrisch, bis sich König Hiskija 705 v. Chr. von Assyrien lossagte. Jaffa hatte unter dieser Entscheidung schwer zu leiden, da es zu den ersten Städten gehörte, die Sanherib bei seinem Vergeltungsfeldzug Ende des 8. Jh.s eroberte.

Jaffa befand sich unter verschiedenen Herrschaften, bis es im 2. Jh. von den Hasmonäern erobert wurde (1 Makk 12, 34). Es gehörte zum Reich von Herodes d. Gr., verlor durch den Neubau von Cäsarea aber erheblich an Bedeutung.

Biblische Bezüge

Jaffa ist die Stadt, wo Jona das Schiff bestiegen hat, das ihn vor Gott und seinem Auftrag »erretten« sollte. Genützt hat der Fluchtversuch freilich nichts. Nachdem man den widerwilligen Propheten während einer Seenot ins Meer geworfen und ihn ein Wal in seinem Magen wieder an Land transportiert hatte, musste er sich schließlich doch Gottes Befehl beugen. Widerborstig blieb der Prophet allerdings bis zum Schluss. Denn auch als Gott sich Ninives erbarmt, weil es ob seiner Sünden in Sack und Asche Buße getan hatte, ist er unzufrieden. Er hat das Gefühl, als falscher Prophet dazustehen, hat er doch den Untergang der Stadt angekündigt. So startet Gott eine kreative Aktion, um ihn für seine Barmherzigkeit zu gewinnen. Er lässt eine Rizinusstaude wachsen, die dem von der Hitze geplagten Jona Schatten spendet, um anschließend dieses botanische Meisterwerk durch einen Wurm wieder zu zerstören. Nun ist Jona erst recht frustriert, aber gerade so vielleicht auch hellhörig geworden für die göttliche Botschaft, die ihm nun mitgeteilt wird: »Dich jammert die Staude, um die du dich nicht gemüht hast, hast sie auch nicht aufgezogen, die in einer Nacht ward und in einer Nacht verdarb, und mich sollte nicht jammern Ninive, eine so große Stadt, in der mehr als hundertzwanzigtausend Menschen sind, die nicht wissen, was rechts oder links ist, dazu auch viele Tiere?« (Jona 4, 10 f.).

Im Neuen Testament wird berichtet, dass Petrus die Jüngerin Tabita in Jaffa vom Tode erweckt hat (Apg 9, 36 – 43). Auch wird hier das »Haus Simons des Gerbers« lokalisiert, in dem Petrus die Vision bekam, die ihn, den Juden, mit dem heidnischen römischen Hauptmann Cornelius in Verbindung brachte und dazu führte, dass dieser sich mit seinem Haus taufen ließ (Apg 10; dazu s. auch S. 318 ff.).

Es gibt in Jaffa ein kleineres Ausgrabungsgelände (Hyksosmauer und ägyptisches Stadttor) und ein archäologisches Museum, das einen guten Überblick über die Geschichte der Stadt im 2. und 1. Jt. v. Chr. gibt. Die Auferweckung der Jüngerin Tabea wird in einem russisch-orthodoxen Kloster verehrt (2 km vom alten Jaffa entfernt). Die franziskanische St. Peter-Kirche erinnert an den Aufenthalt des Petrus in Jaffa und steht auf Überresten aus der Kreuzfahrerzeit.

Cäsarea (maritima)

Geschichte

Die Phönizier hatten an diesem Ort im 4. Jh. einen kleinen Hafen anlegen lassen, den sie *stratonos pirigos*,»Stratons Turm« nannten. Nach der Eroberung durch Alexander d. Gr. und einer über 100 Jahre während hellenistischen Phase eroberte der hasmonäische König Alexander Jannäus im Jahre 100 den Hafenort und begann mit seinen Judaisierungsmaßnahmen. Im Jahre 63 v. Chr. kam »Stratons Turm« unter die Herrschaft der Römer. Kaiser Augustus schenkte sie seinem Verbündeten, Herodes d. Gr., mit dem der glorreiche Aufstieg Cäsareas begann. Herodes d. Gr. ließ hier in zwölf Jahren (22 – 10 v. Chr.) eine Metropole erbauen, die zu den bedeutendsten und prächtigsten Hafenstädten im Mittelmeer gehören sollte. Zu Ehren des Kaisers Augustus nannte er sie Cäsarea.

In Cäsarea brach der jüdisch-römische Krieg im Jahre 66 n. Chr. aus, und nachdem die Römer diesen Krieg gewonnen hatten, ließ Titus hier 2500 jüdische Kriegsgefangene in grausamen Spielen hinrichten. Cäsarea spielt in der Geschichte des Urchristentums eine Rolle, ist aber auch für das rabbinische Judentum und das altkirchliche Christentum relevant.

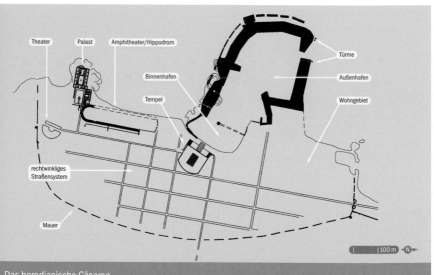

Das herodianische Cäsarea

Der nördliche Teil und der Augustustempel

Wir konzentrieren uns bei unserem Rundgang auf das herodianische Cäsarea, beginnen aber am nördlichen Eingang, wo wir zuerst auf die Reste der einstigen Kreuzfahrerstadt stoßen. Die massive Mauer mit ihrem Glacis stammt aus der letzten Phase der Kreuzfahrerherrschaft (1251 n. Chr.), kurz vor der Eroberung durch die Mamelucken. Sehr schön erhalten ist das Osttor, durch das wir die Stadt betreten. Wir gehen nun an den Kreuzfahrerbauten vorbei Richtung Meer und befinden uns jetzt in dem Teil des antiken Cäsarea, der zum einstigen Hafengebiet gehörte. Auf der linken Seite (man muss etwas nach oben gehen) sehen wir eine Ausgrabung, die auch für die herodianische Zeit von Bedeutung ist. Es handelt sich um eine relativ große Plattform (50 × 30 m), auf der der von Josephus erwähnte Tempel gestanden hat. Dieser Tempel, den Herodes zu Ehren des Augustus errichten ließ, war vom Hafen und vom Meer aus gut zu sehen. Er war an die 20 m hoch und durch eine steinerne Treppe vom Hafen aus zugänglich. Das Hafenbecken lag damals ein wenig weiter landeinwärts. Von dem Tempel selbst ist heute nichts mehr zu sehen. Nur einige Fragmente wurden gefunden. Über der herodianischen Schicht befinden sich die Reste einer oktogonalen Kirche aus dem 5. Jh.

Tor aus der Kreuzfahrerzeit

Ort des Augustustempels

Der Hafen

Der Hafen selbst bestand aus einem inneren und einem äußeren Becken und wurde nach dem griechischen Äquivalent von Kaiser Augustus Sebastos genannt. Er war ein Wunderwerk antiker Baukunst. An einem für einen größeren Hafen eigentlich nicht besonders geeigneten Ort machte sich Herodes die Natur gefügig. Er ließ gewaltige Wellenbrecher errichten, die die Hafendämme vor den gefährlichen Wellen schützten. Sie waren im Süden über 500 und im Norden über 200 m lang (bis zu 50 m breit). In der nordwestlichen Ecke der Anlage befand sich die Einfahrt für die Schiffe (mit je drei überlebensgroßen Standbildern auf beiden Seiten), auf dem Hafendamm gab es mehrere Türme. Die Hafenanlage wird von Unterwasserarchäologen intensiv erforscht, und das, was man dabei entdeckt hat, entspricht in vielem den Beschreibungen des Josephus (JosBell 1, 411–413).

Antikes Straßensystem, römische und byzantinische Gebäude

Die Stadt des Herodes war wie alle römisch-hellenistischen Städte von einem rechtwinkligen Straßensystem strukturiert. Es gab zahlreiche Nord-

Das einstige Hafenbecken

Süd-Verbindungen, die parallel zum Meer liefen, und mindestens fünf Ost-West-Achsen. Wenn wir die Kreuzfahrerstadt Richtung Süden verlassen, dann sehen wir kurz nach der Kreuzfahrermauer ein schönes Stück des byzantinischen Cardo.

Hier ist ein byzantinisches Gebäude zu sehen, das ursprünglich ein Archiv war. Um einen Hof herum sind sieben Räume angeordnet. Im Eingangsbereich fand man eine Inschrift, auf der geschrieben steht: »Christus, hilf Ampelios, dem für das Archiv Verantwortlichen, und Musonius, dem Finanzsekretär, und den anderen Archivaren ...«. Auch fand man ein Zitat aus dem Römerbrief des Paulus: »Willst du dich aber nicht fürchten vor der Obrigkeit, so tue Gutes; so wirst du Lob von ihr erhalten.« (Röm 13, 3) Also schon damals war die Ermutigung, seine Steuer schön brav zu zahlen, anscheinend dringend notwendig.

Südlich des byzantinischen Badehauses sieht man Lagerhallen aus dem 3. Jh. und ein später eingebautes Mithrasheiligtum. Besonders beeindruckend ist der Lichtschacht am östlichen Ende des Raumes. Er ist so angelegt, dass sich das Licht dem Altar nähert und ihn am Tag der Sommersonnenwende direkt bestrahlt.

Ein Zitat aus dem Römerbrief: 13,3

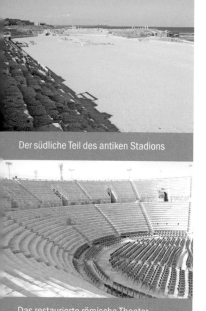

Der südliche Teil des antiken Stadions

Das restaurierte römische Theater

Das Stadion

Gehen wir weiter nach Süden, dann sind bald die Reste des einstigen, noch relativ gut erhaltenen Stadions zu erkennen. Es war ungefähr 250 m lang und 50 m breit. An der östlichen Längsseite gab es zwölf Sitzreihen. An die 10.000 Menschen haben dort Platz gefunden und erfreuten sich an Pferderennen, Sportwettkämpfen und anderen Unterhaltungsvorstellungen.

Das herodianische Theater

Am Ende unserer Tour stoßen wir auf das ungefähr 4000 Besucher fassende Theater. Der Zuschauerraum bestand aus zwei großzügig angelegten Sitzrängen. Die Bühnenwand (zwei Nischen, dazwischen die *exedra*) war in hellenistischem Stil errichtet. Der Fußboden der direkt davor sich befindenden Spielfläche (*pulpitum*) war mit denselben Ornamenten geschmückt wie die Nischen der Bühnenwand. Unter dem halbkreisförmigen Bereich davor (*orchestra*) fand man 14 Pflasterschichten, die mit bunten floralen, geometrischen und fischgrätenförmigen Mustern bemalt waren. Im 2. Jh. wurde das Theater umgebaut, vor allem der Bühnenbereich. Im 3. Jh. fügte man die halbrunde Plattform hinter der Bühne hinzu. Im 4./5. Jh. konnte man die *orchestra* fluten, so dass hier auch nautische Spiele (z. B. Seeschlachten) aufgeführt werden konnten.

Im Eingangsbereich des Theaters sind zwei wichtige Fundstücke ausgestellt. Das erste besteht aus einer Steintafel, auf der der Name von Pontius Pilatus erwähnt wird. Die sekundär in eine Treppe des Theaters eingebaute Steintafel war ursprünglich eine Stifterinschrift, in der Pilatus als Erbauer eines zu Ehren des Tiberius errichteten Gebäudes (*tiberium*) erwähnt wird. Pontius Pilatus war der fünfte Statthalter über die römische Provinz Judäa, ein rücksichtsloser Mann, dessen Name heute wohl niemand mehr kennen würde, wenn er nicht für die Kreuzigung Jesu verantwortlich gewesen wäre. Das zweite Fundstück ist die Marmorstatue eines Hirten, der ein Schaf auf seiner Schulter trägt. Christen erinnert diese Statue an Jesus Christus, den guten Hirten.

Der herodianische Seepalast

Westlich des Theaters sind die Reste des Palastes zu sehen, den man aufgrund von Architektur und Keramik mit dem Palast von Herodes d. Gr. identifiziert hat. Der zentrale Teil des Palastes bestand aus einem riesigen, mit Süßwasser gefüllten und von Säulen umgebenen Becken (18 × 35 m), in dessen Mitte sich ein quadratisches Podest (vermutlich mit Statue) befand. Am östlichen Rand dieses Beckens fand man drei stattliche Zimmer, die mit Mosaikfußböden ausgelegt waren. Das mittlere Zimmer war zum Pool hin offen, so dass man hier einen schönen Blick gehabt haben dürfte. Auch auf der westlichen Seite befanden sich verschiedene Räume, und insgesamt scheint der gesamte innere Komplex noch von einem größeren äußeren Gebäudekomplex umgeben gewesen zu sein (110 × 60 m in Ost-West-Richtung). Später war dies der Palast des Statthalters, wo sich auch das Prätorium befand.

Cäsaraea bietet noch weit mehr, als hier ausführlich beschrieben werden kann. Im Norden der Stadt liegt ein Gebäudekomplex, wo im 3. Jh. und dann erneut im 5. Jh. eine Synagoge errichtet worden war. Nordöstlich des Theaters befinden sich die spärlichen Reste eines riesigen Hippodroms, das einst 30.000 Zuschauer fasste. Auf keinen Fall verzichten sollte man auf die Besichtigung eines der zwei römischen Aquädukte, die allerdings außerhalb des Parks liegen. Das eine bringt das Wasser aus dem 9 km entfernten Karmelgebirge heran (1./2. Jh.). Das andere, niedrigere Aquädukt (4. Jh.) ist ca. 5 km lang und und bekam sein Wasser von einem am Zarqafluss errichteten Damm (nördlich von Cäsarea).

Das nördliche Aquädukt

Die Pilatusinschrift

Die Gefangenschaft des Paulus

In Cäsarea war der Sitz des Statthalters. Er kam nur nach Jerusalem, wenn er dort etwas Wichtiges zu erledigen hatte. So war Cäsarea der Wohnsitz des Pilatus und auch der Wohnsitz eines späteren Statthalters namens Antonius Felix. Letzterer spielt im Zusammenhang mit dem Lebensschicksal des Apostels Paulus eine wichtige Rolle. Bei seinem letzten Jerusalemaufenthalt – so erzählt die Apostelgeschichte – wurde der Völkerapostel im Tempel schwer bedrängt, weil man ihm vorwarf, dass er sein Judentum verleugne und andere dazu bringe, die Gebote der Tora nicht mehr zu halten: »Dies ist der Mensch, der alle Menschen an allen Ende lehrt gegen unser Volk, gegen das Gesetz und gegen diese heilige Stätte ...« (Apg 21, 28). Paulus verteidigte sich gegen diese Vorwürfe. Es kam zu einem Tumult, so dass der römische Hauptmann, um Lynchjustiz und größere Konflikte mit der jüdischen Bevölkerung zu vermeiden, ihn in Gewahrsam nehmen ließ. Da Paulus sein römisches Bürgerrecht zur Sprache gebracht hatte und Juden ihm trotz seiner Verhaftung nach dem Leben trachteten (Apg 23, 1–22), ließ der römische Hauptmann ihn zum Statthalter Felix nach Cäsarea überstellen. Es handelte sich um eine heikle Angelegenheit: Die Juden wollten seine Auslieferung. Felix fand jedoch keine Schuld an ihm und konnte ihn auch nicht einfach ausliefern, da er römischer Bürger war. Vielleicht war dies der Grund dafür, dass er die Sache zwei Jahre verschleppte, so lange, bis der neue Statthalter Festus kam. Dieser erst ließ Paulus nach Rom bringen, wo ihm schließlich der Prozess gemacht wurde. Für Paulus wurde Cäsarea so zum Ort einer zweijährigen Gefangenschaft.

Petrus und der römische Hauptmann Cornelius (Apg 10)

Die eben besprochene Szene aus dem Leben des Paulus hat viel zu tun mit einer anderen in Cäsarea lokalisierten Geschichte: der des aus Cäsarea stammenden römischen Hauptmanns Cornelius. Cornelius, anscheinend ein Gottesfürchtiger – so nannte man heidnische Sympathisanten des Juden-

Fundamentstrukturen des herodianischen Palasts

tums –, hat eine Erscheinung im Traum, in der ein Engel Gottes ihn dazu auffordert, nach Petrus zu schicken. Er lässt Petrus holen, der in seinem Hause das Evangelium verkündigt. Daraufhin fällt der Heilige Geist auf ihn und seine Familie und alle werden getauft. Bei der Episode aus dem Leben des Paulus und bei Cornelius geht es um die Frage, ob nichtjüdische Menschen allein durch den Christusglauben ganz zum Gottesvolk dazu gehören können, oder ob sie zuerst Juden werden müssen, mit allen dazu gehörigen Verpflichtungen. Der christusgläubige Jude Paulus vertrat klar die Überzeugung, dass der Christusglaube genügt. Deshalb kam es in Jerusalem zum Streit mit Juden, die in dieser Praxis einen Abfall vom Judentum sahen. Die Corneliusgeschichte wiederum zeigt uns, dass die paulinische Praxis in der jüdischen Urgemeinde keinesfalls eine Selbstverständlichkeit war, sondern eine revolutionäre Neuerung. Denn als Petrus vor dem Eintreffen der Leute des Cornelius in Joppe im Traum eine Stimme hört, die ihm befiehlt, Unreines zu essen, ist er keineswegs begeistert. Er will nichts mit unreinen Heiden zu tun haben. Erst als er mit den Boten des Cornelius mitgeht und konkret erlebt, dass Gott auch die Nichtjuden annimmt – immerhin werden sie vom Heiligen Geist erfüllt! –, versteht er, dass Gott die Nichtjuden ohne Vorbedingungen annimmt, also ohne dass sie die jüdischen Gesetze einhalten müssen. Ursprünglich ging Petrus mit den anderen christusgläubigen Juden wohl davon aus, dass zuerst die Juden das messianische Heil annehmen müssen, bevor das Licht des Messias in einem zweiten Schritt auch die Heiden erleuchten soll. So zeigen beide mit Cäsarea verbundenen Geschichten, dass Gott seine Wege oft anders geht, als Menschen sich dies von ihren traditionellen religiösen Vorstellungen her erwarten.

Der Tod von Herodes Agrippa I.

Eine andere Szene, die mit der Geschichte des Urchristentums zu tun hat und ebenfalls in Cäsarea lokalisiert wird, hängt mit Herodes Agrippa I. zusammen. Er war von 41–44 n. Chr. Herrscher von Judäa und ging aggressiv gegen die Christen vor. Er ließ Petrus gefangen nehmen und Jakobus, den Jünger Jesu, hinrichten (Apg 12, 1–5). Wenn Lukas erzählt, welch grausames Ende er in Cäsarea fand, dann sieht er darin sicher auch eine Strafe Gottes für diese Untat, wobei die Geschichte seines Todes ganz ähnlich auch von Josephus berichtet wird. Lukas schreibt:»Und an einem festgesetzten Tag legte Herodes das königliche Gewand an, setzte sich auf den Thron und hielt eine Rede an sie. Das Volk aber rief ihm zu: Das ist Gottes Stimme und nicht die eines Menschen! Alsbald schlug ihn der Engel des Herrn, weil er Gott nicht die Ehre gab. Und von Würmern zerfressen, gab er den Geist auf.« (Apg 12,21–23)

Cäsarea in altkirchlicher und rabbinischer Zeit

Aus Cäsarea stammen auch zwei große Theologen der Alten Kirche: Origenes und Eusebius. Origenes lebte in der ersten Hälfte des 3. Jh.s in Cäsarea. Er gehörte zu den Universalgelehrten seiner Zeit, gründete in der Stadt eine berühmte Akademie und soll über eine Bibliothek von 30.000 Bänden verfügt haben. Er hat die Hexapla verfasst, ein Werk, in dem er die wichtigsten alttestamentlichen Texte in einer Synopse nebeneinanderstellte und damit wissenschaftliches Arbeiten auf einem ganz neuen Niveau ermöglichte. Er hat viele theologische und spekulative Schriften verfasst und stand mitten in den theologischen und kirchenpolitischen Auseinandersetzungen seiner Zeit. Für die einen war er ein großer Theologe und geistlicher Lehrer, für die anderen war er selbst ein Ketzer. Zu den einfussreichsten Theologen gehört er ohne Zweifel. Der zweite große Kirchenmann und Theologe, ein Schüler des Origenes, war Eusebius (4. Jh.). Eusebius war Bischof in Cäsarea, schrieb die erste Kirchengeschichte und verfasste, für das Studium des Heiligen Landes besonders wichtig, ein Onomastikon, eine Art Landeskunde mit vielen noch heute für die Erforschung des Heiligen Landes wichtigen Ortsangaben.

Auch für Juden, die nach dem Bar Kochba-Aufstand Jerusalem nicht mehr betreten durften, wurde Cäsarea im 2. und 3. Jh. zu einem Hort der Gelehrsamkeit, so dass es gar nicht selten auch zu Disputen mit Christen kam.

Lachisch

Einleitung

Der zwischen Hebron und Mittelmeerküste der Schefila gelegene Tell Lachisch kann helfen, ein dramatisches Kapitel judäischer Geschichte anschaulich nachzuerleben: die Invasion Judäas durch die Assyrer und Babylonier im 8. und im 6. Jh. v. Chr. Da Lachisch am Weg lag, der nach Jerusalem führte, und die von der nördlichen Küste kommenden Heere die Hauptstadt Judäas erobern wollten, war es oft als eine der ersten Städte betroffen.

Geschichte und biblische Bezüge

In der Mitte des 3. Jt.s (2650–2350) gab es bereits eine unbefestigte Siedlung auf dem Tell. Weit bedeutender war dann jedoch die Hyksosstadt (1700–1550 v. Chr.), die durch einen gepflasterten Erdwall und einen vorgelagerten Graben geschützt war und durch eine Feuersbrunst zerstört wurde. Die Hyksos waren fremdländische Herrscher, die über zwei Jahrhunderte die Herrschaft in Ägypten und Palästina an sich reißen konnten. Erst in der Mitte des 2. Jt.s gelang es den Ägyptern, wieder ihre Oberherrschaft zurückzugewinnen. Sie vertrieben die Hyksos aus Ägypten und Palästina, und vermutlich hängt die Brand-

Rekonstruktion von Lachisch (8. Jh.) (J. Dekel)

katastrophe in Lachisch mit einem ägyptischen Eroberungsfeldzug zusammen. Die nächsten Jahrhunderte war Lachisch eine stark ägyptisch geprägte Stadt. Das zeigen zahlreiche Kleinfunde und ein freigelegter Tempel. Auch in den aus dieser Zeit (14. Jh.) stammenden Amarnabriefen wird Lachisch erwähnt, meist im Zusammenhang mit Loyalitätsbekundungen gegenüber Ägypten angesichts antiägyptischer Agitationen in der Region. Im 12. Jh. wurde Lachisch wahrscheinlich durch die Seevölker zerstört (gegen Jos 10, 3 – 5. 16 – 35).

Erst im 10. Jh., nach einer Siedlungslücke von 200 Jahren, wurde die Stadt neu besiedelt. Aus Lachisch wurde eine judäische Königsstadt von beachtlicher Größe. Eine große Palastfestung überragte den Hügel, und durch eine Mauer mit vorgelagertem Glacis und eine mächtig ausgebaute Toranlage war die Stadt gut geschützt. Vermutlich handelte es sich um eine Garnisonsstadt mit einem starken Streitwagenkontingent, und es ist gerade diese militärische Stärke, die Lachisch nach Micha dazu verführte, mehr auf die eigene Macht als auf Gott zu vertrauen (Micha 1, 13; vgl. 5, 9 f.).

Wie bereits erwähnt, spielte Lachisch bei der assyrischen und babylonischen Invasion eine bedeutende Rolle:

Im 8. Jh. herrschte folgende Situation: Der judäische König Hiskija schloss sich einer gegen das assyrische Reich gerichteten Aufstandsbewegung an, als es 705 v. Chr. zu einem Herrschaftswechsel in Assyrien gekommen war. Es war natürlich zu erwarten, dass der neue assyrische König dementsprechend reagieren würde, sobald er zu Hause die Ordung wieder hergestellt und seine Herrschaft stabilisiert hatte. Deshalb forcierte Hiskija den Ausbau der Jerusalemer Befestigungsanlagen. Tatsächlich rückte der assyrische Großkönig Sanherib dann 701 v. Chr. an, eroberte nach einer assyrischen Notiz »46 seiner (Hiskijas, P. H.) fest ummauerten Städte sowie die zahllosen kleinen Städte«, bis er schließlich vor Jerusalem stand. Nun mag die große Zahl von Städten, die er erobert haben soll, etwas übertrieben sein, aber Lachisch gehörte jedenfalls zu den Städten, die Sanherib eroberte. Es könnte sogar sein, dass das berühmte Relief aus Ninive, dessen Original heute im Britischen Museum steht, die Belagerung von Lachisch aus einer bestimmten Perspektive (Südwestecke der Stadt) zeigt. War es um Lachisch geschehen, so kam Jerusalem gerade noch einmal mit einem blauen Auge davon, weil Hiskija noch rechtzeitig Tribut entrichten konnte.

Die nächste große Katastrophe für Juda, die Lachisch direkt betraf, war die endgültige Eroberung Jerusalems durch die Babylonier. Zedekia, der von den Babyloniern nach einer ersten Niederlage (597 v. Chr.) als König eingesetzt wurde, sagte sich 587 v. Chr. erneut von Babylonien los, so dass es zu einem zweiten Feldzug kam. Wie unter Hiskija wurde auch dieses Mal Lachisch zuerst erobert. Besonders aufregend ist, dass einige in Lachisch gefundene Ostraka (beschriebene Tonscherben) diesen Feldzug beleuchten. Sie berichten davon, dass zu der Zeit, als Lachisch und Azeka noch gegen die Babylonier kämpften, die Belagerung Jerusalems bereits begann. In einem Ostrakon aus Jerusalem, das an Jaos, den militärischen Führer von Lachisch, gerichtet ist, wird sogar darauf angespielt, dass in Jerusalem bestimmte Gruppen die Kampfmoral bewusst schwächen. Ist damit auch der Prophet Jeremia gemeint, der nach Jer 34, 1–6 Zedekia zur Kapitulation überreden will, weil er in diesem Widerstand ein gottloses Unternehmen sieht? Das könnte durchaus sein, denn seine Botschaft war höchst provozierend: Gegen die offizielle religiose Staatsdoktrin (Zionstheologie) gerichtet, sprach er vom Untergang Jerusalems. Er sollte Recht behalten: Nach fast zwei Jahren Belagerung wurde die Stadt von den Babyloniern genommen, der Tempel zerstört und eine neue Deportion eingeleitet.

Assyrische Belagerungsrampe

Gleich am Beginn des Rundgangs, in der südwestlichen Ecke, kann man noch Reste der assyrischen Belagerungsrampe sehen. Hier war Lachisch am leichtesten zu nehmen, da der Anstieg am geringsten war. Die Rampe war am Fuß über 50 m breit, oben vielleicht noch 10 m. Sie war mit Mörtel verkleidet, um eine halbwegs glatte Oberfläche zu schaffen. Auf dieser Rampe – übrigens die älteste im Orient – wurden die Rammböcke nach oben

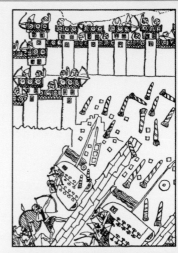

Relief aus Ninivehs: Eroberung von Lachisch

Palastgebiet   Stadtmauer   kultische Anlage

äußeres Tor   Belagerungsrampe   inneres Tor

100 m   N

Übersichtsplan Lachisch

Assyrische Belagerungsrampe

Aufgang und Vorwerk des Stadttors

Das Palastpodium (in der rechten oberen Bildhälfte)

befördert. Viele Pfeilspitzen und Katapultsteine erinnerten die Ausgräber an die damaligen Ereignisse.

Die Toranlage

Geht man nach oben, dann gelangt man zum einzigen Stadttor von Lachisch, das verschiedene Schichten aufweist. Was man heute zuerst sieht, stammt größtenteils aus der Zeit vor dem babylonischen Exil (7. Jh.). Wir sehen links ein Bollwerk, das schon vor dem 7. Jh. existiert haben dürfte, und gelangen zuerst in das Vorwerk des Tors. Hier wurden in einem Wachraum die Lachisch-Ostraka gefunden. Wenden wir uns nun nach rechts, dann stehen wir vor dem eigentlichen Tor, dessen Türschwelle noch gut zu erkennen ist. Das sich daran anschließende Sechskammertor, von dem Ussishkin nur die nördliche Hälfte ausgegraben hat, stammt aus dem 9./8. Jh., bildet ein ca. 25 × 25 m großes Quadrat und wurde durch die Assyrer 701 v. Chr. zerstört.

Die Palastanlagen

Nördlich des Stadttors sehen wir noch die Reste der einst mächtigen judäischen Stadtfestung. Erhalten ist allerdings nur noch ein riesiges Podium (77,5 m lang und fast 37 m breit), auf dem nacheinander vier Palastanlagen errichtet wurden. Die erste geht auf das 10. Jh. zurück und befand sich im Norden des Podiums. Im 9. Jh. wuchs die Anlage nach Süden, im 8. Jh. errichtete man östlich eine breite Mauer und baute vermutlich einen neuen Palast anstelle der beiden Vorgängerbauten. Der Zugang verlief vom Osten her über einen gepflasterten Hof. Das großflächige Kalksteinpflaster lässt auf repräsentative Bauten schließen. Im südlichen Bereich fand man einige Mauern und Krüge, die auf die Zeit des Königs Hiskija zurückgehen. Dieser Palast fiel dem Feuer zu Opfer, das mit der Belagerung durch die Assyrer einherging. Erst in persischer Zeit wurde hier wieder ein Palast errichtet.

Emmaus/Nikopolis

Einleitung

Wenn man von Tel Aviv die Straße hinauf nach Jerusalem fährt, dann sieht man nach einigen Kilometern auf der rechten Seite das Trappistenkloster Latrun. Direkt gegenüber, auf der nördlichen Seite der Autobahn, liegt das Ausgrabungsgelände von Nikopolis, das seit byzantinischer Zeit mit dem biblischen Emmaus identifiziert wird. Lukas erzählt, dass zwei Jünger nach der Kreuzigung zu diesem Ort wanderten und auf dem Weg eine Begegnung mit dem auferstandenen Jesus hatten. Nun wird Emmaus allerdings noch an zwei anderen Orten verehrt: in dem näher an Jerusalem gelegenen Abu Gosh und dem ungefähr in gleicher Entfernung, aber nordöstlich von Jerusalem sich befindenden Qubeibeh. Die Lokalisierung in Nikopolis ist älter, da die anderen Ortstraditionen erst in der Kreuzfahrerzeit aufkamen, andererseits spricht für diese eher die kürzere Entfernung. Von den unterschiedlichen biblischens Lesarten (160 bzw. 60 Stadien) ist nämlich die kürzere (60 Stadien = 11,5 km) vorzuziehen. Auch wenn wir heute also nicht mehr mit Sicherheit wissen können, wo sich das neutestamentliche Emmaus einst befand, so kommt Emmaus/Nikopolis immerhin eine Verehrung von früher byzantinischer Zeit an zu.

Geschichte

Emmaus wird im 2. Jh. v. Chr. das erste Mal als Standort der seleukidischen Armee erwähnt, die von dort aus gegen die Makkabäer in den Kampf ziehen will. Judas Makkabäus kann den Ort kurzzeitig erobern (161 v. Chr.), muss aber nach einem Jahr wieder vor den Seleukiden weichen. Sie konnten den strategisch wichtigen Ort (Zugang zu Jerusalem!) zurückerobern und ausbauen. Im Jahr 4 v. Chr. wurde der Ort von den Römern dem Erdboden gleichgemacht, weil sich von dort ein regionaler Bandenführer mit den Römern anlegte. In den kommenden Jahrzehnten dürfte der Ort wieder bewohnt gewesen sein, und im jüdisch-römischen Krieg kampierte die fünfte römische Legion hier, bevor sie Jerusalem angriff.

In der byzantinischen Zeit war Emmaus eine bedeutende Stadt. Aus ihr stammten wichtige christliche Theologen: z. B. Julius Africanus (3. Jh.), ein Zeitgenosse und Freund von Origenes, der gleichzeitig römischer Präfekt von Emmaus war. Er erreichte, dass man Emmaus die Stadtrechte verlieh und ihr den Namen Nikopolis gab: zur Erinnerung an den Sieg der Römer über die Juden! Es ist erstaunlich, dass in Nikopolis ein Christ einen so hohen Rang

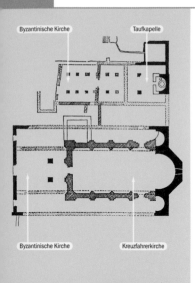

Byzantinische Kirche   Taufkapelle

Byzantinische Kirche   Kreuzfahrerkirche

| 10 m   N

Die Kirchen von Emmaus/Nikopolis

innehatte. Vermutlich war Nikopolis eine stark christlich geprägte Stadt. Jedenfalls war es seit dem 4. Jh. Bischofssitz und gehörte zu Palästina-Prima. Der Metropolit dieses kirchlichen Distrikts war Eusebius von Cäsarea. Er war auch einer der Ersten, die um die Lokalisierung der Auferstehungsgeschichte in Emmaus/Nikopolis wussten.

Die Kirchen von Emmaus/Nikopolis
In Nikopolis wurde der Grundriss einer byzantinischen Kirche (5./6. Jh.) freigelegt, in die hinein in der Kreuzfahrerzeit eine kleinere Kirche gebaut wurde: Nur die beiden Apsiden sind deckungsgleich. Direkt daneben befindet sich ein aus dem 5. Jh. stammendes Baptisterium.

Die Kirche aus byzantinischer und Kreuzfahrerzeit

Bapisterium (5. Jh.)

Auf dem Weg nach Emmaus, oder: Christus inkognito (Lk 24, 13–35)!

Nach der Kreuzigung sind zwei Jünger von Jerusalem aus unterwegs nach Emmaus. Sie sind noch ganz benommen von der Kreuzigung Jesu und können nicht begreifen, dass der einsame Wanderer, der sich zu ihnen gesellt, von all dem nichts weiß, jedenfalls vorgibt, davon nichts zu wissen. Doch dann geschieht das Eigenartige: Er legt ihnen die Heilige Schrift aus und lässt sie die Katastrophe der Kreuzigung aus einer ganz anderen Perspektive erkennen: als ein Geschehen, in dem Gott zum Heil der Menschen gehandelt hat. Plötzlich überkommt die beiden ein Gefühl, das sie schon lange nicht mehr kennen: Ihr Herz beginnt zu brennen! Schließlich wird es Abend, sie kommen zu einer Herberge und der Fremde will sich verabschieden. Doch die Jünger wollen ihn nicht gehen lassen: »Herr, bleibe bei uns, denn es will Abend werden und der Tag hat sich geneigt.« (Lk 24, 29) Der Fremde lässt sich überreden. Sie wollen gemeinsam zu Abend essen, und als sie am Tisch sitzen und er das Brot bricht, fällt es ihnen plötzlich wie Schuppen von den Augen: Es ist der Herr.

Eine eigenartige Geschichte: Jesus tritt inkognito auf, als Wanderer verkleidet. Lukas will damit sagen: So begegnet der Auferstandene. Nicht als verklärte Lichtgestalt, sondern als einer, der in ganz alltägliche Gewänder gehüllt ist. Der normale Alltag kann zu einem Ort der Christusbegegnung werden, wenn Gott uns die Augen für die Gegenwart des Auferstandenen öffnet.

Dann wird das Natürliche transparent für das Übernatürliche, dann tun sich befreiende Perspektiven auf, dann brennt das Herz.

Das Heilige Land: Erinnerungen, die in die Zukunft weisen

Das Heilige Land ist eine Erinnerung daran, dass Gott Menschen konkret begegnet ist. Sehr schön hat das der amerikanische Rabbiner Abraham Joschua Heschel formuliert:»Was ist so kostbar an dem Land? Warum ist seine Atmosphäre so magnetisch? Das Land Israel – Kapitel aus der Bibel sind überall gegenwärtig ... Das Land ist ein Buch. Hier ist man Analphabet, wenn man sich nicht der Worte der Schrift erinnert. Wo immer man steht, wird man mit biblischen Augenblicken konfrontiert. Es ist ein Land, wo die Bibel zuhause ist. Dieser Winkel ist der Ort, wo sich die Sternstunden der Begegnung von Gott und Mensch ereigneten, wo die großartigsten Visionen entstanden.«

Indem das Heilige Land in die Vergangenheit weist, hat es ganz entscheidend auch mit unserer Gegenwart und Zukunft zu tun. Es will uns nicht in der Vergangenheit festhalten, sondern uns ermutigen, im Hier und Jetzt mit der Präsenz eines Gottes zu rechnen, der es sich schon immer zum Ziel gesetzt hat, Menschen in ihrer konkreten Lebenswirklichkeit zu begegnen. Der Blick ist auf ein bestimmtes Land gerichtet, um zu begreifen, dass der Gott, der sich so irdisch-konkret verortet hat, von dort aus (!) alle räumlichen und zeitlichen Dimensionen sprengen kann. Partikularität und Universalität sind biblisch gesprochen kein Gegensatz. Gott kann überall und zu allen Zeiten begegnen, und eben auch in recht unterschiedlichen Masken und Verkleidungen!

Nachbemerkung

Dieser Reiseführer hatte – der Natur der Sache nach – vor allem Steine und Landschaften im Blick. Doch wie bereits im Vorwort erwähnt: Das Heilige Land besteht nicht nur aus toten, sondern auch aus „lebendigen Steinen". Israelis und Palästinenser, Juden, Christen und Muslime, Menschen unterschiedlichster Herkunft, sie alle zusammen sind der kostbarste Schatz dieses Landes. Auch die steinernen biblischen Zeugnisse beginnen oft erst dann zu sprechen, wenn sie vor dem Hintergrund persönlicher Zeugnisse und Begegnungen meditiert werden. Nicht selten wird dann die Vergangenheit für die Gegenwart und die Gegenwart für die Vergangenheit transparent – und es kommt zu Inspirationen und Erkenntnissen ganz eigener Art. Wer nach Israel/Palästina fährt, der sollte sich deshalb auch als primär biblisch interessierter Besucher Zeit für solche Begegnungen nehmen.

Es gibt in Israel/Palästina zahlreiche kirchliche Einrichtungen, die über die angesprochenen Themen informieren oder sogar Kontakte zu entsprechenden einheimischen Gruppen bzw. ReferentInnen vermitteln. Zumindest drei dieser Einrichtungen seien kurz genannt:

Das Evangelische Pilger- und Begegnungszentrum auf dem Ölberg (Kaiserin Auguste Victoria-Stiftung) lädt ein zu Begegnungen, Gesprächen und Gottesdiensten. Es gibt auch Informationen und Tipps, wenn es um die Begegnung mit einheimischen Gruppen und Referenten geht:

Auguste Victoria-Center
P. O. B. 14076
91140 Jerusalem

Tel 00972-(0)2-628 77 04
Fax 00972-(0)2-627 3148
E-Mail: auguste@netvision.net.il

Die Evangelische Gemeinde deutscher Sprache in der Jerusalemer Altstadt (Erlöserkirche) bietet sonntäglich um 10.30 Uhr deutschsprachige Gottesdienste mit anschließender Begegnungsmöglichkeit an und macht viele Angebote, die für Pilger und Touristen interessant sind:

Evang. Gemeinde deutscher Sprache	Tel 00972-(0)2-626 68 88
P. O. B. 14051	Fax 00972-(0)2-628 51 07
St. Mark's Road	E-Mail: info@guesthouse-jerusalem. co.il
91140 Jerusalem	www.luth-guesthouse-jerusalem.com

Die Dormitio-Abtei (Hagia Maria Sion) auf dem Berg Zion (Sitz eines Benediktinerklosters) ist in vielen Bereichen engagiert und hat zahlreiche Angebote, die auch für Pilger und Touristen relevant sind. Sie ist für Touristen und Pilger auch Ansprechpartner in seelsorgerlichen Fragen:

Dormition Abbey	
Mount Sion	Tel 0972-(0)2-5655 330
P. O. B. 22	Fax 0972-(0)2-5655 332
91000 Jerusalem	abtei@dormitio.net
Israel	

Archäologische und geschichtliche Perioden in Israel/Palästina

7000 – 4000 Neolithikum (Jungsteinzeit)

4000 – 3200 Chalkolithikum (Kupfersteinzeit)

3200 – 2200 Frühe Bronzezeit

2200 – 1550 Mittlere Bronzezeit

  1650 – 1550: Ägypten und Kanaan unter
  der Hyksosherrschaft

1550 – 1150 Späte Bronzezeit

  Kanaan unter ägyptischer Herrschaft

  14. – 12. Jh.: Entstehung der israelitischen Stämme

  13. oder 12. Jh.: Exodus der Mosegruppe

  Seevölker (Philister) siedeln an der Küste

1250 – 500 Eisenzeit

  12. – 11. Jh.: Konsolidierung der Stämme: Zeit der Richter

  Frühes 10. Jh.: Saul

  1. Hälfte des 10. Jh.s: David, Salomo

  2. Hälfte des 10. Jh.s: Reichsteilung

  722: Ende des Nordreichs Israel

  586 – 538: Babylonische Vorherrschaft
  über Juda, Babylonisches Exil

  515: Weihe des neu errichteten Tempels

332 – 63 Hellenistische Zeit

  301 – 198: Israel unter ptolemäischer
  Herrschaft

  ab 198: Israel unter seleukidischer
  Herrschaft

  167 – 164 v. Chr. Makkabäeraufstand

  143/2 – 37 v. Chr.: Hasmonäerdynastie

63 – 324 Römische Zeit

  63. v. Chr.: Pompeius erobert Jerusalem

  36 – 4 v. Chr.: Herodes der Große

  4 v. – 6 n. Chr.: Herodes Archelaus

  (Judäa, Samaria, Idumäa),

  ab 6 n. Chr. wird Judäa von Statthaltern

  (Prokuratoren) regiert

  4 v. – 39 n. Chr.: Herodes Antipas

  (Galiläa, Peräa)

  4 v. – 34 n. Chr.: Philippus (Gaulanitis,

  Auranitis, Trachonitis, Batanäa)

  66 – 73 n. Chr.: jüdisch-römischer Krieg

324 – 638 Byzantinische Zeit

638 – 1099 Arabische Zeit (I)

1099 – 1291 Kreuzfahrerzeit

1291 – 1517 Arabische Zeit (II)

1517 – 1917 Osmanische Zeit

Bibelstellenverzeichnis

Stichwortverzeichnis

A

Literaturverzeichnis

Allgemein:
Butzkamm, Aloys: Mit der Bibel im Heiligen Land, Paderborn 1999.

Das Heilige Land, Welt und Umwelt der Bibel, 2/1997.

Fleckenstein, Karl-Heinz: Traumreise durch das Land der Bibel. Mehr als Steine und Geschichte, Lahr 1996.

Gertz, Jan Christian (Hg.), Grundinformation Altes Testament, Göttingen 2006.

Gorys, G.: Das Heilige Land, DuMont Kunst-Reiseführer, Köln [11]1993.

Israel. Palästina, Baedeker Reiseführer, [9]2008.

Keel, Othmar/Küchler, Max: Orte und Landschaften der Bibel. Ein Handbuch und Studienreiseführer zum Heiligen Land, Bd. 1: Geographisch-geschichtliche Landeskunde, Zürich/Einsiedeln/Köln/Göttingen 1984.

Keel, Othmar/Küchler, Max: Orte und Landschaften der Bibel. Ein Handbuch und Studien-Reiseführer zum Heiligen Land, Bd. 2: Der Süden, Zürich/Einsiedeln/Köln/Göttingen 1982.

Kollmann, Bernd: Einführung in die neutestamentliche Zeitgeschichte, Darmstadt 2006.

Kroll, Gerhard: Auf den Spuren Jesu, Stuttgart [10]1998.

Murphy-O'Connor, Jerome: Das Heilige Land. Ein archäologischer Führer, München 1981 (archäologisch nicht mehr ganz aktuell, aber in vielerlei Hinsicht dennoch nützlich).

Murphy-O'Connor, Jerome: The Holy Land. An Oxford archaeological guide, Oxford 2008. (= Neubearbeitung des zuvor genannten Werkes).

Pixner, Bargil (hg. v. Rainer Riesner): Wege des Messias und Stätten der Urkirche, Gießen 1991.

Then, Reinhold: Unterwegs im Heiligen Land. Auf den Spuren Jesu, Stuttgart 2002.

Then, Reinhold: Der Weg Jesu. Stationen seines Lebens und Wirkens, Regensburg 1997.

Zwickel, Wolfgang: Einführung in die biblische Landes- und Altertumskunde, Darmstadt 2002.

Galiläa:
Bagatti, B./Hoade, E.: Excavations in Nazareth, Vol. 1: From the beginning till the XII century, Jerusalem 1969.

Bösen, W.: Galiläa. Lebensraum und Wirkungsfeld Jesu, Freiburg im Breisgau 1998.

Claußen, Carsten/Frey, Jörg (Hg.): Jesus und die Archäologie Galiläas, BThSt 87, Neukirchen-Vluyn 2008.

Faßbeck, Gabriele/Fortner, Sandra/Rottloff, Andrea/Zangenberg, Jürgen: Leben am See Gennesaret. Kulturgeschichtliche Entdeckungen in einer biblischen Region, Mainz 2003.

Freyne, Séan: Galilee. From Alexander the Great to Hadrian (323 BCE to 135 CE). A Study of Second Temple Judaism, 1998.

Loffreda, Stanislao: Kapernaum, Jerusalem 1994.

Netzer, Ehud/Weiss, Zeev: Zippori, Jerusalem 1994.

Jerusalem:
Avigad, Nahman: Discovering Jerusalem, Jerusalem 1980.

Bahat, Dan: The illustrated atlas of Jerusalem, New York/Jerusalem 1990.

Block, Hanna/Steiner, Margreet: (hg. v. Rainer Riesner), Jerusalem. Ausgrabungen in der Heiligen Stadt, Gießen 1996.

Krüger, Jürgen: Die Grabeskirche zu Jerusalem. Geschichte – Gestalt – Bedeutung, Regensburg 2000.

Küchler, Max: Jerusalem. Ein Handbuch und Studienreiseführer zur Heiligen Stadt, Göttingen 2007.

Reich, Ronny/Avni, Gideon/Winter, Tamar: The Jerusalem Archaeological Park, Jerusalem 1999.

Röwekamp, Georg: Jerusalem. Ein Reisebegleiter in die heilige Stadt von Judentum, Christentum und Islam, Freiburg 1997.

Literatur zu speziellen Themen:
Crossan, John Dominic/Reed, Jonathan. L.: Jesus ausgraben. Zwischen den Steinen – hinter den Texten, Düsseldorf 2003.

Finkelstein, Israel, Silberman, Neil A.: David und Salomo. Archäologen entschlüsseln einen Mythos, München 2006.

Gertz, Jan Christian (Hg.): Grundinformation Altes Testament, Göttingen 2006.

Hirschberg, Peter: Jesus von Nazareth. Eine historische Spurensuche, Darmstadt 2004.

Hirschfeld, Yizhar: Qumran. Die ganze Wahrheit, Gütersloh 2006.

Keel, Othmar: Die Geschichte Jerusalems und die Entstehung des Monotheismus, 1. u. 2. Bd., Göttingen 2007.

Netzer, Ehud: Die Paläste der Hasmonäer und Herodes' des Großen, Mainz 1999.

Theissen, Gerd/Merz, Annette: Der historische Jesus, Göttingen 1997.

Zeitschriften:

Das Heilige Land, Welt und Umwelt der Bibel, 2/1997.

Jesus, Welt und Umwelt der Bibel, 4/1998.

Der Tempel von Jerusalem, Welt und Umwelt der Bibel, 3/1999.

Jesus der Galiläer, Welt und Umwelt der Bibel, 2/2002.

Flavius Josephus. Geschichtsschreiber zur Zeit Jesu, Welt und Umwelt der Bibel, 2/2004.

Auf den Spuren Jesu, Teil 1: von Galiläa nach Judäa, Welt und Umwelt der Bibel, 4/2006.

Auf den Spuren Jesu, Teil 2: Jerusalem, Welt und Umwelt der Bibel, 2/2007.

Die Anfänge Israels, Welt und Umwelt der Bibel, 3/2008.

Nachschlagewerke und Quellen:

Donner, Herbert: Pilgerfahrt ins Heilige Land. Die ältesten Berichte christlicher Palästinapilger, Stuttgart [2] 2002.

Egeria, Itinerarium: Reisebericht (lateinisch und deutsch), Fontes Christiani Bd. 20, übersetzt und eingeleitet von Georg Röwekamp, Freiburg im Breisgau 1995.

Flavius Josephus: De bello judaico. Der jüdische Krieg (griechisch und deutsch), Bd. 1–3, hg. v. Michel, O./Bauernfeind, O., Darmstadt [3]1982 (wissenschaftlich kommentierte Ausgabe).

Flavius Josephus: Der jüdische Krieg, übersetzt v. H. Clementz, Wiesbaden 1993 (für das Handgepäck).

Flavius Josephus: Jüdische Altertümer, übersetzt v. H. Clementz, Wiesbaden [10]1990.

Religion in Geschichte und Gegenwart[4], hrsg. v. Hans Dieter Betz, Don S. Browning, Bernd Janowski u. Eberhard Jüngel, Bd. 1–8, Tübingen 1998.

The New Encyclopedia of Archaeological Excavations in the Holy Land, ed. by Ephraim Stern, Vol. 1–4, Jerusalem 1993.

Tübinger Bibelatlas, hg. v. Mittmann, Siegfried u. Schmitt, Götz, Stuttgart 2001.

Bildquellen

Bis auf folgende Ausnahmen stammen alle
Fotos von Peter Hirschberg:

S. 26: *Wüstengebiet in der nördlichen Arava*,
Archiv Biblische Reisen.

S. 52: *Verkündigungsgrotte*: Christina Himmelhuber.

S. 80: *Kirche der Seligpreisungen*: Günther
Kölbl

S. 131: *Der Berg Ebal*: Reinhard Schübel.

S. 138 f: *Hügellandschaft Schilos; Ausgrabungen bei Schilo*: Reinhard Schübel.

S. 142: *Siegesstele von Sethos I.*: Christina
Himmelhuber.

S. 151: *Rundturm von Jericho*: Archiv Biblische
Reisen.

S. 153: *Winterpalast von Herodes d. Gr.*:
Christina Himmelhuber.

S. 159: *Landzunge zwischen Nord- und Südbecken mit Kanal*: Cristina Himmelhuber

S. 162: *Nachbildung der Schriftrollengefäße*:
Günther Kölbl

S. 174: *Felsenfestung von Masada*: Archiv
Biblische Reisen.

S. 175: *Ausgrabung der Vorratskammern;
Modell der drei Nordpaläste und Vorratsräume*: Jan Frederik Engels.

S. 177: *Synagoge auf Masada*. Archiv Biblische
Reisen.

S. 219: *Felsendom*: Isabel Gemünd.

S. 219: *El Aksa-Moschee*: Archiv Biblische
Reisen.

S. 276: *Der Abendmahlssaal*: Archiv Biblische
Reisen.

S. 283: *Kerzen in der Geburtskirche*: Isabel
Gemünd.

S. 286: *Geburtskirche; Mosaikfußboden aus
konstantinischer Zeit*: Jan Frederik Engels.

S. 288: *Die Geburtsgrotte*: Archiv Biblische
Reisen.

S. 293: *Eingang zur Machpela*: Esther Janes.

S. 295: *Machpela in Hebron*, Archiv Biblische
Reisen.

S. 297: *Das Abrahamsgrab*: Archiv Biblische
Reisen.

S. 298: *Der Brunnen vor dem Tell*: Reinhard
Schübel.

S. 305: *Jahwetempel in Arad*: Reinhard
Schübel.

Modelle, Rekonstruktionen, Pläne:

S. 32: *Rekonstruktion des davidischen
Jerusalem* (Zitadellenmuseum am Jaffator,
Jerusalem).

S. 33: *Künstlerische Darstellung des Exils*
(Zitadellenmuseum am Jaffator, Jerusalem).

S. 36: *Palästina zur Zeit Jesu*, orientiert an:
Hirschberg, P., Jesus von Nazareth, S. 56.

S. 37: *Verschleppung der Tempelgeräte*
(Zitadellenmuseum am Jaffator, Jerusalem).

S. 55: *Die verschiedenen Bauphasen der Verkündigungskirche*, aus: Kroll, Spuren Jesu, S. 116.

S. 62: *Rekonstruktion des Petrushauses*, aus:
Loffreda, Kapernaum, S. 53.

S. 66: *Rekonstruktion von Petruskirche und Synagoge* (Princeton University, New York), aus:
Welt und Umwelt der Bibel, 2006–4, S. 21.

S. 67: *Lageplan der Ausgrabungen in Bethsaida*, orientiert an: Claußen,C., Frey, J. (Hrsg.),
Jesus und die Archäologie Galiläas, S. 153.

S. 68: *Rekonstruktion des Winzerhauses* (Jean
Benoit Heron), aus: Prospekt von Bethsaida.

S. 84: *Lageplan von Sepphoris*, orientiert an
dem Lageplan des Prospekts der israelischen
Nationalparkbehörde: Zippori, National Park.

S. 88: *Das Tiberias des Herodes Antipas*, orientiert an: Stern, E. (ed.), The New Encyclopedia, Bd. 4, S. 1464

S. 93: *Das Reich des Philippus*, orientiert an:
Hirschberg, P., Jesus von Nazareth, S. 59.

S. 108: *Megiddo im 9. und 8. Jh. v. Chr.* (The
Megiddo Expedition, Tel Aviv University),
leicht verändert aus: Welt und Umwelt der
Bibel, 1999–4, S. 72.

S. 112: *Das Wasserversorgungssystem*,
Längsschnitt, Foto der Erklärungstafel vom
Ausgrabungsgelände von Tell Megiddo.

S. 115: *Lageplan der Ausgrabungen*, orientiert
an einer Abbildung des Ausgrabungsgeländes von Tell Hazor.

S. 118: *Orientierungskarte von Dan*, aus dem
Prospekt der israelischen Nationalparkbehörde.

S.127: *Ausgrabungen in Samaria* (Lageplan),
orientiert an: Murphy O'Connor, Holy Land,
S. 461.

S. 128: *Grundriss des Augustustempels*, orientiert an: Murphy O'Connor, S. 460.

S. 132: *Zeusheiligtum von Neapolis*, Handzeichnung von Peter Hirschberg.

S. 145: *Das antike Skythopolis*, aus dem Prospekt der israelischen Nationalparkbehörde.

Christoph vom Brocke

Griechenland

EVAs Biblische Reiseführer,
Band 1

280 Seiten mit zahlr. Abb., Flexcover
ISBN 978-3-374-02463-6
EUR 16,80 [D]

Griechenland ist die Wiege der abendländischen Kultur und bietet eine Vielzahl weltberühmter kulturhistorisch bedeutsamer Stätten. Den wenigsten Reisenden ist aber bewusst, dass Griechenland auch ein biblisches Land ist.

Hier hat auf seinen zwei großen Missionsreisen um 50 n. Chr. der Apostel Paulus gewirkt, auf dessen Spurensuche sich der Autor in diesem Band begibt.

EVANGELISCHE VERLAGSANSTALT
Leipzig

www.eva-leipzig.de

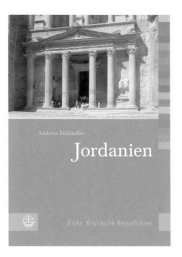

Andreas Feldtkeller
Jordanien
*EVAs Biblische Reiseführer,
Band 2*

128 Seiten mit zahlr. Abb., Flexcover
ISBN 978-3-374-02462-9
EUR 12,80 [D]

In der biblischen Landschaft des Ostjordanlandes sind die
Erzählungen vom Auszug des Volkes Israel aus Ägypten
geographisch angesiedelt. Ebenso begegnen dem Leser und
Reisenden bei einer biblischen Spurensuche vor Ort einige
der berührendsten Geschichten der Bibel: wie Jakob sich an
der Furt des Flusses Jabbok den Segen Gottes erringt, wie
der sterbende Moses auf dem Berg Nebo steht und Gott ihm
das verheißene Land zeigt, in das er selbst nicht eintreten
darf oder die Geschichte, wie Jesus die Kinder zu sich kommen lässt und sie segnet.

Es lohnt sich, durch die Landschaften Jordaniens zu reisen
und den biblischen Erzählungen nachzuspüren.

EVANGELISCHE VERLAGSANSTALT
Leipzig

www.eva-leipzig.de

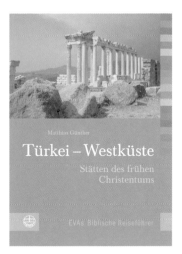

Matthias Günther

Türkei – Westküste

Stätten des frühen Christentums

*EVAs Biblische Reiseführer,
Band 3*

224 Seiten mit zahlr. Abb., Flexcover
ISBN 978-3-374-02587-9
EUR 19,80 [D]

Klaus-Michael Bull

**Türkei –
Mittleres und östliches Kleinasien**

Städte und Landschaften an den
Wegen des Apostels Paulus

*EVAs Biblische Reiseführer,
Band 4*

216 Seiten mit zahlr. Abb., Flexcover
ISBN 978-3-374-02610-4
EUR 19,80 [D]

EVANGELISCHE VERLAGSANSTALT
Leipzig

www.eva-leipzig.de

Martin Rösel
Ägypten
Sinai, Nildelta, Oasen
EVAs Biblische Reiseführer,
Band 5

312 Seiten mit zahlr. Abb., Flexcover
ISBN 978-3-374-02796-5
EUR 19,80 [D]

Martin Rösel führt in elegantem Stil und auf aktuellem Wissensstand in die Kultur, Geschichte und Religion des alten Ägypten ein. Besonderer Wert wird dabei auf die Beziehungen zwischen biblischen Texten, frühkirchlichen Überlieferungen und ägyptischen Vorstellungen gelegt. Ausführlich werden die wichtigsten Monumente beschrieben, die üblicherweise auf einer Reise durch Ägypten besichtigt werden: von Kairo zum Wadi Natrun, durch das Nildelta bis zum Sinai, den Nil hinauf bis nach Luxor und Assuan.

Der Schwerpunkt des Reiseführers liegt darauf, den religiösen Hintergrund auszuleuchten und mit biblischen und modern-christlichen Glaubensweisen ins Gespräch zu bringen. Prägnante Exkurse zu wichtigen Themenkomplexen erleichtern das Verständnis der oftmals fremden Kulturen.

EVANGELISCHE VERLAGSANSTALT
Leipzig

www.eva-leipzig.de